新中国民族关系的回顾与前瞻

The Relations Among Ethnic Groups in China

李俊清　著

人民出版社

责任编辑:陈寒节

装帧设计:朱晓东

图书在版编目(CIP)数据

新中国民族关系的回顾与前瞻/李俊清 著.—北京:人民出版社,
2021.2(2022.4 重印)

ISBN 978-7-01-018398-5

Ⅰ.①新… Ⅱ.①李… Ⅲ.①民族关系-研究-中国 Ⅳ.①D633

中国版本图书馆 CIP 数据核字(2017)第 251829 号

新中国民族关系的回顾与前瞻

XINZHONGGUO MINZU GUANXI DE HUIGU YU QIANZHAN

李俊清 著

人 民 出 版 社 出版发行

(100706 北京市东城区隆福寺街 99 号)

北京中兴印刷有限公司印刷 新华书店经销

2021 年 2 月第 1 版 2022 年 4 月北京第 2 次印刷
开本:710 毫米×1000 毫米 1/16 印张:25.5
字数:395 千字

ISBN 978-7-01-018398-5 定价:76.00 元

邮购地址:100706 北京市东城区隆福寺街 99 号
人民东方图书销售中心 电话:(010)65250042 65289539

目　录

第一章 发展历程

第一节 中国的民族与民族关系

一、中国的民族

中国是一个统一的多民族国家，境内居住着经过正式认定的民族有56个，即汉、蒙古、回、藏、维吾尔、苗、彝、壮、布依、朝鲜、满、侗、瑶、白、土家、哈尼、哈萨克、傣、黎、傈僳、佤、畲、高山、拉祜、水、东乡、纳西、景颇、柯尔克孜、土、达斡尔、仫佬、羌、布朗、撒拉、毛南、仫佬、锡伯、阿昌、普米、塔吉克、怒、乌孜别克、俄罗斯、鄂温克、德昂、保安、裕固、京、塔塔尔、独龙、鄂伦春、赫哲、门巴、珞巴和基诺族。汉族占中国人口的绝大多数，其他55个民族由于人口较少，习惯上称为"少数民族"。

根据2010年第六次全国人口普查，中国的少数民族人口总量为11379万人，占中国人口总量的8.49%。中国各少数民族之间人口规模差距非常大，人口较多的壮族、满族、维吾尔族、回族都超过1000万人，苗、土家、彝、蒙古、藏等民族人口均超过500万人，乌孜别克族、裕固族、俄罗斯族、保安族、德昂族、基诺族、京族、怒族、鄂温克族、普米族、阿昌族、塔吉克族、布朗族、撒拉族、毛南族、景颇族、达斡尔族、柯尔克孜族、锡伯族、仫佬族、土族、珞巴族、高山族、赫哲族、塔塔尔族、独龙族、鄂伦春族、门巴族等28个民族人口均在30万人以下，其中珞巴族、高山族、赫哲族、塔塔尔族、独龙族、鄂伦春族等6个民族人口则都不足 10000 人。

新中国成立之后，由于政府采取多种措施保障少数民族权利，少数民族人口无论在总量还是占全国总人口的比例，都呈现出稳步上升的趋势。历次人口普查显示，1953 年中国少数民族总人口仅 3532 万人，1964 年为 4002 万人，1982 年为 6730 万人，1990 年为 9120 万人，2000 年为 10643 万人，2010 年为 113792211 人。1990—2000 年间，土家、高山、羌、毛南、保安、东乡等 13 个民族人口年均增长率都在 2.00% 以上，其中高山族和羌族分别高达 4.31% 和 4.26%。蒙古、藏、维吾尔等 8 个百万人口以上的民族，人口年均增长率也在 1.40%—2.00% 之间，都大大高于全国总人口年均增长率 0.91% 的水平。在 1964—1982 年、1982—1990 年、1990—2000 年、2000—2010 年，少数民族人口占全国总人口的比重由 5.8% 分别提高到 6.7%、8.01%、8.41%、8.49%。

中国少数民族分布范围很广，全国每个县级以上的行政区划内都有少数民族人口居住，形成了各民族大杂居、小聚居的分布状态。但总体而言，少数民族多聚居于东北、西北、西南部分省区，东北等地是朝鲜、赫哲、达翰尔、锡伯等民族聚居地，西北是维吾尔、哈萨克、东乡、土、塔吉克、裕固、塔塔尔、乌兹别克、撒拉、保安等民族聚居地，西南是壮、藏、苗、瑶、白、彝、布依、傣、景颇、水、哈尼等民族聚居地。回、蒙古、满等民族几乎在全国每个省都有分布，其中回族以宁夏分布最为集中，蒙古族以内蒙古分布最为集中，满族则多分布于东北、华北一带。根据 2000 年统计数据，西北、西南等边疆地区的少数民族人口分别占全国少数民族人口的 30.1% 和 29.4%，广西、云南、贵州、新疆 4 个省区的少数民族人口之和占全国少数民族人口的一半以上，再加上辽宁、湖南、内蒙古、四川、河北、湖北、西藏、吉林、青海、甘肃、重庆和宁夏，以上 16 个省区的少数民族人口占全国少数民族人口的 91.32%。这种大杂居、小聚居的民族分布格局的形成，与中国的民族交往融合的历史有着非常直接的关系。但在 2000 年之后，由于大量少数民族人口流动到中东部地区就业、求学、经商，民族分布的格局出现了一些显著变化，目前尚缺乏精确的统计资料，估算少数民族流动人口总量超过 3000 万人，流向东南沿海省份的居多。

在漫长的历史发展过程中，各少数民族在思想文化和生产生活方式等方面形成了各自的特点，创造了灿烂的文化。

在语言文字方面，中国 55 个少数民族除回族和满族通用汉语文外，其他民族都有本民族语言，使用的语言一共有 80 种以上，有 22 个民族共使用 28 种文字，其中壮、布依、苗等 12 个民族使用的 16 种文字是由政府帮助创制或改进的。中国少数民族语言分属 5 大语系：其中汉藏语系包括属壮侗语族的壮语、侗语、傣语、布依语、水语、仫佬语、毛南语、拉珈语、仫佬语、黎语等；属藏缅语族的藏语、嘉戎语、门巴语、珞巴语、土家语、羌语、普米语、独龙语、怒语、彝语、傈僳语、纳西语、哈尼语、拉祜语、白语、基诺语、景颇语、载瓦语、阿昌语等；属苗瑶语族的苗语、布努语、勉语、畲语等。阿尔泰语系包括属突厥语族的维吾尔语、哈萨克语、柯尔克孜语、乌孜别克语、塔塔尔语、撒拉语、图瓦语、西部裕固语；属蒙古语族的蒙古语、达斡尔语、东乡语、东部裕固语、土族语、保安语；属满——通古斯语族的满语、锡伯语、赫哲语、鄂温克语、鄂伦春语。南亚语系包括属孟高棉语族的佤语、崩龙语、布朗语。南岛语系包括属印度尼西亚语族的排湾语、布嫩语、阿眉斯语等。印欧语系包括属伊朗语族的塔吉克语；属斯拉夫语族的俄罗斯语。

各少数民族在历史发展过程中，由于自然环境的差异，形成了一些不同类型的传统生活方式。如北方少数民族蒙古族、维吾尔族等历史上以游牧生活为主，赫哲族、京族等以渔业为主，鄂伦春族和鄂温克族以狩猎为主，而东北和南方许多民族则主要从事农业生产，有个别民族如回族具有非常浓厚的经商传统。新中国成立之后，中国各少数民族的生产方式，随着国家经济社会发展，也出现了许多变化。例如在新中国成立之前，内蒙古一带绝大多数人口都在农牧区生活，从事农牧业生产，但到 2018 年，内蒙古自治区 62.71% 的人口都已经居住在城镇，从事的工作也多与现代工业、服务业有关。

中国少数民族大多都有宗教信仰，由于地域、历史、文化等方面的差异，中国少数民族宗教信仰呈现多元化特点，多种宗教共同存在，和谐共处。青藏高原及邻近地区聚居各族如藏、门巴、普米等，还包括大多数蒙古族居民，主要信奉藏传佛教；聚居云南等地的傣、布朗等民族，主要信奉南传佛教（小乘佛教）；聚居西北的回、维吾尔、哈萨克、东乡、保安、撒拉、柯尔克孜、塔塔尔、乌孜别克、塔吉克等民族主要信仰伊斯兰教；基督教在华南和西南部分少数民族中，受到较为广泛的信仰；俄罗斯族和鄂温克族的一小部分人信仰东正教；中国本土形成的道教，也在少数民族地区广泛传播，信众甚多。除此之外，独龙、怒、佤、景颇、高山、鄂伦春、珞巴等一些少数民族，还保持着原始的自然崇拜和多神信仰。

在新中国成立以前，少数民族地区社会形态的发展状况参差不齐，有些地区与中原一样属于封建社会，但还有一些偏远封闭地区，如西藏、大小凉山等地则处于奴隶制或农奴制阶段。而居住在云南一些边境地区的景颇、傈僳、独龙、怒、德昂、佤、布朗、基诺等族以及部分拉祜、哈尼、瑶等民族，尚处于原始社会晚期。在政治统治形式方面，各少数民族地区也有着较大的差异，如内蒙古大多数地区实行王公统治的盟旗制度，西南地区为土司制度，西藏则为政教合一的僧侣贵族专制。旧中国民族地区的生产力发展水平普遍相对较低，经济、社会、文化发展都相当落后，几乎没有现代工业、现代教育和现代医疗卫生服务体系，各种公共事业发展都非常滞后，少数民族群众主要从事农牧业生产，一些地方还处于"刀耕火种"的原始状态，部分地区甚至铁器都还未普及。大多数少数民族群众都是文盲或半文盲，只有极少数人接受过正规教育。在一些民族地区，传染性疾病流行，居民生活非常困苦，许多山区和沙漠盐碱地区的少数民族每年都有几个月处于断粮状态。极度贫困落后的生活状态，使得个别民族甚至濒临灭绝。据统计，1949年在全国3000多万少数民族人口中，还有约100万人口处于奴隶制形态，约80万人口生活在原始社会形态中。

二、中国民族关系的总体特征

自古以来，世界许多地方就存在民族林立、族际界限分明、各民族力量此消彼长、民族间矛盾冲突激烈的问题。然而，中国的情况却有所不同，中国虽然自古以来民族众多，但各民族频繁交往互动，民族之间的交流与融合，一直是民族关系发展的主题。在中华文明发展的历史进程中，中国的民族关系表现出这样几个方面的总体特征：

第一，各民族较早就开始了融合进程并形成了一个主体民族和主体文化，成为凝聚各民族的文明核心。中国早在先秦时期就由于民族融合而形成了一个在文化和经济方面都较为成熟、发展较快的主体民族和具有较强感召力的主体文化，这个主体民族以及主要由其创造的主体文化，对周边民族形成了非常强劲的吸附力，通过人口、经济、文化等渠道，吸纳周边民族与主体民族融合。这种多元文化相互激荡融合形成一个被各民族认同的核心文化，并在此基础上形成主体民族，融合其他民族的情况，对中国民族格局的形成产生了重要影响。因此，相对其他地方，中国历史上民族间竞争相对和缓，民族间关系较为融洽，社会整合程度较高。

第二，各民族在长期的交往过程中，有着密切的互动与联系。中国民族关系的另一个重要特点是，中国境内的许多民族，从遥远的古代就已经交错杂居，彼此之间在文化和生活方式上融合程度较高，因此中国许多民族相互之间都不容易明确区分出各自的居住区域，甚至有一些民族之间的文化特征也具有很高的相似性，在新中国成立之前，许多少数民族实际上都被认为是汉族的分支或其他大民族的分支。在经济方面，不同的经济类型通过"茶马互市""绢马互市"等，促进了经济互补和共同发展。在文化方面更是相互借鉴，交流融合，激荡共生，形成了五彩斑斓的中华文明体系。

第三，各民族在漫长的历史进程中较早就结合成为一个更高层次的政治——文化共同体，并且都对维持这一共同体的团结和统一有着强烈的使命感。中国虽然民族众多，但是所有民族都自觉地认同另一个更高层次的共同体——与中国国家联系在一起的政治—文化共同体。不论是在古代，还是在现代，中国各民族都积极主动地融入这一共同体，并对于维持这一共同体的团结稳定有着非常强烈的使命感。中国历史上发生的多次民族大融合，都是由少数民族精英推动的，如魏晋南北朝时期和五代十国直至宋金晚期，都是少数民族建立的政权推动了少数民族汉化和民族间的融合。在西方殖民者的侵略魔爪伸向中国边疆少数民族地区之后，首先也是居住在边疆地区的广大少数民族群众组织了强有力的抵抗，给侵略者以沉重的打击，有效地维护了国家的统一和边疆安全。正是近代各民族共同对抗殖民主义、帝国主义的斗争，使中国早已形成的超越单一族群的共同体从自在的政治共同体变成自觉的中华民族共同体。这种对中华民族共同体的强烈认同，使得中国保持了数千年的民族团结和国家统一，而这又反过来促进了民族之间的进一步融合。因此，各民族间的和谐相处与不断融合，始终是中国民族关系的主流。

第四，历代中央王朝对少数民族地区基本采取"因俗而治"的管理方式。中国历史上民族间的压迫和歧视现象尽管在部分时期、部分区域有所存在，但并不是民族间关系的主流，大多数时候各民族都能够和平相处，且得以自主处理本民族、本地方事务。中国境内民族关系表现出来的上述特征，在一定意义上也是中国自古以来民族治理策略的结果。从秦朝统一中国之后，历代王朝在发展和巩固统一的多民族国家格局的基础上，都在少数民族地区采取"因俗而治"的策略，在维护国家统一的前提下，尊重和保持少数民族地区传统的社会制度和文化形态。虽然压迫、剥削等在少数民族地区也曾经广泛存在，但大多都是这些民族内部的奴隶主或封建贵族对本族人民的压迫，而非掌握中央政权的民族对其他民族的压迫。历代中央王朝对少数民族内部事务进行的干预，更多是由于该地区内部矛盾激烈甚至发生战乱，威胁到了国家的统一和稳定，中央政府才对其施压以平息动荡、缓解社会矛盾。

近代以来，中国面临着非常深重的民族灾难，中国的民族关系也遭遇到了空前严峻的挑战，中国各族精英为了维护中华民族的团结和尊严做出了不懈的努力，并提出了许多新的理论和设想。中国共产党成立之后，在结合马克思主义民族理论与中国民族关系实际情况的基础上，对处理中国的民族问题，规划中国民族关系未来的发展方向进行了深入的思考，创立了极具中国特色的民族理论与民族政策体系。新中国成立之后，基于党的民族理论，在少数民族聚居区推行民族区域自治制度，实施以民族平等、民族团结、各民族共同繁荣为核心原则的民族政策，同时开展民族识别工作，建立民族自治地方政权体系，帮助少数民族和民族地区发展各项经济社会事业。民族区域自治制度的实施，不但保障了各少数民族群众自主管理本民族、本地方事务的权利，而且使少数民族和民族地区实现了经济社会的跨越式发展，大大改善了少数民族群众的生产生活条件。"文革"期间，中国的民族政策曾一度出现了严重的波折，但改革开放之后就迅速得以恢复并进一步发展，民族区域自治制度实现了法制化，民族政策与市场经济的融合正不断深化。当前，中国民族关系进入了一个新的发展阶段，构建社会主义和谐民族关系的一系列政策措施的推出，使中国民族关系朝着更加融洽的方向发展。

第二节 民族区域自治制度的创立

当代中国的民族关系，实际上是中国近现代历史发展趋势与中国共产党的民族政策共同作用的结果，具有历史的必然性。中国共产党成立之初，就开始寻找应对中国民族危机和边疆危机的对策，并在此后的实践中，创造性地将马克思主义民族理论与中国民族关系发展的历史和现状相结合，形成了以民族区域自治制度为核心的民族理论和民族政策体系。

一、民族区域自治理论形成过程

民族区域自治制度作为解决中国民族问题的核心制度，是中国共产党将马克思主义民族理论与中国国情相结合而创立的民族治理理论——制度体系。民族区域自治理论既体现马克思主义民族理论中对少数民族自主权利的要求，又继承了中国历史上处理民族关系的实践经验，其主旨是在维护中国国家统一和中华民族共同体团结的前提下，保障各少数民族自主处理本民族事务的权利，帮助各少数民族保持和弘扬民族文化，支持少数民族地区各项经济社会事业的发展。

1. 民族区域自治理论形成的背景

中国共产党之所以会创造性地提出并推行以民族区域自治制度为核心的民族政策、理论体系，有其复杂的时代背景。中国共产党成立于中国民族灾难和边疆危机最为严重的时期，同时也是世界民族主义思潮泛滥和民族解放运动高潮迭起的时期，中国共产党在成立之日起，就必须思考应对中国当时内外交困局面的策略。而在当时的国际环境背景下，为了更好地应对中国边疆少数民族地区出现的种种问题，中国共产党一方面从马列主义理论中寻找思路，一方面学习借鉴苏联的实践经验。但是，马克思主义民族理论和苏联经验都是在欧洲特定的社会历史条件下形成的，而欧洲的民族关系状态及发展历程与中国差异非常大。这使得中国共产党不得不在重新反思中国的民族关系发展历史的前提下，结合中国特殊国情，丰富和发展马克思主义民族理论，探索建立具有中国特色的民族理论和民族政策，以适应中国民族问题治理的需要。

（1）中国近代民族危机和边疆危机

中华文明在发展过程中虽然也曾不止一次遭受外部力量的侵扰，但是这种侵扰并没有破坏中华文明的整体性。相反，多数情况下都是进入中华文明圈内的族群与中华文明融合，成为中华民族的一部分。出现这种情况的原因主要有两个方面：首先，就中国内部而言，中华文明的强大凝聚力和相对于其他文明的发达程度，使其成为凝聚境内各民族的强大黏合剂，民族分离思想缺乏滋长泛滥的土壤。其次，就外部环境来看，中华文明在长期的历史发展进程中，周边都缺乏足够强大的其他文明，能够对中华文明造成严重的威胁或挑战。

但是，当历史的车轮进入近代之后，情况发生了变化。曾经高度发达的中华文明，由于其自身的保守和封闭而陷入僵化状态，失去了进步的动力。而西欧各国，经过文艺复兴和工业革命的洗礼，在新的资本主义制度推动下迅速崛起并开始扩张，到19世纪中期，已经基本将世界各地瓜分完毕。庞大而貌似强盛的"中华帝国"成为列强争夺的最后一块肥肉。

1840年鸦片战争，中国败于英国的坚船利炮之下，从此陷入了深重的民族灾难之中，而中国境内的民族矛盾，正是此后持续百年之久的中华民族灾难的重要组成部分。西方列强为了分化、削弱中国，降低他们占领并掠夺中国市场和资源的成本，极力煽动中国的民族矛盾，在中国境内制造民族间仇视情绪，竭力支持中国的民族分离运动。西藏、新疆、蒙古等地，陆续被西方殖民者划为自己的势力范围，并在殖民势力支持下发生了一系列民族分离运动。在中国近代将近百年的屈辱历程中，中国中央政府对这些地方的影响力被不断削弱，边疆领土大片丧失，国家四分五裂的危难局面多次出现。

民族间矛盾的激化大大削弱了中国应对列强入侵的能力，与列强屡战屡败的屈辱经历，也给中国赖以维系政治共同体的核心力量——中华文明以严重的损伤，中国境内民族团结受到了空前的挑战。

（2）"民族"概念与民族主义思想的引入与理解

面对中国遭遇到的空前民族灾难，中国社会各界精英人士都苦苦思索着如何应对，而在他们的思考与实践中，处理好中华民族共同体内各分支民族关系，重塑中华民族凝聚力无疑是一项重要内容。

在中国国门乍开之时，晚清政界和学界的精英就已经意识到了中国的边疆少数民族地区将出现大的危机，因而提出了一系列加强边疆防务，稳定边民向心力的设想。许多人更是亲身实践，用具体行动为国家的边疆安全和民族团结做出贡献。龚自珍等人提议新疆建省，林则徐、左宗棠等人治理新疆，晚清时期掀起的移民东北和西北边境的高潮，都是中国社会反思民族地区治理和重塑民族凝聚力的早期探索的一部分。

但是，随着中国社会危机的进一步深化和清王朝的灭亡，中国陷入了事实上的分裂状态。晚清士大夫提出的一系列主张，失去了政权的依托。这一时期对民族问题的思考，就不再是如何治理好边疆少数民族地区，而是另一个更显得无奈的主题：如何让出现分离倾向的部分民族地区再一次融入中国这一政治共同体内。中国的社会精英几乎无一例外地将目光瞄准了西方的民族主义思想，试图通过学习西方的民族主义运动经验，整合中国境内社会群体。但是理论界却在对这一思想有了深入了解之后而出现了分化。分化的主要原因，在于对民族主义思想中民族自决的理解不同。

作为引进西方民族主义思想的先驱者之一，晚清著名学者梁启超在系统地介绍西方民族概念和民族主义的主要内容之后，明确提出了在中国，民族主义所指对象应是"中华民族"而非组成中华民族的各分支族群，他用"小民族主义"和"大民族主义"分别定义两种不同层面的民族主义思想。"吾中国言民族者，当于小民族主义之外，更提倡大民族主义。小民族主义者何？汉族对于国内他族是也。大民族主义者何？合国内本部属部之诸族以对于国外诸族是也。"① 为此他极力推崇"中华民族"概念，并用大量的历史事实证明了"中华民族"共同体形成发展的轨迹及其对于中国社会的意义。作为一个史学家，梁启超还从历史学的角度论证了中国的民族关系与西方民族关系的不同，认为中国各民族虽然源头是多元的，但却已经高度同化，难分彼此，即使汉族本身也是多个族群融合的产物，因此在中国不应该强调中华民族各分支族群的差异，而更应该突出中华民族共同体的地位。他认为以高度团结的中华民族共同体应对世界民族竞争，才能确保中国在世界上的尊严和地位。这也意味着，在梁启超看来，作为中华民族政治共同体成员的各分支族群的自决和独立，既没有历史根据，从现实角度考虑也是不合适的。

然而，以孙中山等人为代表的辛亥革命的领导集体，对民族问题的认识却经历了许多曲折。在酝酿革命的阶段，为了广泛动员社会力量，营造革命气氛，他们没有如梁启超一样深入思考民族主义所具有的破坏性作用，而是不加区分地利用民族主义旗号作为革命动员的工具，将资产阶级革命诉求与反满排满的狭隘民族主义口号结合在一起，将反清与排满简单地混同。这一做法虽然给辛亥革命带来了动力，却也对中国的民族关系造成了一定的伤害。因此，伴随着革命进程而来的，是本来就受到殖民主义者损害的中华民族分支民族间情感的裂痕不断扩大，而革命的成功却并不能弥补这种民族情感的裂痕。因为在辛亥革命前期，孙中山等人多次将革

---

① 梁启超：《饮冰室合集·文集》第十三卷，中华书局1989年版。

命简单地描绘成满汉两族的对立，通过回忆满族人对汉族人的一系列残酷行为唤起汉族人对满族人的仇恨，来获取社会大众对革命的支持。"自从满清进入中国来做皇帝，我们汉人便做了满人的奴隶，一切幸福都被他们剥削净尽，生杀予夺，都操在他们手里，他们为刀俎，我们为鱼肉；最惨酷者，像嘉定三屠、扬州十日，实为亘古未有浩劫。至一般知识阶级，偶然有因文字触犯当局之怒，便可以不分皂白地立刻置之死地，像戴名世等文字狱，不但个人要被砍头，还要抄家灭族……这种惨祸及暴民虐政，真是举不胜举。"① "清虏执政兹三百年矣。以愚弄汉人为治世第一要义。吸汉人之膏血，锢汉人之手足。……世界文明日益增进，国皆自主，人尽独立。……独我汉种愈下。"② 这样的煽动性描述，在辛亥革命期间一度成为革命党人最热衷的宣传方式，也正是因为这种宣传方式的感染，革命党人"驱除鞑虏、恢复中华"的口号才能引导无数汉族人为革命而不惜牺牲生命。但是，这种建立在大汉族主义基础之上的民族主义，却并不符合中国历史的实际，它在支持辛亥革命取得胜利之后也导致了中国处理民族关系时出现逻辑性的矛盾，使中国本来相对简单的民族关系变得更为复杂了。毕竟，在中国历史上曾经被中原汉族人视为仇敌的"鞑虏"，这时候事实上已经成为中华民族的一部分。如果"驱除鞑虏"成为革命的目标，那么这些被歧视性地称为"鞑虏"的少数民族又有什么理由支持革命，或者在革命之后自觉加入新的国家呢？

孙中山后来认识到了这种狭隘的民族主义思想的危害性，并极力支持由梁启超等人提出的"中华民族"是一体的观点，而且大力宣传"五族共和"思想。他在就任临时大总统的宣言书中就明确表示："国家之本，在于人民。合汉、满、蒙、回、藏诸地为一国，即合汉、满、蒙、回、藏诸族为一人，是曰民族之统一"，其民族主义思想主要的内容是加强中华民族的团结以反对帝国主义。孙中山之后，北洋政府、国民政府都继承了他的这种思想，虽然这一时期中国面临着内外交困的局面，但在形式上维

---

① 陈旭麓、郝盛潮等：《孙中山集外集》，上海人民出版社1990年版。
② 《孙中山全集》第一卷，中华书局1981年版。

持了国家的统一和民族团结。

（3）民族凝聚力的洗礼

在中国面临严重的边疆危机和民族危机的危难时刻，处在中国边疆的少数民族用自己的行动，多次证明了中华民族的凝聚力虽然受到挑战，但却依然非常强大。在多次边疆危机中，正是那些居住在边疆的少数民族群众，首先揭竿而起，用鲜血和生命捍卫了国家的尊严，给那些试图借民族矛盾肢解中华民族共同体，削弱中国实力的西方列强以沉重打击。而这些行动无疑也大大影响了中国人对如何处理中国民族关系的思考，特别是对于中国共产党民族政策、理论的探索与成熟具有非常重要的意义。

在中国与西方殖民势力发生碰撞之后，中国边疆的少数民族一直处于两种势力斗争的最前沿，而在大多数情况下边疆少数民族群众都毫不犹豫地选择了维护国家的统一和民族团结，不但在思想上自觉抵制西方殖民者煽动民族矛盾的宣传，而且还主动拿起武器抗击西方殖民者对中国边疆的侵扰。从 19 世纪 60 年代西藏各族人民抗击英国侵略者的战争和新疆哈、维、汉、蒙、回等族共同抗俄斗争，直到抗日战争时期各民族结成统一战线同仇敌忾，中国的少数民族在国家面临危机时，一次次用行动证明了他们对国家、对中华民族共同体的认同和忠诚。

而这也使得那些一度陷入西方民族主义泥淖中的思想家与政治家们，开始反思民族主义的有关理论，从中国社会自身的特点着手寻找处理国内民族问题的思路。中国共产党以民族区域自治制度为核心的民族政策、理论，正是在中国近代这样复杂的历史背景下产生的。

2. 民族区域自治理论的提出

中国民族关系发展的悠久历史以及中国近代遭遇的一系列民族灾难，是中国共产党民族政策、理论的现实基础。但是，中国共产党在成立初期对于中国的民族关系发展历史和当时所面临的民族灾难的本质认识尚浅，在思考少数民族地区治理的问题时，更多地受到了西方民族主义思想的影响，特别是由于对列宁的民族理论和苏联处理民族关系模式的盲目崇拜，使得中国共产党在成立初期几乎毫无保留地接受了苏联的民族政策、理论体系，即以民族自决为核心的一系列主张。但是，当中国共产党在发展中日趋成熟，对中国的历史和中国当时所面临的民族灾难有了更深刻的认识之后，便意识到了苏联的民族政策、理论与中国的社会现实有着非常大的差距，因此不断修正自己的民族政策、理论的内容，最终扬弃了民族自决的观念，而提出了全新的民族区域自治理论。

（1）中国共产党早期对民族自决与自治的思考

1921年7月中国共产党成立，当时的主要任务是确定党的纲领，明确党的基本任务、工作原则和党的组织方式。1922年7月，在中国共产党第二次全国代表大会上，开始探讨中国的民族问题，并在党的民主革命纲领中提出了关于民族问题的主张："统一中国本部（包括东三省）为真正民主共和国；""蒙古、西藏、回疆三部实行自治，为民主自治邦；""用自由联邦制，统一中国本部、蒙古、西藏、回疆，建立中华联邦共和国。"① 1923年6月，在党的第三次全国代表大会通过的党的最低纲领中，对民族自决有了更为直接的论述："西藏、蒙古、新疆、青海等地和中国本部的关系由各该民族自决。"② 1928年中共六大政治局会议又再次重申，"统一中国，承认民族自决权"。

这一时期中国共产党之所以主张民族自决，主要原因是对于马克思主义民族理论、苏联民族政策和中国的民族关系历史认识不够深入，对社会主义阵营的国际团结过于乐观，党的主要领导人在中国民族关系问题的处理上还存在一些过于理想主义的倾向。例如李大钊就提出"社会主义的精神，固极主张民族自决"。③ 陈独秀在早期也主张各民族应自决建立自己的国家，他认为"同族则相吸集，异族则相反拨，苟为他族所钳制压抑者，虽粉身碎骨，以图恢复，亦所不辞"。他曾将中国除汉族以外的其他

---

① 《中国共产党第二次全国大会宣言》，参看金炳镐：《民族纲领政策文献选编》第一编，中央民族大学出版社2006年版，第19页。

② 《中国共产党党纲草案》1923年7月，参看金炳镐：《民族纲领政策文献选编》第一编，中央民族大学出版社2006年版，第30页。

③ 韦英思：《李大钊民族思想概略》，载《西北民族研究》1989年第5期，第104页。

少数民族所建立的政权，都看作是外国。①

（2）民族自决与民族自治思想的并存期

中国共产党对于民族自决的主张，一直到中共开始在江西等地建立苏维埃根据地时，仍然还比较坚定。但这一时期，也开始出现了民族自治的萌芽，作为民族自决的一个补充。1931 年 11 月，中华工农兵苏维埃第一次全国代表大会通过的《中华苏维埃共和国宪法大纲》第十四条规定："中国苏维埃政权承认中国境内少数民族的民族自决权，一直承认到各弱小民族有同中国脱离，自己成立独立的国家的权利。蒙古，回，藏，苗，黎，高丽等人，凡是居住在中国地域内的，他们有完全自决权，加入或脱离中国苏维埃联邦，或建立自己的自治区域。中国苏维埃政权在现在要努力帮助这些弱小民族脱离帝国主义国民党军阀、王公、喇嘛、土司等的压迫统治而得到完全自主，苏维埃政权更要在这些民族中发展他们自己的民族文化和民族语言。"② 在这里，实现民族自决独立，依然是中国共产党民族政策的基本主张，但是建立民族自治区域，由苏维埃政权帮助少数民族进行革命，发展文化也开始列入大纲。这表明中国共产党虽然还没有放弃民族自决的主张，但是也已经开始寻找民族治理的新方式。同年，中华苏维埃还通过了《关于中国境内少数民族问题的决议案》，这个决议明确提出，苏维埃共和国必须特别注意落后民族共和国与自治区域内生产力的发展与文化的提高，必须为国内少数民族设立完全应用民族语言文字的学校、编辑馆与印刷局，允许在一切政府的机关使用本民族的语言文字，尽量引进当地民族的工农干部担任国家的管理工作，并且坚决反对一切大汉族主义的倾向。这些提法有许多成为后来民族区域自治政策的重要内容，这也表明了中国共产党开始从中国的实际情况出发认真考虑民族问题的应对方式，而不再拘泥于对马克思主义经典著作的机械理解。在此后中国共

---

① 何卓恩：《民族主义内在的困境——陈独秀国家观从民族主义到自由主义的转变》，载《安徽史学》2007 年第 3 期，第 111 页。

② 《中华苏维埃共和国宪法大纲》，参看金炳镐：《民族纲领政策文献选编》第一编，中央民族大学出版社 2006 年版，第 110 页。

产党关于民族问题的一些探讨和决策中，民族自决与民族自治常常同时出现，两者关系在初期并没有非常清晰的区分，但随着党对中国民族问题的认识越来越深刻，在民族自决和民族自治的选择中，中国共产党越来越多地认识到后者更符合中国的国情。

（3）民族自决思想的扬弃和民族区域自治思想的确立

在20世纪30年代初，中国共产党建立了自己的根据地，需要直接应对少数民族地区治理的实践问题之后，就已经认识到了民族自决这种容易导致误解的提法并不完全适用于中国民族关系的处理，因此从那时起就提出了民族自治，建立自治区域的主张，这可以看作是中国共产党民族区域自治理论的源头。但是，作为一套未来指导中国民族治理的核心理论，民族区域自治思想正式确立则要晚得多。

中国共产党在长征前后以及抗战时期，陆续建立了许多根据地，其中有的包括了一些少数民族居住区域。对于如何治理这些区域及这些少数民族居民，如何使中国境内的各族群能够更加团结，共同为实现更加宏伟的政治理想而并肩战斗，成为中共必须面对的紧迫的现实问题。这一时期在思想宣传上，中国共产党虽然尚未在民族自决和民族自治两者之间做出明确区分，但是根据地的现实情况却使得中共更多的是通过建立民族自治区域而非其他方式来治理少数民族聚居区。也正是这种实践经历，使中国共产党深刻认识到了自决与自治之间的区别，以及民族区域自治才是更符合中国国情的民族关系处理方式。早在红军长征途中，中国共产党就面临着处理与瑶族、苗族、彝族、藏族、回族、蒙古族等少数民族的关系问题，由于对民族自决与民族自治两者关系没有非常清楚的区分，在长征途中，中国共产党在如何处理这些少数民族聚居区与中华苏维埃中央的关系方面，提倡这些少数民族与中华苏维埃的关系由他们自决。例如1935年6月《中国工农红军政治部关于苗瑶工作中原则的指示》提出："汉民与瑶民的民族平等，给瑶民彻底的民族自决权（通俗些说瑶民的事由自己去决定，汉人不得干涉）。"[1] 但是，对于民族自决的目的，这一时期中国共产

① 中共中央统战部：《民族问题文献汇编》，中共中央党校出版社1991年版，第244页。

党有了更为深刻的认识，当时中央已经非常明确地指出："不能只在少数民族中空喊民族自决权和反对帝国主义，必须把这些问题与群众的生活需要、民族要求等切实的联系起来。"①至于如何将民族自决与少数民族群众的生活需要、民族要求等联系起来，中国共产党进行了很长时期的探索，在长征途中及到达陕北根据地之后，中共支持各少数民族地区群众进行自治，帮助他们培养干部，发展生产，这些针对少数民族地区的具体工作使中共对于少数民族聚居地区该如何治理的思考更为深入，同时也认识到片面强调少数民族自决或者独立建国，并不是解决中国境内民族问题的恰当选择。因此，虽然这一时期关于民族自决的提法仍然频繁地出现在党的文件中，但是对民族自决的内涵与目的却有了不同的解读，特别是在1937年《中共中央关于"民族统一纲领草案"问题致共产国际电》文中，明确指出了中国境内的民族自决是为了重新联合成新的国家，"承认中国境内各少数民族之平等权及其自决权，以组成各民族自由联合的中华民国"②。在此后中国共产党在民族地区治理上，更多地倾向于民族自治，而非具有民族独立建国倾向的民族自决。

1938年，中共中央针对内蒙古各地的自治运动做出指示，认为内蒙古"边区各少数民族，在居住集中地区，得划分民族区，组织民族自治政权，在不与省宪抵触原则下，得订立自治法规"③。这一指示意味着中央对内蒙古各地建立的少数民族政权的定位，是有限度的民族区域自治而非民族自决。在1945年《中共中央关于内蒙工作方针给晋察冀中央局的指示》中，中共中央更是明确提出了民族区域自治的概念，给内蒙古各地的自治运动定性是："对内蒙的基本方针，在目前是实行区域自治。"④这份文件的出台，事实上意味着中国共产党正式确定以民族区域自治的方式处理中国民族问题的思路。

---

①　中共中央统战部：《民族问题文献汇编》，中共中央党校出版社1991年版，第456页。
②　中共中央统战部：《民族问题文献汇编》，中共中央党校出版社1991年版，第467页。
③　中共中央统战部：《民族问题文献汇编》，中共中央党校出版社1991年版，第1047页。
"省宪"指当时管辖今内蒙古中西部地区的绥远、察哈尔等省的宪政文件。
④　中共中央统战部：《民族问题文献汇编》，中共中央党校出版社1991年版，第964页。

二、民族区域自治的早期实践

虽然民族区域自治的思想提出相对较晚，但是中国共产党领导下的民族地方自治的试验，实际上早在长征时期就已经开始，在陕甘宁根据地时期的民族地方自治实践则已经非常深入。内蒙古地区蒙古民族的自治运动如火如荼地开展，更是为中国共产党思考中国民族地区治理提供了大量的实践经验，直接促成了民族区域自治理论的定型和民族区域自治制度的诞生。

1. 中国共产党早期民族自治的实践探索

中国共产党成立之初的几年里，自身力量还非常弱小，没有自己的军事力量，也没有建立自己的政权组织，其主要工作还是发展党的组织和宣传党的主张。而没有真正接触到中国民族地方治理的实践问题。因此，导致了中国共产党早期多数领导人对中国民族问题的特殊性和复杂性认识尚不深刻，而是机械理解马克思、列宁等革命导师关于民族问题的论述，盲目崇拜苏联处理民族问题的理论和政策，所以这一时期中共几乎毫不怀疑民族自决和民族独立才是各民族实现解放的唯一出路。在中国共产党与国民党右派决裂，通过军事斗争在南方建立一系列根据地之后，由于接触的少数民族相对较少，因此对民族问题的认识仍然主要停留在理论层面，对民族主义思想中的一些激进主张依然毫无保留地接受并热情宣传。

但是，在"反围剿"斗争失败，中央红军被迫转移之后，情况发生了很大的变化。为了避开国民党重兵把守的区域，红军长征选择的基本上都是非常偏僻的路线，所经之处大多都是少数民族聚居区。这使得中国共产党主要领导人得以深入实地了解中国的少数民族和民族地区，近距离地观察民族地区的社会状况，亲身感受少数民族群众的生活方式和面临的现实问题。这些经历对于中国共产党关于民族问题的思考具有非常强大的震撼，使中共认识到中国的民族问题绝不仅仅是民族自决和独立建国就能解决的，中国的少数民族要实现民族解放，还需要做更多的具体工作，需要外力特别是具有进步取向的外部组织的帮助。同时，中国共产党也深刻地认识到，中国的民族关系与西方并不相同，虽然中国也有众多民族，但是各民族之间的关系实际上非常紧密，已经形成了你中有我，我中有你的局面，对中华民族共同体有着很强的向心力和归属感，处理中国的民族关系不能简单套用自决、独立等西方模式。

因此，在红军长征途中，虽然中国共产党并没有完全放弃民族自决、民族自我解放的宣传，但是在具体处理各少数民族地方现实问题时，则更多地采取了支持少数民族地方自治，帮助少数民族地方发展各项社会事业的策略。各少数民族地方也非常热情地拥护和支持中国共产党及红军，为中共中央和工农红军的战略转移、各根据地建设做出了极其重要的贡献。

当时针对长征途中经过的瑶、苗、彝、藏、回、蒙等少数民族地区，红军一方面积极动员各少数民族组织起来，进行民族自治，实现本民族解放；另一方面，则从政治、经济、军事、政权建设、干部培养、社会事业等方面，采取具体措施帮助少数民族地区实现社会进步。《中共中央政治局关于目前战略方针之补充决定》，对当时党的民族工作提出了总的要求："党在民族运动中的基本方针，应该是自下而上的发动群众的民族解放斗争。"在此后的一系列文件中，则对于在民族地区建立党的组织，改造民族地区经济利益分配格局，培养少数民族干部，民族地区自治政权组织形式，民族文化的保护等做了具体的规定。例如在经济方面，红军在少数民族地区一方面对剥削阶级和寄生阶层予以打击，另一方面对普通少数民族群众则制定了许多细致的规定以保护他们的实际利益，包括废除落后的社会治理制度，在少数民族地区进行土地改革，为红军与少数民族群众市场交易制定特别规则等。这些都是红军在经济上帮助少数民族地区实现改变的尝试。

中国共产党和红军处理民族关系的方针政策与措施，使少数民族群众切身感受中国共产党才是真正愿意而且能够带领他们实现民族解放的先进组织，因此即使这些少数民族地区自身发展水平很低，但是红军所经之处，少数民族群众几乎毫无例外地竭尽全力支持中国共产党和工农红军。红军在出江西后，经湘江战役的失败，主力红军减员非常严重，然而在湖南、广西、贵州、云南、四川等所经过的少数民族地区，大批少数民族青年踊跃参军，为红军补充了大批兵员，其中仅四川阿坝地区就有 5000 多少数民族青年参加了红军，而人口仅两万多的四川茂县，竟然有 1000 多羌族同胞参加红军。[1] 除了为红军输送了大批人员，少数民族地区的各族群众还为红军提供了大量的物资，为红军的发展壮大奠定了坚实的物质基础，仅在红军途经川北草地的艰难时期，甘孜、阿坝等地的藏民和羌民，就为红军提供了 80 多万斤粮食，而长征途中少数民族群众提供的衣服、被子、鞋袜等军需品更是不计其数。更为令人感动的是，成千上万的少数民族群众还不惧被国民党逮捕杀害的危险，一路随军提供劳务，帮助红军运送物资、制造军需品。长征途中，红军也尝试着建立民族地方政权机关，例如在四川甘孜建立的博巴政府，就有民族自治地方政府的一些特征。

正是长征的两万五千里行程使中国共产党对少数民族地区经济社会发展的现实状况，中国传承数千年的民族关系格局，对少数民族群众实现翻身解放的迫切愿望，以及少数民族对中国共产党毫无保留的拥戴与支持有了切近的感受。而这无疑是后来民族区域自治理论形成重要的实践基础。

2. 陕甘边区回民自治

中共中央及红军到达陕北之后，在陕甘宁边区建立了根据地，进入稳定发展的阶段。而陕甘宁边区正是中国回族聚居较集中的地区，因而这一时期党的民族工作内容也更加丰富，对民族地区治理的思路也日趋明朗。民族区域自治的思想，在这一时期基本上成型，并逐步替代了民族自决的思想。

1936 年 5 月，中共中央西北局在《关于目前红军进入西北地区组织临时革命政权问题的决定》中指出："在进入回民区域时则按当地斗争情况及根据回民群众意见组织回民抗日革命委员会、回民独立政府。但无论哪种组织形式其社会基础都应带着更广泛的民族性质，凡是赞成回民独立

---

① 罗佳英：《红军长征途中的民族工作》，载《中央民族学院学报》1987 年第 3 期，第 23 页。

解放运动，联合汉族一致抗日者都应团结在回民革命政权底下。在回汉杂处的地方……即在回民占大多数的区域则以回族为主组织革命的政权，汉人则在这一政权下成立自治委员会；如在汉人占大多数的地方则组织汉人的革命政权，同样成立回民自治委员会。"① 这是红军为进入回民区而事先提出的对回民区域的政策主张，其中虽然也还没有完全抛弃民族自决独立的提法，但是更多的是谈及回、汉两族居民的自治形式。

1936 年 7 月，红军西征结束，在广大回族同胞的支持下，给对外勾结日寇、对内残酷剥削压迫回族人民的宁夏土皇帝马鸿逵以沉重打击。在军队推进的同时，红军就放手发动回民群众建立回民联合会、回民解放会等事实上具有基层政权性质的群众自治组织。在 1936 年 8 月，红军更是派出大批有丰富政治经验的高级干部来到刚解放不久的回民聚居区，协助回民筹建自己的正式的自治政权。1936 年 10 月，中国历史上第一个民族自治县——豫海回民自治县宣告成立，同时通过了《豫海县回民自治政府条例》《减租减息条例》（草）、《土地条例》等自治性法规。从这个县级自治政权的成立可以看出，虽然中国共产党当时还没有从理论上在民族自决与民族自治两者之间做出明确的抉择，但是在民族治理实践中，很明显地倾向于自治而非自决，这无疑是当时客观条件下的必然选择。

1936 年 10 月，在毛泽东等人给红军驻各地领导人的电文中，更是多次谈及回民自治的权利及自治形式："凡属回民占少数的区域，亦以区、乡、村为单位，在民族平等的原则上，回民自己管理自己的事情，建立回民自治的政府""在完全为回人的乡或区内组织回民自治政府，凡愿意谋民族解放的人，阿訇也在内，均可加入。"② 在此精神指导下，红军在积极准备军事斗争以巩固根据地的同时，也大力帮助回民开展自治运动，建立了许多回民自治政权。这些实践活动，为后来的民族区域自治制度设计和实施提供了宝贵的经验。

经过多年民族自治运动的实践，回民自治的经验日趋成熟。1942 年

---

① 中共中央统战部：《民族问题文献汇编》，中共中央党校出版社 1991 年版，第 934 页。
② 中共中央统战部：《民族问题文献汇编》，中共中央党校出版社 1991 年版，第 934 页。

中共中央西北局在总结回民自治的经验基础上，发布了《建设回民自治区》的文件，针对回民自治区的任务、性质、职权及其建设的条件，自治区各项事业建设与政策，建设自治区的步骤，自治区参议会，提高边区回民文化教育水平，团结边区回教教派的政策，回民自治区党的任务，对回民党员及干部中的党的工作，回民干部中的党性问题，回民协会的组织与任务等问题，都做了非常详细的论述。其中关于回民自治区性质的定位是："回民自治区是民族平等政策在今天中国的具体应用，它的任务是团结抗战，实现民族平等，因此它的性质是新民主主义的自治区，其政权是回民族各阶级各阶层联合的政权——'三三制'的政权。""回民自治区是居住在边区领土上的一部分回民实行区域自治，因此，它仍是边区的一部分。""回民自治区在边区法令范围内，得制定单行法规，经边区政府批准颁布实行。""惟对边区政治方针、制度法令也必须遵守与实行。"①从这些表述不难看出，当时成立的一系列回民自治政权，已经有非常明显的民族区域自治的特征。而当时边区中央政府在放手发动回民自治的同时，也主动采取措施帮助回民自治政府培养干部，发展地方经济，开展民族教育，保护民族文化，建设回民军队。这些工作，事实上正是后来民族区域自治制度框架下中央或上级政府对民族自治地方职责的源头。也正是这些回民自治的实践活动，使得民族区域自治的提法，更为频繁地出现在了中国共产党和边区政府的重要文件中，为后来新中国相关制度的设计提供了蓝本。例如1941年《陕甘宁边区施政纲领》第十七条规定："依据民族平等原则，实行蒙、回民族与汉族在政治经济文化上的平等权利，建立蒙、回民族的自治区，尊重蒙、回民族的宗教信仰与风俗习惯。"1946年《陕甘宁边区宪法原则》第一章第九条："边区各少数民族，在居住集中地区，得划成民族区，组织民族自治政权，在不与省宪抵触原则下，得订立自治法规。"这些规定与后来新中国的宪法和宪法性文件对民族区域自治制度的原则规定已经非常接近。

---

① 参看周昆云：《抗日战争时期新民主主义民族区域自治新探——〈建设回民自治区〉的意义及其史料价值》，载《广西民族研究》2005年第3期，第1—9页。

3. 内蒙古地区自治运动

如果说中国共产党在陕甘宁边区的回民自治，还是对民族区域自治的一种探索的话，那么内蒙古地区的自治运动，则使得民族区域自治思想最终被确立为中共处理民族问题的核心思想。

早在 1925 年 10 月，在中国共产党和共产国际的帮助下，内蒙古人民革命党成立并在内蒙古地区开展了工农革命运动，1926 年内蒙古人民革命党组建了自己的武装，同年 8 月在该党的推动下，内蒙古废除了封建王公统治，建立了蒙古族自己的革命政权——公众委员会。但是，这一革命政权由于斗争经验不足，很快被反动势力镇压，此后内蒙古的革命活动相对较为隐蔽。1935 年，针对日本帝国主义假借"大蒙古主义"口号欺骗内蒙古人民，试图占领内蒙古地区，进而为其进军中国西北和南方铺平道路的阴谋，中华苏维埃政府发表了《对内蒙古人民宣言》，宣言指出："我们认为内蒙古人民自己才有权利解决自己内部的一切问题，谁也没有权利用暴力去干涉内蒙古民族的生活习惯、宗教道德以及其他的一切权利。同时，内蒙古民族可以从心所欲的组织起来，它有权按自主的原则，组织自己的生活，建立自己的政府……。"

1936 年，陕甘宁边区的范围延伸至绥远、察哈尔等蒙古族聚居较多的地方，中国共产党开始领导并帮助蒙古族群众开展民族自治运动，并于当年在伊盟建立了革命根据地。1938 年，中共中央决定在大青山蒙古族聚居区建立抗日根据地，并开始组建一些蒙古族自治地方政权机关。1939 年，中共中央及陕甘宁边区政府为蒙古族的精神领袖成吉思汗灵柩向内地的转移做了大量的配合工作，并开始在延安创立专门针对蒙古族进步人士的干部培训班，吸收和培养从内蒙古各地涌来的蒙古族革命人士。1945 年 11 月，中共晋察冀中央局向中央提出先成立内蒙古自治运动联合会，统一领导内蒙古自治运动，准备将来成立内蒙古自治政府的建议。中央同意了这一建议并指示目前各省区内之蒙民可先成立地方性质的自治政府。在中央有了明确指示之后，内蒙古自治运动联合会成立大会于当年 11 月 26 日在张家口召开，大会通过了内蒙古自治运动联合会目前工作的方针、会章、宣言等，宣布成立内蒙古自治运动联合会。这一自治运动联合会的成立，标志着中国共产党正式确定了以民族区域自治方式处理中国的民族问题。

三、民族区域自治制度的正式确立

民族区域自治从一种理论变成新中国处理民族问题的核心政策，经历了几个步骤，其转变过程早在新中国成立之前就已经开始。但是作为一项基本政治制度，它是在具有临时宪法性质的《中国人民政治协商会议共同纲领》和《中华人民共和国宪法》做出明确规定之后才正式确定下来。这一转变过程可以划分为三个阶段：

1. 对民族自决的扬弃

在内蒙古自治运动联合会成立之后，内蒙古自治运动如火如荼地开展起来，但是这一时期，还有一些人对于中国的各少数民族是该自决还是该自治，认识还比较模糊。而在抗战胜利之后，国民党政府为了丑化中国共产党形象，将内蒙古各地的自治运动宣扬为内蒙古地区要闹独立，而内蒙古一些传统贵族也不甘心因为民主改革而失去特权，利用中国共产党早年曾经主张过的民族自决口号来鼓吹内蒙古的自决与独立。针对这种情况，中共中央明确指示内蒙古地区党组织和内蒙古自治联合会："国民党现利用所谓内蒙古独立问题大造谣言，已引起国内外注意，我们对蒙古民族问题取慎重态度，根据和平建国纲领要求民族平等自治，但不应提出独立自决口号。"①

这一指示意味着，经过多年的理论探讨和实践探索，中国共产党对中国民族问题的性质和解决思路已经有了科学的认识，从而摆脱了对马克思主义民族理论的教条式理解，而且是在中国社会现实的基础上扬弃民族自决、选择了民族区域自治这一全新的方式作为处理中国民族问题的基本思路。

---

① 中共中央统战部：《民族问题文献汇编》，中共中央党校出版社1991年版，第1000页。

2. 内蒙古自治区政府的成立

内蒙古自治运动联合会成立之后，积极推动内蒙古东西合并，并为内蒙古自治区的成立做了大量准备工作。1946 年 4 月，东西蒙古会议召开，会议通过决议确定内蒙古自治运动的方针是区域自治，而不是独立自决，自治运动的领导者是中国共产党，统一领导机关是内蒙古自治运动联合会。1946 年 11 月，中共中央针对内蒙古自治运动的发展情况进一步发出指示："为了团结内蒙古人民共同抵抗蒋介石的军事进攻与政治压迫，现在即可联合东蒙西蒙成立一地方性的高度自治政府，发布施政纲领，对蒙汉杂居地区仍容纳汉人合作，并避免采取独立国形式。"指示同时要求为成立内蒙古自治政府进行准备，责成中共中央东北局制定具体方案并付诸实施。1947 年 3 月，中共中央为即将成立的内蒙古自治政府的方针及自治政府的性质做出指示："内蒙古民族自治政府非独立政府，它承认内蒙古民族自治政府仍属中国版图，并愿为中国真正民主联合政府之一部分"。[①]

内蒙古自治运动联合会始终按照中共中央的要求，筹备建立内蒙古自治区政府，并于 1947 年 4 月成功召开了内蒙古人民代表大会，通过了《内蒙古自治政府施政纲领》和《内蒙古自治政府暂行组织大纲》。在《内蒙古自治政府施政纲领》中明确规定：内蒙古自治政府是由内蒙古民族各阶层、内蒙古区域内各民族实行高度自治的区域性民主政府；内蒙古自治政府，以内蒙古各盟（包括盟内旗、县、市）、旗为自治区域，是中华人民共和国的组成部分。这次会议的召开，标志着内蒙古自治区的正式成立，而这也意味着民族区域自治制度作为解决中国民族问题的一种制度走向成熟。毕竟相对于过去在陕甘宁边区建立的一些民族自治政府而言，内蒙古自治区不但层级更高，而且涉及的自治区域面积更大、人口更多，内蒙古自治区的建立程序，对自治政府的各种权力和制度的设计都更为严格。这一切都在事实上给民族区域自治制度充实了内容，使得民族区域自治真正从一种思想变成了具有现实操作性的制度体系。

---

① 中共中央统战部：《民族问题文献汇编》，中共中央党校出版社 1991 年版，第 1095 页。

《内蒙古自治区政府施政纲领》和《内蒙古自治政府暂行组织大纲》中的许多规定，后来都成为新中国宪法和有关民族区域自治法律法规的重要参考。

3. 宪法性文件确认民族区域自治制度

1949年9月，随着中国人民解放军在全国范围内的迅速推进，全国的解放和统一指日可待，由中国共产党召集的人民政治协商会议在北京召开，开始探讨新中国的各项制度和政策。其中民族治理方面的制度和政策，无疑是会议的一项重要议题。这次会议邀请了许多少数民族代表参会，听取他们对于国家民族制度和政策设计的意见。这次会议通过了事实上相当于新中国临时宪法的《中国人民政治协商会议共同纲领》，《共同纲领》专门用一章阐述了中国的民族政策并原则性地规定了民族区域自治制度的主要内容：例如第五十条，"中华人民共和国境内各民族一律平等，实行团结互助，反对帝国主义和各民族内部的人民公敌，使中华人民共和国成为各民族友爱合作的大家庭。反对大民族主义和狭隘民族主义，禁止民族间的歧视、压迫和分裂各民族团结的行为"。第五十一条，"各少数民族聚居的地区，应实行民族的区域自治，按照民族聚居的人口多少和区域大小，分别建立各种民族自治机关。凡各民族杂居的地方及民族自治区内，各民族在当地政权机关中均应有相当名额的代表"。第五十二条，"中华人民共和国境内各少数民族，均有按照统一的国家军事制度，参加人民解放军及组织地方人民公安部队的权利"。第五十三条，"各少数民族均有发展其语言文字、保持或改革其风俗习惯及宗教信仰的自由。人民政府应帮助少数民族的人民大众发展其政治、经济、文化、教育的建设事业"。《共同纲领》的这些规定，意味着民族区域自治制度经过长期的实践探索和理论思考，已经成为中国社会普遍接受的共识，成为中国解决民族问题，处理民族关系的核心制度。

1954年第一届全国人民代表大会召开，制定了新中国第一部宪法，其中进一步明确了中国处理民族问题的基本政策制度，并对民族区域自治制度的内容做了更加细致的规范。这部宪法首先在序言中明确指出："中国各民族已经团结成为一个自由平等的民族大家庭。在发扬各民族间的友爱互助、反对帝国主义、反对各民族内部的人民公敌、反对大民族主义和地方民族主义的基础上，中国的民族团结将继续加强。国家在经济建设和文化建设的过程中将照顾各民族的需要，而在社会主义改造的问题上将充分注意各民族发展的特点。"然后在总纲中规定了中国处理民族问题的基本原则，总纲第三条规定："中华人民共和国是统一的多民族的国家。各民族一律平等。禁止对任何民族的歧视和压迫，禁止破坏各民族团结的行为。各民族都有使用和发展自己的语言文字的自由，都有保持或者改革自己的风俗习惯的自由。各少数民族聚居的地方实行区域自治。各民族自治地方都是中华人民共和国不可分离的部分。"同时，宪法还用一节6条条文具体规定民族区域自治制度的内容：第六十七条，"自治区、自治州、自治县的自治机关的组织，应当根据宪法第二章第四节规定的关于地方国家机关的组织的基本原则。自治机关的形式可以依照实行区域自治的民族大多数人民的意愿规定"。第六十八条，"在多民族杂居的自治区、自治州、自治县的自治机关中，各有关民族都应当有适当名额的代表"。第六十九条，"自治区、自治州、自治县的自治机关行使宪法第二章第四节规定的地方国家机关的职权"。第七十条，"自治区、自治州、自治县的自治机关依照宪法和法律规定的权限行使自治权。自治区、自治州、自治县的自治机关依照法律规定的权限管理本地方的财政。自治区、自治州、自治县的自治机关依照国家的军事制度组织本地方的公安部队。自治区、自治州、自治县的自治机关可以依照当地民族的政治、经济和文化的特点，制定自治条例和单行条例，报请全国人民代表大会常务委员会批准"。第七十一条，"自治区、自治州、自治县的自治机关在执行职务的时候，使用当地民族通用的一种或者几种语言文字"。第七十二条，"各上级国家机关应当充分保障各自治区、自治州、自治县的自治机关行使自治权，并且帮助各少数民族发展政治、经济和文化的建设事业"。民族区域自治入宪，标志着其作为一项政治制度的正式确立。

四、民族区域自治制度是中国民主政治的重要实现形式

民族区域自治思想，是中国共产党人在反思中国近现代史上民族地区治理出现的问题之后提出的，是基于民主精神的要求，对少数民族当家作主的政治权利的保护而提出的理论体系。民族区域自治制度的具体设计，也以保护少数民族自主管理本民族事务，平等参与国家事务管理权利为主要考虑。因此，民族区域自治制度作为一种处理民族问题的特殊制度，无疑是对民主精神的体现，这一制度本身就是中国民主政治制度的重要组成部分。民族区域自治制度从这样四个方面体现了民主精神：

1. 平等

民族区域自治制度提出的初衷，就是要解决在旧中国广泛存在的民族间不平等，特别是政治权利上的不平等问题，而平等正是民主精神的核心思想。民族区域自治从两个层次上实现和保障了少数民族群众作为国家公民的平等权利：第一，这一制度消除了民族间的歧视，实现了族群整体在政治、社会地位方面的真正平等。第二，这一制度在少数民族地区的推行，改造了过去存在于这些地方的剥削制度，实现了这些民族内部成员之间的平等。

在新中国成立后，国家通过民族区域自治制度基本上解决了中国民族之间以及各民族内部成员之间政治权利、社会地位的平等问题，但是由于历史发展的惯性，当前中国各民族间在经济发展水平上还存在一定程度的差距。因此，在新中国成立后，民族区域自治制度的主要任务，是在确保各民族政治平等的同时，促进各民族在发展权利方面的平等。基于民族区域自治制度设计的各种具体的民族政策中，发展民族地区经济社会事业的政策占了绝大部分，也正是民族区域自治制度对平等这一民主精神的核心目标的进一步追求。

2. 自治

民主精神的另一个重要内容，是对社会自治的尊重，正是广泛的社会自治，才能为全社会的民主政治运行创造条件。而社会自治具有多个层

次，少数民族自主处理涉及本民族、本地方事务是其中重要的组成部分。

民族区域自治制度，即是通过制度设计，确保少数民族能够在本民族聚居区域内实现自治。民族区域自治制度的主要内容，都是关于保护少数民族自主处理本民族、本地方事务的权利，规范民族自治地方自治机关运行，规范上级政府对民族自治地方的职责。

3. 程序

民主无论是作为一种理念还是一种制度，都特别强调程序的价值，非常注重用程序的公正保障实体的公正。民族区域自治制度为维护少数民族权利提供了多层次的程序保障：

首先，民族区域自治制度是高度法制化的制度、政策体系。民族自治地方的建置、民族自治地方自治机关的组织方式、民族自治地方自治权、民族自治地方上级政府的责任等，都有阶位很高的法律进行规范。这些法律，非有特别理由、不经法定程序不能变更。从这个意义上说，民族区域自治制度在立法程序上具有极高的稳定性。

其次，民族区域自治制度的实施具有程序性保障。《民族区域自治法》等法律，为民族区域自治制度的各项内容的实施设定了具体的程序规范，使得民族区域自治制度的实施具有程序性保障。如对于民族自治地方的建置、命名，自治地方立法的审批，自治地方重大政策的实施等，《民族区域自治法》和其他法律都设立了一些程序规范，有效地防止了因为程序不当而损害少数民族自主处理本地方本民族事务权利的现象发生。

4. 参与

民主政治的主要运行原则包括多数决定原则和少数人权利保护原则，在现实运行中则往往会转化为代议机构代表名额分配、政府首脑的选举、政权机关人员构成、政治权力的内容和行使方式等具体问题。

中国的民族区域自治制度在尊重少数民族自主处理本民族、本地方事务权力的同时，还为少数民族参与更高层级的政治过程提供了保障。宪法、民族区域自治法、选举法等对于少数民族人大代表选举方式、少数民族干部在各级政府机关中的比例、少数民族干部培养与任用等方面都做了特殊规定，以确保少数民族对国家政治生活的参与。

第三节 保护少数民族利益的制度与行动

一、民族识别

1. 进行民族识别的必要性

在民族区域自治制度被宪法确立为中国的重要政治制度之后，实施这一制度首先要解决的一个基本问题是：哪些人群应该纳入这一制度体系之中，成为制度的受益者？

在新中国成立以前，关于少数民族的认识非常模糊，甚至连对少数民族的称谓也相当混乱。仅在官方的正史中，就有"人""民人""种""种落""部""部落""族"等名词用以称呼不同的族群。而对于哪些人属于哪个民族，这些民族之间有什么差异，始终处于一种认识含混的状态。过去，将不同的少数民族看成一个族，或将同一少数民族区分为不同族的情况非常普遍。在部分少数民族内部，由于分支派系众多，对于哪些人与自己是同一族属也没有明确认知，许多少数民族群众往往只知道自己所属的族系名称，而不全然了解自己所属的民族的确切情况。

然而，民族区域自治制度这一全新的制度体系，需要根据少数民族聚居程度和具体的族属，来设计民族自治地方政权体系，配备少数民族干部，制定和执行符合特定民族地区社会现实情况的政策法规，兴办有针对性的社会事业。而民族身份认识上的混乱，无疑会使得这些工作难以开展。为此，从新中国成立之后不久，国家就着手开展了民族识别工作，以明确民族区域自治制度的受益主体和不同民族自治地方的自治主体民族。

2. 民族识别的依据和标准

由于民族区域自治制度的具体设计和实施，关系到少数民族群众的切身利益，同时也会对国家的政治运行和资源配置带来重大影响，因此全国上下对这一工作都非常重视。在民族识别工作的准备阶段和进行的过程中，有一个问题被不断地提出并讨论，那就是要依据什么样的标准来识别民族。

在民族识别的初期，不少学者认为民族识别需要严格按照马克思主义民族理论的标准来进行，而马克思主义关于民族问题的论述，能用于指导民族识别工作的内容，主要体现在斯大林《马克思主义与民族问题》一书中。在该书中，斯大林明确提出了民族的定义，而且在这定义中为民族识别提供了四个标准，即共同语言、共同地域、共同经济生活、共同心理素质。但在开展民族识别工作的初期，许多实际工作者发现，在有些地区特别是西南地区，民族识别工作很难完全依照这四项标准进行识别。

针对这种情况，有关部门和专家学者们在深入调查研究的实践基础上，根据中国少数民族的特点，提出了一个具有创新意义的建议，即只要是历史上形成的在语言、经济、文化、民族意识等方面具有明显特点的稳定的人群共同体，经过识别就可以确认为一个民族，而不必拘泥于斯大林民族定义中的四个标准。在民族认定的实践中，除了依据上述理论标准之外，还广泛征求各族民众意见，参照历史资料来认定不同的民族。

同时，对于民族的称谓，在民族识别工作开展的过程中，也在广泛征求各少数民族群众的意见基础上，做了许多修正，主要是改正了过去历史上形成的对少数民族具有歧视性的称谓。

3. 民族识别的过程

民族识别工作在新中国成立之后不到一年的时间就已经开始筹备了。从 1950 年开始，中央政府就派出了多批次中央访问团分赴少数民族聚居较多的区域，在宣传中央民族政策的同时，实地了解少数民族的名称、人口规模、语言、历史发展情况、文化特点等，为日后正式的民族识别工作获取了大量的实证资料。

1953 年中央派出专家组，赴浙江、福建等省调查畲族族属问题，全国范围内正式的民族调查工作由此开始。同年，中央陆续派出多支调查组，赴黑龙江、内蒙古调查确认了达斡尔民族。1954 年国家民委派出专家组赴云南开展民族识别调查，将 1953 年云南所报的 260 多个族称，归属为 22 个正式认定的民族。到 1954 年，中国已经确认了 38 个民族。从 1956 年起，在对不同少数民族进行专项调查之外，中央又开始组织对少数民族全面的社会历史调查，并于 1958 年派遣 16 个调查组分赴全国各省（区）少数民族聚居区，全面调查各民族的历史、社会、经济、语言、文化情况，并于 1964 年公布了 15 个新确认的少数民族。

1965 年确认了西藏林芝市的珞巴族，1979 年最后确认了基诺族，1982 年第三次人口普查时予以公布，至此全国 55 个少数民族全部得到确认。1986 年 6 月，国家民委在全面总结我国民族识别工作成就和经验的基础上，向国务院上报了《关于我国的民族识别工作和更改民族成分的情况报告》。1989 年 11 月，国家民委、公安部发出了《关于暂停更改民族成分工作的通知》。1990 年 5 月，国家民委、国务院第四次人口普查领导小组、公安部发出了《关于中国公民确定民族成分的规定》，至此，民族识别任务基本完成。

4. 民族识别工作的意义

民族识别工作的开展，各少数民族身份的正式认定，在中国民族关系发展史上具有划时代的意义。由于经过民族识别认定的民族具有正式的国家认可的特点，这使得这些民族的族群身份与国家的法律和政策能够直接联系在一起，从而使各少数民族的权利能够获得更为严格的保护，这使得中国的民族团结和社会稳定有了更好的保障。具体来说，民族识别工作的意义体现在：

（1）使中国各民族数千年来第一次明确了自己的正式族属身份。虽然中国自古以来就是一个多民族聚居的国家，但是几乎从来没有对民族进行识别和认定。历史上对不同民族的称谓纷繁复杂，但是对于哪些人属于哪个民族，却又没有一种清晰的区分。民族识别工作的进行，则结束了这种对民族——族属现象的模糊认识，使各民族成员的族属身份有了正式的认定。

（2）为民族区域自治制度的具体实施提供了现实依据。民族区域自治制度涉及的民族自治地方政权建设、自治主体民族确定、自治民族与非自治民族在自治地方政权中的代表、少数民族人大代表、特殊的民族自治地方政策法规制定等内容，都需要先明确在哪些地方有哪些少数民族聚居，每个民族的人口规模，占当地人口的比例等。在民族身份模糊的情况下，民族区域制度的这些具体内容将无法实施，而民族识别工作则为民族区域自治制度的实施提供了依据。

（3）为特殊的民族政策的设计提供了依据。除了民族区域自治制度框架下的各种政策措施之外，党和国家在每一个重要发展阶段，都会有针对性地推出一批解决少数民族和民族地区特殊问题的政策措施。这些政策措施针对的对象具有一定的特殊性，政策的内容也往往是和某个民族的特殊需要有关。如果居民的族属关系模糊，这些政策的内容将缺乏现实基础，变得毫无意义。民族识别工作使得这类政策措施具备了详尽的社会现实状况支撑，具有更强的针对性和科学性。

在肯定民族识别工作对于中国民族政策实施的基础性作用的同时，对于这一工作可能引致的其他问题，也需要进行深入的探索和思考。由于中国的民族识别事实上与户籍制度、对少数民族的特殊利益安排、民族自治地方的建置和政权机关组建等政治、经济和社会制度紧密相关，它是否会引发狭隘的民族利益观和民族情感，是否会将处于变动状态的民族群体固化甚至僵化，是否会导致民族间利益界限过分清晰进而引发新的矛盾，都是需要进一步探讨的问题。

二、民族自治地方政权建设的开展

在民族识别工作开展的同时，国家也着手大规模建设民族自治地方政权。这一工作主要包括三个方面的具体内容：

1. 各层级自治地方的建立及其政权机关的建设

新中国成立以前，中国共产党在解放区就已经建立了一些民族自治地方，但是数量比较少，而且建置也缺乏规范性。新中国成立后，国家一方面支持在少数民族聚居区建立民族自治地方，另一方面也对民族自治地方建置的规范化采取了许多措施。

在建立新的民族自治地方方面，20世纪50年代是一个高潮。从1950年到1959年，中国共建立了84个民族自治地方，其中包括3个自治区，28个自治州，以及53个自治县。在当时经过识别认定的民族中，人口规模达到一定程度以及聚居程度较高的少数民族，基本上都建立起了自己的民族自治地方。

20世纪60年代，中国新建立的民族自治地方数量较少，在"文革"期间这一工作甚至完全中断。直到1979年重新恢复，20世纪80年代掀起新一波建立民族自治地方的高潮，许多聚居程度较低的少数民族建立了自己的自治县，到20世纪90年代以后，这一工作基本完成。迄今为止，我国共建有5个自治区、30个自治州、120个自治县（旗），共155个民族自治地方。在55个少数民族中，有44个建立了自治地方，实行区域自治的少数民族人口占少数民族总人口的77%，民族自治地方的面积占全国国土面积的64%。此外，作为民族区域自治制度的补充，还建立了一千多个民族乡，11个因人口较少且聚居区域较小而没有实行区域自治的少数民族中，有9个建有民族乡。

在规范民族自治地方建置方面，新中国第一部宪法性文件《中国人民政治协商会议共同纲领》中原则性规定：各少数民族聚居的地区，应实行民族区域自治，按照民族聚居的人口多少和区域大小，分别建立各种民族自治机关。凡各民族杂居的地方及民族自治区内，各民族在当地政权机关中均应有相当名额的代表。随后国家出台了《民族区域自治实施纲要》（以下简称《纲要》），具体指导民族自治地方政权建设和运行。对于新建民族自治地方，《纲要》做了具体规范：

（1）根据现实条件，建立不同类型的民族自治地方。各少数民族聚居的地区，依据当地民族关系，经济发展条件，并参酌历史情况，得分别建立下列各种自治区：一、以一个少数民族聚居区为基础而建立的自治区。二、以一个大的少数民族聚居区为基础，并包括个别人口很少的其他少数民族聚居区所建立的自治区。包括在此种自治区内的各个人口很少的其他少数民族聚居区，均应实行区域自治。三、以两个或多个少数民族聚居区为基础联合建立的自治区。此种自治区内各少数民族聚居区是否需要单独建立民族自治区，应视具体情况及有关民族的志愿而决定。

（2）新建民族自治地方区划、名称的界定和建置审批。各民族自治区的名称，除特殊情况外，由民族名称冠以地方名称组成之。关于各民族自治区区域界限的划定和调整，行政地位和名称的确定，均由各有关的直接上级人民政府与各有关的民族代表协商拟定，报请上一级人民政府核准；相当于县以上行政地位者，须报请中央人民政府政务院批准。凡经各级地方人民政府核准者，并须层报中央人民政府政务院备案。

（3）自治机关的组织方式和地位。各民族自治区自治机关的建立，应依据民主集中制和人民代表大会制的基本原则。各民族自治区的人民政府机关，应以实行区域自治的民族人员为主要成分组成之；同时应包括自治区内适当数量的其他少数民族和汉族的人员。各民族自治区自治机关的隶属关系，除特殊情况外，决定于各该自治区的行政地位。

（4）自治权利和权力。《纲要》用11个条文，具体规定了民族自治地方享有的权利，民族自治地方自治机关可以行使的权力。

（5）自治地方内部民族关系的处理原则。主要是确保在民族自治地方区域范围内，不同的民族之间地位平等，出现问题协商解决，以及规定国家法律在自治地方内的行使。

（6）上级政府与民族自治地方的关系。《纲要》对上级政府在处理涉及民族自治地方问题时的权力行使方式做了特别的规定。《纲要》出台之后，中央鉴于民族自治地方层级过多、名称单一而导致的对民族自治地方认识上的混乱，进一步调整了对民族自治地方层级和名称的规范。在层级上，《纲要》规定的是5级民族自治地方，后来改为3级，在名称上，原来所有的自治地方都叫自治区，后来则区分为自治区、自治州、自治县3级。这种调整后来被1954年宪法作为民族区域自治制度规范条文确认。

2. 民族事务立法工作的开展

民族自治地方政权建设的第二项重大任务，是民族事务的立法和各民族自治地方的自治立法工作。

在新中国成立之后的短短几年中，中央陆续出台了一系列涉及民族事务的法律法规和文件，以规范民族事务的管理，保障少数民族和民族自治地方的权利。具体成果包括：1950年《培养少数民族干部试行方案》；1951年政务院《关于处理带有歧视或侮辱少数民族性质的称谓、地名、碑碣、匾联的指示》；1952年政务院《关于保障一切散居的少数民族成分享有民族平等权利的决定》；1952年政务院《关于地方民族民主联合政府实施办法的决定》；1952年政务院的《民族区域自治实施纲要》；1953年《选举法》关于少数民族的规定；1954年宪法关于民族问题的规定；1955年国务院《关于建立民族乡的若干问题的指示》等。这一时期的民族法制建设，主要围绕着解决当时比较突出的涉及民族事务的问题展开，如废除民族歧视和民族压迫制度，实现民族平等，进行民主改革，解放生产力，实行民族区域自治，培养少数民族干部等。

在中央陆续出台各类保护少数民族权利，保障民族区域自治制度实行的法律法规的鼓舞下，这一时期各民族自治地方也掀起制定民族自治地方法规的高潮。虽然《中国人民政治协商会议共同纲领》没有明确提到民族自治地方自治机关可以制定自治地方法规。但是在《民族区域自治制度实施纲要》中则明确规定："各民族自治区自治机关在中央人民政府和上级人民政府法令所规定的范围内，依其自治权限，得制定本自治区单行法规，层报上两级人民政府核准。凡经各级地方人民政府核准的各民族自治区单行法规，均须层报中央人民政府政务院备案。"1954年宪法进一步规定："自治区、自治州、自治县的自治机关可以依照当地民族的政治、经济和文化的特点，制定自治条例和单行条例，报请全国人民代表大会常务委员会批准。"这些法律规范构成了民族自治地方立法的依据。从1950年到1957年，各个新成立的民族自治地方，在积极组建政权机关的同时，也将制定本地方的自治条例和单行条例作为一项重要任务来抓。在短短几年里，由各民族自治地方制定并报经全国人大常委会批准颁布的民族自治地方自治机关的组织条例，或民族自治地方各级人民代表大会和各级人民委员会的组织条例就有 46 个①。同时，还有更多的民族自治地方为自治立法做了准备工作。

但是由于 1957 年之后国家形势发生了巨大变化，使民族自治地方立法工作陷于停顿，民族自治地方已经完成草拟工作的自治地方法规也无法出台。此后，长达十年的"文革"动乱，更是导致了民族自治地方立法工作的全面停滞。

直到 1978 年党的十一届三中全会之后，民族事务立法和民族自治地方立法工作才得以恢复。国务院各部委依照《民族区域自治法》出台的配套法规、规章，各省、自治区、直辖市按《民族区域自治法》制定的法规、规章，民族自治地方自治条例、单行条例和对现行法律的补充规定、变通规定，在这一时期大量颁行。目前，我国现行有效的 267 件法律中有 90 件涉及民族事务，755 件行政法规中有 68 件涉及民族事务，自治地方制定了 139 件自治条例、753 件单行条例、64 件变通和补充规定，为民族区域自治制度的实施提供了有力的法律保障。

3. 少数民族干部培养

在民族区域自治制度实践过程中，民族干部培养工作是一项重要的内容。只有培养和任用大量既了解民族地区情况，又能够为治理本民族、本地方事务奉献智慧和精力的民族干部，民族区域自治制度的实施才能得到有力的保障。

在新中国成立以前，由于民族区域自治制度尚处于探索阶段，民族干部培养任用的模式还未定型，全国只在少数几个解放区尝试着用特别渠道培养和任用少数民族干部。但在新中国成立以后，随着民族自治地方的大量建立，对少数民族干部的需求猛然增加，这对中国民族干部培养和任用制度提出了新的挑战。为此，党中央和国务院（政务院）非常重视民族干部的培养工作，并为此采取了许多切实有效的措施。

早在新中国成立初期，毛泽东、周恩来等中央领导同志就对民族干部的培养任用工作多次做了指示。1956 年 7 月 22 日，中央政治局召开会议

---

① 史筠：《民族法制研究》，北京大学出版社 1986 年版，第 7 页。

研究《关于四川省藏、彝改革问题》，毛泽东同志在讲话中明确提出："要注意培养少数民族党员干部，逐步以少数民族干部来代替汉族干部，""县、州、区的少数民族干部要逐年增加，少数民族中要出书记，委员中民族干部要占大多数，""我们所说的民族自治，就是在少数民族地区认真做到少数民族为主、汉人为辅。"① 主持政务院工作的周恩来总理也多次就民族干部的培养任用做出指示，提出了在民族自治地方要实现自治机关干部民族化，要加强少数民族干部队伍的培养工作。他指出："关于干部方面的民族化，就是民族干部应当有一定的比例。""在每个民族自治地方，民族干部该做负责工作。"② 对于当时民族干部队伍规模小，素质低，在民族自治地方自治机关中比例不高的现象，周恩来指出："在少数民族地区，办事情要靠少数民族干部，因此我们必须培养少数民族干部，逐步使他们在各民族自治地方的自治机关、企业、学校中都占大多数，并且担任主要的领导职务。""应当有步骤地有计划地培养民族干部，要派好的干部到中央、省来学习，也要多把好的干部派回去。"③ 在中央领导的直接推动下，1950 年政务院通过了《培养少数民族干部试行方案》和《筹办中央民族学院试行方案》，开始构建大规模、多层次的民族干部培养体系。

在《培养少数民族干部试行方案》中，明确提出了培养少数民族干部的基本原则和方式："以开办政治学校和政治训练班，培养普通政治干部为主，迫切需要的专业与技术干部为辅。应尽量吸收知识分子，提高旧的，培养新的，并须培养适当数量志愿做少数民族工作的汉族干部，以便帮助各少数民族的解放事业与建设工作。"④ 在具体实践中，民族干部培养则探索出多种行之有效的形式：第一，民族干部与汉族干部一起工作，在处理具体事务的过程中学习成长；第二，举办各种长、短期的培训班，

---

① 中组部、统战部：《培养选拔少数民族干部》，中华工商联合出版社 1994 年版，第 259 页。

② 周恩来：《周恩来统一战线文选》，人民出版社 1984 年版，第 382 页。

③ 周恩来：《周恩来统一战线文选》，人民出版社 1984 年版，第 386 页。

④ 《民族政策文件汇编》第一编，人民出版社 1958 年版，第 12 页。

提高民族干部的政治素质和业务能力；第三，兴办民族院校，为民族地区培养和输送具有较高学历的专门人才；第四，组织少数民族干部到内地参观访问，学习内地的先进经验和工作方法。

就民族干部培养而言，最核心的一点无疑是让少数民族干部走上各级领导岗位，切实履行起治理本民族、本地方事务的职责，并在工作中不断学习和提高。新中国成立初期，在国家的大力支持下，民族干部队伍不断扩大，1949 年，全国少数民族干部仅 1 万多人，到 1951 年就已经发展到 5 万多人，1953 年则达到 10 万人左右。而 1956 年 9 月，乌兰夫同志在中共八大发言时指出，当时已有少数民族干部已有 21 万多人。短短 7 年时间，少数民族干部队伍扩大了 20 倍，而且许多少数民族干部成为民族自治地方自治机关的主要负责人，还有相当数量的少数民族干部进入中央担任党和国家领导人。

第四节 “文革”时期民族关系的曲折发展

在“文革”期间，民族区域自治制度与中国的其他各项事业一样，遭到了相当严重的破坏。民族自治法规被搁置，民族自治地方政权机关被架空，许多针对民族地区发展的支持政策也因为国家的混乱局面而陷入停顿，不少优秀的少数民族干部受到迫害。“文革”十年，民族区域自治制度在曲折和动荡中经受了严峻的考验。

具体而言，“文革”对民族区域自治制度的破坏体现在这样四个方面：

一、民族理论和民族工作的价值被否定

中国共产党的民族理论，是中国民族区域自治制度的理论基础，在这一理论基础上形成的民族工作理论、机构和方法，则具体推动了中国民族政策的实施。中国共产党从成立伊始，就极其重视民族工作，随着党的成熟和发展壮大，中共为应对中国的民族问题提出了体系完整，内容科学且

涉及面非常广泛的民族理论，并且坚持民族平等、民族团结的基本原则，开展了切实有效的民族工作，积极支持少数民族在其聚居地区实行民族区域自治，采取措施扶持少数民族聚居地区的经济社会发展。

然而，在"文革"期间，中国共产党的民族理论和民族工作的价值却受到了质疑。从而使得整个民族区域自治制度体系失去了理论支持。这一时期对民族理论和民族工作价值的否定，主要有以下三个方面：

第一，否认社会主义时期民族差异的存在

"文革"时期的极"左"思潮，否认民族差异在社会主义时期依然存在，将社会客观存在的民族特点和民族差异都当作"封""资""修"来进行批判。在"再提民族特点就要犯错误"的论调下，"文革"之前认定的一些少数民族被诬蔑为假民族。"文革"期间，在一些地方甚至发生反对各民族保持自己的民族传统和民族特点，强行推动所谓的"民族融合"的事件。既然民族的存在和民族间的差异都被否定，那么其他关于民族工作的思想和实践当然就失去了归依。

第二，将民族问题直接等同于阶级问题

虽然"文革"期间的极"左"思潮否认社会主义时期存在民族差别，但现实中的民族问题并不会因为某些人主观否认民族存在就会消失。为了掩饰其否认民族存在的荒谬，重新解释现实中存在的民族间的差异和民族问题，极"左"路线的代表人物将"以阶级斗争为纲"的思想直接移植到民族问题上，将民族问题定性为"阶级问题"。"在阶级社会民族问题的实质是阶级问题"[1] 这一定性，为当时一些人打压民族工作机构，迫害民族工作干部提供了理论依据。

第三，否定中央民族事务工作部门存在的价值

由于民族差异的存在被否认，民族问题的定性被篡改，因此民族事务工作机构也就失去了存在的价值。"文革"时期的极"左"思潮认为，"我们不能停留在五十年代那样的思想、政策、策略水平，不能再渲染民

---

① 牙含章：《民族问题与宗教问题》，中国社会科学出版社 1984 年版，第 135 页。

族特殊，扩大民族差别，助民族主义之滋长"①。"文革"开始后不久，中央负责民族宗教事务管理的统战部就被扣上了"修正主义""投降主义"的帽子，成为所谓的"修正主义司令部"，其他的民族、宗教工作部门，则是执行"修正主义""投降主义"路线的"资本主义复辟所"。这些部门为团结少数民族群众和宗教信众而采取的工作，则自然成为向阶级敌人投降的错误工作，成为"复辟资本主义"的工具。在这种错误思潮的冲击下，全国的民族工作机构和部门有许多被撤销。

经过这样三个步骤，党在长期革命斗争和社会主义建设过程中形成的民族工作理论和政策体系被全盘否定，你死我活的"阶级斗争"方式代替了以团结合作为主的民族工作策略。

二、民族法律法规被废弃

由于民族存在都成为问题，党的民族工作和民族政策价值被否定，因此在"文革"时期，一系列指导民族区域自治的法律法规也成为极"左"思潮无法容忍的"修正主义"文件。在以狂热的"革命运动"代替法律治理国家的氛围下，民族区域自治系列法规也不可避免地遭到了破坏。

"文革"期间民族法律法规受到的破坏，首先表现在为民族区域自治的纲领性法规《中华人民共和国民族区域自治实施纲要》受到了蔑视和破坏。例如《纲要》规定"各民族自治区自治机关得采用各民族自己的语言文字，以发展各民族的文化教育事业"②。而林彪、"四人帮"集团则鼓吹"民族问题已经解决了，民族学校已经完成了历史使命"，并在1971年全国教育工作会议上提出撤销民族学校，使大量民族中小学甚至大学因此停办。同时，他们将少数民族语言定位为"无用、落后"的语言，要求禁止少数民族使用自己的语言文字，停办少数民族文字出版发行的报

---

① 闵岩：《批判"四人帮"破坏民族工作的罪行》，载《中央民族大学学报》（哲学社会科学版）1978年第1期，第3页。

② 《中华人民共和国民族区域自治实施纲要》第十六条，参看金炳镐：《民族纲领政策文献选编》第二编，中央民族大学出版社2006年版，第471页。

纸、期刊、杂志，中止少数民族图书出版和翻译工作。《纲要》规定"各民族自治区自治机关须保障自治区内的各民族都享有民族平等权利；教育各民族人民互相尊重其语言文字、风俗习惯及宗教信仰；禁止民族间的歧视和压迫，禁止任何煽动民族纠纷的行为"[①]。而林彪、"四人帮"集团则公然宣扬说少数民族的一些风俗习惯是陈规陋习、封建迷信，不少少数民族传统节日被禁止和取缔，少数民族服饰也被禁止穿戴，少数民族音乐舞蹈被禁止演出和传播，甚至连少数民族的一些生活方式都被当作资产阶级腐朽生活方式而被压制。

更为严重的是，"文革"后期，在极"左"思潮的推动下，宪法中的民族区域自治条款被大量修改，民族区域自治制度的法律渊源被严重破坏。"文革"期间对五四宪法中关于民族自治条款的修订主要表现在：首先，前言中对民族问题的论述被修改和颠覆。1954 年宪法前言，关于民族问题有这样的论述："中国各民族已经团结成为一个自由平等的民族大家庭。在发扬各民族间的友爱互助、反对帝国主义、反对各民族内部的人民公敌、反对大民族主义和地方民族主义的基础上，中国的民族团结将继续加强。国家在经济建设和文化建设的过程中将照顾各民族的需要，而在社会主义改造的问题上将充分注意各民族发展的特点。"在 1975 年宪法中，这些论述被废弃，代之以"我们要巩固工人阶级领导的以工农联盟为基础的各族人民的大团结，发展革命统一战线。要正确区别和处理敌我矛盾和人民内部矛盾"。从而为将民族矛盾定性为阶级矛盾提供了法律基础。其次，总纲中的许多重要规定被删除或篡改。1954 年宪法总纲中对民族问题做了比较全面的表述："中华人民共和国是统一的多民族的国家。各民族一律平等。禁止对任何民族的歧视和压迫，禁止破坏各民族团结的行为。各民族都有使用和发展自己的语言文字的自由，都有保持或者改革自己的风俗习惯的自由。各少数民族聚居的地方实行区域自治。各民族自治地方都是中华人民共和国不可分离的部分。"但到 1975 年宪法中，这一条变成了："中华人民共和国是统一的多民族的国家。实行民族区域

---

① 《中华人民共和国民族区域自治实施纲要》第二十五条。

自治的地方，都是中华人民共和国不可分离的部分。各民族一律平等。反对大民族主义和地方民族主义。各民族都有使用自己的语言文字的自由。"而"禁止对任何民族的歧视和压迫，禁止破坏各民族团结的行为"都不见了，"各民族都有使用和发展自己的语言文字的自由，都有保持或者改革自己的风俗习惯的自由"的规定中，只剩下使用语言文字的自由，"保持或改革自己风俗习惯的自由"被删除，这一条中最关键的内容"各少数民族聚居的地方实行区域自治"的基本原则甚至也被删除了。再次，宪法中关于民族自治地方政权设置的规定被大量删除或弱化。在1954年宪法中，民族自治地方人大、政府的设置和各自权限规定得非常明确，而到了1975年宪法中，人大虽然被保留，但对政府的规定却非常混乱。"革委会"不但行使部分甚至全部的人大职权，而且是法定的地方行政机关（政府），同时又可以任命地方法院主要领导，检察院更是成为公安局的一部分。这种混淆立法、行政、司法的规定，使得自治地方的自治机关究竟怎么定位及如何组织都成了问题。最后，自治权的内容完全被虚化了。在1954年宪法中，用了一节六个条文规定民族自治地方自治机关的组织原则及自治权，其中第六十七条规定自治机关的形式可以依照实行区域自治的民族大多数人民的意愿确定，第六十八条规定自治机关中民族代表性，第六十九条规定自治机关享有一般地方政权机关所有的权力，第七十条规定财政、治安、地方立法的自治权，第七十一条规定自治地方自治机关工作语言自主权，第七十二条规定上级政府对民族自治地方的扶助义务。这些规定使得民族区域自治制度的内容非常丰富，也具有可操作性。而到1975年宪法中，自治权的内容规定得非常简单和空洞。全部规定只有一条三目："自治区、自治州、自治县都是民族自治地方，它的自治机关是人民代表大会和革命委员会。民族自治地方的自治机关除行使宪法第二章第三节规定的地方国家机关的职权外，可以依照法律规定的权限行使自治权。各上级国家机关应当充分保障各民族自治地方的自治机关行使自治权，积极支持各少数民族进行社会主义革命和社会主义建设。"这其中自治权是什么或者有哪些权项根本没有界定，从而使得自治权成为一个没有内涵外延的虚无概念。

三、民族自治地方政权机关被削弱

由于对民族工作、民族问题和民族法规的全面否定，基于民族区域自治制度而建立的民族自治地方政权机关的正当权利因而失去了保护。在极"左"思潮的推动下，当时全国上下对民族自治地方政权体系进行了大规模的改组，使得民族自治地方政权体系变得支离破碎，甚至连正常的社会治理工作都无法开展，更不用说行使自治权，维护本地方各族人民的利益。"文革"期间对民族自治地方政权机关的破坏主要表现为以下几个方面：

（1）将民族自治等同于搞分裂，搞独立王国。林彪、"四人帮"集团曾多次在党和国家的重要会议上，公开指责一些民族自治地方是在搞分裂，搞独立王国。认为他们要求民族区域自治权利，就是要同中央对着干，是不想服从中央的管理。

（2）非法撤销自治地方或变更自治地方疆域划分。1952年《中华人民共和国民族区域自治实施纲要》第九条规定："关于各民族自治区区域界限的划定和调整，行政地位和名称的确定，均由各有关的直接上级人民政府与各有关的民族代表协商拟定，报请上一级人民政府核准；相当于县以上行政地位者，须报请中央人民政府政务院批准。凡经各级地方人民政府核准者，并须层报中央人民政府政务院备案。"这条规定从程序上确保了民族自治地方建制的严肃性，是从程序上保护民族区域自治制度实施的法律措施。但是，在"文革"期间，这一程序规定并没有得到很好的尊重，有不少地方未经严格的法律程序，任意地撤销了一些民族自治地方，变更了一些民族自治地方的区域范围，使得民族自治地方的建制失去了应有的程序保障。如云南西双版纳傣族自治州、德宏傣族景颇族自治州、迪庆藏族自治州等，在"文革"时期都被撤销，内蒙古自治区的数个盟旗，分别被划入黑龙江、吉林、辽宁、宁夏、甘肃等省区。

（3）在民族自治地方开展夺权运动，使民族自治地方政权机关陷于瘫痪。"文革"期间席卷全国的夺权运动，使民族自治地方也受到了严重冲击。"造反派"占领民族自治地方党委、人大、政府等机关，夺取权力，以定位不清的革委会代替民族自治地方自治机关，使得民族自治地方党政系统陷于瘫痪。

四、民族干部队伍受到冲击

培养和造就大量少数民族干部，是更好地执行党和国家民族政策，团结各少数民族群众，构建融洽的民族关系的重要保障。为此，中国共产党在土地革命时期就已经开始注意培养少数民族干部，任用熟悉少数民族情况、真诚地为少数民族群众利益服务的民族干部，来推动党的民族政策的贯彻执行。在新中国成立之后，党和国家建立了不同类型的民族干部培养体系，通过民族院校和党政系统内培训等方式大规模地培养少数民族干部。民族干部队伍在这一时期得到了持续的壮大，从而为国家民族工作的开展和民族政策的执行提供了有力的支持。但是在"文革"期间，一大批民族干部遭到批斗和迫害，许多专门培养民族干部的大专院校及培训班被撤销，党政系统内民族干部交流培养活动被中断，民族干部培养工作陷入停滞。党和国家花费数十年时间建立的民族干部培养体系以及培养出来的大批民族干部都受到了严重的冲击。

第五节　民族区域自治制度的法制化

从1978年党的十一届三中全会到1982年全国"拨乱反正"工作基本结束的期间，党和国家逐步采取了许多措施，以消除"文革"对民族关系造成的伤害。而在"拨乱反正"工作完成之后，全国范围内建设中国特色社会主义事业逐步走上正轨，以法律和制度来确保社会的稳定，确保各项事业的平稳进行，成为当时的迫切需要，这一时期因而成为中国法制建设的一个高潮期。也正是在这样的大背景下，民族区域自治制度经过几年的恢复和重建之后，以法制形式保障民族区域自治制度的稳定也被提上了政治日程。在整个 20 世纪 80 年代，对于民族区域自治制度的发展而言，最丰硕的成果就是民族法制建设。这一时期，宪法中关于民族问题的规范做了修改和完善，专门规范少数民族事务的基本法《民族区域自治法》得以出台，而且几乎所有的重要法律都为了适应宪法和《民族区域自治法》的规定，对涉及少数民族和民族地区的内容做了修正。同时，各民族自治地方出台的地方性法规更是如雨后春笋般不断涌现。因此，这一时期堪称是中国民族区域自治制度的法制化阶段。

一、民族区域自治制度从政策向法制过渡的理论准备

早在"文革"结束之后的拨乱反正过程中，人们对"文革"中一系列过激现象进行反思时，普遍都认识到法律、制度的缺失，个人意志和专制权力对整个社会影响力过大，是造成"文革"动乱局面的重要原因。因此，加强民主法制建设，以制度约束权力，以法律规范行动，成为这一时期理论探讨的热点。

早在 1978 年党的十一届三中全会的闭幕式讲话中，邓小平同志就提出了民主制度化、法律化，以法律保障民主，以制度约束领导人权力的要求。他认为："为了保障人民民主，必须加强法制。必须使民主制度化、法律化，使这种制度和法律不因领导人的改变而改变，不因领导人的看法和注意力的改变而改变。现在的问题是法律很不完备，很多法律还没有制定出来。往往把领导人说的话当作'法'，不赞成领导人说的话就叫作'违法'，领导人的话改变了，'法'也就跟着改变。"[①] 1979 年 6 月，邓小平同志对全国的法制建设进一步提出了要求，他说："我们好多年实际上没有法，没有可遵循的东西。这次全国人大开会制定了七个法律。有的实际上部分地修改了我们的宪法，比如取消革命委员会，恢复原来的行政体制。这是建立安定团结政治局面的必要保障。没有安定团结生动活泼的政治局面，搞四个现代化就不行。这次会议以后，要接着制定一系列的法律。我们的民法还没有，要制定；经济方面的很多法律，比如工厂法等

---

① 《邓小平文选》第二卷，人民出版社 1993 年版，第 146 页。

等，也要制定。我们的法律是太少了，成百个法律总要有的，这方面有很多工作要做，现在只是开端。民主要坚持下去，法制要坚持下去。这好像两只手，任何一只手削弱都不行。"① 1980 年 8 月，邓小平同志在谈到党和国家领导制度的改革问题时，更是着重强调了制度的作用，指出"制度好可以使坏人无法任意横行，制度不好可以使好人无法充分做好事，甚至会走向反面"。②

除了对法制建设的一般论述，邓小平同志对民族区域自治制度的完善、民族法制建设更是特别关注。1980 年，邓小平同志在关于党和国家领导制度的改革中，明确提出了"要使各少数民族聚居的地方真正实行民族区域自治"的要求，当时他对于究竟什么样的自治才是"真正的民族区域自治"虽然没有明确说明，但在 1981 年，他去新疆视察工作时针对"文革"期间民族区域自治制度被严重破坏，民族区域自治权利没有实质保障措施的问题，明确强调"法律上要解决这个问题，要有民族区域自治法"③。在邓小平等中央领导同志的关注和推动下，1981 年 6 月，标志着对新中国成立以来，尤其是对"文化大革命"所犯错误进行全面反思的纲领性文件《关于建国以来党的若干历史问题的决议》，特别突出地强调要改善和发展社会主义的民族关系，加强民族团结，并提出"必须坚持实行民族区域自治，加强民族区域自治法制建设，保障各少数民族地区根据本地实际情况贯彻执行党和国家政策的自主权"④。

邓小平同志的这一系列论述以及党中央对民族法制建设的关怀，使得民族工作者和少数民族地区干部群众的思想得到了解放，民族法制建设进入了快速发展的新阶段。

---

① 《邓小平文选》第二卷，人民出版社 1993 年版，第 189 页。
② 《邓小平文选》第二卷，人民出版社 1993 年版，第 333 页。
③ 《新疆人民永远怀念邓小平》，载《人民日报》1998 年 2 月 19 日，第 5 版。
④ 中共中央：《关于建国以来党的若干历史问题的决议》，载《人民日报》1981 年 7 月 1 日，第 1 版。

二、宪法中有关民族条款的修订

为了使民族区域自治制度得到落实，在党的十一届三中全会之后不久，国家就已经酝酿修订宪法，同时制定和修改了大批的基本法，丰富了这些法律中涉及少数民族和民族地区的内容，以便为《民族区域自治法》的出台扫清法制障碍。在这个阶段，最重要的无疑是宪法的修订。

1978 年，宪法虽然做了若干修正，但限于当时特定的历史条件，并没有完全纠正或抛弃"文革"中的一些错误观念和做法，因此宪法中依然保留了许多在"文革"时期形成的不科学的内容。这些内容，有些会间接地影响民族区域自治制度的落实。

党的十一届三中全会之后，宪法又经过两次较大规模的修改，这些妨碍民族区域自治制度的内容，基本上都得到了修正。

1. 1979 年宪法修正案

1979 年 7 月，宪法做了一次规模较大的修正，这次修正废除了"文革"时期形成的"革委会"这一政权组织形式，重新确立了"人民代表大会""人民政府"的称谓及其各自权力范围。这次宪法修正再次确认"县和县以上的地方各级人民代表大会设立常务委员会，它是本级人民代表大会的常设机关，对本级人民代表大会负责并报告工作，它的组织和职权由法律规定。""地方各级人民政府，是地方各级人民代表大会的执行机关，是地方各级国家行政机关"。人民代表大会、人大常委会、人民政府的权力范围的明确，对于民族区域自治权的落实具有非常重要的意义，这为民族区域自治权的落实提供了科学的组织结构体系。同时，1979 年宪法修正案更是特别规定"自治区、自治州、自治县的自治机关是人民代表大会和人民政府"。

2. 1982 年宪法

1982 年，鉴于对"文革"的反思和批判工作基本结束，国家已经从"文革"灾难中得到恢复，各项工作都已经走上正轨，1978 年制定、1979 年修正的宪法已经不能适应改革开放新时期的需要。因此，在这一年召开的第五届全国人民代表大会第五次会议上，中国重修了宪法。1982年宪法不是对过去宪法的简单修正，而是一次全面的、彻底的突破。这部宪法，对历史问题进行了科学的评价，提出了新的历史时期国家的主要任务，对阶级、民族等问题提出了新的论述，丰富和发展了人民民主权利的内容和形式，对国家政权组织和运行规范进行了较多的调整。这部宪法，是民族区域自治制度法制化的根本法律渊源，民族区域自治制度法制化阶段的所有法制建设成果，都是对这部宪法中相关内容的深化和拓展。

对于民族法制建设而言，1982年宪法的影响体现在这样几个方面：

（1）规定了新时期民族工作的主要任务

1978年宪法尚未完全摆脱"文革"极"左"思潮的影响，序言中对国家的根本任务定位是"根据中国共产党在整个社会主义历史阶段的基本路线，全国人民在新时期的总任务是：坚持无产阶级专政下的继续革命，开展阶级斗争、生产斗争和科学实验三大革命运动，在21世纪内把我国建设成为农业、工业、国防和科学技术现代化的伟大的社会主义强国"。在剥削阶级作为一个阶级已经被消灭，社会主要矛盾转变为人民内部矛盾之后，依然把"继续革命""阶级斗争"等提法写入序言，无疑与新时期的历史特征不相容。

1982年宪法纠正了这种错误提法，在序言中规定："国家的根本任务是集中力量进行社会主义现代化建设。中国各族人民将继续在中国共产党领导下，在马克思列宁主义、毛泽东思想指引下，坚持人民民主专政，坚持社会主义道路，不断完善社会主义的各项制度，发展社会主义民主，健全社会主义法制，自力更生，艰苦奋斗，逐步实现工业、农业、国防和科学技术的现代化，把中国建设成为高度文明、高度民主的社会主义国家。"

宪法中的这一规定，为新时期中国的民族工作指明了方向，使得民族工作者、民族地区各族群众，认识到实现社会主义现代化才是彻底解决民族问题的根本出路。

（2）纠正了关于"阶级斗争"的错误观念

在1978年宪法序言中，"文革"时期关于阶级斗争的一些过激观点依然被保留，这部宪法提出："我们要坚持无产阶级对资产阶级的斗争，坚持社会主义道路对资本主义道路的斗争，反对修正主义，防止资本主义复辟，准备对付社会帝国主义和帝国主义对中国的颠覆和侵略。"这种规定大大束缚了人们的思想，使得人们对于经济建设、阶级斗争、思想解放、战争与和平等问题的判断出现了许多混乱。

1982年宪法则明确提出："在中国，剥削阶级作为阶级已经消灭，但是阶级斗争还将在一定范围内长期存在。中国人民对敌视和破坏中国社会主义制度的国内外的敌对势力和敌对分子，必须进行斗争。"这一规定，打消了人们对于阶级斗争还在国内广泛存在的疑虑，解除了人们对于思想解放、制度创新可能会被指责为修正主义的担忧，并且基本否定了在当时国际格局下中国卷入大规模国际战争的可能性。对于阶级斗争和国际关系的判断，更加符合实际。而其中关于阶级斗争的这一论述，则为宪法相关条文中将民族问题与"阶级斗争"剥离创造了条件。

（3）在序言中增加了关于民族关系的专门表述

1978年宪法，由于没有完全消除"文革"关于民族、阶级等问题的错误观念，对于民族问题究竟该如何定位无法形成明确的观点。因此，该宪法序言，与1975年宪法一样，没有对民族问题的直接论述。

1982年宪法修订之时，"文革"期间形成的关于民族、阶级等问题的错误观念已经基本被纠正，民族问题的地位得到了重新定位，对民族关系的认识也摆脱了阶级斗争观念的影响。因此，该宪法序言又重新出现了专门的关于民族问题的论述："中华人民共和国是全国各族人民共同缔造的统一的多民族国家。平等、团结、互助的社会主义民族关系已经确立，并将继续加强。在维护民族团结的斗争中，要反对大民族主义，主要是大汉族主义，也要反对地方民族主义。国家尽一切努力，促进全国各民族的共同繁荣。"

宪法序言关于民族问题的这一段论述，确认了民族关系是平等、团结、互助的关系，是一种人民内部关系，同时明确提出国家对促进各民族共同繁荣承担义务。宪法的这一段论述，是整个民族法制体系的总的渊源。

（4）在总纲中进一步丰富了民族区域自治制度的内涵

在 1978 年宪法总纲中，对于民族区域自治制度的规定相比 1975 年宪法已经有了很大的进步，在少数民族聚居地实行民族区域自治的原则得到重新确认。但是，对于国家在确保民族区域自治制度落实过程中的责任并没有强调。

1982 年宪法总纲关于民族问题的论述，在 1978 年宪法的基础上，格外突出地强调了国家在民族区域自治制度的落实过程中的作用。总纲第四条规定："中华人民共和国各民族一律平等。国家保障各少数民族的合法的权利和利益，维护和发展各民族的平等、团结、互助关系。禁止对任何民族的歧视和压迫，禁止破坏民族团结和制造民族分裂的行为。国家根据各少数民族的特点和需要，帮助各少数民族地区加速经济和文化的发展。各少数民族聚居的地方实行区域自治，设立自治机关，行使自治权。各民族自治地方都是中华人民共和国不可分离的部分。"

在这一条中，"国家保障各少数民族的合法权利和利益，维护和发展民族的平等、团结、互助关系""国家根据各少数民族的特点和需要，帮助各少数民族地区加速经济和文化的发展"都是过去宪法中不曾出现的内容。而这些规定，无疑大大增强了国家在促进民族区域自治制度实施过程中的作用，为民族区域自治制度的落实提供了强有力的保障。在《民族区域自治法》中，专门有一部分内容规定国家对民族自治地方的职责，其依据正是宪法总纲中的这些规定。

（5）关于地方国家机构的规定更有利于民族区域自治权的落实

1982 年宪法在地方国家机构方面的规定相比于 1978 年宪法的最大变化，是取消了革委会，重新确立了人民代表大会与人民政府的分工协作关系，恢复了人大常委会设置，而且重新确立了人民政府实行首长负责制。

有关人民代表大会制度和人民政府建置的规定，对于民族区域自治制度实施的最直接的意义在于，这两个自治机关都有非常明确的主要领导者，而自治机关的主要领导者由实行自治的民族的成员担任，是民族区域自治制度的一项重要原则，也是确保自治权得到落实的重要体现。

同时，人民代表大会与人民政府的分工更为清晰，领导关系更加明确，这也有助于民族自治地方基于自治权的立法和行政工作的落实。

（6）对民族区域自治条款的规定更具操作性

在 1978 年宪法中，关于民族区域自治的条款仅有 3 个条文，只能抽象地对民族区域自治制度做一些规定，而且许多规定由于政权组织结构不清晰，配套法规不足显得非常苍白。

而 1982 年宪法关于民族区域自治的条款增加到 11 个条文，不但内容大大丰富了，而且条文内容更具有可操作性。具体来说，1982 年宪法在民族区域自治条款上的进步体现在这样四个方面：第一，明确规定了实行自治和不实行自治的少数民族在自治机关中的地位。这部宪法规定民族自治地方人民代表大会中，除实行区域自治的民族代表外，其他居住在本行政区域内的民族也应当有适当名额的代表，且应当有实行区域自治民族的公民担任主任或者副主任。这条规定明确了实行自治民族在权力机关中的地位，同时也确保了民族间的平衡，而由实行自治的民族人士担任人大常委会的主要领导职务，也更能体现其自治机关色彩。这部宪法同时规定，自治区主席、自治州州长、自治县县长由实行区域自治民族的公民担任。第二，首次明确提出了要制定《民族区域自治法》，以宪法、《民族区域自治法》和其他法律规范民族区域自治权。1982 年宪法第一百一十五条规定："自治区、自治州、自治县的自治机关行使宪法第三章第五节规定的地方国家机关的职权，同时依照宪法、民族区域自治法和其他法律规定的权限行使自治权，根据本地方实际情况贯彻执行国家的法律、政策。"第三，首次明确界定了自治权的基本内容。1982 年宪法第一百一十到一百二十一条，都是关于自治权的内容。其中规定了自治地方可行使的立法、财政、经济建设、社会事业发展、军事与社会治安、语言文字等六大方面的自治权。在宪法中对自治权内容的界定，对于民族区域自治制度而言，具有非常重要的意义，毕竟自治权是民族区域自治制度的核心内容。对自治权的宪法界定，不但为民族自治地方政权机关行使权力提供了原则，也为其他政权机关特别是民族自治地方的上级机关行使权力划定了界限。第四，明确提出国家从财政、物资、技术等方面帮助各少数民族加速发展经济建设和文化建设事业。这一提法，相比起过去宪法中提出的"各上级国家机关应当充分保障各民族自治地方的自治机关行使自治权，充分考虑各少数民族的特点和需要，大力培养各少数民族干部，积极支持和帮助各少数民族进行社会主义革命和社会主义建设，发展社会主义经济和文化"，内容更加具体，也更具有可操作性。

三、基本法律涉及民族问题的大面积修改

除了宪法中关于民族区域自治制度的内容大大丰富之外，在《民族区域自治法》出台之前，国家制定和修订了一大批基本法律，为了配合宪法的修订和《民族区域自治法》的出台，这些新制定或修订的法律，对涉及少数民族和民族地区的事项做了特别规定。

1.《选举法》对少数民族选举问题的特别规定

人民代表大会是国家权力机关，是中国政权组织体系的核心，也是各级政府的权力源泉。因此，人民代表大会组成人员的来源情况，直接关系社会各利益团体在国家权力的核心决策组织中的被代表程度。为了更好地保障少数民族参与国家重大事务决策的权利，确保其在各级人民代表大会中的代表性，1979 年新修的《中华人民共和国全国人民代表大会和地方各级人民代表大会选举法》用了 1 节 6 个条文对少数民族选举做了特别的规定。1982 年《选举法》修正，对少数民族参与选举和参加各级人民代表大会的规定做了较大面积的修改，2004 年选举法进一步修正，其中也涉及了多处与少数民族选举有关的内容。每一次修正，都使对少数民族选举人大代表，参与各级人民代表大会的权利的保障更有力。

《选举法》首先明确了"有少数民族聚居的地方，每一聚居的少数民族都应有代表参加当地的人民代表大会"。这意味着只要一个地方有少数民族成员聚居于此，这个地方的人民代表大会就必须有这个民族的代表。

同时，《选举法》对于各级人民代表大会中的少数民族代表名额问题

也做了多处特别规定：第十七条，全国少数民族应选全国人民代表大会代表，由全国人民代表大会常务委员会参照各少数民族的人口数和分布等情况，分配给各省、自治区、直辖市的人民代表大会选出。人口特少的民族，至少应有代表一人。第十八条，有少数民族聚居的地方，每一聚居的少数民族都应有代表参加当地的人民代表大会。聚居境内同一少数民族的总人口数占境内总人口数百分之三十以上的，每一代表所代表的人口数应相当于当地人民代表大会每一代表所代表的人口数。聚居境内同一少数民族的总人口数不足境内总人口数百分之十五的，每一代表所代表的人口数可以适当少于当地人民代表大会每一代表所代表的人口数，但不得少于二分之一；实行区域自治的民族人口特少的自治县，经省、自治区的人民代表大会常务委员会决定，可以少于二分之一。人口特少的其他聚居民族，至少应有代表一人。聚居境内同一少数民族的总人口数占境内总人口数百分之十五以上、不足百分之三十的，每一代表所代表的人口数，可以适当少于当地人民代表大会每一代表所代表的人口数，但分配给该少数民族的应选代表名额不得超过代表总名额的百分之三十。第二十条，散居的少数民族应选当地人民代表大会的代表，每一代表所代表的人口数可以少于当地人民代表大会每一代表所代表的人口数。第二十一条，有少数民族聚居的不设区的市、市辖区、县、乡、民族乡、镇的人民代表大会代表的产生，按照当地的民族关系和居住状况，各少数民族选民可以单独选举或者联合选举。

2. 组织法对少数民族和民族地区的特别规定

1979 年重新修订的《中华人民共和国地方各级人民代表大会和地方各级人民政府组织法》，也在涉及少数民族和民族地区的问题上做了一些特别规定。

在《组织法》中，保障少数民族权利，被规定为地方各级人民代表大会、人大常委会和人民政府都必须履行的职责。这突出反映了国家在政权职能设计上对少数民族权利的特别关怀。

《组织法》在关于县级以上人民政府职权的规定中，更是特别将"保障少数民族的权利和尊重少数民族的风俗习惯"作为各级人民政府的责任，并要求其"帮助本行政区域内各少数民族聚居的地方实行区域自治，帮助各少数民族发展政治、经济和文化的建设事业"。

《组织法》的这些规定，使得少数民族权利的保护，有了强大的政权组织作为后盾，各项保障措施也能够设计得更具体，保障力度也更大。

3. 刑事法律对涉及少数民族和民族地区事项的特别规定

刑法是规定犯罪、刑事责任与刑罚的法律规范的总和，它是用刑罚方式维护社会秩序和国家安全，保护公民个人所有的合法财产与权利的重要的基本法。刑法所规范的事项，往往是具有重大社会影响的事项，其处理结果也常常会对当事人的人身自由和其他利益产生非常直接而重要的影响。

由于生活习俗和文化观念的差异，对于某些行为是否构成犯罪，在民族自治地方有时可能会有与一般地方不同的理解。因此，为照顾各少数民族的具体情况，刑法特别授权民族自治地方可部分变通执行刑法总则和分则的内容。刑法第九十条规定："民族自治地方不能全部适用本法规定的，可以由自治区或者省的人民代表大会根据当地民族的政治、经济、文化的特点和本法规定的基本原则，制定变通或者补充的规定，报请全国人民代表大会常务委员会批准施行。"

同时，刑法作为制裁严重刑事犯罪的大法，以其特有的效力在维护民族团结，反对民族间的歧视，保护少数民族权利方面，发挥了特别的作用。《中华人民共和国刑法》在分则部分，以三个条文直接规定了对少数民族权利的特别保护措施。第249条规定："煽动民族仇恨、民族歧视，情节严重的，处三年以下有期徒刑、拘役、管制或者剥夺政治权利；情节特别严重的，处三年以上十年以下有期徒刑。"第250条规定："在出版物中刊载歧视、侮辱少数民族的内容，情节恶劣，造成严重后果的，对直接责任人员，处三年以下有期徒刑、拘役或者管制。"第251条规定："国家机关工作人员非法剥夺公民的宗教信仰自由和侵犯少数民族风俗习惯，情节严重的，处二年以下有期徒刑或者拘役。"

刑法的这些规定，为民族区域自治制度提供了国家强制后盾，使得民族区域自治制度以及平等、团结、互助的民族关系，具有了强制保护力量。

作为与刑法配套的基本法律，《中华人民共和国刑事诉讼法》中，也对少数民族的刑事诉讼做了一些特别规定。《刑事诉讼法》第九条规定："各民族公民都有用本民族语言文字进行诉讼的权利。人民法院、人民检察院和公安机关对于不通晓当地通用的语言文字的诉讼参与人，应当为他们翻译。在少数民族聚居或者多民族杂居的地区，应当用当地通用的语言进行审讯，用当地通用的文字发布判决书、布告和其他文件。"一度时期，中央还制定了专门文件，要求对于少数民族刑事犯罪现象，执行"两少一宽"原则，即对于少数民族中的犯罪分子，要坚持"少捕少杀"，在处理上一般要从宽的政策。

4. 民事法律对少数民族和民族地区的特别规定

民事法律是规范人们日常生活和交往活动的法律法规体系的总称，是与人们的权利关系非常密切的一个法律体系。但同时，民法也是内容最为复杂的法律体系，是与传统习俗联系非常密切的法律体系。

民法的主要内容是民事权利义务关系的规定，以及各种交往、交易规则，而这些内容由于各地的生活方式不同，往往在不同地方、不同民族间差异很大。因此，民法一般都会对特殊群体做一些特别的授权，以尊重这些群体的传统。

在2021年《中华人民共和国民法典》正式施行前，民法在形式上体现为各种专门规定某项民事权利义务关系的专门法，如《婚姻法》《合同法》《知识产权法》等，而《民法通则》是这些专门法的总纲。在中国大部分的民事专门法，以及作为民法总纲的《民法通则》中，都有对少数民族和民族地区的特别规定。如《婚姻法》第五十条规定："民族自治地方的人民代表大会有权结合当地民族婚姻家庭的具休情况，制定变通规定。自治州、自治县制定的变通规定，报省、自治区、直辖市人民代表大会常务委员会批准后生效。自治区制定的变通规定，报全国人民代表大会常务委员会批准后生效。"《民法通则》第一百五十一条规定："民族自治地方的人民代表大会可以根据本法规定的原则，结合当地民族的特点，制定变通的或者补充的单行条例或者规定。自治区人民代表大会制定的，依照法律规定报全国人民代表大会常务委员会批准或者备案；自治州、自治县人民代表大会制定的，报省、自治区人民代表大会常务委员会批准。"

同时，《民事诉讼法》第十一条也规定："各民族公民都有用本民族语言、文字进行民事诉讼的权利。在少数民族聚居或者多民族共同居住的地区，人民法院应当用当地民族通用的语言、文字进行审判和发布法律文书。人民法院应当对不通晓当地民族通用的语言、文字的诉讼参与人提供翻译。"这一规定，可以在程序上较好保障少数民族群众的民事权利。

2021 年 1 月 1 日正式施行的《中华人民共和国民法典》第一千零一十五条规定："少数民族自然人的姓氏可以遵从本民族的文化传统和风俗习惯。"

5. 其他法律对少数民族和民族地区的特别规定

在 20 世纪 80 年代初，《民族区域自治法》出台前后制定或重修的其他基本法律中，大多数也对涉及少数民族和民族地区的事务做了特别的规定。如《中华人民共和国人民法院组织法》第六条规定："各民族公民都有用本民族语言文字进行诉讼的权利。人民法院对于不通晓当地通用的语言文字的当事人，应当为他们翻译。在少数民族聚居或者多民族杂居的地区，人民法院应当用当地通用的语言进行审讯，用当地通用的文字发布判决书、布告和其他文件。"《中华人民共和国森林法》第四十八条规定："民族自治地方不能全部适用本法规定的，自治机关可以根据本法的原则，结合民族自治地方的特点，制定变通或者补充规定，依照法定程序报省、自治区或者全国人民代表大会常务委员会批准施行。"

基本法对于少数民族和民族地区事务的特别规定，或者为《民族区域自治法》的相关内容奠定了基础，或者对《民族区域自治法》和民族自治地方进行了立法授权。这些基本法有关民族地区和民族事务的条款，本身也是民族法制体系的重要组成部分。

四、《民族区域自治法》的颁行

民族区域自治制度法制化的最大成就，无疑是《民族区域自治法》的制定颁行。经过 1978 年之后的恢复性发展，到 1982 年宪法出台前后，全国各项事务已经基本上从"文革"造成的混乱中恢复过来，整个国家开始走上全面改革开放的正确发展道路。而民族区域自治制度在这一阶段也从"文革"的破坏中逐步恢复，民族事务工作机构、民族自治地方政权组织得以重建，民族干部队伍迅速扩大并且有大量民族干部成为民族自治地方政权机关的主要负责人，整个社会对民族关系、民族问题及民族工作的开展，都有了新的认识。这些成果，为《民族区域自治法》的出台从实践上和思想上提供了条件。

而这一时期国家重要的基本法的陆续出台，特别是其中对涉及少数民族和民族地区的特别规定，又为《民族区域自治法》的制定提供了条件。因此，当 1982 年宪法出台之后，《民族区域自治法》的制定就不仅仅是一个社会呼吁的问题，而是成为一项宪法明确规定的立法任务了。

1.《民族区域自治法》的立法过程

实际上，早在全国人大酝酿宪法修正方案的时期，由于大量涉及关于少数民族和民族区域自治制度的内容，全国人大法制委员会和民族委员会就已经开始着手草拟《民族区域自治法》的草案。1979 年 6 月，全国人大民族委员会恢复工作，在同年 9 月中共中央政治局给全国人大民族委员会提出了三项工作任务：一是提出《宪法》有关民族自治地方条文的修改方案；二是起草《民族区域自治法》；三是草拟保障少数民族各项自治权利的单项法规。[①] 在此之后，国家立法机关由于将主要的精力集中于宪法的修正，因此暂时没有建立专门的《民族区域自治法》起草团队，但是，全国人大却已经将宪法有关民族部分内容的修订工作以及《民族区域自治法》立法准备工作作为一个整体性任务，交由当时的全国人大常委会

---

① 李凤鸣：《论乌兰夫为民族法制建设做出的卓越贡献》，载《内蒙古师范大学学报》（哲学社会科学版）2006 年第 6 期，第 5 页。

副委员长乌兰夫具体负责。因此，虽然以乌兰夫为主要领导者的起草《民族区域自治法》领导小组直到1983年2月才成立，但《民族区域自治法》的起草工作，实际上与宪法的修正工作几乎是同时展开的。从1979年到1984年，《民族区域自治法》经过了5年左右的准备。从1981年开始，《民族区域自治法》的草案就已经开始拟订，此后不断地征求全国各方面的意见，经过多次修改，到1984年5月定稿并交付第六届全国人民代表大会第二次会议表决。1984年5月31日，全国人大通过了《民族区域自治法》并于同年10月1日起正式实施。

2.《民族区域自治法》的主要内容

《民族区域自治法》是实施宪法规定的民族区域自治制度的国家基本法，其主要内容是将宪法中关于民族问题和民族区域自治的原则性规定进行细化，为民族区域自治制度的实施提供比较细致的法律依据。

（1）对民族区域自治制度进行了明确的定义

虽然中国的民族区域自治制度早在新中国成立之前就以中国共产党的政策形式开始在一些民族地区实施，但是在早期党的民族政策文件、历次宪法和1952年《中华人民共和国民族区域自治实施纲要》中，都没有对民族区域自治进行定义。而法律可操作性的一个重要前提条件，就是对所调节的法律关系有明确的界定。

因此，《民族区域自治法》在开篇序言中就明确提出了对民族区域自治的定义："民族区域自治是在国家统一领导下，各少数民族聚居的地方实行区域自治，设立自治机关，行使自治权。"这一定义从四个方面揭示了民族区域自治制度的内涵：一、国家统一领导。民族区域自治不等于西方的联邦制，不等于民族自决，而是国家统一领导下的地方有限自治；二、在少数民族聚居地方实行。中国各民族大杂居、小聚居的分布情况，使得所有民族的自治不可能实现，因此只能在少数民族人口相对集中的少数民族聚居区域，部分地实行自治，这种自治结合了民族自治和区域自治双重特征；三、民族区域自治由自治机关实施。民族自治地方设立自治机关，具体实施自治。四、民族区域自治的实现形式是行使自治权。民族自治地方自治机关，通过自治权的行使，来实现自治的目标。

（2）阐明了实行民族区域自治的重大意义

《民族区域自治法》对民族区域自治制度的意义做了这样的阐述："实行民族区域自治，对发挥各族人民当家作主的积极性，发展平等、团结、互助的社会主义民族关系，巩固国家的统一，促进民族自治地方和全国社会主义建设事业的发展，都起了巨大的作用。今后，民族区域自治制度将在国家的社会主义现代化建设进程中发挥更大的作用。"

（3）提出了民族区域自治制度实施的总任务

关于实施民族区域自治制度应完成的任务，《民族区域自治法》提出："坚持实行民族区域自治，必须切实保障民族自治地方根据本地实际情况贯彻执行国家的法律和政策；必须大量培养少数民族的各级干部、各种专业人才和技术工人；民族自治地方必须发扬自力更生、艰苦奋斗精神，努力发展本地方的社会主义建设事业，为国家建设做出贡献；国家根据国民经济和社会发展计划，努力帮助民族自治地方加速经济和文化的发展。在维护民族团结的斗争中，要反对大民族主义，主要是大汉族主义，也要反对地方民族主义。"

（4）规定了民族自治地方自治机关的主要职责

对于民族自治地方自治机关职责，《民族区域自治法》做了六个方面的规定：第一，民族自治地方的自治机关必须维护国家的统一，保证宪法和法律在本地方的遵守和执行。第二，民族自治地方的自治机关领导各族人民集中力量进行社会主义现代化建设。第三，民族自治地方的自治机关根据本地方的情况，在不违背宪法和法律的原则下，有权采取特殊政策和灵活措施，加速民族自治地方经济、文化建设事业的发展。第四，民族自治地方的自治机关在国家计划的指导下，从实际出发，不断提高劳动生产率和经济效益，发展社会生产力，逐步提高各民族人民的物质生活水平。第五，民族自治地方的自治机关继承和发扬民族文化的优良传统，建设具有民族特点的社会主义精神文明，不断提高各民族人民的社会主义觉悟和科学文化水平。第六、民族自治地方的自治机关要把国家的整体利益放在首位，积极完成上级国家机关交给的各项任务。

（5）规定了民族自治地方自治机关的组织原则

《民族区域自治法》从七个方面规定了民族自治地方及自治机关的组织原则：

第一，建立民族自治地方的条件。《民族区域自治法》对建立民族自治地方的条件进行了原则性规定："少数民族聚居的地方，根据当地民族关系、经济发展等条件，并参酌历史情况，可以建立以一个或者几个少数民族聚居区为基础的自治地方。民族自治地方内其他少数民族聚居的地方，建立相应的自治地方或者民族乡。民族自治地方依据本地方的实际情况，可以包括一部分汉族或者其他民族的居民区和城镇。"

第二，民族自治地方及其自治机关的称谓。《民族区域自治法》规定："民族自治地方的名称，除特殊情况外，按照地方名称、民族名称、行政地位的顺序组成。"

第三，民族自治地方建制、区划、名称的确立程序。"民族自治地方的建立、区域界限的划分、名称的组成，由上级国家机关会同有关地方的国家机关，和有关民族的代表充分协商拟定，按照法律规定的程序报请批准。民族自治地方的区域界线一经确定，不得轻易变动；需要变动的时候，由上级国家机关的有关部门和民族自治地方的自治机关充分协商拟定，报国务院批准。"

第四，自治机关及其地位和工作规则。《民族区域自治法》规定："民族自治地方的自治机关是自治区、自治州、自治县的人民代表大会和人民政府。民族自治地方的人民政府对本级人民代表大会和上一级国家行政机关负责并报告工作，在本级人民代表大会闭会期间，对本级人民代表大会常务委员会负责并报告工作。各民族自治地方的人民政府都是国务院统一领导下的国家行政机关，都服从国务院。民族自治地方的自治机关的组织和工作，根据宪法和法律，由民族自治地方的自治条例或者单行条例规定。"

第五，民族自治地方人民代表大会人员构成。《民族区域自治法》规定了民族自治地方人大代表中自治民族和非自治民族人员所占比例的划分原则，并规定了人大常委会主要负责人必须有自治民族人士担任。

第六，民族自治地方人民政府组成人员。《民族区域自治法》规定了民族自治地方人民政府实行首长负责制，其首长必须由实行自治的少数民族成员担任，政府组成人员应合理配备实行区域自治的少数民族和其他少数民族人员。

第七，自治地方干部民族化。《民族区域自治法》规定，民族自治地方自治机关所属工作部门的干部中，要合理配备实行区域自治的民族和其他少数民族的人员。

（6）细化了民族自治地方的自治权

民族区域自治制度的核心内容，是民族自治地方享有的各项自治权。但在宪法中，关于民族自治地方自治权的规定特别抽象，只是原则性地规定了民族自治地方享有六大方面的自治权。《民族区域自治法》作为实施民族区域自治制度的主要法律，对民族区域自治权做了详细的规定。

《民族区域自治法》以二十七条条文，具体细化宪法赋予民族自治地方的六个方面的自治权。第一，制定和执行自治条例、单行条例及变通执行国家法律。《民族区域自治法》赋予了民族自治地方自治立法和变通立法的权力，并规定了相关的程序。第二，使用和发展民族语言文字。民族自治地方的自治机关在执行职务的时候，依照本民族自治地方自治条例的规定，使用当地通用的一种或者几种语言文字；同时使用几种通用的语言文字执行职务的，可以以实行区域自治的民族的语言文字为主。第三，培养和使用少数民族人才。《民族区域自治法》用两条条文，规定了民族自治地方在培养、使用人才特别是少数民族人才方面的特殊权力。第四，维持本地治安。民族自治地方的自治机关依照国家的军事制度和当地的实际需要，经国务院批准，可以组织本地方维护社会治安的公安部队。第五，自主安排、管理、发展经济建设事业。这是民族自治权的关键内容，《民族区域自治法》以 11 个条文具体规定了民族自治地方享有的经济自治权，这些经济自治权涉及财政、税收、经贸、资源开发、草原森林的保护和利用等等，几乎涵盖了民族自治地方经济发展的各个主要方面。第六，自主发展各项社会事业。发展各项社会事业，是政府对社会承担的责任。民族自治地方社会事务的发展，与其他地方在任务内容和侧重点上有所不同，因此，《民族区域自治法》以 10 个条文具体规定了民族自治地方在发展本地方社会事业方面的自治权，涉及教育、科技、卫生、文化、体育、广播电视、新闻出版以及文物保护等许多方面，以便民族自治地方能够在发展本地社会事业方面有更大的自主性。

（7）将上级机关对民族自治地方的帮扶细化为可操作的法律条文

由于历史和地理、区位等因素的共同影响，民族自治地方相对于全国其他地方而言，在经济社会发展水平上还存在较大差距，而这种发展上的差距，也正是社会主义时期民族问题的核心内容，消除这种发展差距，也是社会主义民族工作的核心任务。而要完成这一任务，离不开全国上下特别是民族自治地方的上级政府对民族自治地方经济社会事业的支持和帮助。因此，在调整民族区域自治制度的基本法中，将国家特别是民族自治地方上级政府对民族自治地方的帮扶加入进去，就成为必然的选择。这不但是对宪法所提出的建立平等、团结、互助的民族关系，实现各民族共同繁荣目标的直接反映，更是国家整体平衡协调发展的现实需要。

《民族区域自治法》共用了 13 个条文规定了民族自治地方的上级机关对民族自治地方的责任和义务。这些规定主要体现出两个方面的取向：

第一，约束上级机关对民族自治地方自治机关行使自治权的干预。在中国单一制和中央集权的政治框架内，中央与地方、上级机关与下级机关之间是一种领导与被领导的关系。《宪法》《组织法》等协调不同层级之间关系的重要法律，并没有提供一个可以处理上下级政府之间权力分工协作关系的可操作性强的机制，如果在民族自治地方也缺乏这一机制制约，在层层节制的集权体制行为惯性下，民族区域自治制度可能会因为受到上级机关的过度约束而失去活力。因此，《民族区域自治法》专门用若干条文，来限定上级政权机关与民族自治地方政权机关的权力边界。例如，第五十四条，"上级国家机关有关民族自治地方的决议、决定、命令和指示，应当适合民族自治地方的实际情况"。第五十五条，"上级国家机关在制定国民经济和社会发展计划的时候，应当照顾民族自治地方的特点和需要"。第五十六条，"国家设立的各项专用资金和临时性的民族补助专款，任何部门不得扣减、截留、挪用，不得用以顶替民族自治地方的正常的预算收入"。

第二，规定上级机关帮助民族自治地方发展各项经济社会事业的职责。在《民族区域自治法》关于上级机关的规定中，更多的内容是对上级机关扶持民族自治地方发展提出的具体要求。这些要求涵盖了政治、经济、人事、社会事业等各个领域，与民族自治地方享有的自治权互相配合，保障民族自治地方的权益，推动民族自治地方经济与社会的发展。

3.《民族区域自治法》的修订

2001年2月，全国人大根据国家发展形势的变化和《民族区域自治法》实施以来的情况总结，对《民族区域自治法》做了比较全面的修订，进一步提升了民族区域自治制度在国家政治制度中的地位，并使之与社会主义市场经济体制结合得更加紧密。

第一，提升民族区域自治制度在国家政治制度体系中的地位。这次修订将民族区域自治制度由原先的"是国家的一项重要政治制度"修改为"是国家的一项基本政治制度"，这使得民族区域自治制度在国家制度体系中的重要性大大提升。

第二，明确规定今后国家将继续坚持和完善民族区域自治制度。在1984年《民族区域自治法》中，只是规定"今后，民族区域自治制度将在国家的社会主义现代化建设进程中发挥更大的作用"，而2001年则将这一内容修改为"今后，继续坚持和完善民族区域自治制度，使这一制度在国家的社会主义现代化建设进程中发挥更大的作用"。

第三，丰富了民族区域自治制度的内涵。这次修订将坚持改革开放、发展社会主义市场经济、加强社会主义民主法制建设，加强社会主义精神文明建设等内容，纳入民族区域自治制度中，使这一制度的内涵更加丰富。

第四，对民族自治地方的建置程序做了更为明确的规定。包括民族自治地方的建立、区域界限的划分、名称的确定等，都规定了更加具体的程序。

第五，充实了民族区域自治权的内容。新修订的民族区域自治法，对民族自治地方的人事管理权力、地方立法权力、发展经济和社会事业的权力、使用本民族语言文字的权力等，都做了不同程度的修改。其中尤其以发展经济社会事业的权力，修改幅度最大，关于建立和完善市场经济体制、发展非公有制经济、建立针对民族自治地方的财政转移支付制度、根据民族自治地方特点设计的金融制度等发展民族自治地方经济的新内容，大量出现；对于民族自治地方发展各项社会事业的权力，也做了许多新的规定，使民族自治地方能够在发展本地区教育、文化、环保、卫生等社会公共事业方面，享有更大的自主空间。

第六，强化了关于上级机关帮扶民族自治地方发展职责的规定。这次修订，将原来关于上级机关对民族自治地方的领导和帮助，改为上级机关对民族自治地方的职责。这使得上级机关在帮扶民族自治地方发展的过程中，需要承担的责任更加重大，而且更具有强制性。在上级机关职责的具体内容方面，也做了一些调整，主要突出了上级机关应结合市场经济体制的要求，在财政、金融、税收、物资、技术、人才等方面对民族自治地方开展帮扶，同时要为民族自治地方发展教育、科学技术、文化、卫生、体育承担更多的责任。

4.《民族区域自治法》制定和实施的意义

早在 1979 年，刚刚恢复工作不久的乌兰夫曾深有感触地说："根据三十年来正反两方面的经验，我们深切地感到，少数民族的平等权利、自治权利和各项民主权利，没有完备的法律保障是不行的。"1980 年，作为全国人大常委会副委员长和《民族区域自治法》起草小组总负责人的乌兰夫在向第五届全国人大民族委员会第二次会议上做的《认真做好民族立法工作》报告进一步强调："我们所要做的民族立法工作，是保障少数民族的平等权利和自治权利的立法工作，是加强民族团结、巩固祖国统一和促进民族繁荣的立法工作，是社会主义法制建设的重要方面。"① 他的这些论述，深深地道出了《民族区域自治法》对于民族区域自治制度的现实意义。

在《民族区域自治法》出台之前，中国的民族区域自治制度只是在宪法中有一些原则性的条文规范，具体的操作则主要依据政策性的文件《民族区域自治实施纲要》。不论宪法还是《民族区域自治实施纲要》，都没有明确地给民族区域自治下一个定义，没有很清楚地说明自治机关该如何建置，没有很详细地规定自治权的内容及其行使方式，没有对民族自治地方的上级机关责任做清晰的规范。因此，在这一时期，虽然民族区域自治制度在实践中取得了一定的成果，但缺乏法律的保障，缺乏作为一项国家基本制度必要的严肃性和严谨性。

《民族区域自治法》的出台，则使得民族区域自治制度从一种尝试性制度变成了一项正式的制度，而且由于《民族区域自治法》是地位仅次于宪法的基本大法，民族区域自治制度的基本制度地位也得到了更有力的保障。更重要的是，《民族区域自治法》对民族区域自治的概念，民族自治地方政权的建置，自治权的内容及行使方式，上级机关的职责都做了非常具体且具有操作性的规范，使得民族区域自治制度更具有实践意义。

具体地说，《民族区域自治法》对于民族区域自治制度的实施，其意义体现在两个大的方面：

（1）为保护少数民族合法权益提供了依据

《民族区域自治法》的重点内容，是对民族自治地方自治机关的授权，授予民族自治地方自治机关的权力，不但在内容上远远超出了宪法和其他法律对一般地方的授权，而且在权力的使用方式上也更为灵活。因此，《民族区域自治法》的出台，使得过去相对抽象的民族权利，成了与现实事务具有直接联系，并且有具体的实现程序的法律规范，这无疑使少数民族权利的保障更加有力。

---

① 李凤鸣：《论乌兰夫为民族法制建设做出的卓越贡献》，载《内蒙古师范大学学报》（哲学社会科学版）2006 年第 6 期，第 5 页。

同时，在《民族区域自治法》中，对上级机关在扶持民族自治地方发展的职责做了具有一定强制性的规范，将对民族地区发展的帮助上升为民族自治地方上级政权机关的义务。对于相对落后的民族自治地方而言，这种规定使得民族自治地方在经济社会发展的各个方面，可以获得更多的机会和支持。因而，也就进一步加大了对少数民族权利的保障力度。

（2）为推动民族地区发展繁荣提供了法律保障

在《民族区域自治法》中，关于自治权的授予，经济和社会事业发展方面的内容占主导地位，关于上级机关职责的规定，主要是对上级机关帮扶民族自治地方发展提出具体要求。这样的内容设计，使得各民族共同繁荣的目标，具有法律所规定的具体措施为依据，因而更加具有可操作性和稳定性。

在《民族区域自治法》中，对于民族自治地方经济、社会事务发展的自主权的设定，对于上级机关支持民族自治地方发展的要求，都非常具体。因而使民族自治地方在发展本民族、本地方事务方面，拥有更大的自主性，可以获得更多的资源和机遇。因此，《民族区域自治法》在一定意义上来说，是促进各民族共同繁荣的法律保障。

从1982年到1989年的这些年里，民族区域自治制度的法律法规基本形成体系，少数民族的自治权利得到了较好的法律保护，而这为后来民族地区的进一步发展，为民族区域自治制度的进一步完善提供了良好的制度基础。

第六节　民族政策与市场经济体制的融合

1989年世界性的政治动荡，是很多国家的历史分节点，对于中国民族区域自治制度而言，这一年无疑也是一个重要的节点。1989年的主要问题出现在两个领域，一个是关于社会主义与资本主义道路选择的问题，另一个则是各国内部的民族关系问题。由于国内民族矛盾的激化，以及处理民族矛盾策略不当，不少多民族国家在这一时期陷入内乱，有的分裂成数个国家，如苏联、南斯拉夫等。这些国际性的重大事件，一方面严重考验了中国的民族政策体系，另一方面也用铁的事实证明了中国实行的民族区域自治制度的科学性和生命力。

由于国际形势的影响，中国在这一时期虽然也出现了一些社会动荡，但是很快就恢复了稳定，社会主义根本制度没有改变，平等、团结、互助的民族关系没有改变，国家保持了统一，经济社会的发展没有受到根本性的伤害。而且由于这一次世界范围的动荡，中国国内对许多本来存在争议的问题反而达成了共识，社会各界都认识到稳定对于国家的重要意义，认识到民族团结对于国家统一和社会稳定的价值，认识到改革和发展才是解决中国社会存在的所有问题包括民族问题的根本出路。也正是经过这次动荡，中国改革开放的步伐加快了，市场经济体制得以迅速建立，社会意识形态争论逐渐淡化，改革、稳定、发展成为时代的主题。这一时期的民族区域自治制度，法制的框架已经基本形成，作为国家基本制度正不断得到完善；由于市场经济体制改革的推进，以及民族法律体系逐步完善，依法治理民族自治地方成为这一时期民族区域自治制度实施的主要内容。由于市场经济体制带来的整个社会的全面变化，民族区域自治制度在这一时期也遇到了许多新的问题，特别是在消除民族间的发展差距和民族地区治理方式上，出现了不少新的现象和问题，国家和民族自治地方政府也为此推出了许多新的措施。

一、市场体制、市民社会及对民族问题认识的深化

1. 中国市场经济体制建立的进程

改革开放的进程，实际上也是一个由计划经济体制向市场经济体制转变的过程，早在党的十一届三中全会之后不久的 1979 年 6 月，主抓经济工作的陈云同志就提出："整个社会主义时期必须有两种经济：（1）计划经济部分（有计划按比例部分）；（2）市场调节部分（即不做计划，只根据市场供求的变化进行生产，即带有盲目性调节的部分）。"他同时指出，从苏联建立以来的 60 多年里，无论苏联或中国的计划制度中出现的主要

缺点是只有"有计划按比例一条",没有在社会主义制度下还必须有市场调节这一条。同年11月,邓小平同志在接受外国记者采访时也表示:"说市场经济只存在于资本主义社会,只有资本主义的市场经济,这肯定是不正确的。社会主义为什么不可以搞市场经济,这个不能说是资本主义。我们是计划经济为主,也结合市场经济,但这是社会主义的市场经济。"①陈云和邓小平同志的这些思想,为整个20世纪80年代中国经济体制的改革提供了思路,在这一段时期的经济体制改革方面,基本上都遵循在计划经济基础上发展市场经济的模式展开,其中市场经济的地位不断提升。

党的十二大首次正式提出建立计划经济为主、市场调节为辅的经济体制,认为"有计划的生产和流通,是中国国民经济的主体。同时,允许对于部分产品的生产和流通不做计划,由市场来调节,也就是说,根据不同时期的具体情况,由国家统一划出一定的范围,由价值规律自发地起调节作用"②。党的十二届三中全会则进一步指出商品经济是社会经济发展不可逾越的阶段,并提出要"建立自觉运用价值规律的计划体制,发展社会主义商品经济",这次会议的报告同时也批判了将计划经济同商品经济对立起来的观念,认为"改革计划体制,首先要突破把计划经济同商品经济对立起来的传统观念,明确认识社会主义计划经济必须自觉依据和运用价值规律,是在公有制基础上的有计划的商品经济"。党的十三大又提出了"以公有制为主体,大力发展有计划的商品经济"的要求,认为"社会主义有计划的商品经济的体制,应该是计划与市场内在统一的体制"③。党的十三届四中全会后,中央又提出建立适应有计划商品经济发展的计划经济与市场调节相结合的经济体制和运行机制。从这几次会议关于计划与市场关系的论述,可以很明显地看出中国经济体制中计划经济内涵不断被弱化,市场经济的地位不断得到提升的趋势。

---

① 《邓小平文选》第二卷,人民出版社1993年版,第236页。

② 胡耀邦:《在中国共产党第十二次全国代表大会上的报告》,载《人民日报》1982年9月8日,第1版。

③ 赵紫阳:《在中国共产党第十三次全国代表大会上的报告》,载《人民日报》1987年11月4日,第1版。

　　但是，1989年的国际国内问题，使得向市场经济体制方向前进的经济体制改革一度停滞，春潮奔涌的思想解放运动在动乱面前陷入迷茫和迟疑，虽然关于计划与市场的讨论仍然很热烈，但改革的实践却实际上陷入停顿。直到1992年初，邓小平视察武汉、深圳、珠海、上海等地，发表了一系列关于计划和市场的讲话，又一次推动了思想解放，从而推动了市场经济体制改革的进一步深化。在这次视察期间，邓小平同志提出："改革开放胆子要大一些，敢于试验。看准了的，就大胆地试，大胆地闯。""改革开放迈不开步子，不敢闯，说来说去就是怕资本主义的东西多了，走了资本主义道路。要害是姓'资'还是姓'社'的问题。判断的标准，应该主要看是否有利于发展社会主义社会的生产力，是否有利于增强社会主义国家的综合国力，是否有利于提高人民的生活水平。""计划多一点还是市场多一点，不是社会主义与资本主义的本质区别。计划经济不等于社会主义，资本主义也有计划；市场经济不等于资本主义，社会主义也有市场。计划和市场都是经济手段。"[①]邓小平的这些讲话，消除了人们心中对经济体制改革的疑虑，沉寂数年的市场经济体制改革又迈出了新的步伐。

　　1992年6月，中共中央总书记江泽民同志在中央党校省部级干部进修班对学员的讲话中指出"加快经济体制改革的根本任务，就是要尽快建立社会主义的新经济体制。而建立新经济体制的一个关键问题，是要正确认识计划与市场问题及其相互关系，就是在国家宏观调控下，更加重视和发挥市场在资源配置上的作用"。这次讲话改变了过去将计划与市场对立讨论的思路，提出在国家宏观调控下发挥市场的作用，等于是确认了经济体制改革的目标就是建立社会主义市场经济体制。1992年10月，党的十四大明确提出了中国经济体制改革的目标，是建立社会主义市场经济体制。江泽民同志在会议报告中指出："实践表明，市场作用发挥比较充分的地方，经济活力就比较强，发展态势也比较好。中国经济要优化结构，提高效益，加快发展，参与国际竞争，就必须继续强化市场机制的作用。

---

①　《邓小平文选》第二卷，人民出版社1993年版，第373页。

实践的发展和认识的深化，要求我们明确提出，中国经济体制改革的目标是建立社会主义市场经济体制，以利于进一步解放和发展生产力。"①

党的十四大，结束了从党的十一届三中全会以来在经济体制改革上的计划与市场之争，确定了建立社会主义市场经济体制的目标。在此后国家改革的主要任务就是完善市场经济体制，并在按市场经济体制的要求进行政治体制改革。

2. 市场经济体制建立与完善引致的社会治理变迁

市场经济体制改革，并不是一个仅限于经济领域问题，它实际上意味着社会的全方位变革。市场经济体制改革改变的不仅仅是经济体制，改变更多的是整个社会的思维方式和生活模式，以及基于这种新的思维方式和生活习惯上的社会治理方式。而这种从经济体制到人们思维方式再到整个社会治理方式的改变，对于民族区域自治制度的影响非常深远，在具体探讨这两者之间的相互影响之前，有必要先了解市场经济对中国整体社会治理的影响。

有些学者认为中国的市民社会实际上从改革开放之初就开始兴起，他们认为"从 1978 年后，中国在邓小平领导下实行改革开放，它使中国社会发生了根本性的巨变。改革开放的重要后果之一，就是使中国公民社会赖以存在的发展的经济、政治、法律和文化环境发生了根本变化，在中国历史上第一次大规模地催生了民间组织"②。但是，也有学者认为，中国市民社会的真正兴起是在 1992 年市场经济体制作为经济体制改革目标确立之后。"1992 年初中国经济改革进入建立市场经济的新阶段，这就使资源流动、社会分化、国家职能转换、社会整合、社会空间确立等问题的提出及研究具有了现实可能的意义。"③ 之所以会出现这样两种认识差异，主要是由于不同的学者对于中国改革的市场化取向的进程认识有所不同。

---

① 江泽民：《在中国共产党第十四次全国代表大会上的报告》，载《人民日报》1992 年 10 月 21 日，第 1 版。

② 俞可平等：《中国公民社会的兴起与治理的变迁》，社会科学文献出版社 2002 年版，第 197 页。

③ 邓正来等：《国家与市民社会》，世纪出版集团 2006 年版，第 465 页。

有的学者认为中国的改革在一开始就是市场化取向的，而有的学者则认为中国的改革只是到1992年之后才明确了市场化目标。而对于市场经济是市民社会的基础这一点，学者们则有高度的共识。

不论中国的市场化改革是从1978年开始还是从1992年开始，有一点却是很明确的，即进入20世纪90年代之后，中国社会确实发生了巨大的变化，市场经济体制催生的市民社会确实正在逐步扩大其影响力，这种影响力也冲击了国家政治和社会生活的各个方面。

由于市民社会的崛起，中国政府在三个方面发生了重大改变：第一，政府日益重视法治，把依法治国定为基本的国策，并且采取实际措施加以保障。第二，国家向社会大幅度放权。政府向企业放权，中央向地方放权，政府向民间组织放权，几乎成为每一项改革措施必然的内容。不断放权的结果是中央集权的特征逐步淡化，企业、市场和民间组织在社会治理方面发挥的作用越来越大，公民的自主能力不断提高。第三，政府职能不断地调整。随着市场经济体制改革的深入，中国各级政府也不断地调整和完善自身的职能，以更好地服务于市场和社会。在这个过程中，政府在经济和社会事务上的管理范围大大收缩。①

3. 市场经济改革对民族治理的影响及对策

在西方关于市民社会的研究中，关注的焦点之一就是苏联和东欧国家发生巨变以后，在从国家管制的社会向市民社会转变的过程中，民族主义思潮的复兴及其对这些国家政治的影响。一些研究者认为，在这些国家没有发生巨变前，由于共产主义体制及其意识形态压制了民族主义思想及基于这一思想而发动的社会运动，因此多民族国家的民族团结得以暂时维系。由于国家不鼓励文化创造和话语自由流动，整个社会缺乏开放的机制，因此民族意识和民族共同体观念难以形成力量。但是，当这一切压力消失之后，民族主义作为一种具有强大政治影响力的意识形态，在苏联地区及东欧，就造成了相当严重的现实影响。之所以会出现这种情况，一个

---

① 参见俞可平等：《中国公民社会的兴起与治理的变迁》，社会科学文献出版社2002年版，第199页。

很重要的原因是这些国家和地区在巨变之后走向了市场经济，因此市民社会也在相对开放的社会环境下得以形成和壮大。而市民社会追求的政治民主化和文化多样性，为民族主义的复兴提供了土壤。如果没有一个更好的机制去代替传统的体制和意识形态，以继续维持民族团结，那么具有两面性的民族主义很可能会走向追求民族自决、独立的极端。苏联和南斯拉夫的分裂，在很大程度上就是这种民族自决要求的结果。①

　　中国共产党对 1989 年波及全国的"政治风波"及市场化改革可能带来的民族问题的凸显，有着清醒的认识。早在 1990 年 9 月，江泽民在新疆考察工作期间就提出：在我们祖国的大家庭里，各民族之间的关系是社会主义的新型民族关系，汉族离不开少数民族，少数民族也离不开汉族，少数民族之间也相互离不开。这一提法丰富和发展了邓小平同志关于中国民族关系"两个离不开"的论述。1992 年，江泽民同志又指出："历史发展表明，国家统一、民族团结，则政通人和、百业兴旺；国家分裂、民族纷争，则丧权辱国、人民遭殃。中国是这样，外国也是这样。"② 这一论述指出了民族团结对于我们国家统一和发展的重大意义，从而也表明了中国不会步苏联、东欧国家的覆辙，出现民族纷争和国家分裂的局面。同时，江泽民同志也指出："民族问题只有在解决整个社会总问题的过程中才能逐步解决，中国现阶段的民族问题只有在建设社会主义的共同事业中才能逐步解决。"③ 这样就将民族问题定性为社会内部的问题。同时，江泽民同志也提出了解决中国民族问题的思路，"在国家未来的发展战略中，加快民族地区的发展将摆在更加突出的位置。这是逐步缩小全国各地区之间的发展差距、最终实现全体人民共同富裕的要求，是保持国民经济持续快速健康发展、实现中国现代化建设第三步战略目标的要求，也是加

---

　　① 参看［美］克雷格·卡尔霍恩：《民族主义与市民社会》，载邓正来等：《国家与市民社会》，世纪出版集团 2006 年版，第 301—330 页。
　　② 《中国共产党关于民族问题的基本观点和政策（干部读本）》，民族出版社 2002 年版，第 283 页。
　　③ 《中国共产党关于民族问题的基本观点和政策（干部读本）》，民族出版社 2002 年版，第 293 页。

强民族团结、保持社会稳定、维护祖国统一的要求"①。发展的鸿沟和民族间的歧视，是苏联和东欧地区民族矛盾激化的主要原因，因此中央的这一思路，无疑为解决中国的民族问题明确了方向。

在 1989 年的"政治风波"和紧随其后的市场化改革中，中国不但没有如某些敌对势力期待的那样，"民主"运动和民族矛盾不断激化，国家陷入混乱，社会主义制度难以维系，反而经过短时间的调整，国家统一稳定的局面更加巩固，民族关系更加团结，发展的速度和质量都有了进一步的提高。

二、民族地区发展的市场化路径探索

在 1990 年后的市场化阶段，民族区域自治制度取得的成就主要来自经济建设和社会事业的发展领域，同时国家和民族自治地方都开始探索以市场化、法治化的手段，治理民族地区，促进民族地区的发展。

在改革开放的前期，国家在民族区域自治制度建设和对民族地区发展的帮扶方面，主要的任务是通过法制建设和制度建设保障少数民族的平等权利，对民族地区的发展帮扶更多地体现为"输血式"的照顾。因此在 20 世纪 80 年代，民族法制体系得到了相当程度的完善，少数民族权利得到较好的法律保护，国家也通过扶贫开发、对口支援以及其他各种优惠政策确保了民族地区能分享到国家整体发展的成果。

但是，在市场经济体制确立之后，中国的民族政策却面临着新的问题。一方面，随着民族法制体系的进一步完善，中国少数民族享有的各项政治权利已经得到了充分的保护，政治意义上的民族平等已经不存在问题。但是，国家对民族地区经济和社会发展的帮扶，却在市场经济体制的冲击下面临困境，不得不寻找新的思路，民族地区的发展战略在市场经济的冲击下，也面临着巨大的调整压力。

---

① 《中国共产党关于民族问题的基本观点和政策（干部读本）》，民族出版社 2002 年版，第 305 页。

1. 市场经济的推进与民族自治地方的发展

随着市场经济体制的不断推进，中国区域间、民族间的发展差距，在市场经济体制建立的初期不但没有缩小，反而出现了进一步扩大的趋势。

1979—1995 年，民族自治地方工农业总产值年均增长率为 10.1%，这一增长率还稍高于同期全国 9.88% 的年均增长率。1991—1995 年，全国国民生产总值年均增长率为 11.6%，而同期民族自治地方的国民生产总值年均增长率仅达到 9.4%。民族自治地方国民生产总值占全国的比例，从 1985 年占全国的 9.1% 减少到 1999 年的 5.7%，其中工业总产值更由占全国的 7.5% 下降到 4.3%。而同一时期，民族自治地方的人口却从占全国的 12.8% 提高到 13.3%，这意味着，民族自治地方人均国民生产总值在这一时期与全国平均水平的差距急剧扩大。[①]

与经济数据反映出来的差距相比，更令人担忧的问题是在建立市场经济体制之后，民族自治地方的自我发展能力与其他地方相比，差距也在拉大。区域自我发展能力是一种由多方面要素共同构成的合力，其中比较关键的几个因素是这一地区的公共物品供应状况、经济结构、企业活力和政府的发展意愿。在市场经济体制确定的最初几年，民族自治地方的公共物品供应水平与其他地方相比，要落后很多，这对民族自治地方的自我发展能力构成了根本性的制约。[②] 同时，民族自治地方的经济结构相对落后，经济发展相比其他地方处于比较低的层次。1999 年，民族自治地方第一、二、三产业结构为 29.2∶36.7∶34.1，而同期全国第一、二、三产业的构成为 17.6∶49.4∶33.0[③]。民族自治地方第二、三产业对经济的贡献率很低，对第一产业的依赖性很强。在农业内部，资源密集型产出占 56.7%，非资源密集型产出占 43.3%；工业产出中资源密集型占 66.7%，非资源密集型占 33.3%。这说明民族自治地方的经济结构具有典型的初级性特

---

① 根据《中国统计年鉴》《中国民族统计年鉴》历年资料整理。

② 关于民族自治地方公共物品供应情况，可参看李俊清《民族地区公共产品的缺失与政策选择》，载《中国行政管理》2006 年第 4 期。

③ 根据《民族统计年鉴（2000）》资料整理。

征①。这种结构特征也大大制约了民族自治地方的发展能力。

民族自治地方的企业无论从数量还是从竞争力来看，都难以与其他地方相比，普遍存在着数量少、规模小、竞争力相对较弱的问题，而且由于缺乏合理的产业分工与企业间合作，民族自治地方至今没有能形成产业集群，在企业内部管理和外部经营等方面也与其他地区特别是东部地区有巨大差距。到2003年，国有以及500万元非国有规模以上工业企业生产总值，内蒙古739.95亿元，广西993.01亿元，新疆849.99亿元，西藏17.63亿元，宁夏236.57亿元，其他少数民族聚居区青海193.12亿元，云南1028.95亿元，贵州621.25亿元，而东部地区广东一省就有12244.79亿元，比8个民族省区总和还高2倍多②。在每年推出的全国企业竞争力排行、企业创新能力排行以及其他许多反映企业竞争力的全国性调查中，民族自治地方都很少有几家企业的任何一项竞争力能够排进全国500强。企业作为市场经济的活动主体，是构成一个地方市场竞争力的基石，企业数量和竞争力都落后的局面，使得民族自治地方的整体市场竞争能力，根本无法与其他地方相比拟。

对于民族自治地方而言，还有一个问题就是政府推动经济社会发展的能力也需要提高。政府推动经济社会发展的能力主要通过公共政策来体现，但民族自治地方的一些公共政策，在政策质量、政策推行能力以及政策的社会效益等各方面，与全国其他地方相比都还存在一定的差距。民族自治地方有许多公共政策都是在模仿东部发达地区，但由于地方财政力量薄弱，社会文化教育水平相对较低，市场体制尚不健全，因而在实施过程中会遭遇诸多困难和阻力，难以达到预期效果。同时，在有些地方，由于长期以来习惯于国家和上级政府的支援和帮扶，主动追求快速发展的意愿不强，等、靠、要等在计划经济时代形成的依赖思想还非常浓厚。

2. 国家对民族地区帮扶思路的改进

在市场经济体制下，国家对资源的掌控范围逐步收缩，对经济社会发

---

① 温军：《民族与发展——新的现代化追赶战略》，清华大学出版社2004年版，第83页。
② 根据《中国统计年鉴（2000）》资料整理。

展的调控方式发生转变，而地方政府、企业和市场中介组织，在经济发展中的作用越来越大。这种发展动力的变化，对于民族区域自治制度的冲击随着市场经济的深入推进越来越明显，其造成的结果就是，虽然进入 20 世纪 90 年代之后，国家对民族自治地方的援助力度不断加强，但是却无法扭转民族自治地方与其他地方发展差距逐步扩大的趋势。因此，反思对民族自治地方的帮扶模式，寻找新的振兴民族地区的思路，就成为市场经济体制下民族区域自治制度发展与完善的一项重要任务。

从国家层面来看，正在逐步改变过去那种对民族地区"输血式"的帮扶，在继续给民族自治地方提供财政和其他支持的同时，更加突出了以市场手段引导资源配置，帮助民族自治地方提升自我发展能力。国家公共财政在民族地区也更多地投向了以提升民族自治地方发展能力为诉求的基础设施建设、公共物品供应等领域，而不再仅仅局限于解决民族自治地方面临的短期困难。国家对民族地区的优惠政策，也更多地以帮助民族自治地方完善市场体制为目标，而不再是简单地帮民族自治地方减轻负担。

从 1992 年开始，在中央采取的扶持西北民族地区发展的措施中，运用市场手段，着力培育西北民族地区市场体系的目的就已经十分明确。1992 年 6 月 6 日，国务院总理李鹏与西北五省区负责同志座谈时，指出国务院已确定西北的一些边境城市，如伊宁、塔城、博乐等进一步开放；国家为了更快地突破西北经济的薄弱环节，决定集中力量搞好宝中铁路的建设，搞好西北的公路、机场及水电、火电建设。这些政策和措施，与以往给资源、给资金的支持方式大不相同，更多的是从开放市场和加强市场基础设施建设入手来扶持民族地区发展。1992 年 7 月 5 日，国务院决定给予新疆 8 条优惠政策和措施，通过贯彻"全方位开放向西倾斜"和"内联外引""东联西出"的方针，使新疆成为东联西出的枢纽和联结东亚、中亚、欧洲的现代"丝绸之路"上的活跃区；伊宁、博乐、塔城三市行使相当于自治区级管理权；通过南疆边境陆路口岸出口，南疆自产商品全部开放；进一步开放乌鲁木齐，增强乌鲁木齐商贸中心城市和国际航空港的功能。这些措施与国家给予东部经济特区和沿海开放开发区的优惠政策极为相似。1992年8月18日，国务院决定给予呼和浩特、贵阳、西宁、银川等20个沿江、沿边和内陆省会（首府）城市实行沿海开放城市的政策。这些政策归纳起来有四个主要方面：一是支持开放城市扩大对外经济合作的权限；二是支持开放城市引进国外先进技术和管理经验改造老企业和开发现代农业；三是鼓励吸引外资，对外商投资企业实行优惠政策；四是具备一定条件后，经国务院批准，可以开办一个经济技术开发区。

这些具有强烈的市场经济色彩的帮扶思路，在经过几年的试验之后，取得了巨大的成绩，为后来国家推出西部大开发战略提供了经验。西部大开发战略，是这一阶段国家针对西部地区特别是民族地区最重要的发展政策。在2000年1月，国务院西部开发领导小组会议提出了西部大开发的5项重点工作，包括：第一，加快基础设施建设。突出要求加强公路、铁路、机场、天然气管道、电网、通信、广播电视等基础设施建设，加强水利建设，重点抓一批骨干项目。第二，加强生态环境保护和建设。同时采取"退耕还林（草）、封山绿化、以粮代赈、个体承包"的政策措施，首先确保西部地区环境不再恶化，然后逐步恢复西部地区的生态环境。第三，调整产业结构。首先是发展有市场前景的特色经济和优势产业，培育和形成新的经济增长点。同时加强农业基础，调整和优化农业结构，增加农民收入；合理开发和保护资源，促进资源优势转化为经济优势；加快工业调整、改组和改造步伐；大力发展旅游等第三产业。第四，发展科技和教育，加快人才培养。确保教育优先发展，在办好高等教育的同时，特别要加快少数民族地区和贫困地区教育的发展，提高劳动者素质。第五，加大改革开放力度。研究适应新形势的新思路、新方法、新机制，特别是要采取一些重大政策措施，加快西部地区改革开放的步伐。转变观念，面向市场，大力改善投资环境，采取多种形式更多地吸引国内外资金、技术、管理经验。深化国有企业改革，大力发展城乡集体、个体、私营等多种所有制经济，积极发展城乡商品市场，逐步把企业培育成为西部开发的主体。西部大开发战略确定的这五项重点工作，几乎都是围绕着培育西部民族地区的市场体系和自我发展能力提出的，因此可以说西部大开发政策的提出，标志着国家对民族地区的帮扶已经基本摆脱了过去那种"输血式"帮扶模式，而转变为以市场化的手段，培养民族地区自身的"造血"能力的模式。

3. 民族地区发展战略的转型

在国家对民族地区帮扶思路转变的同时，各民族自治地方也在积极探索寻找在市场经济条件下推动民族地区经济社会发展的新的途径和模式。

第一，加大政府职能调整与机构改革的力度。在国家明确了市场经济体制改革的目标之后，民族自治地方各级政府都先后开始转变政府职能、改革政府机构，由原来计划经济时期的"生产建设型政府"向符合市场经济要求的公共服务型政府转变。重新调整政府与市场、政府与社会的关系，逐步退出在微观经济领域的活动，而更多专注于经济调节、市场监管、社会管理和公共服务职能。与此同时，一大批计划经济时代形成的职能部门被撤销，适应市场经济体制需要的新职能部门体系正日渐完善。

第二，不断转变思想观念。由于长时期计划经济的影响，在有些民族地区还存在着不同程度的等、靠、要等依赖思想，参与市场竞争的积极性不高，不敢或者不会利用市场提供的机遇来发展自己。在市场经济体制逐步完善的过程中，民族地区对市场经济的认同程度，对市场机制的把握和运用的能力，都在不断提高。遇到困难和问题，由过去习惯地找上级、找中央，要钱、要政策、要项目，转变为积极通过市场渠道寻求发展机遇。

第三，努力将自治权与市场竞争力结合。在市场经济体制下，民族自治地方享有的自治权，特别是关于经济管理方面的自治权，使得民族自治地方在以政策措施提高本地市场吸引力方面享有很大的自主空间。有关财政、税收、项目决策和发展规划等方面的自治权，都已经成为民族自治地方政府制定优惠的招商引资政策和加速培育市场体系的重要优势，并在一定程度上弥补了民族自治地方经济竞争力不足的缺陷。

第四，提升利用市场发展自我的意愿和能力。国家为完善民族地区市场体系的一系列优惠政策，民族自治地方政府推动本地市场经济发展的努力，使各族群众逐渐认识到了市场经济的优势与活力，看到了市场经济中蕴含的发展机遇。因而，这一时期民族自治地方各族群众市场意识不断强化，自觉利用市场信息，寻找自我发展机会的积极性显著提高，一批少数民族优秀企业家迅速成长，各类企业的数量和竞争力都在快速攀升。

目前，尽管市场经济体制在民族地区的完善程度还远远低于其他地区，但是利益观念、竞争观念、创新观念等由市场经济发展而产生的新观念正在逐步普及，各项规范市场运行的制度法规也在日益完善，支撑市场经济运行的各项社会基本事业正蓬勃发展。从 1989 年到 2003 年的这一阶段里，市场经济体制在民族地区已经生根发芽，民族地区的发展转型顺利进行。

三、新时期国家促进民族地区赶超发展的重大举措

为了尽快改变西部民族地区的落后局面，缩小区域发展差距，推动民族地区的跨越式发展，近年来，国家先后采取了一系列重大举措。在民族自治地方政权建设基本完成，民族法制建设不断完善的同时，正是这些针对民族地区的政策措施，成为当前中国构建和谐民族关系的重要推动力。

1. 西部大开发

中国的西部地区资源丰富，市场规模庞大，发展潜力非常可观。但由于自然、历史、社会等原因，西部地区经济发展水平长期处于落后状态，市场经济体制还远未成熟，社会贫困现象仍然比较严重，丰富的资源和巨大的市场，并没有转化成现实的财富。西部地区与东部地区巨大的发展差距，给国民经济持续快速发展造成了障碍，甚至影响了国家的稳定和社会的和谐。

为了改变西部贫困落后的局面，实现全国区域间的平衡发展，1999年9月22日，党的十五届四中全会通过的决定明确提出："国家要实施西部大开发战略。"2000 年 1 月，国务院组成了以朱镕基总理任组长、温家宝副总理任副组长、国务院和中直 19 个相关部委主要负责人参加的西部地区开发领导小组。1 月 19—22 日，国务院西部地区开发领导小组在京

召开西部地区开发会议，研究加快西部地区发展的基本思路和战略任务。
这标志着西部大开发的正式实施。

西部大开发的范围包括重庆、四川、贵州、云南、西藏自治区、陕
西、甘肃、青海、宁夏回族自治区、新疆维吾尔自治区、内蒙古自治区、
广西壮族自治区等 12 个省、自治区、直辖市，总面积为 685 万平方公里，
占全国的 71.4%。2013 年末人口 3.63 亿人，占全国的 26.9%。2013 年
国内生产总值 186104 亿元，占全国的 32.71%。① 在西部大开发确定的西
部省区中，有 40 多个少数民族，人口占全国少数民族人口的 71%；全国
155 个民族自治地方中，有 5 个自治区，27 个自治州，84 个自治县（旗）
在西部，占西部地区总面积的 86.4%。云南、贵州、青海三个多民族省也
在西部；湖南的湘西土家族苗族自治州、湖北的恩施土家族苗族自治州及
吉林的延边朝鲜族自治州虽不在西部，但也享受西部大开发优惠政策的待
遇。从这个意义上说，西部大开发事实上也是民族地区大开发。

根据《国务院关于进一步推进西部大开发的若干意见》，西部大开发
的主要工作包括十项：（1）生态建设和环境保护，实现生态改善和农民
增收。具体包括退耕还林、退牧还草、天然林保护、京津风沙源治理和已
开垦草原退耕还草等生态建设工程。（2）基础设施重点工程建设，为西
部地区加快发展打好基础。初期规划的重点工程包括集中力量建设好青藏
铁路、西气东输、西电东送、水利枢纽、交通干线等重大项目。（3）农
业和农村基础设施建设，加快改善农民生产生活条件。主要是以增加农民
收入为中心，加快农业结构调整，大力发展特色农业、旱作节水农业和生
态农业。（4）调整产业结构，积极发展有特色的优势产业。包括密切结
合西部地区资源特点和产业优势，以市场为导向，积极发展能源、矿业、
机械、旅游、特色农业、中药材加工等优势产业。（5）推进重点地带开
发，加快培育区域经济增长极。积极培育并形成西陇海兰新线经济带、长
江上游经济带和南贵昆经济区等重点经济区域。（6）加大社会事业建设
投入力度，促进经济和社会协调发展。加强科技、教育、卫生、文化等社

---

① 根据《中国统计年鉴（2014）》资料整理。

会事业，提高劳动者素质，促进经济社会协调发展。（7）深化经济体制改革，为西部地区发展创造良好环境。大力改善投资环境，充分发挥市场机制作用，吸引国内外资金、技术和人才投入西部开发。（8）拓宽资金渠道，为西部大开发提供资金保障。继续保持用长期建设国债等中央建设性资金支持西部开发的投资力度，采取多种方式筹集西部开发专项资金。中央财政性建设资金、其他专项建设资金继续向西部地区基础设施建设倾斜。创新重大基础设施建设投入机制，采取多种方式鼓励和引导社会资金和境外资金参与基础设施建设。进一步加大中央财政对西部地区的转移支付力度。（9）加强西部地区人才队伍建设，为西部大开发提供有力的人才保障。制定并实施《西部地区人才开发十年规划》，落实干部交流和人才培训任务，促进西部地区党政人才队伍、专业技术人才队伍和企业经营管理人才队伍协调发展。（10）加快法制建设。借鉴世界发达国家开发欠发达地区的经验，结合中国西部开发的实践，加快西部开发法制建设步伐，为西部大开发提供法律保障。

西部大开发战略的实施，有力地推动了西部地区的发展。据统计，从2000年到2007年，中央对西部地区的各类财政转移支付累计近15000亿元，国债、预算内建设资金和部门建设资金累计安排西部地区7300多亿元，而2008年一年，西部地区社会固定资产投资就达到38694.62亿元。巨额资金投入，有力地推动了西部地区经济发展，2000—2008年，西部地区生产总值从16655亿元增加到58259.58亿元，年均增长率超过11%。2000—2007年间，国家累计安排新开工西部大开发重点工程92项，总投资超过1.3万亿元，青藏铁路、西气东输、西电东送等工程相继建成并开始发挥效益。国家还实施了油路到县、送电到乡、广播电视到村、沼气到户等一批改善农村生产生活条件的项目。2000年以来，国家在西部相继启动了退耕还林、天然林保护、退牧还草、京津风沙源治理等一批重点生态建设工程。目前，西部地区已初步形成能源、有色金属等生产基地。商品粮、优质棉、糖料、烟草、名酒、瓜果、畜牧等产品的生产加工正在全国进一步发挥独特优势。此外，高新技术和旅游文化产业也已渐成规模。

这期间，中央财政不断加大对西部地区教育、卫生、文化等社会事业的支持力度。到 2007 年底，西部地区 410 个攻坚县中，已经有 368 个实现了"两基"目标。国家还实施了"西新工程"、农村电影流动放映等文化工程，基本实现县县有图书馆、文化馆的目标。①

2007 年初，国家又制定了《西部大开发"十一五"规划》，该规划在指导思想上的一个重要变化，就是科学发展观和建设社会主义和谐社会的相关理论成为规划制定和执行的指导思想。规划指出，在未来西部大开发战略的实施过程中，要坚持实现又好又快发展，突出提高经济增长的质量和效益；坚持夯实长远发展基础，突出基础设施建设、生态环境建设和科技教育发展；坚持增强自我发展能力，突出重点地区优先开发、特色优势产业加快发展；坚持统筹城乡发展，突出社会主义新农村建设；坚持推进基本公共服务均等化，突出解决好关系人民群众切身利益的实际问题；坚持深化改革和扩大开放，突出体制机制创新。《规划》提出了未来西部大开发的四大主要目标：（1）经济又好又快发展和人民生活水平持续稳定提高。在提高经济发展质量和效益的基础上，实现人均地区生产总值比 2000 年翻一番以上。城乡居民人均收入水平与全国差距扩大的趋势得到遏制，城镇居民人均可支配收入和农村居民人均纯收入年均增长 6% 以上，基本解决贫困人口温饱和低收入人口稳定增收问题。（2）基础设施和生态环境建设取得新突破。交通通信条件得到明显改善。新增公路通车里程 20 万公里，建设农村通乡沥青（水泥）路 11 万公里；铁路路网总规模达到 35000 公里；重点大中型机场的扩建、迁建和一批支线机场建设任务基本完成；邮政和电信业务进一步改善，大部分地区实现普遍服务；水资源开发和节约利用取得成效，一批水资源开发和配置重点工程开工建设，节水农业发展取得重大进展，单位面积灌溉用水量大幅度减少，灌溉用水总量实现零增长，新增农村水电装机 1100 万千瓦；生态环境总体恶化趋势

① 姚慧琴、任宗哲：《中国西部经济发展报告（2009）》，社会科学文献出版社 2009 年版，并参看朱立毅、刘铮：《改革开放带来一个新西部——西部大开发战略成就与展望》新华社 2008 年 10 月 13 日电。

基本遏制。水土流失面积占国土面积的比例下降 2%，治理"三化"草原 1.1 亿公顷，国家生态保护和修复重点工程区森林覆盖率提高 2 个百分点以上，主要污染物排放总量减少 10% 左右，单位国内生产总值能耗降低 20% 左右。（3）重点地区和重点产业的发展达到新水平。重点经济带的集聚效应得到发挥，中心城市的辐射和带动作用明显提高，重要资源富集区建成一批优势资源开发及加工基地，重点边境城镇地区开发开放，培育和形成新的增长点。特色优势产业发展水平明显提高，能源及化学工业、优质矿产资源开采及加工、特色农副产品生产加工、重大装备制造、高技术产业和旅游等六大产业实现结构优化升级，建成一批特色优势产业基地。（4）实现基本公共服务均等化取得新成效。"两基"攻坚计划全面完成，20 户以上已通电自然村实现通广播电视，农村饮水安全问题得到缓解，适宜地区户用沼气普及率明显提高，农村电网改造的续建配套工程基本完成，所有乡镇通沥青（水泥）路以及具备条件的建制村基本实现通公路。新型农村合作医疗基本覆盖全体农民，城镇居民社会保障覆盖面进一步扩大，省会城市和有条件的地级城市建成比较完善的城市社区卫生服务体系。城乡居民人均享有的基本公共服务与东中部地区的差距逐步缩小。规划还对西部新农村建设，基础设施建设，特色优势产业发展，重点区域发展，生态环境保护，基本公共服务发展，人力资源培养，西部地区内外贸易发展等做了非常详细的规划和安排。[1]

　　2009 年 8 月 20 日，国务院总理、国务院西部地区开发领导小组组长温家宝主持召开了国务院西部地区开发领导小组会议，会议讨论并原则通过《关于应对国际金融危机保持西部地区经济平稳较快发展的意见》，针对国际、国内经济形势与西部地区的发展状况，提出了要充分发挥西部地区在扩大内需中的重要作用，进一步加大基础设施建设和生态环境保护力度，大力调整产业结构和转变经济发展方式，加快以改善民生为重点的社会事业发展，深化改革开放、构建对内对外开放新格局，加快地震灾区灾后重建、全面完成规划任务等当前和今后一段时期的六大任务。

---

① 《西部大开发"十一五"规划》，载《西部时报》2007 年 3 月 2 日，第 2 版。

2010 年 4 月 10 日，国家发改委针对西部大开发工作又出台专门意见，提出了 2010 年西部大开发工作要完成的七大任务，包括：第一，保持西部地区经济平稳较快发展。要继续加大中央财政对西部地区的转移支付和各类专项资金的支持力度，并且确保新增中央投资重点向民生工程、生态环境、基础设施、产业结构调整和灾后恢复重建等领域倾斜。第二，继续加强基础设施和生态环境建设。包括进一步扩大西部地区综合交通网规模，继续推进国家高速公路网西部路段以及西部开发八条公路干线建设，加强西部地区机场布局，继续推进一批重点水利工程建设，加快宽带互联网、3G 网络等信息基础设施建设，推动油气管网、电网等能源基础设施建设，巩固退耕还林和退牧还草成果，研究建立健全生态补偿机制的政策法规框架，加强环境保护和节能减排，建设若干西部循环经济示范区建设。第三，强化农业农村发展基础。包括加强农田水利建设，推动农业产业化经营，发展农民专业合作社，促进农民就业创业，加大农村"水电路气房"等基础设施建设投入。第四，大力发展特色优势产业。包括加快转变经济发展方式，集约发展能源化工及矿产资源加工业，推进信息化与工业化融合，发挥西部地区国防科技工业优势，大力发展特色文化产业，加强旅游业发展等。第五，积极推进社会事业发展和改善民生。包括推进义务教育均衡发展，加强公共医疗卫生服务和卫生应急处置能力建设，加强乡镇综合文化站等基层公共文化设施建设，加快完善覆盖城乡居民的社会保障体系，加强城乡社会救助体系建设，加强各级各类人才培养、培训以及交流等。第六，加大改革开放力度。包括推进国有经济布局和战略性调整，进一步改善西部投资环境，深化资源性产品价格改革，编制重点经济区域发展规划等。第七，努力完成灾后恢复重建任务。包括加快推进城镇居民住房重建，逐步建设完善集中安置点配套设施，加快交通、通信、水利、能源等基础设施恢复重建，做好对口支援工作等。

2010 年 5 月 28 日中共中央政治局专门召开会议，研究深入实施西部大开发战略的总体思路和政策措施。会议对未来 10 年西部大开发工作任务做了部署，并且将西部大开发战略与科学发展观、构建社会主义和谐社会的战略思路紧密结合。提出未来西部大开发要以改善民生为核心,以科技进步和人才开发为支撑,更加注重基础设施建设,着力提升发展保障能力;更加注重生态环境保护,着力建设美好家园和国家生态安全屏障;更加注重经济结构调整和自主创新,着力推进特色优势产业发展;更加注重社会事业发展,着力促进基本公共服务均等化和民生改善;更加注重优化区域布局,着力培育新的经济增长极;更加注重体制机制创新,着力扩大对内对外开放,推动西部地区经济又好又快发展和社会和谐稳定,努力实现全面建设小康社会奋斗目标。会议指出未来 10 年西部大开发的主要目标是要使西部地区综合经济实力上一个大台阶,基础设施更加完善,现代产业体系基本形成,建成国家重要的能源基地、资源深加工基地、装备制造业基地和战略性新兴产业基地;人民生活水平和质量上一个大台阶,基本公共服务能力与东部地区差距明显缩小;生态环境保护上一个大台阶,生态环境恶化趋势得到遏制。为确保目标的实现,会议部署了在未来西部大开发五大领域重点工作,包括:第一,培育特色优势产业为龙头,加快构建现代产业体系,通过税收机制调整促进西部地区资源优势转变为经济优势。第二,大力发展社会事业,保障和改善民生,通过推进地区间基本公共服务均等化促进西部人民群众共享改革开放成果。第三,鼓励和支持西部地区政府和社会改革,充分发挥政府推动和市场机制两方面的作用,增强西部大开发活力。第四,加强西部地区生态建设和环境保护,增强可持续发展能力。第五,加强西部地区基础设施建设,打造重点经济区,形成推动西部经济发展的战略高地。

在"十二五"规划中,中央进一步明确,把深入实施西部大开发战略放在区域发展总体战略优先位置,给予特殊政策支持,发挥资源优势和生态安全屏障作用,加强基础设施建设和生态环境保护,大力发展科技教育,支持特色优势产业发展。

2012 年 2 月,国家推出西部大开发"十二五"规划,在这样几个方面提出了更高目标:经济保持又好又快发展,特色优势产业体系初步形成,自我发展能力显著提高;基础设施更加完善,重点城市群内基本建成

2 小时交通圈，基本实现乡乡通油路，村村通公路，新增运营里程 1.5 万公里，新增生活垃圾无害化处理能力 12 万吨/日；生态环境持续改善，森林覆盖率达到 19%，单位 GDP 能源消耗（不含西藏自治区）下降 15% 左右，化学需氧量排放量减少 4.5%，二氧化硫排放量减少 3.5%，氨氮排放量减少 6.8%，氮氧化物排放量减少 3.4%；产业结构不断优化，第一产业就业人口比重明显下降，第二产业竞争力显著增强，第三产业发展壮大，单位工业增加值用水量降低 30%，农业灌溉用水有效利用系数提高到 0.53；公共服务能力显著增强，九年义务教育巩固率达到 90% 以上，城乡三项基本医疗保险参保率提高 3 个百分点，新型农村养老保险和城镇居民养老保险实现全覆盖；人民生活水平大幅提高，城镇化率超过 45%。城镇保障性住房覆盖面达到 20% 以上，城镇登记失业率控制在 5% 以内，贫困人口显著减少；改革开放深入推进①。

2013 年中央提出的"一带一路"倡议构想，其中的丝绸之路经济带，在我国境内以丝绸之路（包括南方古丝绸之路）为纽带，涉及西北的陕西、甘肃、青海、宁夏、新疆等五省区和西南的重庆、四川、云南、广西等四省区市。因此，国家围绕"一带一路"倡议实施出台的一系列政策，在某种程度上也可以看作是西部大开发的延续与深化。在 2014 年中央经济工作会议上，中央提出实施"一带一路"倡议，要抓住关键的标志性工程，要进一步优化交通、电力、通信等基础设施规划，建设一批有利于民生改善的项目。这也意味着在未来较长一段时间里，西部"丝绸之路经济带"沿线各省、自治区、直辖市将迎来新一波建设高潮。

2016 年 12 月，国务院审议通过《西部大开发"十三五"规划》，总的目标是，到 2020 年如期全面建成小康社会，西部地区综合经济实力、人民生活水平和质量、生态环境状况再上新的台阶。具体目标包括经济持续健康发展、创新驱动发展能力显著增强、转型升级取得实质性进展、基础设施进一步完善、生态环境实质性改善、公共服务能力显著增强等六个

---

① 国家发改委：《西部大开发"十二五"规划》，http://www.gov.cn/gzdt/2012-02/20/content_ 2071640. htm.

方面。具体包括经济发展、资源环境、社会发展、创新能力等四个方面的十五项指标。

《规划》明确了"十三五"期间经济社会发展的十个方面重点任务:一是构建区域发展新格局。进一步强化主体功能,规范开发秩序,合理控制开发强度,突出发展轴带和通道,努力构建功能边界清晰、空间利用高效、类型区划规范的集约优化的空间开发格局。培育建设重点创新试验区、绿色发展引领区、内陆沿边开放试验区等一批主题特色鲜明的功能区。二是筑牢国家生态安全屏障。加快完善生态文明制度建设,加大生态环境保护力度,促进能源资源节约集约循环利用,完善防灾减灾救灾体系。三是增加公共服务供给。在提升国民教育质量、健全社会保障制度、提高群众健康水平、丰富群众文化体育生活、创新社会治理机制等领域集中力量办一批群众看得见、摸得着的实事。四是打赢脱贫攻坚战。坚持精准扶贫、精准脱贫,针对不同贫困类型分类施策,提高脱贫攻坚成效。五是促进创业、新业态、新模式形成和发展,为经济社会持续发展提供强大动力。六是坚持开放引领发展。以"一带一路"建设为统领,加快内陆沿边开放步伐,培育多层次开放合作机制,推进同有关国家务实合作,加强国际产能和装备制造合作,打造陆海内外联动、东西双向开放的全面开放新格局。七是完善基础设施网络。继续加强交通、水利、能源、通信等基础设施建设,着力构建综合运输大通道,强化设施管护,加快建设结构优化、功能配套、安全高效的现代化基础设施体系,提升基础保障能力和服务水平。八是培育现代产业体系。塑造西部地区产业核心竞争力,构建资源优势突出、创新能力较强、产业链条齐备、生态承载合理的现代产业发展体系。九是大力发展特色优势农业。着力构建现代农业产业体系,加快形成资源利用高效、生态系统稳定、产地环境良好、产品质量安全、地域特色突出的农业发展新格局,促进农民持续增收。十是推进新型城镇化。坚持走以人为核心的新型城镇化道路,因地制宜优化城镇体系布局与形态,加强对西部城镇的分类指导,提高城乡规划的科学性。

2020年5月,中共中央国务院发布《关于新时代推进西部大开发形成新格局的指导意见》，提出要确保到 2020 年西部地区生态环境、营商环境、开放环境、创新环境明显改善，与全国一道全面建成小康社会；到 2035 年，西部地区基本实现社会主义现代化，基本公共服务、基础设施通达程度、人民生活水平与东部地区大体相当，努力实现不同类型地区互补发展、东西双向开放协同并进、民族边疆地区繁荣安全稳固、人与自然和谐共生。为保障这一战略目标的实现，国家将在财税、金融、产业政策、用地政策、人才政策、帮扶政策等多个方面给予大力支持。

2. 兴边富民行动

中国有陆地边界线 2.2 万多公里，分布着 140 个县、旗、市、市辖区，其中 111 个是民族自治地方；边境县总人口约 2300 多万人，其中近半数是少数民族。在中国 55 个少数民族中，有 30 多个民族与境外同一民族相邻而居。边疆地区的发展状况，不仅关系到生活在这些地区的各族群众的切身利益，而且会直接影响边疆稳定和国家安全。然而，中国绝大多数边疆县市都相对落后，经济发展水平低，公共基础设施缺失严重，居民生活水平普遍不高。为改变这一局面，国家民委联合发展改革委、财政部等部门倡议发起以"富民、兴边、强国、睦邻"为宗旨的"兴边富民行动"，并于 2000 年正式实施。"兴边富民行动"的主要目的，就是要通过加大对边境地区的投入，加大帮扶力度，争取用 10 年左右的时间，使边境民族地区基础设施条件得到明显改善，人民生活显著提高，经济和社会事业全面进步。"兴边富民行动"主要围绕三个方面开展工作：一是切实把基础设施建设搞上去；二是着力培育县域经济增长机制和增强自我发展能力；三是下大力气提高人民群众的生活水平。[①]"兴边富民行动"初期确定了 17 个重点扶持县，2005 年扩大到 37 个，2007 年进一步扩大到 84 个边境县，2009 年"兴边富民行动"扩大到全部 140 个边境县和新疆生产建设兵团 58 个边境团场。

根据国家民委发布的《兴边富民行动规划纲要（2001—2010 年）》，"兴边富民行动"的总体要求是以人为本、使群众普遍受益；因地制宜、

---

① 《"兴边富民行动"正式启动》，《人民日报》2000 年 2 月 25 日，第 3 版。

分类指导；突出重点、统筹兼顾；长远规划与近期安排相结合；注重效益、可持续发展；自力更生、艰苦奋斗。主要的奋斗目标分为两个阶段：第一阶段（2001—2005年）的目标是重点突破。采取的措施是加强宣传、健全机构、完善政策、落实项目、抓好试点，建立有效的组织保障机制和政策支撑体系。选择一批县（旗、市、市辖区）、乡（镇）作为试点，摸索经验并及时总结和推广，在拉动边境地区发展的重点领域取得突破。重点实施一批投资少、见效快、辐射面广的项目，使各族群众真正受益。到2005年，试点地区的基础设施条件、人民生活和经济社会发展水平得到初步改善和提高，接近或超过所在省区的平均水平。第二阶段（2006—2010年）的目标是整体推进。在总结经验和巩固提高的基础上，由点到面，整体推进，加大规划项目的实施力度，使边境地区经济和社会基础设施条件严重滞后的局面得到较大改善，经济增长速度力争不低于全国平均水平，消除绝对贫困现象，一部分有条件的县（旗、市、市辖区）经济社会发展达到所在省（区）中上等发展水平，走上持续致富道路。为确保相关目标的实现，《兴边富民行动规划纲要（2001—2010年）》确定了"兴边富民行动"的6项重点工作：加快水利、电力、公路、通信等基础设施建设；积极调整产业结构，促进优势产业发展；积极推进生态环境建设，切实保障农牧民生产生活条件的改善；积极发展边境贸易，促进边境地区的对外开放；加快发展科技教育；促进文化、卫生等社会事业的发展。同时，规划还在组织、制度、政策、财政等方面，为"兴边富民行动"的有效实施提供了保障。①

从2000年"兴边富民行动"正式开展到2007年，中央财政已扶持边境县84个，累计安排"兴边富民行动"专项资金6.65亿元，吸引和带动大量其他各类资金投向边境地区，兴建了2万多个项目。2008年中央财政一年安排的"兴边富民行动"资金就达3.6亿元。与此同时，各边境地区也积极参与，投入了大量财力和物力推动边疆地区发展。例如云南省为尽快改善边境地区少数民族群众生产生活困难的局面，提高了对边境沿

---

① 《全国兴边富民行动规划纲要（2001—2010）》，《中国民族报》2001年10月。

线低收入家庭寄宿制学生生活的补助标准，并逐步建立边境少数民族困难群体的低保制度。对于守边固土的地方，逐步探索给予最低生活保障。2009 年，云南全省将实行新型农村合作医疗制度，并对边境的 25 个县每年各拨款 100 万元，用于农田水利建设。同时，重点发展群众容易接受、技术容易掌握、覆盖面大、技术服务方便的种植业和养殖业，尽快培植有潜力的特色经济产业。① 2000 年 8 月，广西壮族自治区党委、政府以国家民委开展的"兴边富民行动"为切入点，把加快边境地区建设作为广西实施国家西部大开发战略来抓，提出要用两年左右的时间，在 8 个边境县（市、区）开展"边境建设大会战"。仅在当年，全区就已下达投资计划 16.39 亿元，完成投资 5.9 亿元。② 2008 年 11 月 11 日，吉林省发布了《吉林省兴边富民行动 2008—2010 年规划》，在原有工作的基础上，提出了 6 项新的任务：①到 2010 年末，全省建成东部沿边综合运输通道，边境地区所有乡镇和 90%以上的行政村通沥青（水泥）路。②到 2010 年末，边境县市农村饮水安全普及率达到 90%以上，实现乡（镇）及农村用电量 50%以上由农村小水电提供，农村水电站及电网现代化水平达到 50%。③到 2010 年末全面完成边境沿线乡村泥草房、危房改造任务。④大力扶持边境地区特色产业，如矿产、建材、能源、林产品加工、边境旅游等产业的发展，积极培育农民企业家。⑤逐步提高边境地区中小学办学经费的保障水平。⑥制定和完善有关优惠政策，鼓励和吸引各类人才到边境地区发展创业，有计划地选派边境民族地区干部到中央国家机关、发达地区和省直部门挂职锻炼。

2007 年 6 月 9 日，根据国家总体发展"十一五"规划的要求，国务院发布了《兴边富民行动"十一五"规划》，提出"十一五"期间"兴边富民行动"的总体目标是：重点解决边境地区发展和边民生产生活面临的特殊困难和问题，不断增强自我发展能力，促进经济加快发展、社会事业明显进步、人民生活水平较大提高，使大多数边境县和兵团边境团场经

---

① 《云南大力扶持边境少数民族发展》，载《人民日报》2006 年 12 月 6 日，第 4 版。
② 《广西"兴边富民"立竿见影》，载《人民日报》2001 年 4 月 2 日，第 2 版。

济社会发展总体上达到所在省、自治区和新疆生产建设兵团中等以上水平。具体目标是：一是边境地区交通、电力、水利等基础设施落后状况明显改善，边境一线的茅草房、危旧房基本消除。二是贫困边民的基本生活得到保障，边境农村最低生活保障制度加快建立。三是社会事业得到较快发展，边民教育、卫生、文化等基本公共服务条件明显改善。四是县域经济发展能力明显增强，地方财政收入和居民收入水平有较大幅度提高。五是边境贸易得到较快发展，重点边民互市点和口岸设施建设得到加强，对外经济技术合作领域继续扩大。六是生态环境保护和建设取得重要进展。七是社会治安状况良好，睦邻友好关系进一步巩固，民族团结进步事业全面发展。为此确定了五项具体措施：加强基础设施和生态建设，改善生产生活条件；突出解决边民的贫困问题，拓宽增收渠道；大力发展边境贸易，促进区域经济合作；加快发展社会事业，提高人口素质；加强民族团结，维护边疆稳定。同时，国家采取多项措施为兴边富民行动提供全方位的保障：（一）加大对边境地区的资金投入；（二）实行特殊的贫困边民扶持政策；（三）支持边境贸易发展和区域经济合作；（四）全面落实发展社会事业的优惠政策；（五）加强边境地区人才队伍建设；（六）动员社会力量支持边境地区开发建设；（七）实施一批兴边富民重点工程。[①]2009 年中央财政在少数民族发展资金中安排兴边富民行动补助资金规模达 4.84 亿元，2000—2009 年，累计安排 15.09 亿元，其中安排西部地区12.8 亿元。

在国家出台《兴边富民行动"十一五"规划》之后，各边疆省区也陆续制定了本地"兴边富民行动"规划。西藏自治区兴边富民行动"十一五"期间规划投资 15.96 亿元，力图通过五年（2006—2010）的努力，全面提高边境地区经济和社会事业发展水平，实现基础设施明显改善、贫困发生率明显降低、公共服务明显提高、经济发展能力明显增强、边境贸易明显加快、生态环境保护取得明显进展和社会治安状况明显好转的 7 大目标。通过兴边富民行动的实施，着力改善基础设施，力争在 2010 年实

---

① 《兴边富民行动"十一五"规划》，载《中国民族报》2007 年 6 月 19 日，第 2 版。

现边境乡（镇）通电率达到 85%，广播电视覆盖率达到 80% 以上，饮用安全卫生水人口比重达到 100%，完成 2.5 万户边境居民住房改造，人均居住面积达到 30 平方米以上。① 2008 年云南省启动了"兴边富民新 3 年行动"，决定实施 6 大工程、再办 30 件实事，政府投入资金 108 亿元，带动社会资金 320 亿元，以促进 25 个边境县（市）的经济社会又好又快发展，实现兴边、富民、强省、睦邻的目标。② "十一五"期间，新疆大力推动"兴边富民行动"计划，将安排 2996 个项目共计 388 亿元用于加快少数民族经济发展，努力提高少数民族群众的生产生活水平。③

　　2010 年初，在兴边富民行动已经卓有成效的基础上，中央有关部门开始着手编制兴边富民行动"十二五"规划。兴边富民"十二五"规划，将在深入贯彻落实科学发展观的基础上，紧紧围绕转变经济发展方式和加强民族团结两大主题，力争经过 5—10 年的努力，推动边境地区经济社会实现跨越式发展，与全国基本同步实现全面建设小康社会目标。而 2011 年出台的国民经济与社会发展第十二个五年规划纲要，也明确提出，"十二五"期间，国家要进一步加大对民族地区、边疆地区扶持力度，加快沿边地区开发开放，加强国际通道、边境城市和口岸建设，深入实施兴边富民行动。其中，特别是边境口岸、贸易通道和开发区建设，以及对外经济合作，成为"十二五"时期兴边富民行动的亮点，在 2011 年 11 月 20 日召开的落实《兴边富民行动规划（2011—2015 年）》座谈会上，国家民委有关负责人表示，"十二五"期间，兴边富民行动会进一步加大国家对口岸建设的投资力度，加大对边境地区经济技术合作区基础设施建设项目贷款的贴息支持力度；适时调整边民互市进口免税生活用品范围；鼓励、引导和支持内地企业与边境地区企业联合参与对外投资、对外承包工程和对外劳务合作，进一步扩大对内对外开放。

① 《西藏自治区兴边富民行动"十一五"期间投入近 16 亿元》，载《西藏日报》2009 年 3 月 23 日。
　　② 《资金瓶颈制约云南兴边富民行动》，载《中国经济时报》2009 年 3 月 18 日，第 2 版。
　　③ 《"十一五"期间新疆大力推动"兴边富民行动"计划》，《新疆经济报》2006 年 9 月 8 日。

兴边富民行动的开展，使边境地区自我发展能力明显增强。2013年，纳入兴边富民行动范围的边境地区生产总值达到8097亿元，年均增速达16%。城镇居民人均可支配收入19168元，农村居民人均纯收入7580元，年均增速分别高达13.6%、16.4%；边境地区建有文化馆156个、图书馆156个。广播电视除特殊地区基本实现全覆盖。医疗卫生方面设卫生室的行政村新增1439个，教育水平和条件持续提高；陆地边境县口岸数量达到121个，其中一类口岸69个，边民互市点数量增加到421个，进出口总额上升至534.4亿美元，年平均增速13%[①]。

2017年5月，国务院办公厅发布《兴边富民行动"十三五"规划》，提出发展总目标是：到2020年，边境地区同步全面建成小康社会、基础设施进一步完善，服务发展和保障边防能力全面提升；民生保障水平进一步提高，边民安居守边条件全面改善；特色优势产业较快发展，支撑群众居边致富作用全面增强；深度融入"一带一路"建设，沿边开发开放水平显著提高；生态环境保护取得明显成效，经济社会与生态环境实现协商发展；民族团结基础进一步夯实，边境地区安定和谐局面更加巩固。七个具体目标是综合经济实力显著增强，基础设施条件全面强化，民生保障水平不断提高，特色优势产业较快发展，沿边开放水平显著提高，实现生态良好绿色发展，确保边防安全边疆稳固。

《规划》确定了"十三五"期间西部地区的六大任务：一是围绕强基固边推进边境地区基础设施建设；二是围绕民生安边全力保障和改善边境地区民生；三是围绕产业兴边大力发展边境地区特色优势产业；四是围绕开放睦边着力提升沿边开发开放水平；五是围绕生态护边加强边境地区生态文明建设；六是围绕团结稳边通力维护民族团结和边防稳固。同时，还配套了六大工程、34项子工程。

为了保证目标的顺利实现，国家在边民扶持、财政、金融、土地、社会保障、资源开发与生态保护补偿、对口支援等七个方面强化了政策

---

① 孙铁翔：《我国兴边富民行动成效显著》，http://news.xinhuanet.com/world/2014/09/23/c_1112597704.htm。

支持。

"兴边富民"行动促进了边境地区经济持续发展，民生显著改善。2000—2018 年，我国陆地边境县（市、区、旗）生产总值从不足 900 亿元，到突破 9200 亿元；人均地区生产总值从不足 4400 元，到接近 4 万元。

3. 扶持人口较少民族发展

扶持人口较少民族发展政策，经历了两个阶段。第一阶段从 2001 年开始，以人口在 10 万人以下的 22 个少数民族为扶持对象，这些民族分别是：毛南族、撒拉族、布朗族、塔吉克族、阿昌族、普米族、鄂温克族、怒族、京族、基诺族、德昂族、保安族、俄罗斯族、裕固族、乌孜别克族、门巴族、鄂伦春族、独龙族、塔塔尔族、赫哲族、高山族、珞巴族。分布在内蒙古、黑龙江、福建、广西、贵州、云南、西藏、甘肃、青海、新疆等 10 省（区）的 86 个县、238 个乡镇、640 个行政村。这些少数民族在新中国成立以前，生产生活方式大多都非常落后，生产力发展水平很低，生活贫困。新中国成立以后，国家通过各种政策支持他们的发展，使这些少数民族聚居区的社会形态发生了重大的变化。然而，由于这些少数民族聚居区自然条件都相对恶劣，发展基础较差，因此相对于全国平均水平，甚至相对于民族地区平均水平而言，都处于十分落后的状态。具体问题包括：①生产生活条件艰苦。在国家扶持政策实施之前，人口较少民族聚居的 640 个村庄中，不通公路的村有 145 个，不通电的村 90 个，不通电话的村 279 个，不通邮的村 274 个，不能接收电视节目的村 215 个，没有有线广播的村 498 个，没有安全饮用水的村 368 个，46346 户群众居住在漏雨透风不安全的茅草房或危房中，有 11645 户 48472 人居住在缺乏基本生存条件的恶劣环境中。②贫困问题突出。人口较少民族聚居村中有 345 个贫困村，占 53.9%；绝对贫困人口 19 万人，占总人口比重的 19.8%；低收入人口 20.4 万人，占总人口比重的 21.3%。缺粮需要救济的户数 27821 户，占总户数比重的 14.0%。③社会事业发展滞后。教育落后，适龄儿童入学率普遍较低，平均文盲率为 42.3%，有 9 个民族文盲率超过 50%；医疗卫生条件差，355 个村没有卫生室，地方病、传染病十分严重；农村文化、体育基础设施薄弱，农民群众精神文化生活极度贫乏。

根据 2001 年国务院办公厅发出《关于扶持人口较少民族发展问题的复函》（国办函［2001］44 号），有关地区和部门对这些少数民族实行特殊扶持政策，改善这些少数民族所在乡村生产生活、基础设施、文化教育卫生条件等，帮助他们加快发展。中央财政从少数民族发展资金中安排人口较少民族发展补助资金，专门用于人口较少民族聚居乡村水利、电力、公路等基础设施建设和发展教育、卫生、文化等社会公益事业。

从 2000 年到 2005 年，国家发改委和国家民委密切合作，投入人口较少民族扶持总投资的规模达到 10 亿元。财政部安排的少数民族发展资金，在前 2007 年之前每年有 4000 万元左右，2007 年之后每年用于扶持人口较少民族发展的财政资金增加到 1.12 亿元。2005 年国家民委、国家发展改革委、财政部、中国人民银行、国务院扶贫办联合发布了《扶持人口较少民族发展规划（2005—2010 年）》，提出通过五年左右的努力，使人口较少民族聚居的行政村基础设施得到明显改善，群众生产生活存在的突出问题得到有效解决，基本解决现有贫困人口的温饱问题，经济社会发展基本达到当地中等或以上水平。再经过一段时间的努力，使人口较少民族达到全面建设小康社会的要求。并提出了四个方面的具体任务，包括加强基础设施建设，改善生产生活条件；调整经济结构，发展特色产业，促进群众增收；加强培训，提高人口素质；发展科技、教育、卫生、文化等社会事业，促进社会进步。六项保障措施：加大对基础设施建设的扶持力度；加大财政资金的扶持力度；加大信贷资金的扶持力度；加大对社会事业的扶持力度；加大人才培训力度；加大对口帮扶力度。

规划实施 6 年左右，共投入各项资金 37.51 亿元，实施项目 11168 个，基本实现了"四通五有三达到"的规划目标，人口较少民族面貌发生了新的历史性变化。人口较少民族聚居区基础设施显著改善，结构调整步伐加快，人民生活明显改善，社会事业稳步推进，发展能力逐步增强，呈现出生产发展、生活提高、生态改善、民族团结、社会和谐的良好局面，为全面实现小康社会奠定了坚实基础。①

　　2011 年 6 月 26 日，国家民委、国家发展改革委、财政部、中国人民银行、国务院扶贫办五部委联合编制的《扶持人口较少民族发展规划 (2011—2015 年)》发布，扶持人口较少民族发展进入一个新的阶段。根据这一新规划，人口较少民族的认定标准从 10 万人提升到 30 万人，因此新增了 6 个民族，使受扶持的人口较少民族达到 28 个，它们分别是珞巴族、高山族、赫哲族、塔塔尔族、独龙族、鄂伦春族、门巴族、乌孜别克族、裕固族、俄罗斯族、保安族、德昂族、基诺族、京族、怒族、鄂温克族、普米族、阿昌族、塔吉克族、布朗族、撒拉族、毛南族、景颇族、达斡尔族、柯尔克孜族、锡伯族、仫佬族、土族。这 28 个民族的总人口达到 169.5 万人，分布在内蒙古、辽宁、吉林、黑龙江、福建、江西、广西、贵州、云南、西藏、甘肃、青海、新疆等 13 个省 (区) 和新疆生产建设兵团的人口较少民族聚居区，包括 2119 个人口较少民族聚居的行政村 (以下简称"聚居村")、71 个人口较少民族的民族乡、16 个人口较少民族的自治县、2 个人口较少民族的自治州。

　　虽然有第一阶段的扶持，人口较少民族的生产生活状况得到了极大改善，但仍然面临许多现实的困难与问题。主要包括：第一，贫困问题突出，发展差距仍然较大。到 2009 年底，2119 个聚居村有贫困人口 89.1 万人，贫困发生率 32.7%，高于全国 (3.8%) 28.9 个百分点，高于民族自治地方 (16.4%) 16.3 个百分点。第二，基础设施不完善，瓶颈制约仍然存在。2009 年底，在 2119 个聚居村中，不通公路的村占 42.2%，不通电的村占 11.0%，没有安全饮用水的村占 35.2%。第三，缺乏特色产业支撑，群众收入仍然较低。2009 年，2119 个聚居村农牧民人均纯收入为 2591 元，相当于民族地区平均水平 (3369 元) 的 3/4、全国平均水平 (5153 元) 的 1/2。第四，社会事业发展滞后，民生问题仍然突出。2009

---

① 参看《全国扶持人口较少民族发展工作经验交流会召开》，《共筑发展之路 同撑和谐蓝天——中央和地方扶持人口较少民族发展工作纪实》，载《人民日报》2009 年 7 月 11 日，第 1 版、第 6 版。

年，16 个人口较少民族的自治县农牧民平均受教育年限仅为 5.8 年，有的民族青壮年文盲率较高。在 2119 个聚居村中，没有卫生室的村占30.7%，有的村虽有卫生室但缺医少药，还有 43.8% 的村没有合格医生。居住简易住房的户数有 14.7 万户，占总户数的 22.2%；有 28.7 万户农户没有解决饮水安全问题，占 43.3%。一些基本保障制度覆盖面窄，保障水平不高。第五，公共文化服务体系不完善，民族传统文化面临的形势仍然相当严峻。2009 年底，在 2119 个聚居村中，没有文化活动室的村占39.8%。群众读书看报难、收听收看广播影视难、开展文化活动难等问题仍较普遍。特别是一些人口较少民族优秀传统文化流失、失传等现象比较严重，直接影响着中华文化的多样性。第六，基层组织建设较为薄弱，自我发展能力仍然不强。2009 年，71 个民族乡参加专业经济合作组织的农民仅占 1.8%。受地理条件和社会发展程度制约，群众当家理财、科技应用和自我发展能力较弱。

为了帮助人口较少民族尽快解决这些现实问题，改善其生产生活状况，新规划提出了六大领域的任务和工程，包括：第一，加强基础设施及配套建设，大幅提升发展保障能力。加快完善人口较少民族聚居区交通基础设施、农田水利设施、信息基础设施，加强人口较少民族聚居区能源建设、人居环境建设、生态环境保护建设，推进人口较少民族聚居区城镇化健康发展。要求在规划实施期间，基本解决 2119 个建制村不通宽带、1523 个自然村不通电话问题。234 个不通电的行政村解决生产生活用电，544 个自然村解决生活用电，解决 3.9 万户无电人口用电问题，基本实现户户通电。在 2119 个行政村（66.2 万户）修建农村无害化卫生厕所。对人口较少民族缺乏生存条件地区和居住在自然保护区内的 3 万户、12 万人有计划地实施搬迁，缓解迁出地人口压力，改善迁入地生产生活条件，拓展脱贫致富渠道，恢复和保护迁出地生态环境。第二，发展特色优势产业，促进群众增收。新规划要求提升人口较少民族聚居区农业现代化水平，推进农业产业化经营，拓宽农民增收渠道，加大扶贫力度。在规划实施期间，要做到 2119 个行政村有经营面积大于 50 平方米的从事商品批发或者零售业务的商店或农家超市。71 个民族乡镇每个乡镇至少建设一个标准化的农贸市场（边贸市场）。建设一批集制作、培训、销售、展示为一体，体现民族地域特点的民族刺绣、民族服饰、民族刀具、民族地毯、民族家具、民族器乐、民族食品、民族餐饮、民族旅游以及碧玉奇石加工、特色林果业、农产品深加工等特色劳务基地。第三，保障和改善民生，促进基本公共服务均等化。新规划要求在人口较少民族聚居地区优先发展教育事业，加快发展医疗卫生事业，促进就业和社会保障，加快建设社会服务体系。规划实施期间，开展农村订单定向医生免费培养工作，优先为 71 个民族乡镇卫生院和 2119 个村级卫生室培养从事全科医疗的卫生人才；提高 161 个人口较少民族所在县卫生监督人员业务水平和执法能力，争取在 5 年内所有卫生监督人员轮训一遍；在 2119 个行政村、71 个民族乡镇、16 个自治县、2 个自治州所辖 9 县（市）实施农村妇女住院分娩补助、增补叶酸预防神经管缺陷、艾滋病母婴阻断等项目；在人口较少民族聚居区 66.2 万户农牧户中开展"少生快富"工程项目户资格确认；逐步将 16 个人口较少民族自治县和其余的 145 个人口较少民族聚居村所在县纳入新型农村社会养老保险试点范围。第四，发展文化事业和文化产业，繁荣民族文化。加强人口较少民族聚居区公共文化基础设施、公共文化服务能力建设，保护民族文化遗产，大力支持民族文化产业化发展，发展民族传统体育事业。规划实施期间，解决 1563 个"盲村"（自然村）中已通电自然村、46.7 万户广播电视信号覆盖；71 个民族乡镇综合文化站达到"四有标准"（有阵地，新、改建的乡镇综合文化站建筑面积不低于 400 平方米；有设施，配备基本的设施设备和文化活动器材；有人员，配备文化站长和专职文化辅导员；有内容，经常组织开展富有地域特色、群众广泛参与的文化活动）；完成人口较少民族的 2 个自治州所辖 9 县（市）及 16 个自治县文化馆、图书馆达标改造；对人口较少民族的 2 个自治州所辖 9 县（市）及 16 个自治县、71 个民族乡镇现有专职文化队伍和业余文化队伍进行系统培训；完成 71 个民族乡镇、人口较少民族的 2 个自治州所辖 9 县（市）及 16 个自治县民族体育场馆、全民健身活动中心建设。第五，加强人力资源开发，增强自我发展能力。要加强人口较少民族地区干部培训，培养专业技术人才、技能人才、农村实用人才，提高劳动者综合素质。规划实施期间，对 161 个县、596 个乡镇、2119 个村三级干部及后备干部进行培训，5 年培训 1 万人次（每县 5 人、每乡镇 9 人、每村 2 人）；在 161 个县、596 个乡镇，开展农业、能源、环境保护、卫生、教育、文化、商贸流通、旅游、服务业、社会管理、企业经营管理专业技术骨干培训，保证每县、每乡的重点行业至少培训一名骨干人才，5 年培训 5000 人次；对 2119 个村的 142.7 万劳动力开展农村适用技术培训，对农村专业合作组织带头人、农村经纪人进行培训，5 年实现每人至少接受一次培训；对 182 个青壮年文盲率在 5% 以上的人口较少民族聚居村开展扫盲教育。第六，促进民族团结，建设和谐家园。大力推进民族团结进步创建，加强农村基层组织建设，开展乡风文明建设和平安和谐建设。规划实施期间，每年从 28 个民族中选取 300 名青少年纳入"青少年民族团结交流万人计划"，进行重点跟踪培养；2119 个村基层组织建设实现"三有"（有人管事、有钱办事、有场所议事）。

为确保扶持人口较少民族政策取得切实成效，新规划要求中央各有关部委和各级地方政府，加大资金投入力度、金融服务力度、对口帮扶力度、人才队伍建设力度、已有政策法规落实力度。新规划还对前一阶段扶持人口较少民族政策实施过程中暴露出来的在资源、价值分配过程中过度侧重民族身份，相对忽视区域内群体面临的现实问题的普遍性的做法做了修正，在政策实施过程中不再突出民族身份，而是强调以行政村为基本扶持单元，使各种帮扶政策片区化实施。在 2011 年 3 月通过的国家"十二五"规划中，也明确指出，国家要进一步加大扶持人口较少民族发展的力度。

据统计，2011—2013 年，新一轮人口较少民族扶持政策所涵盖的 2119 个村，累计新增和改建、扩建乡村公里 24000 多公里，农田水利设施新修 1 万多处，建制村通沥青路、宽带、有安居房、集中式供水的比例比 2010 年分别提高 10.3%、9.3%、5.6% 和 6.2%。可提供学前一年教育、村卫生室达标和有体育健身活动场地的村的比例，分别比 2010 年提高 4.6%、8.1% 和 11%。实施各类特色旅游、农牧业、民族传统工艺等经济项目 1900 多项，新建大棚 23000 多户，农民人均纯收入达到 5179 元，比 2011 年增加 47%；举办各类培训 43000 多场次，培训农牧民 166 万人次。

2016 年国务院印发《"十三五"促进民族地区和人口较少民族发展规划》提出，要从提升发展基础条件，增强发展内生动力，传承弘扬民族文化，加强人力资源开发等方面，促进人口较少民族加快发展。

4. 少数民族事业"十一五""十二五""十三五"规划

国家"十一五"规划制定之后，为了使民族地区在"十一五"期间能够得到更快的发展，2007 年国务院又推出了中国少数民族事业"十一五"规划，以全面指导和支持民族地区发展。这是国家第一次推出专门的少数民族事业五年规划。《规划》提出，在"十一五"期间少数民族事业发展的总体目标是：少数民族和民族自治地方公共基础设施和生态环境明显改善，自我发展能力不断增强，优势产业和特色经济不断发展，贫困问题得到有效缓解，群众生活水平有较大提高。对外交流与合作不断加强，对外开放水平有较大提高。教育、科技、文化、卫生、体育等社会事业加快发展，群众思想道德素质、科学文化素质和健康素质进一步提高。民族区域自治制度和民族理论政策体系进一步完善，民族法制建设取得较大进展，少数民族合法权益得到切实保障。民族关系更加和谐，民族团结更加紧密，实现少数民族事业又好又快的发展。这些目标被具体细分为 6 项预期指标，即到 2010 年：（1）民族自治地方城镇居民人均可支配收入和农村居民人均纯收入年均增长速度高于全国平均水平 1 个百分点，城乡居民收入之比保持现有水平。（2）民族自治地方"普九"人口覆盖率达到 95% 以上，实现全面普及九年义务教育的目标。（3）少数民族婴儿死亡率比 2005 年下降 5‰。（4）少数民族文字出版物种数比 2005 年增长 20%，少数民族文字出版物印数比 2005 年增长 25%。（5）少数民族各类人才占在业人口比重比 2005 年提高 0.5%，基本接近少数民族人口占全国总人口的比重。（6）民族自治地方城镇化率比 2005 年提高 5%。为实现上述目标，《规划》提出了"十一五"期间少数民族工作的 11 项任务：（1）大力改善民族自治地方经济发展基础条件。（2）着力解决少数民族群众特困和特需问题。（3）努力提高少数民族教育科技水平。（4）扎实推进少数民族医疗卫生事业。（5）大力发展少数民族文化事业。（6）稳步提升少数民族社会福利水平。（7）切实加强少数民族人才队伍建设。（8）继续扩大少数民族和民族自治地方的对外开放。（9）逐步健全民族法制体系。（10）不断完善民族理论政策体系。（11）继续营造各民族和谐发展的社会环境。

2012 年 7 月，在"十一五"规划完成之后，国家又推出少数民族事业"十二五"规划，规划要求"十二五"期间，民族地区经济发展主要指标增速高于全国平均水平，人均地区生产总值与全国平均水平的差距明显缩小；民族地区人民生活水平大幅提高，城乡居民收入与全国平均水平差距明显缩小；民族地区基本公共服务能力显著增强，教育、文化服务、医疗卫生、社会保障等与全国的差距明显缩小；少数民族优秀传统文化得到有效保护、传承和弘扬，适应各族群众需求的优秀文化产品更加丰富；民族理论政策体系和民族法律法规体系更加完备，民族事务服务体系更加完善。规划提出了推动民族地区加快发展，不断改善各族群众生产生活条件；发展教育、科技、卫生、就业和社会保障事业；发展少数民族文化事业和文化产业；巩固和发展民族团结进步事业；加强少数民族各类人才队伍建设，提升民族地区发展的智力支撑能力；加强民族理论政策体系和民族法律法规体系建设，提高民族工作决策和管理水平；加大民族工作交流合作力度；构建民族事务服务体系，不断提高民族事务管理和服务水平等八大方面任务。决定实施少数民族特色村寨保护与发展、少数民族特需商品传统生产工艺和技术保护、双语教育推进，义务教育学校标准化建设、民族医药保护与发展、少数民族文化读本编撰出版、少数民族语言文字规范化信息化建设等工程。并就支持少数民族事业发展的财政政策、投资和产业政策、金融政策、生态补偿政策、教育科技政策、医疗卫生政策、文化政策、社会保障政策、干部和人才政策、对口支援政策等进行了优化设计。要求各地建立健全实施少数民族事业规划的协调落实机制和目标责任制，加强对规划执行情况的监测评估和监督检查①。

2016 年 12 月 24 日，国务院批准印发《"十三五"促进民族地区和人口较少民族发展规划》（以下简称《规划》）。《规划》提出，"十三五"时期少数民族和民族地区发展的主要目标是经济持续较快发展，社会事业稳步提升，民族文化繁荣发展，生态环境明显改善，民族团结更加巩固，确保到 2020 年实现与全国同步全面建成小康社会。并明确了民族地区要实现生产总值年均增速 8%以上、农村贫困人口脱贫 1805 万人、耕地保有量 3.19 亿亩等 7 个方面 33 项定量指标。

为了实现上述目标，《规划》提出 9 个方面的重点任务。一是全力打赢脱贫攻坚战，二是促进经济跨越发展，三是优先保障和改善民生，四是推进生态文明建设，五是推进全方位开放合作，六是促进人口较少民族加快发展，七是加快少数民族特色村镇保护发展，八是深入开展民族团结进步创建活动，九是创新民族事务治理体系，总体安排了少数民族特困地区和特困群体综合扶贫、民族特色优势产业振兴、少数民族特色村镇保护与发展等 37 个工程项目。《规划》强调加快民族地区和人口较少民族发展，需要中央大力持续与激发内生动力相结合，提出了财政、投资、金融、产业、土地、社会、环境、人才、帮扶等 9 大支持政策。

5. 专门针对特定自治地方的发展规划

除了面向民族地区和少数民族的综合性政策措施之外，国家近几年在扶持民族地区发展方面还有一个重大的思路创新，那就是针对一些民族地区出台瞄准度更高的专门扶持政策，以扶持这些民族地区实现更快更好的发展。2011 年 3 月，这些针对特定民族地区的扶持政策，被纳入国家"十二五"规划，"十二五"规划明确指出，未来五年要进一步加大支持西藏、新疆和其他民族地区发展力度。

---

① 国务院办公厅：《少数民族事业"十二五"规划》，http://www.gov.cn/zwgk/2012-07/20/content_ 2187830. htm。

（1）促进西藏发展的特殊政策

为了促进西藏经济社会快速发展，保持西藏社会稳定，进入 21 世纪以来，中央针对西藏发展中存在的问题，出台了一系列政策。2005 年中共中央国务院联合发布《关于进一步做好西藏发展稳定工作的意见》（以下称《意见》），提出要采取切实措施促进西藏发展，维护西藏稳定。2006 年，《国务院办公厅关于印发加快西藏发展 维护西藏稳定若干优惠政策的通知》（下称《通知》）将 2005 年的《意见》细化为具体的优惠措施。《通知》提出了要在农牧民、农牧区和农牧业，基础设施，基层政权建设，人才和教育、科学、卫生、文化和社会保障，对外开放，市场环境 6 大方面支持西藏经济社会发展，维护西藏社会稳定。《通知》要求到 2010 年基本解决人畜饮水和饮水安全问题，基本解决农牧民用电问题，力争 80% 以上的县通沥青路，乡镇和 80% 的建制村通公路。同时加大对西藏人才市场建设、全面普及九年制义务教育，西藏文化基础设施建设，文化遗产保护，农牧民免费医疗，城乡的社会保障体系建设，对外贸易口岸建设，农牧区产品交易市场体系，救灾物资储备设施及应急体系建设等方面事业的支持力度。

2008 年，国务院又下发《关于近期支持西藏经济社会发展的意见》，针对西藏目前在新的形势下需要解决的主要问题，明确了从中央财政安排资金帮助解决西藏减收增支问题、促进旅游等产业加快恢复发展、加快重点项目实施进展、支持有关公共服务设施的修复和建设、健全市场价格调控体系并适当提高社会救助水平、加强维护稳定能力建设、充分发挥对口帮扶作用等七个方面制定了扶持政策。这些特殊倾斜政策，所涉各类建设项目数十项，所涉投入资金 380 多亿元，仅新增资金就多达数 10 亿元。实际上，在此之前，中央对西藏就一直实行"收入全留、补助递增、专项扶持"的特殊优惠财政政策。据统计：从 1959—2008 年，中央财政向西藏转移支付累计达 2019 亿元，其中 2001—2008 年，财政转移支付累计达 1541 多亿元，占同期西藏总财力的 93.7%。此外，自 1995 年全国开始对口支援西藏工作以来，中央和各省市累计向西藏无偿援助资金、物资折合

128.19 亿元，实施援助项目 6300 多个。在财政和建设资金筹集方面的特别政策，为西藏各项发展事业提供了充裕的资金保障，确保了西藏经济社会的快速发展。

2010 年 1 月，中共中央召开第五次西藏工作会议。会议提出要用十年左右时间，建设团结、民主、富裕、文明、和谐的社会主义新西藏。会议规划了西藏中长期经济社会发展的两个阶段性目标：到 2015 年，农牧民人均纯收入与全国平均水平的差距显著缩小，基本公共服务能力显著提高，生态环境进一步改善，基础设施建设取得重大进展，全面建设小康社会的基础更加扎实。到 2020 年，农牧民人均纯收入接近全国平均水平，人民生活水平全面提升，基本公共服务能力接近全国平均水平，基础设施条件全面改善，生态安全屏障建设取得明显成效，自我发展能力明显增强，社会更加和谐稳定，确保实现全面建设小康社会的奋斗目标。会议着重强调，在推进西藏跨越式发展过程中，要更加注重改善农牧民生产生活条件，更加注重经济社会协调发展，更加注重增强自我发展能力，更加注重提高基本公共服务能力和均等化水平，更加注重保护高原生态环境，更加注重扩大同内地的交流合作，更加注重建立促进经济社会发展的体制机制，实现经济增长、生活宽裕、生态良好、社会稳定、文明进步的统一，使西藏成为重要的国家安全屏障、重要的生态安全屏障、重要的战略资源储备基地、重要的高原特色农产品基地、重要的中华民族特色文化保护地、重要的世界旅游目的地。

国家的大力支持，确保了西藏进入 21 世纪以后，发展速度整体上高于全国平均水平，进而使西藏与内地的发展差距不断缩小。2009 年，西藏 GDP 总量相当于 2000 年的 3.72 倍，人均 GDP 相当于 2000 年的 3.31 倍，而 2009 年全国 GDP 总量和人均 GDP 则分别相当于 2000 年的 3.38 倍和 3.14 倍。在经济总量不断提升的同时，进入 21 世纪之后，西藏的交通基础设施、公共服务水平、市场发育程度等，也都有了质的飞跃。2018 年西藏生产总值完成 1077.63 亿元，增长 9.1%，GDP、规模以上工业增加值、城镇居民人均可支所构成收入，农村居民人均可支配收入和社会消费品零售总额增速均居全国第一。

（2）促进新疆经济社会发展特殊政策

新疆地处西北边陲，与中亚多国相邻，是我国面积最大的省级行政单位，也是一个多民族聚居的地方。新疆的稳定与繁荣，对我国的民族团结、边疆稳定和国家安全，都具有非常重要的意义。为此，自新疆解放以来，国家就采取了许多特殊的政策措施，帮助新疆发展各项社会事业，使新疆经济、社会面貌发生了翻天覆地的变化。进入 21 世纪以后，随着国内外形势的变化，国家进一步加大了对新疆发展的支持力度，努力消除新疆与内地的发展差距，实现新疆社会和谐稳定。

2007 年 9 月 28 日，国务院下发《国务院关于进一步促进新疆经济社会发展的若干意见》（下称《意见》），该《意见》为未来新疆发展提出具体目标：到 2010 年，新疆人均地区生产总值接近或达到全国平均水平，位居西部地区前列；城乡居民收入接近或达到西部地区较高水平；人均基本公共服务接近或达到全国平均水平；地方财政收入有较大幅度增长；单位生产总值能耗实现预期目标；生态环境得到改善。到 2020 年，把新疆建设成为中国西部新的经济增长点和对外开放的前沿地带，实现全面建设小康社会的目标。《意见》提出促进新疆发展的五大战略。一是实施以市场为导向的优势资源开发战略。推进重点优势资源开发利用，逐步将资源优势转化为经济优势。加快建设石油、天然气开采和加工供应基地，煤炭开发储备和煤层气开发利用基地，国家其他急需矿产资源开采和加工基地，特色农副产品生产加工基地。二是实施加强薄弱环节的基础能力建设战略。加强生态环境建设，建设资源节约型和环境友好型社会。以改善民生为重点，加强基本公共服务体系建设，大力发展社会事业。三是实施南北互动的区域协调发展战略。重点扶持南疆三地州发展，缩小南北差距。优化发展天山北坡经济带。推动天山南麓经济发展，形成石油化工新兴产业带。四是实施面向中亚的扩大对外开放战略，加快外向型产业和口岸基础设施建设，完善边境贸易政策，推进双边或区域贸易自由化的进程。五是加大对口援疆工作力度。同时，《意见》明确了在促进新疆发展过程中的 8 个重点工作领域：加强水利工程建设和水资源管理；加快建设综合交通运输体系；加强电力基础设施建设；加强能源基地建设；加快发展优势加工业；积极发展第三产业；加大地质勘查工作力度；加快南疆三地州发展。①

2010 年中央又连续召开全国对口支援新疆工作会议和中央新疆工作座谈会，安排部署新时期新疆经济社会发展有关工作。

在 3 月 29—30 日召开的全国对口支援新疆工作会议上，中央有关负责人与 19 个承担对口支援任务的省市，以及新疆维吾尔自治区、新疆各接受援助地区的负责人，共同探讨了对口援助的具体问题。会议要求在对口援助过程中，要建立起人才、技术、管理、资金等全方位对口支援新疆的有效机制，把保障和改善民生放在支援的优先位置，着力帮助各族群众解决就业、教育、住房等基本民生问题，着力支持新疆特色优势产业发展。要求在 2010 年完成深入调查研究，编制专项规划，加强人员培训，做好对口援疆的前期准备，从 2011 年起全面实施对口援疆工作。力争经过 5 年努力，在重点任务上取得明显成效；经过 10 年努力，确保新疆实现全面建设小康社会目标。在这次会议之后，19 个承担对口支援的省市的负责人，陆续带领团队赴新疆调研，了解受援地的实际情况，并与新疆维吾尔自治区政府以及受援地、市、县（区）政府共同协商具体的援助方案。其中仅北京市就承诺 2011—2015 年拿出 72 多亿元资金，支援新疆和田地区和新疆生产建设兵团农十四师的发展。这个数额比过去 13 年里所有援疆省份在援疆工作中的无偿投入的总和还多出 29 亿元。广东省则承诺未来 5 年，至少对口支援新疆 96 亿元建设资金，为新疆公共服务、基础设施、产业发展、城乡建设提供帮助。浙江、江苏、上海等地，则在为新疆提供无偿援助的同时，更着力推动本地企业到新疆发展，借助市场力量帮助新疆解决各种紧迫的问题。在新疆工作座谈会召开之前，已经有多个省市的援疆项目陆续开工。

---

① 根据《新疆经济报》"学习《国务院关于进一步促进新疆经济社会发展的若干意见》专辑"报道系列整理。

5月17—19日召开的中央新疆工作座谈会，全方位探讨新疆治理的问题，会议提出要全面推进新疆经济建设、政治建设、文化建设、社会建设、生态文明建设和党的建设。提出到2015年新疆人均地区生产总值要达到全国平均水平，城乡居民收入和人均基本公共服务能力达到西部地区平均水平，基础设施条件明显改善，自我发展能力明显提高，民族团结明显加强，社会稳定明显巩固；到2020年促进新疆区域协调发展、人民富裕、生态良好、民族团结、社会稳定、边疆巩固、文明进步，确保实现全面建设小康社会的奋斗目标。会议对新疆各项经济社会建设事业做了原则安排，特别突出强调了要加快推动与民生有关的社会事业的建设。会上，国务院决定在新疆率先进行资源税费改革，将原油、天然气资源税由从量计征改为从价计征；对新疆困难地区符合条件的企业给予企业所得税"两免三减半"优惠；中央投资继续向新疆维吾尔自治区和兵团倾斜，"十二五"期间新疆全社会固定资产投资规模将比"十一五"期间翻一番多；鼓励各类银行机构在偏远地区设立服务网点，鼓励股份制商业银行和外资银行到新疆设立分支机构；适当增加建设用地规模和新增建设用地占用未利用地指标；适当放宽在新疆具备资源优势、在本地区和周边地区有市场需求行业的准入限制；逐步放宽天然气利用政策，增加当地利用天然气规模等。会议决定，批准喀什设立经济特区，并提出在未来适当时候出台新疆振兴规划。

2014年5月，中央召开第二次新疆工作座谈会，会议提出要围绕社会稳定和长治久安这个总目标，以推进新疆治理体系和治理能力现代化为引领，以经济发展和民生改善为基础，以促进民族团结、遏制宗教极端思想蔓延等为重点，坚持依法治疆、团结稳疆、长期建疆，努力建设团结和谐、繁荣富裕、文明进步、安居乐业的社会主义新疆。

2019年7月，召开第七次全国对口支援新疆工作会议，会议强调，要突出抓好干部人才援疆，做到精准选派、科学使用，最大限度发挥作用。要务实推进产业援疆，帮助受援地发展特色产业、绿色产业、拓展产品销售渠道，强化兵团向南发展产业支撑。要坚持民生优先，聚焦脱贫攻坚和扩大就业，资金项目更多向基层倾斜，解决群众最关心最直接最现实的利益问题。要着力促进各民族交往交流交融，支持内地与新疆各族群众多走动，推动新疆少数民族群众到内地交融发展。要扎实做好文化教育援疆，深入推进文化润疆工程，构建各民族共有精神家园。

2014—2019 年，新疆地区生产总值由 9195.9 亿元增长到 13597.1 亿元，年均增长 7.2%。一般公共预算收入由 1282.3 亿元增长到 1577.6 亿元，年均增长 5.7%。2014—2019 年，中央财政对新疆自治区和兵团转移支付从 2636.9 亿元增长到 4224.8 亿元，年均增长 10.4%，6 年合计支持新疆 2 万多亿元。19 个援疆省市全面加强全方位对口支援，累计投入援疆资金（含兵团）964 亿元，实施援疆项目 1 万余个，引进援疆省市企业到位资金 16840 亿元，中央企业投资超过 7000 亿元。

（3）促进宁夏经济社会发展特殊政策

宁夏是我国面积最小的自治区，地处内陆深处，经济相对落后，支撑经济社会发展的自然条件相对也比较恶劣。为了促进宁夏发展，2008 年 9 月 7 日，国务院出台了《关于进一步促进宁夏经济社会发展的若干意见》（以下简称《意见》），针对宁夏回族自治区的情况，推出了特殊的扶持措施。《意见》提出宁夏回族自治区未来发展目标是：到 2012 年，人均地区生产总值、城乡居民收入水平有明显提升，基本解决城乡饮水安全问题，人均基本公共服务接近全国平均水平，单位生产总值能耗比 2005 年下降 25%，耕地资源得到严格保护，生态环境恶化趋势得到有效遏制，和谐社会建设迈出重要步伐。到 2020 年，人均地区生产总值、城乡居民收入接近或达到全国平均水平，综合经济实力和自我发展能力显著增强，人均基本公共服务达到全国平均水平，单位生产总值能耗进一步下降，生态环境明显改善。报告从建设节水型社会、解决中南部地区贫困问题、促进农业稳定发展、工业结构优化升级、综合交通运输体系发展和现代服务业发展、生态建设与环境保护、社会事业发展等方面提出了支持宁夏回族自治区发展的具体措施，并对相关措施的落实做了部署和安排。①

（4）促进广西经济社会发展特殊政策

广西是我国五大自治区中唯一沿海的自治区，同时也是自然条件较为优越，经济基础相对较好的自治区，具有得天独厚的发展优势。然而，由于各方面原因的影响，广西虽然地处沿海，但发展水平却落后于其他沿海省份，而更接近于中西部落后省区。为了充分发挥广西的区域优势，2006年1月16日，国务院正式批准实施《广西北部湾经济区发展规划》，将广西北部湾经济区的开放开发正式纳入国家战略。该经济区主要包括广西的南宁、北海、钦州、防城港等地以及广东雷州半岛和海南西部地区。《规划》对北部湾经济区的定位是立足北部湾、服务"三南"（西南、华南和中南）、沟通东中西、面向东南亚，充分发挥连接多区域的重要通道、交流桥梁和合作平台作用，以开放合作促开发建设，努力建成中国—东盟开放合作的物流基地、商贸基地、加工制造基地和信息交流中心，成为带动、支撑西部大开发的战略高地和开放度高、辐射力强、经济繁荣、社会和谐、生态良好的重要国际区域经济合作区。经济区发展的六大战略重点是：优化国土开发，形成开放合作的空间优势；完善产业布局，形成开放合作的产业优势；提升国际大通道能力，构建开放合作的支撑体系；深化国际国内合作，拓展开放合作的新空间；加强社会建设，营造开放合作的和谐环境；着力推进改革，创新开放合作的体制机制。《规划》实施以来，在国家政策的强力推动下，基础设施正在加快完善，通往沿海的三条高速公路和沿海铁路扩能改造工程等一批新的高速公路和铁路项目陆续开工建设，已建成生产性泊位191个，其中万吨级以上码头40个，最大靠泊能力20万吨。投资150多亿元、占地3100多亩的中石油千万吨炼油项目，亚洲最大的单一化机浆生产线金桂林浆纸项目，年发电40.9亿千瓦时的国投钦州电厂三大项目，先后落户钦州。整个经济区内投资规模超过10亿元的重大产业项目已达43项，总投资达3700多亿元。2009年上半

---

① 《国务院关于进一步促进宁夏经济社会发展的若干意见》，载《宁夏日报》2008年9月13日，第2版。

年，广西北部湾经济区 GDP 增长 16.3%，比广西平均水平高出 2.8 个百分点，比全国平均水平高出 9.2 个百分点，

2009 年 10 月 28 日，国务院常务会议又通过了《关于进一步促进广西经济社会发展的若干意见》（以下简称《意见》）。《意见》指出，今后一段时期广西经济社会发展的战略任务是，充分发挥广西北部湾经济区和西江经济带集聚辐射带动作用，完善产业布局，建设区域性现代商贸物流基地、先进制造业基地、特色农业基地和信息交流中心；加快建设与东盟合作平台，拓展合作领域，扩大合作范围，创新合作机制，构筑国际区域经济合作新高地；依托沿海港口，加强西南出海大通道建设，构建连接多区域的国际通道，积极发展临海现代产业，培育我国沿海经济发展新的增长极；坚持各民族共同团结奋斗、共同繁荣发展，建设富裕文明和谐的民族地区，使各民族群众生活质量、健康水平、文化素质明显提高，八桂大地生态优良、环境优美，可持续发展能力显著增强。

（5）促进内蒙古经济社会发展特殊政策

内蒙古自治区地跨东北、华北、西北，是我国民族区域自治制度的发源地。内蒙古自治区资源非常丰富，煤、铁、稀土、有色金属等矿产资源储量均居全国前列。改革开放以来，内蒙古抢抓发展机遇，积极开拓进取，不断创新发展思路，经济社会发展取得巨大成就，个别地区人均 GDP 甚至远超北京、上海等发达地区。但是，由于辖区规模巨大，区域间环境差异明显，且经济社会发展起点相对较低，内蒙古在发展过程中仍存在不少问题，如基础设施建设滞后、生态环境脆弱、产业结构单一、区域发展不平衡、公共服务能力不强等。为了帮助内蒙古自治区化解发展过程中面临的现实困难和问题，促进内蒙古经济社会进一步健康、快速发展，2011 年 6 月 26 日，国务院出台了《关于进一步促进内蒙古经济社会又好又快发展的若干意见》（以下简称《意见》），推出了一系列推动内蒙古经济社会发展的特殊政策。《意见》从七大方面提出了具体的帮扶措施：第一，生态建设与环境保护方面。继续将内蒙古自治区作为退牧还草工程建设重点，推进草原生态保护与建设；强化内蒙古森林生态保护与建

设；加强沙地沙漠综合治理，在京津风沙源治理工程建设中继续把内蒙古作为重点；加强环境综合整治；切实做好节能减排工作。第二，基础设施建设方面。加快综合交通运输体系建设，建设包括煤炭东运新通道、铁路客运专线、高速公路、支线机场和综合交通枢纽在内的一批重大工程；加强水利工程建设，主要加强调水、灌溉、节水等方面的工程建设；加快电力输送通道建设，将内蒙古电力外送通道纳入国家电网建设总体规划优先安排建设；推进信息网络建设，逐步建立覆盖农牧区乡镇的信息综合服务体系。第三，发展现代农牧业方面。推进转变畜牧业发展方式，提高农业现代化水平，进一步改革和完善农牧林业经营管理体制。第四，构建多元化现代产业体系方面。通过推动资源整合，将内蒙古打造成国家能源基地；进一步提高内蒙古资源开发和深加工水平；借力新技术推动传统产业改造升级；努力发展装备制造业，推动形成一批先进装备制造业基地；积极培育战略性新兴产业；把发展服务业作为产业结构优化升级的重点，推进生产性服务业和生活性服务业发展；不断增强自主创新能力。第五，推进城乡区域协调发展方面。加快城镇化进程，积极构建多中心带动的城镇发展格局；培育壮大县域经济；统筹内蒙古东西部地区发展，引导西部地区在资金、技术、人才、管理等方面加强对东部地区的帮扶；促进资源型城市转型。第六，保障和改善民生方面。积极推进新农村、新牧区，改善农牧区生产生活条件；提高医疗卫生服务水平；积极发展文化体育事业；努力扩大就业；完善社会保障体系。第七，深化改革扩大开放方面。帮助内蒙古不断推进体制机制创新，增强发展活力；深化国内区域合作；扩大对外经贸合作。

《意见》提出，到2015年，内蒙古交通、能源、水利、农牧业等基础设施瓶颈制约明显缓解；基本形成多元发展、多级支撑的产业体系，自主创新能力显著提高，综合经济实力进一步增强；农牧区生产生活条件明显改善，城乡居民收入达到全国平均水平；基本公共服务能力显著提高，区域发展差距明显缩小，贫困人口显著减少；生态环境恶化趋势得到有效遏制，治理区明显好转，基本实现草畜平衡，草原植被覆盖度达到43%，森林覆盖率达到21.5%；节能减排取得明显成效，单位地区生产总值能耗下降、主要污染物和二氧化碳减排实现预期目标。到2020年，内蒙古基础设施更加完善，基本适应经济社会发展需要；经济结构进一步优化，经济发展水平明显提升，城乡居民收入超过全国平均水平；实现基本公共服务均等化，区域内部发展的协调性明显增强；贫困地区经济社会发展水平全面提升，稳定实现扶贫对象脱贫致富；草原植被覆盖度和森林覆盖率进一步提高，生态状况明显改善，主要生态系统步入良性循环，可持续发展能力显著增强；形成生产发展、生活富裕、生态良好的现代化内蒙古新局面。

《意见》格外注重民生方面的工程建设，在涉及民生领域的内容，设定了许多非常具体的硬性目标。如新农村建设方面，要求到2013年，解决规划内农牧民及农林场职工饮水安全问题和无电地区的用电问题。到2015年，解决农牧民饮水安全问题，实现所有具备条件的乡镇（苏木）通沥青（水泥）路和建制村（嘎查）通公路。在提高医疗卫生服务水平方面，要求实现每县（旗）至少有1所基本达到二甲水平的县级医院（含民族医院），有1—3所达标的中心乡镇（苏木）卫生院，行政村（嘎查）有卫生室。

6. 少数民族文化保护与传承

在促进民族地区经济社会事务发展的同时，国家还特别重视对少数民族文化的保护与弘扬，出台了一系列政策措施，以更好地保护少数民族优秀文化遗产，确保少数民族传统生活方式得以延续。2009年7月，国务院出台《关于进一步繁荣发展少数民族文化事业的若干意见》，提出到2020年，要实现民族地区文化基础设施相对完备，覆盖少数民族和民族地区的公共文化服务体系基本建立，主要指标接近或达到全国平均水平，少数民族群众读书看报难、收听收看广播影视难、开展文化活动难等问题得到较好解决，少数民族优秀传统文化得到有效保护、传承和弘扬的目标。并要求实施一批重大文化项目和工程，推出一批体现民族特色、反映时代精神、具有很高艺术水准的文化艺术精品，创作生产更多更好适应各族群众需求的优秀文化产品。为此，国务院提出要在未来几年里促进民族地区文化事业发展的十一项主要任务，包括：加快少数民族和民族地区公共文化基础设施建设，繁荣发展少数民族新闻出版事业，大力发展少数民族广播影视事业，加大对少数民族文艺院团和博物馆建设扶持力度，大力开展群众性少数民族文化活动，加强对少数民族文化遗产的挖掘和保护，尊重、继承和弘扬少数民族优秀传统文化，大力推动少数民族文化创新，积极促进少数民族文化产业发展，加强边疆民族地区文化建设，推进少数民族文化对外交流。2010 年 5 月，国家民委出台《关于做好少数民族语言文字管理工作的意见》，要求各地积极宣传贯彻党和国家关于少数民族语言文字的方针政策；推进少数民族语言文字法制建设；搞好少数民族语言文字的规范化、标准化和信息处理工作；促进少数民族语言文字的翻译、出版、教育、新闻、广播、影视、古籍整理事业；推进少数民族语言文字的学术研究、协作交流和人才培养；鼓励各民族互相学习语言文字。

第二章 辉煌成就

第一节 民族地区经济发展

经济是社会发展的决定性力量，是一个地区其他事业发展的基础条件。从新中国成立以来，中国政府为了尽快改变民族地区经济落后民生贫困的局面，先后采取了一系列特殊的政策措施，扶持民族地区经济发展。在国家的大力支持和民族地区各族群众奋发努力的共同作用下，新中国成立 70 多年来，民族地区经济在极其薄弱的基础上有了快速的发展。

一、经济总体规模迅速壮大

在新中国刚成立的时候，民族地区由于本身地理位置，资源禀赋和历史的原因，经济非常落后，贫困状况相当严重，有一些少数民族还处于非常落后的社会生活方式之中。1949 年全国民族地区工农业总产值仅为 36.6 亿元，其中农业总产值 31.2 亿元，工业总产值 5.4 亿元。大部分生产和收入还是集中在农业，农业和工业生产总值的比率为 85.2 : 15.8，农业占绝对的地位，工业企业很少，几乎没有任何现代大工业。这种原始落后状态，就是新中国民族地区经济发展的基础和起点。

在新中国成立之初，由于经历了多年的内忧外患，全国各项事业都百废待兴，而国家财力又极其有限，在十分困难的情况下，党和国家依然划拨了大量的资金和物资，并制定了许多优惠政策，以推动民族地区的发展。这一时期，中央财政对边境少数民族地区实行了多种照顾措施，例如支持民族地区重点建设，提供免费医疗，对民族贸易实行"赔钱补贴"

"以赚补贴"等优惠政策，促进了民族地区的社会稳定和经济发展。1953年11月政务院在《关于编造1954年预算草案的指示》中规定：民族自治区在财政上应有一定范围的自治权。其财政管理在中央统一领导分级管理的原则下，暂采取各该自治区统收统支办法。除关税、盐税和国有企业外，所有在该自治区之一切收入（不论固定比例分成收入与中央调剂收入）均归其统收，而该自治区的一切支出亦由其统支。统收统支有余者，上缴中央；不足者，由中央补助。为了适应民族地区经济文化事业的发展需要，国家财政还从1955年开始设置民族地区补助费。

1957年11月，国务院发布了从1958年起实施改进工业、商业、财政体制的三个文件，以使财政、工业、商业体制改革相互配套，工商企业权、责、利相结合，适当扩大地方企业的财政权限。在这种情况下，国家民委和财政部草拟了《民族自治地方财政管理暂行办法》，并于1958年6月经全国人大常委会批准，国务院发布命令，从1958年起实行。这是新中国第一个以立法形式产生的体现民族自治地方财政权限的预算管理法规。这个法规既体现了国家财政预算"统一领导、分级管理"的原则，又体现了民族自治地方财政享有一定的自治权的原则，奠定了中国民族地区财政管理体制的基础。由于1958年中国开始"大跃进"运动，导致全国经济工作进入非正常状态，《暂行办法》未能得到贯彻执行。

1963年12月，国务院批转了财政部、国家民委《关于改进民族自治地方财政管理体制的报告和关于改进民族自治地方财政管理体制的规定（草案）》，提出了民族自治地方财政预算管理办法。具体内容包括：

1. 对民族自治地方的预算管理，实行"核定收支、总额计算、多余上交、不足补助、一年一定"的办法。

2. 适当增加民族自治地方的机动财力：①国家在核定年度预算收支时，按照民族自治地方上年的经济建设事业费、社会文教事业费、行政管理费及其他事业费（不包括基建拨款和流动资金）的支出决算数，另加5%作为民族自治地方的机动金。②提高预备费的设置比例。对自治区的预备费按支出总额的5%计算（一般省市为3%），自治州预备费按支出总额的 4%计算，自治县预备费按支出总额的 3%计算（一般县为 1%）。③国家预算每年安排一笔民族地区补助费，由中央财政拨给民族地区作为解决一些特殊开支的专款。

3. 扩大民族自治地方的财政管理权限，主要包括：①预算收支的调剂权；②开支标准和定员定额的制定权；③超收和上年结余的动用权。

4. 民族自治区在执行国家税收法令时，对于某些需要从税收上加以照顾和奖励的，可以减税或者免税。必要的时候，可以根据税法的基本原则，结合本地区的特点，制定本自治区的税收征管办法，报国务院批准执行。

"文革"期间，民族地区财政体制基本上与全国其他省区一样，处于频繁变动之中，没有特别规定。从 1977 年开始，国家财政设置了"边境事业建设补助费"，六个边境民族省区是这项补助费的分配重点。

在强有力的政策引导下，到改革开放前，民族地区经济已经有了相当程度的发展，农业发展基础得到夯实，工业体系从无到有，第三产业也初具规模。1978 年，全国民族自治地方工农业总产值已经达到了 367.7 亿元，是 1949 年总产值的 10 倍，发展势头良好。其中农业总产值 155.6 亿元，是 1949 年的 5 倍。工业总产值增幅更大，1978 年的工业总产值已经达到 212.1 亿元，扣除物价因素的影响，相比 1949 年增长了 38 倍，年增长率达到的 13.1%。工农业总值的比率已经变成 42.3∶57.7，与 1949 年相比，农业在民族地区生产总值所占的比重下降了近 43 个百分点，比重减少了一半。同时工业所占比重由 1949 年的 15.8 飞跃式的增长到 57.7，占经济总量的一半以上。

然而，在这一时期，民族地区虽然工业发展迅速，但是也存在那个时代固有的一些问题。比如片面追求工业的发展速度，工农业发展的不平衡，掠夺式的发展模式等等。第三产业发展也相当迟缓，民族地区的资源优势并没有充分发挥出来。

党的十一届三中全会以后，党和国家在民族工作领域进行拨乱反正，民族政策不仅得到了全面恢复，而且在理论和实践方面又有许多创新和发展，政策法规体系日趋完善。在拨乱反正时期，中央彻底否定了"民族问题的实质是阶级问题"的错误观点，明确指出社会主义时期的民族关系基本上是劳动人民之间的关系，强调要用处理人民内部矛盾的办法处理民族问题。同时，中央坚定地将民族工作的中心转移到经济建设上来，把发展摆在了制定和实施民族政策的核心位置，将是否有利于少数民族和民族地区的发展作为民族政策成功与否的判断标准。工作中心的改变，使民族地区经济社会迎来一个发展的黄金阶段。

经过了70多年的风雨历程，中国民族地区经济发展取得了巨大的成就。2017年，民族自治地方经济总量由1952年的57.9亿元增加到72046亿元，按可比价格计算，增长超过198倍，人均GDP达到39622元；2017年城镇居民人均可支配收入由1978年的307元增加到30356元，增长了近百倍；农牧民人均纯收入由1978年的138元增加到10544元，增长了76倍。① 从总体上看，当前民族地区贫困范围大大缩小，总体上达到小康生活标准。

与此同时，民族自治地方三次产业的比例也趋于合理。下表显示的是1992年与2018年民族自治地方三次产业比例的情况，从中可以看出在新时期民族自治地方经济结构调整的成就非常明显。

1992年与2018年民族自治地方三次产业比例对比

产业 年份	第一产业	第二产业	第三产业
1992	39%	34%	27%
2018	14%	39%	47%

数据来源：根据《中国统计年鉴（2019）》整理。

1996—2018年，民族自治地方地区生产总值平均增长速度为10.9%，人均地区生产总值平均增长速度为12.1%；2001—2018年，民族自治地方地区生产总值平均增长速度为11.4%，人均地区生产总值平均增长速度

---

① 数据来源：根据《中国民族统计年鉴（2018）》整理。

为13.3%，绝大部分少数民族群众都从经济增长中获得了个人收益的快速增长。

1952 年与 2018 年八民族省区 GDP、人均 GDP 对比情况①

地　区	GDP（亿元）		人均 GDP（元）	
	1952 年	2018 年	1952 年	2018 年
内蒙古	12.2	17289	173	68302
广西	12.8	20352	67	41489
贵州	8.55	14806	54	41244
云南	11.78	17881	70	37136
西藏	1.32	1477	115	43398
青海	1.6	2865	101	47689
宁夏	1.73	3705	126	54094
新疆	7.91	12199	166	49475

二、工农业生产能力大幅度提升

1. 农业的基础地位不断巩固

农业是国民经济的基础，农业的发展水平制约着其他经济领域的发展空间。虽然中国民族地区地域辽阔，土地资源丰富，在新中国成立以前，绝大多数人都从事着农牧业生产，但农业产值和农产品产量都很低，广大民众生活在饥寒交迫的状态中。新中国成立以后，国家在调拨大量生活必需品以解决民族地区的温饱问题的同时，采取多种方式提升民族地区农业生产能力，巩固民族地区农业基础地位。经过 70 多年的建设，当前民族地区不但解决了温饱问题，而且在农业生产条件的不断改善和农产品日益丰富的情况下，能够投入更多的人力物力发展第二、三产业，从而使得当地经济结构趋于合理和完善。

（1）民族地区农业生产基础条件不断改善

中国大部分少数民族地区土地辽阔，人口密度很低，但是由于高寒、

---

① 资料来源：根据历年各省区统计年鉴和 2019 年各省区《政府工作报告》资料整理。

荒漠、山地等恶劣的地理环境和气候条件，所以在新中国成立以前，广大少数民族农牧民尽管终年辛勤劳作，但收获甚微，食不果腹、衣不蔽体，生活极其困难。每遇天灾人祸，则常常出现啼饥号寒、哀鸿遍野的悲惨局面。

新中国成立以后，在国家的帮助下，民族地区首先从改善农牧业生产条件入手，大力提升农牧业生产能力，从而使当地土地资源丰富的优势得到发挥，生产和生活条件都大大改善。

民族地区的农业生产条件的改善，主要表现为有效浇灌面积、农业机械动力、化肥施用量，以及农村用电量等方面的增长。

新中国成立以来各民族地区农业生产条件的改善情况：

有效灌溉面积（千公顷）								
年 份	内蒙古	广 西	贵 州	云 南	西 藏	青 海	宁 夏	新 疆
1952	402	534.4	170	260		64.6		
1978	1180	1470.8	502	902	151.13	164.3	226.8	2606.67
2018	3196.5	1706.9	1132.3	1898.1	264.5	214.0	523.4	4883.5

农业机械动力（万千瓦）								
年 份	内蒙古	广 西	贵 州	云 南	西 藏	青 海	宁 夏	新 疆
1978	361	312.9	111.2	243.2		52.9	66.3	166.69
1988	672.3	685.5	248	579.3	45.04	107.7	161	462.46
1998	1125.2	263.1	494	1177.1	91.46	219.4	316.2	770.39
2018	3663.7	3750.8	2376.7	2693.5	545.8	472.1	621.9	2731.8

化肥施用量（万吨）								
年 份	内蒙古	广 西	贵 州	云 南	西 藏	青 海	宁 夏	新 疆
1980	24.7	39.7	18.6	114.31	1.6	15.9	5.6	12.2
1988	26.1	67.9	33.2	183.95	1.21	13.4	11.2	27.6
1998	72.8	155.5	63.5	105.22	2.59	18	23.6	85.59
2018	222.7	255.0	89.5	217.4	5.2	8.3	38.4	255.0

农村用电量（亿千瓦时）								
年 份	内蒙古	广 西	贵 州	云 南	西 藏	青 海	宁 夏	新 疆
1980	4.59	4.76	2.48	6.06	0.2	0.9	1.5	3.78
1988	9.17	9.7	4	10.07	0.12	1.1	2.8	7.77

年　份	内蒙古	广　西	贵　州	云　南	西　藏	青　海	宁　夏	新　疆
1998	18.3	27.69	11.77	31.47	0.22	2.1	7.3	22.49
2013	59.6	68.4	61.9	82.4	1.1	4.5	13.8	83.9
2018	85.5	108.2	98.4	104.9	1.6	6.6	15.1	119.5

数据来源：根据历年《中国统计年鉴》资料整理。

（2）民族地区主要农产品产量和农业产值增长迅速

新中国成立以来，随着农业生产条件的不断改善，民族地区主要农产品的产量增长很快，种类日益丰富，农牧业产值增长迅速。下表显示了从1952 年以来全部民族自治地方主要农产品产量增长情况：

民族自治地方农产品产量（单位：万吨）

年　份	粮　食	棉　花	油　料
1952	1581.5	3.14	21.47
1965	2217	8.87	27.49
1978	3123.5	5.97	36.15
1996	6799.13	94.99	252.63
2017	10118.14	456.85	575.79

数据来源：根据《中国民族统计年鉴（2018）》资料整理。

在以牧业为主的民族地区，畜牧产品的产量在新中国成立以来也获得了较快的增长。下表显示的是新中国成立以来全部民族自治地方牲畜数量的增长情况：

民族自治地方牲畜数量增长情况（单位：万头/只）

年　份	牲畜总头数	大型牲畜	猪	羊
1949	4108.00	1646.00	796.00	1666.00
1957	9914.20	2926.30	1589.00	5398.90
1975	16226.95	3848.53	3031.85	9346.57
1989	21948.68	5229.87	5434.73	11284.08
1999	26015.82	5688.57	7291.72	13035.53
2017	30704.62	5641.92	8311.77	16750.93

数据来源：根据《中国民族统计年鉴（2018）》资料整理。

农业的快速发展，不但使得民族地区整体上解决了温饱问题，而且还表现在食物种类的丰富和营养的改善方面，这对于提高各民族群众的身体素质具有基础性作用。特别是改革开放以后，在民族地区除了传统的粮食、棉花、油料等农作物继续保持增长以外，水果、肉类、奶类、水产等，也从无到有，从稀缺到丰富，增长非常迅速。

2018 年民族省区各类农副食品的产量（单位：万吨）

地　区	粮　食	油　料	水　果	肉　类	奶　类	水产品
内蒙古	3553.3	201.5	264.2	267.3	571.8	13.9
广　西	1372.8	66.7	2116.6	426.8	8.9	332.0
贵　州	1059.7	112.6	369.5	213.7	4.6	23.7
云　南	1860.5	61.0	813.4	427.2	65.7	63.8
西　藏	104.4	5.9	0.3	28.4	40.8	0.0
青　海	103.1	28.5	3.5	36.5	33.5	1.7
宁　夏	392.6	7.3	197.2	34.1	169.4	17.7
新　疆	1504.2	67.8	1497.8	162.0	201.7	17.4

数据来源：根据《中国统计年鉴（2019）》资料整理。

表格中所列的如肉类、奶类和水产品等农副食品，在改革开放以前一些民族地区仅有少量生产，属于餐桌上的奢侈品，但当前已经成为居民日常生活必不可少的常见食品。

农业生产条件的改善、农产品的日益丰富，使得民族地区的农业产值也有了大幅度的增长，农业不但解决了居民的生活所需，而且为其他产业的发展和群众的致富创造了条件。下表显示的是新中国成立以来民族地区农林牧渔业产值的增长情况。

八民族省区农林牧渔业总产值增长情况（单位：亿元）

年　份	内蒙古	广　西	贵　州	云　南	西　藏	青　海	宁　夏	新　疆
1952	12.10	11.50	7.30	9.60	1.43	1.60	1.61	4.63
1965	19.40	23.70	19.80	22.83	2.64	3.40	3.05	12.01
1978	28.40	46.20	27.50	40.02	3.92	7.00	4.81	19.12

续表

年　份	内蒙古	广　西	贵　州	云　南	西　藏	青　海	宁　夏	新　疆
1992	180.30	333.10	176.70	250.35	22.45	27.30	28.37	172.42
2018	2985.3	4909.2	3619.5	4108.9	195.5	405.9	575.8	3673.8

数据来源：根据《中国统计年鉴（2019）》资料整理。

2. 工业的兴起和快速发展

在新中国成立以前，民族地区几乎没有任何现代工业，大部分民族地区都只能生产非常简单的手工业品，不少地方连最基本的手工业产品，甚至一把菜刀都无法自己独立打造，完全依靠外部输入。新中国成立以后，国家采取了倾斜性政策，在民族地区建立了大批现代工业。特别是在"三线建设"时期，国家更是将许多具有较高科技含量的现代化重工业和军事工业转移到民族地区。到改革开放之前，中国民族地区已经基本建立起了比较全面的现代工业体系，大部分工业产品基本上都能自己生产。改革开放以后，民族地区的工业加速发展，特别是资源、能源产业的发展尤为迅速。当前，民族地区已经成为中国主要的资源和能源供应地，成为东部相对发达地区产业转移的重要目的地。工业的强劲发展，大大地改变了数千年来以农牧业为主要经济类型的民族地区的社会状态，为民族地区经济发展插上了腾飞的翅膀。

（1）工业总产值迅猛增长

从新中国成立以来，各民族省区的工业总体规模基本上都出现了数百倍到上千倍的增长，工业化的速度很快。

新中国成立以来八民族省区工业总产值的增长情况（单位：亿元）

年　份	内蒙古	广　西	贵　州	云　南	西　藏	青　海	宁　夏	新　疆
1952	1.63	4.05	3.04	3.81		0.27	0.20	2.20
1957	6.33	9.20	6.05	11.19	0.04	1.04	0.46	4.75
1967	28.00	17.04	12.28	21.59	0.33	3.27	2.92	15.52
1978	52.96	69.97	41.26	55.43	1.49	13.73	13.85	33.91

年 份	内蒙古	广 西	贵 州	云 南	西 藏	青 海	宁 夏	新 疆
1987	150.79	204.46	126.53	181.85	2.16	25.39	33.38	115.64
1997	1075.49	1671.03	715.11	1440.11	11.75	110.68	221.08	771.17
2017	5109.00	5822.93	4260.48	4089.37	102.16	777.56	1096.30	3254.18

数据来源：根据《中国统计年鉴（2018）》资料整理。

工业总产值的不断增长，彻底改变了民族地区数千年来以农牧业为主的经济格局。在绝大多数民族地区，工业都已经成为经济主导成分，工业产值占经济的比重远远高于农牧业。

（2）工业产品不断丰富

民族地区工业化的快速推进，不但在基本工业产品方面初步满足了自身发展的需要，而且许多工业产品还在全国占有很高的比例，为支持全国经济发展发挥着越来越重要的作用，特别是在能源和资源产品方面，表现更为突出。

新中国成立以来民族自治地方主要工业产品产量[①]

年 份	1952	1962	1975	1982	1992	2002	2017
布（万米）	3500	8000	25700	52136	69287	37000	38804
纸产品（万吨）	1.31	5.86	20.97	34.56	131.85	177.95	470.14
糖（万吨）			32.72	82.30	372.82	669.09	1208.03
原煤（万吨）	178.00	1631.00	4561.00	5799.00	13064.00	15727.00	122387.66
原油（万吨）	5.00	101.00	441.00	625.00	1405.00	2460.00	3003.24
发电量（亿度）	0.81	23.40	125.65	221.25	847.62	1957.00	17144.34
生铁（万吨）	0.90	41.70	89.90	182.76	450.92	988.00	5371.30
粗钢（万吨）		10.30	66.20	167.59	435.21	899.82	5658.72
水泥（万吨）		11.92	334.98	699.87	2828.96	6552.63	36507.34

2018年，民族自治地方粮食产量占全国的15.75%，煤产量占全国的

---

① 数据来源：《中国民族统计年鉴（2018）》，《中国统计年鉴（2013）》。

36.11%，原油产量占全国的 15.57%，发电量占全国的 27.07%，水泥产量占全国的 15.94%。而随着国家西部开发计划的深入推进，以及通过各种优惠政策扶持民族地区发展的力度不断加大，民族地区的工业规模将不断扩大，不但这些重要工业产品占全国的份额将大大提升，更多高附加值的工业制成品产量也逐渐会在全国占有越来越大的比例。

三、人民生活水平逐年提高

经济快速发展给民族地区各族群众的生活带来了巨大的变化。首先是城乡居民收入不断增长。改革开放以来，民族自治地方城镇居民人均可支配收入由 1980 年的 414 元增加到 2017 年的 30356 元，增长了 76.41 倍。农村居民人均纯收入从 1978 年的 76 元增加到 2017 年的 10544 元，增长了 138.74 倍[①]。

其次，随着收入的增长，城乡居民的消费能力也有了相应的提高。新中国成立以来，民族自治地方社会消费品零售总额从 1952 年的 17.1 亿元增加到 2017 年的 27230 亿元[②]。城乡居民日常消费品种类越来越丰富，数量和质量都有了长足进步，这也表明了民族自治地方各族群众生活质量正在迅速改善。

2018 年，8 个民族省区（内蒙古、广西、西藏、宁夏、新疆 5 个自治区和贵州、云南、青海 3 个省）城镇居民人均可支配收入分别为 38304.7 元、32436.1 元、33797.4 元、31895.2 元、32763.5 元、31591.9 元、33487.9 元、31514.5 元，分别比上年实际增长 7.4%、6.3%、10.2%、8.2%、6.5%、8.6%、8.0%、8.0%；农村居民人均可支配收入分别为 13802.6 元、12434.8 元、11449.8 元、11707.6 元、11974.5 元、9716.1 元、10767.9 元、10393.3 元，分别比上年实际增长 9.7%、9.8%、10.8%、9.0%、8.4%、9.6%、9.2%、9.8%[③] 2018 年，内蒙古、广

---

①　数据来源：《中国民族统计年鉴（2018）》。
②　数据来源：《中国民族统计年鉴（2018）》。
③　数据来源：《中国统计年鉴（2019）》。

西、西藏、宁夏、新疆 5 个自治区和云南、贵州、青海 3 个省的地区生产总值达 90576 亿元，同比增长 7.2%，高于全国 0.6 个百分点；贫困人口减少到 603 万人，贫困发生率下降到 4.0%。民族地区基础设施、公共服务和百姓生活日新月异。①

四、对外经贸合作规模不断扩大

新中国成立以来特别是在改革开放以后，民族地区对外经济贸易合作的规模不断扩大。一方面，民族地区对外贸易总量逐年攀升，使得民族地区丰富的资源得以在国际市场上交换，为民族地区获取了宝贵的发展资金。另一方面，民族地区吸引和利用外资的规模，在改革开放以后也快速增长，使民族地区能够获得更多来自国外的先进技术、管理经验和发展资金。对外经贸合作的规模扩大，为民族地区的发展增加了新的动力。

新中国成立以来八民族省区对外进出口总额变化情况（单位：万美元）

年　份	内蒙古	广　西	贵　州	云　南	西　藏	青　海	宁　夏	新　疆
1952	1062	916		32				2320
1965	333	5134	277	2634	243		1184	1361
1978	1552	26931	1645	10420	1664	1064	2962	2346
1988	37968	80807	15527	67571	2219	5384	10724	40775
1998	138581	298376	62243	203498	11304	11405	31309	153214
2018	1569000	6230000	760000	2986000	72000	73000	378000	2000000

数据来源：根据历年《中国统计年鉴》数据整理。

1992 年，国务院先后批准设立了广西的凭祥、东兴，云南的河口、畹町、瑞丽，新疆的伊宁、博乐、塔城，内蒙古的满洲里、二连浩特，黑龙江的黑河、绥芬河，吉林的珲春和辽宁的丹东 14 个边境经济合作区，2005 年又批准设立了霍尔果斯口岸经济合作中心。这些边境经济合作区

---

① 《为人民谋幸福：新中国人权事业发展 70 年》，新华网，http：//www.xinhuanet.com/politics/2019-09/22/c_ 1125025006. htm。

基本上都位于民族地区，17 年来，14 个合作区累计基础设施投入 140 多亿元，开发建设面积 92 平方公里，主要经济指标年均保持 20%—30%的增长幅度，以每平方公里平均投入产出计算，基础设施投入 1.5 亿元，实现税收、GDP、工业产值、出口总额，分别为投入的 2 倍、15 倍、10 倍和 32 倍。各个合作区紧紧抓住本地和周边国家的区位优势和服务优势，吸引了众多国内外企业前来投资，带动了当地产业结构调整和经济发展，成为各地对外开放、快速发展和兴边富民的先导区与示范区。[①] 2014 年，以上 8 个民族省区全年实现外贸进出口总额 8148 亿元，比上年增长 15.4%，高于全国增速 13.1 个百分点，其中，出口完成 5526 亿元，比上年增长 20%，高于全国增速 15 个百分点[②]。2018 年 8 个民族省区全年实现外贸进出口总额 9280.7 亿元，其中出口 5067.7 亿元，相比于 2014 年，进出口总额增长 13.9%。[③]

五、财政收支持续增加

经济的快速发展为民族地区政府财政收入的增长创造了条件，新中国成立以来，民族地区的财政收支都呈现快速增长的趋势。而财政收支的快速增长，为民族地区各项建设事业又提供了强有力的支持，使民族自治地方得以进行各种公共事业建设，提高居民生活水平和本地区的社会竞争力。

1952 年到 2017 年民族自治地方财政收支情况表（单位：亿元）

年 份	财政收入	财政支出
1952	4.96	4.39
1960	29.19	42.87
1965	19.67	23.06

① 中央政府门户网：《我国 14 个边境经济合作区累计基础设施投入 140 多亿元》2009 年 11 月 27 日，http://www.gov.cn/jrzg/2009-11/27/content_ 1474830.htm。

② 国务院新闻办：《中国人权事业白皮书（2014）》，http://www.gov.cn/xinwen/2015-06/08/content_ 2875261.htm。

③ 数据来源：《中国统计年鉴（2019）》。

年　份	财政收入	财政支出
1972	22.05	43.12
1978	40.79	83.35
1983	41.48	100.62
1989	147.65	273.26
1995	248.13	595.12
2001	544.92	1608.6
2005	1026.35	3050.44
2010	3255.56	10511.53
2017	7262.06	25654.68

数据来源：根据《中国民族统计年鉴（2018）》数据整理。

　　但是，由于民族地区普遍相对落后，而且各种公共基础设施严重缺乏，公共服务成本普遍偏高，因此民族自治地方的财政收入虽然增长很快，但与当地社会对公共服务的需求相比，仍然存在很大缺口。

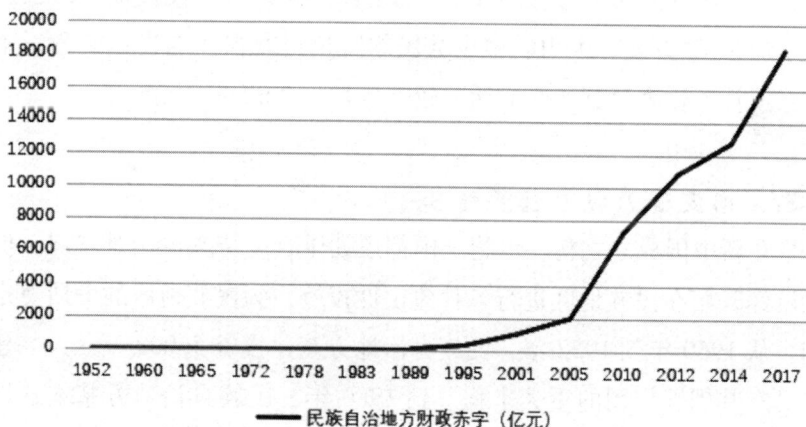

1952—2017 年民族自治地方财政赤字增长情况表（单位：亿元）

数据来源：根据《中国民族统计年鉴（2018）》数据整理。

　　为此，国家通过财政转移支付制度，给予民族地区非常有力的支持。2000 年，为了配合西部大开发战略，支持民族地区发展，国务院决定开始实施民族地区转移支付。主要对象是民族省区和非民族省区的民族自治州，具体范围包括内蒙古、广西、宁夏、新疆、西藏、贵州、青海、云南8个民族省区，以及吉林延边州，湖北恩施州，湖南湘西州，四川凉山、阿坝、甘孜三州，甘肃甘南、临夏两州及海南原黎族苗族自治州。2006年，中央财政又将重庆酉阳土家族苗族自治县、黑龙江杜尔伯特蒙古族自治县等非民族省区、非民族自治州管辖的民族自治县也纳入了民族地区转移支付范围。据统计，1978—2008年，中央财政向民族地区的财政转移支付累计达20889.40亿元，年均增长15.6%。其中，2008年为4253亿元，占全国转移支付总额的23.8%。正是由于中央财政的大力支持，使得民族地区能够在财政赤字巨大的情况下，开展各种公共管理活动，兴建了大量的公共基础设施，为民族地区提供越来越好的公共服务。2014年，在正常的财政转移支付基础上，中央财政还拨付少数民族发展资金40.59亿元，比上年增长10%。中央财政为支持边境地区发展，投入兴边富民补助资金和中央预算内投资28.8亿元，比上年增加8890万元。中央预算内投资和少数民族发展资金拨付15.3亿元扶持人口较少民族加快发展，比上年增加8710万元。大力实施少数民族特色村寨保护与发展工程，中央财政专项补助资金达到4.9亿元，较上年增长22.5%[1]。

六、固定资产投资稳步增长

早在新中国成立之初，尽管全国都还处于百废待兴的困难状况，但国家就已经开始在民族地区进行各种建设性投资，为民族地区的发展奠定了基础。从1950年到1952年，民族自治地方基建投资56000万元，兴建了许多具有基础性作用的重大工程。到1980年，民族自治地方基本建设投资达568100万元。2007年民族自治地方全社会固定资产投资完成13518亿元，2017年达到75305.83亿元。新中国成立以来的70多年里，民族自治地方固定资产投资增长数百倍。而伴随着固定资产投资一起增长的，

---

[1]　国务院新闻办：《中国人权事业白皮书（2014）》，http://www.gov.cn/xinwen/2015-06/08/content_ 2875261.htm。

是民族地区的公路、铁路不断向纵深延伸，城市的现代化程度越来越高，农村生产生活条件不断改善，工厂、企业数量越来越多，规模越来越大，各种公共服务能力也不断跃上新的台阶。

改革开放后，在民族地区固定资产投资增长的过程中，一个重要变化是，各类社会主体投资在固定资产投资中所占比例越来越高，到现在已经远远超过了国家的投资。例如在1952年，8个民族省区固定资产投资全部来自国有经济，民间投资处于空白状态。1978年之后，各民族省区的固定资产投资中，陆续出现集体、个体经济的投资，但在改革开放初期这些社会主体所占的投资比例都非常小，处于微不足道的地位。进入20世纪90年代以后，非国有的经济主体在固定资产投资中的重要性日益突出，而且在短短几年里就占据了主导地位。例如1992年在内蒙古自治区的固定资产投资中，非国有经济投资所占的比例是17.16%，而到2017年这一比例则提升到了59.22%。其他民族省区也多经历了这样的变化。下表显示了2017年八民族省区固定资产投资中国有经济主体投资与非国有经济主体投资所占比例情况。这种变化趋势，说明随着民族地区经济社会的开放，社会建设资本的来源更加多元化，这无疑也意味着参与民族地区社会建设的资本越来越雄厚。

2017年八民族省区社会固定资产投资来源情况（单位：亿元）

地 区	总 计	国 有	比 例	非国有	比 例
内蒙古	14013.16	5713.90	40.78%	8299.26	59.22%
广 西	20499.11	4220.39	20.59%	16278.72	79.41%
贵 州	4374.58	1859.80	28.02%	2514.78	71.98%
云 南	8752.13	5553.11	63.45%	3199.02	36.55%
西 藏	2051.04	1556.00	75.86%	495.04	24.14%
青 海	1741.55	839.66	48.21%	901.89	51.79%
宁 夏	3813.38	1042.36	27.33%	2771.02	72.67%
新 疆	12089.10	6253.33	51.73%	5835.77	48.27%

进入 21 世纪以后，国家出台了一系列惠及民族地区的重大政策，使得民族地区固定资产投资的增长速度更快。而且许多涉及民族地区的重大工程项目，为民族地区的经济社会发展带来了新的强劲动力。例如在西部大开发过程中，国家主导建设的"西气东输""西电东送""西煤东送"等重大工程，以及为改善西部地区交通状况而规划建设的铁路、公路网络，为改善西部教育基础设施而实施的"普九"工程，为改善西部生态环境而实施的"退耕还林""退牧还草"等工程，都是投资规模非常庞大的工程项目，但是主要的投资均由国家财政提供。据估计，仅"西气东输"工程的实施，就能使西部省区吸纳资金 338 亿元，可营造出新的供给与需求市场规模相当可观，并能为西部地区增加大量就业岗位。西气东输工程建成后，仅在新疆每年就能增加 10 亿元的税收收入。西部大开发"十二五""十三五"规划，进一步安排了一系列重大建设项目，未来在西部民族地区的投入将持续增加。

第二节　民族地区社会公共事业

公共事业是经济社会发展的基础。在影响少数民族和民族地区发展的各项因素中，公共事业的发展程度影响力非常大。在新中国成立以前，公共事业对于少数民族群众和民族地区而言，还是非常稀缺的资源：接受教育只是极少数贵族的专利，各种公共基础设施几乎是一片空白，公共卫生环境极其恶劣，居民生老病死孤寡残疾只能依靠自己和家人照顾，交通通信原始简陋，贫困成为社会常态，生态环境持续恶化。新中国成立以后，党和国家在大力支持民族地区发展生产，增强民族地区经济实力的同时，也投入了大量的财力、物力和人力，在民族地区进行了大规模的社会事业建设，以改善当地少数民族群众的生产生活条件，提升民族地区长远发展能力。经过 70 多年的持续投入和建设，民族地区的社会公共事业从无到有，从弱到强，经历了翻天覆地的变化。而这种变化所带来的结果，就是少数民族群众的生活质量不断改善，身心素质日益提高，民族地区的社会发展能力日渐增强。

一、教育普及程度不断提高

　　教育是提高国民素质和增强社会发展能力最重要的措施，因而教育平等也一向被视为是社会平等的起点。但新中国成立以前，民族地区的教育事业非常落后，学校数量很少，能提供的教育内容极为有限，接受教育对于大多数人而言都是一种奢望。因此，民族地区的文盲率很高，甚至有些少数民族还处在依靠刻木、结绳记事和计豆记数的原始生活状态。

　　新中国成立以来，特别是改革开放以来，党和国家十分重视发展少数民族教育事业，从人力、物力、财力各个方面给予支持和帮助，实行了一系列特殊的政策和措施。

　　1. 设立专门的民族教育管理机构，加强对少数民族和民族地区教育的管理。为了更好地发展民族地区教育事业，国家在中央教育主管部门和民族事务主管部门内，都设有专门的民族教育主管机构，指导民族地区教育工作，制定和执行民族地区教育发展规划。

　　2. 为发展民族教育提供特别的经费支持。国家除了从财政教育经费中分配大笔资金以支持民族地区的教育发展之外，还针对民族地区的特殊需要，划拨了少数民族教育专款以支持民族教育。在国家实施的"两基"工程中，对于少数民族地区的双语教育、寄宿制学校等因为特殊原因而必须采用的特殊教育方式，也拨出大笔额外款项予以支持。

　　3. 采取更加灵活的办学形式。由于特殊的自然地理和历史因素的影响，民族地区一些社会生活习惯与内地存在较大差异，这使得民族地区教育不能完全照搬内地教育的形式。因此，早在1951年的第一次全国民族教育会议的报告中，有关部门就提出：少数民族教育必须采取民族形式，照顾民族特点，才能很好地和各民族实际情况结合起来。少数民族教育的内容和形式问题，课程教材问题，既要照顾民族特点，又不能忽视整个国家教育的统一性。当时，国家就根据民族地区的特殊情况，在少数民族聚居区和少数民族较多的地区，单独设立了民族中、小学校，在经济困难和交通不便的少数民族边远山区和牧区，办起了一大批寄宿制民族中小学校。有些地区还设教员流动包教，采取早班、晚班、半日班、季节班等方式进行教学。民族学院也突破了一般高等学校的模式，除办普通本专科、研究生外，还办干训、预科和中专班，对文化基础薄弱的少数民族学生还采取从小学、中学到大学"一条龙"式培养。这种办学形式，一直延续到现在。当前在民族教育中，举办民族学院，在内地高中等专业学校举办民族班，举办民族预科班，举办寄宿制民族中小学校，在重点中学举办民族班，举办女童班和女子学校，在内地举办西藏中学和西藏班、新疆班等形式仍然被广泛采用。鼓励高水平大学统筹安排民族地区生源计划，确保农牧区学生占一定比例，确保人口较少民族学生有更多机会进入高水平大学学习。截至2017 年，内地民族班已为少数民族地区培养输送了 42 万各类人才。

4. 教学方式和教学内容灵活多样。国家要求少数民族教育系统应根据少数民族特点，采取灵活多样的教学方式完成教学任务。各类民族学校的教学方案、教学计划、教学大纲，可以在教育部规定的基础上，根据各民族各地方的实际情况，加以适当的变通。

5. 采取特殊方式帮助少数民族地区培养师资力量。从 1951 年开始，国家陆续出台了一系列特殊的政策措施，帮助少数民族地区培养民族教育师资力量。具体措施包括大力发展民族师范教育、加强在职教师的培训提高工作、提高民族地区教师的待遇、对民族学校教职工编制适当放宽、安排内地支援民族地区师资队伍建设等。在发展师范教育方面，1951 年第一次全国民族教育会议上曾通过《培养少数民族师资的试行方案》，1980 年教育部、国家民委印发的《关于加强民族教育工作的意见》，1992 年国家教委、民委印发的《关于加强民族教育工作若干问题意见》等，都提出了非常具体的实施策略。在加强民族地区在职教师的培训方面，国家于 1985 年在甘肃省西北师范学院建立了"西北少数民族师资培训中心"，该培训中心主要面向新疆、甘肃、青海、宁夏、陕西等省区，培养普通高中、中等师范学校和大专院校部分学科的少数民族教师。在提高民族地区教师的待遇方面。1979 年，教育部、财政部、粮食部、国家民委、国家劳动总局印发《关于边境县（旗）、市中小学民办教师转公办教师的通知》，

1980年，教育部、国家民委在《关于加强民族教育工作的意见》、1993年颁布的《中华人民共和国教师法》都对此做了专门的规定。在对民族学校教职工编制适当放宽方面。1984年，教育部在《关于中等师范学校和全日制中小学教职工编制标准的意见》中规定：开设少数民族语文课，用少数民族语言教学的教师以及有食宿学生的中小学校炊事、服务人员，人员编制可在标准外适当增加。1993年印发的《民族乡行政工作条例》规定：使用民族语言文字教学的中小学，其教育行政经费、教职工编制可以高于普通学校。同时，国家还要求内地有关省、市和高等学校，采取派专家教授定期讲学，接受在职教师进修、代培等办法，为少数民族地区培养师资。

6. 对各级学校招录少数民族学生采取特殊政策和标准。国家在各级各类学校的招生标准方面，对少数民族都采取了特殊的照顾政策，以使更多生活在教育发展水平相对较低的民族地区的青少年，能够有更多的机会获得良好的教育。特别是在高等学校的招生方面，当前国家采取"降分录取，先办预科打基础，后上本科专业，定向招生、定向分配"等措施，以增加少数民族学生的招生比例。同时，国家对少数民族和西部地区尽量多投放高校招生指标，以提高少数民族学生的入学率。

进入21世纪后，国家进一步采取了一些新的措施以促进民族地区教育事业的发展。例如在2004年，中央财政投入100亿元，实施国家西部地区"两基"攻坚计划（2004—2007年），被列入计划的410个县中，有312个县位于民族自治地方，占总数的76%。到2007年底，两基攻坚计划的大部分内容都已经实现：西部地区"两基"人口覆盖率达到98%，比2003年初的77%提高了21个百分点，超出计划目标（85%）13个百分点。各省初中毛入学率超过规划提出的90%。截至2013年底，西部地区累计扫除1000多万文盲，青壮年文盲率降到4%以下。

"两基"工程的实施，还取得了许多其他方面的成就：（1）农村寄宿制学校建设工程。中央投入100亿元，用于实施农村寄宿制学校建设工程，从2004年起，用4年左右时间，新建、改扩建一批以农村初中为主的寄宿制学校。到2007年，这一工程使中西部农村地区校舍总面积新增

1381 万平方米，其中西部新增 1076 万平方米。410 个攻坚县农村学校校舍总面积新增 972 万平方米，生均校舍面积从 2003 年的 3.92 平方米增加至 2006 年的 4.66 平方米。（2）"两免一补"和农村义务教育经费保障新机制。2003 年，《国务院关于进一步加强农村教育工作的决定》提出，争取全国农村义务教育阶段家庭经济困难学生都能享受到"两免一补"（免除学杂费、免费提供教科书和补助家庭经济困难寄宿生生活费），努力做到不让学生因家庭经济困难而失学。2005 年底，国务院决定深化农村义务教育经费保障机制改革，从 2006 年春季学期开始，免除西部地区农村义务教育阶段学生学杂费，2007 年春季学期扩大至全国所有农村义务教育阶段学生。同时，继续对义务教育阶段家庭经济困难学生免费提供教科书，并补助寄宿生生活费。2011 年起启动农村义务教育学生营养改善计划，2017 年底实现国家贫困县营养改善计划全覆盖目标，使 3700 万名贫困地区学子受益。（3）农村中小学现代远程教育工程。这一工程共投入 111 亿元，其中中央投入 50 亿元，地方投入 61 亿元。到 2007 年底，工程全面完成。远程教育工程共配备教学光盘播放设备 40.2 万套，卫星教学收视系统 27.9 万套，计算机教室和多媒体设备 4.5 万套，工程覆盖中西部 36 万所农村中小学。1 亿多农村中小学生得以共享优质教育资源，基本形成了适应农村中小学教学需要的资源体系。（4）西部农村教师队伍建设。2006 年，经国务院同意，教育部、财政部、人事部、中编办启动了"农村义务教育阶段学校教师特设岗位计划"，中央财政设立专项资金，招募高校毕业生到西部"两基"攻坚县农村学校任教，以缓解"两基"攻坚县教师不足、素质不高的问题。2006 年，有 1.6 万名大学毕业生充实到了西部地区 260 多个县的 2850 所农村中小学校。2007 年，全国招聘特岗教师约 1.7 万人。中央财政及时拨付特岗教师工资，2007 年又进一步提高了工资标准。两年内共招聘特岗教师 3.3 万名，覆盖 13 个省、395 个县、4074 所农村中小学。①

---

① 国家"两基"攻坚办：《国家西部地区"两基"攻坚计划完成情况》，载《光明日报》2007 年 11 月 27 日，第 1 版。

2015 年，教育部和国家民委推动印发《国务院关于加快发展民族教育的决定》（国发〔2015〕46 号），对加快发展少数民族和民族地区教育做了全面部署；2017 年，国务院办公厅印发《兴边富民行动"十三五"规划》（国办发〔2017〕50 号），对优先发展边境地区教育事业做了部署安排。2018 年，新疆维吾尔自治区学前三年毛入园率已达到 96.86%，小学净入学率达到 99.94%。目前，民族地区已全面普及从小学到初中 9 年义务教育，西藏自治区、新疆维吾尔自治区的南疆地区等实现了从学前到高中阶段 15 年免费教育。

国家还非常重视民族地区双语教育发展。到 2017 年，全国共 1.2 万多所学校开展双语教学，接受双语教育的学生达 323 万人，双语教师有 21 万人使用的少数民族语言达 60 余种、文字 23 种。有 10 个省、自治区建立了相应的民族文字教材编译、出版机构，2017 年底，编译出版的少数民族文字教材达 2703 种，总印数达 3621 万册。在实施"农村中小学现代远程教育试点工程"中，中央财政专门安排资金用于开发民族地区双语教学光盘资源。

国家还采取了许多措施，以加快发展民族地区职业教育。2007 年，国家民委、教育部下发《关于大力发展少数民族和民族地区职业教育的意见》，进一步明确了民族地区发展职业教育的方向和任务。2008 年，中央政府投入 5 个自治区 5.37 亿元支持建设了 145 个职业学校的实训基地和 10 所高职院校。目前，中国民族地区已初步建立起了以独立设置的各级各类职业学校、成人学校为主体，其他教育机构共同参与、多渠道、多规格、多形式培养和培训中初级实用人才的民族职业教育、成人教育体系，为民族地区经济社会的加快发展提供了大批有专业技能的人力资源。截至 2017 年，民族自治地方职业中学 1005 所，在校生 1804660 人，毕业生 509102 人，教职工 94797 人，专任教师 76381 人。

国家不断加强民族高等院校教育和少数民族高级人才培养工作。中央和各地方政府，都投入了大量的财力、物力，支持民族院校建设，全国先后建起了 20 多所民族高等院校，其中国家民委直属院校有 6 所。截至

2015 年底，国家民委所属院校全日制在校生总数已经达到 137977 人，教职员工 10357 人，专任教师总数 6863 人，其中高级职称教师 3590 人，占专任教师总数的 52.31%。中央民族大学继进入"211 工程"之后，2004年又被列入"985 工程"重点建设院校，2017 年顺利进入"一流大学建设高校"行列。为加强少数民族高层次骨干人才的培养，2004 年教育部、国家民委等五部委联合下发了《关于大力培养少数民族高层次骨干人才的意见》。2005 年五部委又联合印发了《培养少数民族高层次骨干人才计划的实施方案》。2007 年招生规模已经达到硕士生 3000 人、博士生 700人。[①] 2014 年，少数民族骨干人才计划招收硕士生 4000 人，博士生 1000人，在此基础上规划进一步扩大。该计划的实施，为民族地区培养了大批高层次人才。2019 年，少数民族骨干计划招收 5000 人，其中硕士生 4000人，博士生 1000 人，同时由北京大学、清华大学、中国人民大学、北京师范大学、复旦大学、浙江大学、厦门大学、四川大学 8 所高校继续承担定向西藏、新疆公共管理人才培养任务，每校 40 人。[②]

由于贯彻落实了上述种种特殊的政策和措施，经过广大少数民族教育工作者的共同努力，中国的少数民族教育事业得到了较快的发展，取得了世人瞩目的成绩。

民族自治地方高等教育发展情况表

时　间	院校数量	专任教师（万）	在校生人数（万）	毕业生人数（万）
1952	11	0.06	0.4475	0.03
1978	56	1.49	5.6	1.06
2012	210	10.06	171.87	42.29
2017	236	11.89	177.89	54.63

数据来源：《中国民族统计年鉴（2018）》。

---

① 《十六大以来中国民族教育成绩斐然》，载《中国民族报》2007 年 9 月 28 日，第 1 版。
② 见教育部：《教育部办公厅关于下达 2019 年少数民族高层次骨干人才研究生招生计划的通知》。

从表中数据可见，与 1952 年相比，2017 年民族自治地方高等院校的专任教师增长了 198 倍，在校大学生增长了近 500 倍，毕业生增长了 1800 多倍。

截至 2018 年底，全国各级各类学校少数民族在校生总数为 2607.9 万人，是 1951 年 99 万人的 26 倍。全国各级各类学校少数民族专任教师已达 140 多万人，全国民族自治地方 698 个县级行政区划单位中有 674 个县（市、区、旗）实现了"两基"目标，占民族自治地方县级行政区划单位的 95.56%。2014 年，国家实施的"少数民族预科班"和"少数民族高层次骨干人才计划"等特殊措施培养少数民族人才，2014 年招收少数民族预科学生 5.3 万人，比上年增长 3.31%。

2010 年 2 月 23 日，《国家中长期教育改革和发展规划纲要（2010—2020 年》（以下简称《纲要》）发布，《纲要》明确提出要把促进公平作为国家基本教育政策，将促进义务教育均衡发展和扶持困难群体作为未来教育发展的重点工作，要求未来教育资源投入向农村地区、边远贫困地区和民族地区倾斜。《纲要》以一章内容专门对民族教育事业做了规划，提出要切实解决少数民族和民族地区教育事业发展面临的特殊困难和突出问题，在各级各类学校广泛开展民族团结教育，推进党的民族理论和民族政策、国家法律法规进课堂、进教材、进头脑，引导广大师生牢固树立马克思主义祖国观、民族观、宗教观，不断夯实各民族大团结的基础，增强中华民族凝聚力。《纲要》要求公共教育资源要向民族地区倾斜，中央财政加大对民族教育支持力度，民族地区各级政府要按照事权划分增加投入。《纲要》提出要促进民族地区各级各类教育协调发展，全面提高教育教学质量。支持边境县和民族自治地方贫困县学校标准化建设，加强民族地区寄宿制学校建设。加快民族地区高中阶段教育发展。支持教育基础薄弱地区改扩建、新建一批高中阶段学校。大力发展民族地区职业教育。加大对民族地区中等职业教育的支持力度。积极发展民族地区高等教育。支持民族院校加强学科和人才队伍建设，提高办学质量和管理水平。进一步办好高校民族预科班。加大对人口较少民族教育事业的扶持力度。《纲要》要求在民族地区大力推进双语教学，全面开设汉语文课程，推广国家通用语言文字。同时也要尊重和保障少数民族使用本民族语言接受教育的权利，重视加强学前双语教育。国家对双语教学的师资培养培训、教学研究、教材开发和出版给予支持。《纲要》还要求加强教育对口支援。办好在内地举办的少数民族班（学校）和面向民族地区的职业学校。加大对民族地区师资培养培训力度，提高教师的政治素质和业务素质。鼓励支持高等学校毕业生到民族地区基层任教。支持民族地区发展现代远程教育，扩大优质教育资源覆盖面。《纲要》同时提出了未来十年要实施民族教育发展工程。其主要任务包括巩固民族地区"普九"成果，支持边境县和民族自治地方贫困县实现义务教育学校标准化；重点扶持和培养一批边疆民族地区紧缺教师人才；加强对民族地区中小学和幼儿园双语教师培训；加快民族地区高中阶段教育发展，启动内地中职班，支持教育基础薄弱县改扩建、新建一批普通高中和中等职业学校；支持民族学院（大学）建设。

国家"十二五"规划提出进一步加大对民族教育事业的扶持力度，促进公共教育资源进一步向民族地区倾斜，实现教育公平。国家"十三五"规划则提出要积极推进民族教育发展，科学稳妥推行双语教育，加大双语教师培训力度。

二、公共基础设施日益完善

新中国成立以前，中国的民族地区基本上处于封闭落后状态，各种公共基础设施极度匮乏。新中国成立以后，在国家的大力支持下，民族地区开展了大规模的公共基础设施建设，铁路、公路不断向高原、荒漠和山区延伸，现代化的通信设施从中心城市向乡村腹地扩散，农田水利设施日趋完善，城市基础设施不断增加。公共基础设施的日益完善，为民族地区经济社会发展奠定了基础。

1. 交通条件大大改善

铁路、公路是经济社会发展的动脉，但新中国成立以前，民族自治地方铁路、公路等交通基础设施极其薄弱。1949年，铁路营业里程仅为

0.35万公里，只零星分布在内蒙古、广西和云南3个民族省区，且有多处铁路未连入国家铁路网。新疆、西藏、青海、宁夏4个民族省区没有1公里铁路。新中国成立以后，国家投入巨资在西部民族地区修建铁路，但由于这些地区地广人稀，自然环境非常恶劣，施工成本高、难度大，因此在改革开放之前的30年里，西部民族省区铁路增长并不快，到1978年只增长到0.9万公里。改革开放后，国家加强了对民族地区铁路建设的投资力度，民族地区铁路建设进入了一个快速增长阶段。到2017年民族自治地方铁路营业里程达到了3.14万公里，实现了快速的发展。这一时期铁路建设不但里程不断增加，而且技术水平也大大提高，南疆铁路、南昆铁路、青藏铁路等新建铁路都堪称在恶劣自然地质条件下修建高品质铁路的经典工程。特别是青藏铁路二期，穿越世界屋脊青藏高原，创造了多项世界铁路史上的奇迹。在2004年国家《中长期铁路网规划》中，完善西部地区铁路网络成为主要的目标，规划新建的1.6万公里铁路大部分位于民族地区，包括新建中吉乌铁路喀什—吐尔尕特段，改建中越通道昆明—河口段，新建中老通道昆明—景洪—磨憨段、中缅通道大理—瑞丽段等，形成西北、西南进出境国际铁路通道；新建太原—中卫（银川）线、临河—哈密线，形成西北至华北新通道；新建兰州（或西宁）—重庆（或成都）线，形成西北至西南新通道；新建库尔勒—格尔木线、龙岗—敦煌—格尔木线，形成新疆至青海、西藏的便捷通道；新建精河—伊宁、奎屯—阿勒泰、林芝—拉萨—日喀则、大理—香格里拉、永州—玉林和茂名、合浦—河唇、西安—平凉、柳州—肇庆、桑根达来—张家口、准格尔—呼和浩特、集宁—张家口等西部区内铁路。2008年，这一规划做了调整，新建铁路里程提升至4万多公里，但多数还是位于西部民族地区。而且兰新线、青藏线、南昆线等干线铁路，也将进行技术改造和升级。

"十三五"期间，内蒙古高铁实现"零"突破，广西拥有了1792公里高铁里程，银西高铁、兰新高铁、贵广高铁、沪昆高铁等相继开通。铁路的通达，意味着人员和物资流通的便捷。过去，民族地区的资源要运出去，外部的商品要进入民族地区，或者需要依靠骡马等畜力，或者需要依靠公路运输，成本高昂，例如汽车运输物资到拉萨，往往运输成本就高于物资本身的成本。而青藏铁路的通车，则大大改变了这一局面，使物资进出西藏的成本大大降低，通过铁路运输进藏物资，比铁路开通以前成本普遍要降低30%以上。

民族地区公路交通基础设施，新中国成立以来特别是改革开放以来，也不断完善。1949年，民族地区①公路通车里程仅为1.14万公里，1978年达到了20.8万公里，2017年，民族自治地方全部公路里程达到了1232.63万公里，比1949年增加了108倍。20世纪90年代以后，国家开始在民族自治地方修建高速公路，以提高民族自治地方公路运输能力。仅仅几十年的时间里，民族自治地方高速公路从无到有，在2013年已经达到19169公里。8个民族省区乡镇、建制村通公路比重分别达99.5%和96.6%，其中89.9%的乡镇、37.7%的建制村通了油路。"十三五"期间，我国将进一步加大对民族地区公路等交通基础设施建设的投资力度，力争使所有民族地区县级城市，连入国道网络，进一步提高乡镇油路、建制村公路的覆盖率。2018年，8个民族省区高速公路总里程达33680公里。

2. 通信设施日益完善

新中国成立以前，广大民族地区信息极为闭塞，严重制约了民族地区经济的发展。新中国成立以后，国家开始在民族地区兴办现代化的邮政通信事业，改革开放以来，民族地区通信基础设施建设加速推进，通信服务体系进一步完善。特别是近些年来，以移动电话和互联网为代表的新型通信设施在民族地区快速发展，人与人之间的沟通越来越便捷。1952年民族自治地方的邮电局、所仅有3499个，到了1978年达到7222个，2006年达到9110个，青藏高原的高寒腹地，新疆、内蒙古的草原牧场，西南各省的大山深处，只要有人聚居的地方，基本上都已经开通邮政服务。1952年，民族自治地方共有邮路及农村投递线路13.13万公里，1978年，民族自治地方共有邮路及农村投递线路94.75万公里，到了2017年已达到207万公里，比1952年增长了190多万公里，比1978年增长了110多

---

① 当时大部分民族自治地方建置还不存在，民族地区范围略大于现在民族自治地方范围。

万公里。新中国成立初期，民族自治地方只有少数大城市装有极少量固定电话，对于大多数人而言电话是非常陌生的通信工具。但现在电话已经成为城市家庭日常生活的一部分，许多农村家庭也安装了固定电话。在新型通信方式的发展方面，2017 年民族自治地方移动电话用户数已达15741.55 万户，固定电话 1696.66 万户，国际互联网用户有 3624.90 万户①。民族地区通信设施的快速发展，得力于国家的大力支持。例如 2001年 6 月，国家有关部门制定了一项推动民族地区通信设施建设的规划，5年累计投 1200 亿元建设民族地区通信网络。2004 年 1 月 16 日，信息产业部下发了《关于在部分省区开展村通工程试点工作的通知》和《农村通信普遍服务——村通工程实施方案》，规划要在全国至少有 95% 的行政村开通电话，每个行政村至少开通两部以上电话，规划制定时没有实现村村通的行政村大部分都位于中西部地区，因此这一规划在一定意义上也是一项将通信基础设施推广到西部农村的攻坚计划。2006 年，国务院出台《关于进一步促进新时期广播电视村村通工作的通知》，决定由中央政府负责组建广播电视卫星平台，并重点资助西部民族地区建设广播电视基础设施。在国家的大力支持下，民族地区通信设施日益完善，邮政、电话、电视、广播、互联网等多种获取信息的渠道都已经延伸至非常偏远的地区，民族地区获取外界信息的能力大大增强，融入全国甚至国际社会的程度不断加深。下表显示的是 2018 年八民族省区通信基础设施的基本情况。

2018 年八民族省区通信基础设施状况②

地　区	长途电话交换机容量（路端）	局用交换机容量（万门）	移动电话交换机容量（万户）	长途光缆线路长度（公里）	互联网宽带接入端口（万个）
内蒙古	45924	238.1	6083.3	985571	1294.1
广　西	253408	1034.2	11809.0	1093489	2216.4
贵　州	27327	331.4	4908.0	866172	1325.6

---

① 数据来源：《中国民族统计年鉴（2018）》。
② 资料来源：根据《中国统计年鉴（2019）》数据整理。

续表

地　区	长途电话交换机容量（路端）	局用交换机容量（万门）	移动电话交换机容量（万户）	长途光缆线路长度（公里）	互联网宽带接入端口（万个）
云　南	199044	684.2	6027.2	1088486	1661.8
西　藏	－	10.7	2820.0	162078	154.6
青　海	110132	21.3	927.0	210368	310.5
宁　夏	47812	82.2	1451.0	198617	415.0
新　疆	27930	217.9	6375.0	885343	1407.4

3. 农田水利基础设施更加完善

农田水利基础设施是农业发展的生命线。由于中国民族地区多处于高寒、干旱和多山地区，过去在没有大规模水利工程支持的情况下，广大农牧民只能靠天吃饭，农业生产没有保障，在一些干旱地区，甚至居民的饮水都无法保证供应。新中国成立以后，国家在民族地区开展了大规模的农田水利建设，以解决民族地区农业生产用水和居民生活用水安全。

据统计，新中国成立以来5个民族自治区共修水库6261座，建成万亩以上灌区7881个，灌溉面积由原来的2670万亩发展到2.07亿亩，增长7.8倍，高于全国同期增长3.3倍的发展速度。其中，截至2018年新疆建成水库674座，总库容210.6亿立方米，灌溉面积由1600多万亩增加到7300多万亩，增加了4.6倍。内蒙古建成各类水库607座，灌溉面积达4794.75万亩，是新中国成立初期的11.1倍。西藏的灌溉面积从无到有，2018年已达396.75万亩，占总耕地面积的89.7%。民族地区的节水灌溉和集约灌溉也取得了很大成绩。新疆节水灌溉面积达到2744万亩，占全区灌溉面积的46%。内蒙古节水灌溉面积达到904万亩，占全区灌溉面积的41%，高于全国30%的水平。中国牧区面积400多万平方公里，占国土面积的40%左右。多处于少数民族的聚居区。新中国成立前，牧区水利建设基本上是空白，牧民逐水草放牧，抗灾能力很低。新中国成立以来，牧区水利得到很大发展，目前，牧区共兴修各类水利工程42多万处，发展草原灌溉面积110多万亩，林地灌溉276万亩，开辟无水缺水草场12

万平方公里，改善供水不足草场 4.8 万平方公里，牧民的生活也得到了改善。50 年来，全国共解决 2.1599 亿人的饮水困难，其中 5 个民族自治区共解决了 2501 万人的饮水困难。内蒙古解决了 501 万人，广西解决了 1035 万人，新疆解决了 833 万人的饮水困难。1998 年以后，国家进一步加大对长江、黄河等大江大河水土保持生态环境建设的投入力度，中央各渠道用于民族地区的水土保持资金就有 3.25 亿元，治理水土流失面积 1.3 万平方公里。50 年来，在民族地区已建成或正在建设的大中型水电站的总装机容量超过 1000 万千瓦，占全国水电装机容量的 1/5 左右。仅 1996—1999 年的 4 年期间，国家用于内蒙古、西藏、新疆、宁夏、广西、云南、贵州、四川、青海、甘肃等省份民族地区的水利建设投资就有 100 亿元，其中：新疆 16.4 亿元，内蒙古 11.3 亿元，广西 12.4 亿元，宁夏 6.4 亿元，西藏 4.4 亿元。

目前，中国水利建设的一批重大特大水利项目落户民族地区。如宁夏扶贫扬黄灌溉一期工程、黄河沙坡头水利枢纽工程、广西百色水利枢纽、西藏满拉水利枢纽工程、新疆乌鲁瓦提水利枢纽工程等等。其中宁夏扶贫扬黄灌溉工程是宁夏有史以来最大的水利扶贫项目和目前国内最大的以扶贫为宗旨的移民项目。一期工程于 1996 年正式启动建设，总规模为开发扬黄灌区 130 万亩，安置移民 40 万人，解决当地贫困人口 20 万人。黄河沙坡头水利枢纽工程，2000 年开工建设，2007 年通过竣工验收，总投资 11.97 亿元，使用寿命长达几百年。该工程集灌溉、发电于一体，结束了当地灌区两千多年无坝引水的历史，灌溉土地面积达到 87.7 万亩，年发电 6 亿千瓦时。百色水利枢纽工程，位于广西郁江上游右江河段，是一座以防洪为主，兼顾发电、灌溉、航运、供水等综合利用效益的大型水利枢纽，是珠江流域综合利用规划中治理和开发郁江的一座大型骨干水利工程。2001 年开工，2006 年开始发电。该工程对促进广西、云南经济的发展，保障当地经济社会的可持续发展具有重要意义。西藏满拉水利枢纽工程，位于日喀则市江孜县境内的年楚河上，属水利部援建项目，也是西藏自治区成立 30 周年大庆时全国支援西藏 62 个项目中最大的工程。1995

年主体工程开工，2001年竣工通过验收。该工程以灌溉、发电为主，可增加有效灌溉面积25.4万亩，每年可增产粮食3.75万吨。乌鲁瓦提水利枢纽工程，位于新疆维吾尔自治区南部的和田县境内。I995年主体工程正式开工，2003年通过验收。该工程具有灌溉、发电、防洪、供水、生态保护等综合利用效益，为新疆和田地区尽早摆脱贫困面貌发挥着巨大的作用。

三、公共卫生体系逐步健全

新中国成立前，各少数民族地区的经济社会长期处于停滞状态，各族群众缺医少药，过着贫病交加的悲惨生活。新中国成立后，党和政府对少数民族卫生事业的建设与发展给予了特殊的关注。1951年8月，卫计委召开了全国民族卫生工作会议，确定在少数民族地区逐步建立卫生机构，配备并培养少数民族卫生专业技术干部，根据地区及疾病的实际情况，实行收费、减费或免费的医疗政策。为迅速改变民族地区的卫生状况，政府动员和组织了一大批卫生人员到少数民族地区开展工作。但是，由于经济、交通、专业技能等方面的限制，新中国成立初期民族地区的卫生医疗水平还十分落后。

改革开放以来，特别是进入21世纪之后，党和国家充分认识到民族卫生工作关系到民族地区各族人民的健康和各项建设事业的发展，提出要进一步解放思想，从民族地区的实际出发，加速发展少数民族地区的卫生事业，提高各族人民的身体素质和健康水平。具体措施包括：

1. 加强少数民族地区卫生队伍的建设。帮助民族地区培养具有较高水平的卫生专业队伍，增加智力投资，加强医疗基础教育，发展壮大以本地区少数民族和汉族为主体的卫生队伍，提高现有卫生人员的技术水平，采取积极举措吸引外地卫生技术人员到民族地区工作，办好民族地区的医学院校，保证医学院校有足够数量的学生来源。

2. 因地制宜做好防病治病和妇幼卫生工作。组织力量防治严重危害民族地区人民健康的疫病，普及新法接生，开展科学育儿知识教育，有效降低产妇、婴儿的死亡率，保障母婴健康。

3. 加强少数民族地区的城乡基层卫生组织建设。在民族地区开展基层卫生组织改革，加强县医院、县卫生防疫站、县妇幼保健站（所）、民族医院或门诊部的建设，使之成为当地医疗卫生工作的基地和业务指导中心。

4. 大力扶持发展民族医药事业。继承、发掘、整理民族医药学遗产，充分发挥民族医药人员对于民族地区卫生事业发展的作用。

5. 搞好对口支援工作。组织内地卫生工作人员去民族地区支援当地卫生事业发展，帮助提高当地卫生技术水平。

6. 为民族卫生工作的发展提供必要的物质条件。购置医疗器械，改善医疗条件，提供资金和技术支持。

新中国成立 70 多年来，民族地区的卫生基础设施、医疗防疫工作队伍建设取得了很大的进步，1949 年民族地区仅有卫生机构 361 个、床位 3000 多张。截至 2017 年，我国民族自治地方已拥有医院和卫生院 4.9 万个、床位 93.7 万张、卫生技术人员 107.32 万人[①]，且大型医疗设备不断增加，医疗诊治水平显著提高，新型农村合作医疗制度覆盖了大部分农村人口，地方病和传染病得到有效控制，城乡人民的医疗身体状况有了明显的改善。

四、社会保障覆盖率大幅度提升

从新中国诞生伊始，国家就着手建立社会保障制度，经过 70 多年的努力，已经建立起了一个与中国民族地区经济社会发展大体相适应的社会保障体系。

新中国成立初期，民族地区的社会保障事业主要集中在国有、集体企业和事业单位中，由单位向其成员提供。因此，覆盖率和保障水平很低，行政主导色彩较浓。

20 世纪 80 年代中期，民族地区围绕国有企业改革建立了以城镇职业

---

① 数据来源：《中国民族统计年鉴（2018）》。

人群为重点的社会保险制度，主要以职工退休金发放、公费医疗制度和各类救济制度为主，覆盖面小、抗风险能力弱。

1998 年以来，民族地区确立了社会保障制度的公平价值取向与全面协调发展的建设理念，而且在国家财政的支持下，对社会保障的投入逐年加大，社会保障事业法制化建设明显加快。社会保障逐渐摆脱了单纯为国有企业改革被动配套和为市场经济服务的附属角色。包括社会保险、社会救助、社会福利在内的整个社会保障制度的管理规范性、服务社会化均取得了显著的进展，覆盖的城乡居民大幅度增加，保障能力也有一定程度的提升。民族地区社会保障体系建设进入"快车道"，建立了社会统筹与个人账户相结合的城镇基本养老保险和基本医疗保险制度，失业保险、工伤保险、生育保险和农村基本养老保险制度也逐步推行，"五保合一"的条件初步具备，各民族省区的社会保障制度都有了较快的发展。

内蒙古 2018 年末全区参加基本养老保险职工 733.5 万人，参加失业保险职工 255.5 万人，领取失业保险金人数为 2.5 万人；全年有 351.7 万职工和 153.6 万离退休人员，城乡合计人数 1659.0 万人参加了基本医疗保险；参加工伤保险的职工 325.5 万人；享受工伤待遇人数 2.4 万人；参加生育保险人数 319.5 万人，享受生育保险待遇人数 11 万人。2018 年末全区各类社会福利院床位 1.7 万张，收养 0.9 万人。城镇建立起各种社会服务设施 4525 个，全年筹集社会福利资金 18.3 亿元，社会销售福利彩票达到 64.1 亿元；有 163.9 万人得到国家最低生活保障救济。①

广西 2018 年末全区参加失业保险职工人数 323.5 万人，领取失业保险金人数 5.5 万人；参加工伤保险的职工 412.6 万人，享受工伤待遇人数 1.7 万人；参加生育保险人数 366.2 万人，享受生育保险待遇人数 19.1 万人。全年参加城镇基本养老保险职工人数 825.9 万人；参加城乡居民基本养老保险人数 1889.62 万人；2018 年末参加城乡基本医疗保险人数 4548.2 万人。基本养老金社会化发放率为 100%。至 2018 年末，广西全区各类民政机构床位 6.1 万张；各类社区服务设施 2736 个。儿童福利院

① 根据 2018 年《中国统计年鉴》及《内蒙古自治区国民经济和社会发展统计公报》整理。

收养人数 1297 人。全年社会销售福利彩票达到 55.2 亿元，提取公益金 16.6 亿元。

2018 年末，新疆有 328.8 万职工参加了失业保险；有 484.3 万职工参加了基本养老保险；有 211.0 万离退休人员参加了基本养老保险；有 579.4 万职工参加了基本医疗保险；有 372.4 万职工参加了工伤保险；参加生育保险人数 357.5 万人，享受生育保险待遇人数 14.4 万人。全区有各类社会服务机构和设施 2381 个，收养救助人数 3.36 万人。社会销售福利彩票 52.20 亿元，筹集社会福利资金 15.4 亿元。

2018 年末，宁夏城镇参加基本养老保险人数 216.1 万人，其中，参保职工 152.5 万人，参保离退休人员 63.6 万人。企业养老金社会化发放率达到 100%。参加失业保险的人数 92.0 万人，参加职工基本医疗保险人数 131.9 万人，参保职工 95.6 万人，参保退休人员 36.3 万人。参加城乡基本医疗保险人数合计 494.3 万人。全区有各类收养性社会福利单位 103 个，床位 15301 张。社区服务机构和设施 2555 个，其中社区服务中心 59 个。城镇实有登记失业人数 5.4 万人，登记失业率 3.89%。截至 2018 年，宁夏城镇基本养老、医疗、工伤和生育保险参保人数分别达到 216.1 万人、131.9 万人、93.3 万人和 88.1 万人。2018 年末领取失业保险金人数 1.2 万人，领取工伤保险金人数 0.6 万人。五项社会保险新增 29.23 万人，是近几年新增参保人数最多的一年。宁夏回族自治区政府 2018 年一次性提高失业保险金标准 10%，一、二、三类地区的平均最低工资标准达到 1175 元，是宁夏自建立失业保险制度以来的第十三次调整，比 1996 年第 1 次调整增长近 15 倍。

西藏自治区为加强对养老保险基金的有效管理，推进养老保险个人账户实账运行。2007 年，财政投入资金 300 多万元，建立自治区养老保险统筹个人账户网络管理系统。全区企业离退休人员养老金的社会化发放率始终保持在 100%。从 2007 年 10 月 1 日起，自治区全面实施城镇居民基本医疗保险制度，凡具有自治区户籍并居住在县以上城镇的居民、学龄前儿童、中小学生、全日制在校大中专生、区外全日制在校大中专生以及内地西藏班学生全部纳入覆盖范围，基本实现医疗保险制度的全民覆盖。截至 2018 年底，全区医疗保险制度、城镇职工基本医疗保险制度和城乡居民基本医疗保险制度覆盖人群分别达 342.7 万人、43.9 万人和 298.8 万人。全区参加基本养老保险的职工人数 36.6 万人，领取养老保险金人数 3.6 万人；参加失业保险人数 17.70 万人；参加基本医疗保险人数 342.70 万人；参加工伤保险的职工 35.7 万人；享受工伤待遇人数 0.1 万人；参加生育保险人数 32.4 万人，享受生育保险人数 2.0 万人。2018 年全区各类收养性社会福利单位床位 1.1 万张，收养各类人员 5546 人。全年销售社会福利彩票 23.97 亿元，筹集福利彩票公益资金 6.74 亿元。①

2007 年，青海为 18 万名企业离退休人员发放基本养老金 25.77 亿元，社会化发放率持续保持在 100%。月人均养老金达到 1192 元，在全国处于较高水平。同时，从 2006 年 12 月 1 日起对全省企业离休人员增加了月人均 272 元的生活补贴。青海省研究制定了全省《城镇职工基本医疗保险、工伤保险执行药品通用名和支付标准的实施意见》。提高了参保人员医疗待遇，扩大了参保人员用药范围。自 2018 年 1 月 1 日起提高全省城乡居民基本医疗保险和大病医疗保险筹资标准，将全省城乡居民医疗保险筹资标准统一提高到 776 元。截至 2018 年底，全省城镇职工基本医疗保险参保人数达 99.4 万人，其中离退休职工 34.2 万人。2018 年，青海城镇职工基本养老保险参保人数 145.1 万人，城乡居民社会养老保险参保人数 245.6 万人，全省基本医疗保险参保人数 555.3 万人，失业保险参保人数 42.3 万人，工伤保险参保人数 69.2 万人，生育保险参保人数 58.1 万人；城镇职工基本养老保险、城镇基本医疗保险、失业保险、工伤保险和生育保险基金征缴收入分别达到 217.7 亿元、113.4 亿元、4.4 亿元、4.8 亿元、2.5 亿元。城镇和农村享受最低生活保障人数分别达到 7.66 万人和 30 万人，最低生活保障标准分别提高到每人每月 500 元和 308 元。②

---

① 根据《中国民族年鉴（2018）》及《西藏自治区 2018 年国民经济和社会发展统计公报》整理。

② 根据青海省人力资源与社会保障厅公布的数据及《青海省 2018 年国民经济和社会发展统计公报》整理。

云南省 2013 年出台政策，提出到 2017 年末基本实现社会保险在全省范围内全覆盖。2014 年全年共发放城乡低保资金 100 亿元，月均发放资金约 8 亿元。2012 年城镇居民医保筹资标准提高到每人每年 310 元，学生、儿童（含新生儿）筹资标准提高到每人每年 270 元。新农合筹资标准提高到每人每年 290 元以上。至 2018 年末，云南省参加城镇职工基本养老保险、失业保险、基本医疗保险、工伤保险、生育保险的人数分别达到 616.2 万人、2361 万人、4520.9 万人、403.3 万人、339.5 万人。其中，基本养老保险参保职工 440.2 万人，参保离退休人员 176.0 万人；全省领取失业保险金人数 4.9 万人；享受工伤待遇人数 4.3 万人；享受生育保险人数 17.3 万人。各地通过政府出资、社会捐赠等多渠道筹资建立疾病应急救助基金，全额资助 540 万名城乡低保对象、五保供养对象、低收入重病患者、重度残疾人、低收入家庭老年人和 25 个边境县（市）边境一线的农村居民参加城镇居民医保或新农合，提高救助水平，取消救助病种限制和救助起付线，稳步提高封顶线。截至 2018 年 9 月底，云南省共有城市低保对象 51.06 万人，月人均补助 557 元；共有农村低保对象 259.4 万人，月人均补助 291 元；2018 年底，全省农村低保平均保障标准达每人每年 3612 元，比 2015 年底增长 56%，全省所有县农村低保标准均不低于国家扶贫标准；全省各类的社会服务机构和设施 2718 个，社会服务床位 12.17 万张，各类社区服务设施 3301 个，全年销售社会福利彩票 81.35 亿元。[①]

2018 年，贵州省企业离退休人员月平均基本养老金达到 2537 元，同比增加 137 元，增长 5.71%，提高全省失业保险金标准，达到 1344 元/人/月，比调整前平均增加 168 元/人。城镇职工基本养老保险、城镇职工基本医疗保险、失业保险、工伤保险和生育保险参保人数分别达到 639.8 万人、432.0 万人、257.3 万人、355.8 万人和 325.9 万人；城乡居民医疗保险参保人数达到 3801.6 万人，城乡居民社会养老保险参保人数

① 根据云南省人力资源与社会保障厅公布的数据及《云南省 2018 年国民经济和社会发展统计公报》整理。

达到 1802.7 万人。全省年末农村最低生活保障人数 225.55 万人，农村低保平均标准提高到 3908 元/年，平均增幅 9.1%；城市居民最低生活保障人数 33.79 万人，平均标准提高到 598 元/月，平均增幅 6.6%。全省拥有各类社会服务机构 1014 个，社会服务床位 20.02 万张，其中养老床位 18.75 万张；救助管理站 44 个，救助人员 40881 人次；全年销售社会福利彩票 28.34 亿元；筹集社会福利资金 8.92 亿元。①

五、扶贫开发成效显著

在 1994 年国务院决定实施《八七扶贫攻坚计划》时，中国少数民族地区贫困人口高达 4500 万人，经过近十年的扶贫攻坚，到 2003 年减少到了 1304 万人，占全国贫困总人口约 45%。在进入 21 世纪之后，少数民族地区的贫困问题表现出一些特殊性：首先，少数民族地区不仅贫困面大，而且贫困程度深。从贫困面的分布看，《中国农村扶贫开发纲要（2001—2010）》确定的 592 个县（旗、市）中，少数民族贫困县有 267 个，占 45.1%。其次，少数民族地区扶贫的难度较大。少数民族贫困地区地理环境封闭，经济基础薄弱，社会发育滞后，生产生活条件恶劣、基础设施差、社会服务水平低、人口素质不高、增收门路少，使扶贫开发工作难度非常大。

为了迅速改变民族地区的贫困落后局面，国家在采用一般的扶贫政策的同时，对民族地区采用了许多扶贫开发的特殊政策。在"八七"扶贫攻坚计划实施前和实施过程中对少数民族地区采取的特殊措施包括：

（1）放宽了少数民族贫困县的扶持标准。1986 年，国务院确定国家重点扶持贫困县的标准是：一般贫困地区 1985 年全县农民人均纯收入 150 元以下，但对革命老区和民族自治地方县放宽到 200 元（牧区 300 元）以下。全国通过放宽标准而列入国家重点扶持的贫困县有 62 个，其中，少数民族自治地方有 51 个，占 82%。

---

① 根据贵州省人力资源与社会保障统计公报及《贵州省 2018 年国民经济和社会发展统计公报》整理。

（2）在扶贫资金、物资上向少数民族贫困县倾斜。对少数民族贫困地区的银行贷款规模和化肥、柴油、农膜等农用生产资料的安排优先给予照顾。国家新增加的农业投资、教育基金、以工代赈、温饱工程等扶贫资金和物资，少数民族贫困地区的分配比例应明显高于其他地区。据统计，1995—1997 年 3 年间，国家对民族八省区共计安排 142 亿元扶贫资金，加快了民族地区的脱贫步伐。

（3）实行优惠政策。允许少数民族贫困地区积极兴办适合当地资源优势的中小型企业，经审批允许根据当地的特点和优势对国家的产业政策做某些补充；对民族贸易企业继续实行低息、低税，对民族贸易企业经营的农副产品和少数民族生产生活必需的工业品继续实行价格补贴。

（4）国家在安排"以工代赈"资金时，将中、西部地区和少数民族贫困地区作为投放的重点。通过实物投入的方式，使少数民族贫困地区的基础条件得以改善，为脱贫致富创造良好的外部环境。

（5）加强牧区的扶贫工作。从 1986 年到 1993 年，中央和地方投放在内蒙古、新疆、青海三省区的"防灾基地"建设资金就达 53458 万元，帮助这些地区进行以水、草、料、棚、饲料加工、牧民定居为主要内容的牧区基本条件和基础设施建设。1995—1997 年，国家对牧区草原建设各项补助专款共计 42680 万元，极大地促进了牧区的经济发展。

（6）设立"温饱基金"。国家从 1990 年开始设立"少数民族贫困地区温饱基金"，由国家民委会同有关部门共同按项目管理。自 1990—1993 年，共安排温饱基金 21286 万元，实施扶贫开发性项目 221 个，这些项目覆盖了 141 个少数民族贫困县中的 117 个县，占 82%。1994 年，《国家八七扶贫攻坚计划》开始实施，"温饱基金"的使用范围从 141 个少数民族自治地方贫困县增加到 257 个，资金规模也相应增加，从 1990 年至 1997 年，温饱基金共计安排 54035 万元，实施项目 563 个。

（7）发动全社会力量参与民族地区的扶贫工作。为了使少数民族贫困地区能够获得更多的人力、物力和智力资源，尽快摆脱贫困状态，国家还发动各中央工作部门和发达省区参与民族地区扶贫开发工作，对特别贫困的民族地区实行对口支援，组织专门的团队深入民族地区扶贫开发工作。[①]

进入21世纪以后，国家进一步加大了在民族地区扶贫开发的力度，并且陆续出台了更多的特殊扶贫开发政策以支持民族地区尽快脱贫。

在2001年中央扶贫开发工作会议上，中央强调，新时期扶贫开发的主要力量，应放在西部地区，放在少数民族地区、革命老区、边疆地区和特别贫困的地区。[②] 国家进一步加大了对民族地区扶贫工作的支持力度，仅2006年，中央财政扶贫资金就向民族地区投入51.5亿元，比上年增加3.1亿元。此外，国家发展和改革委员会在"十五"期间为民族地区易地扶贫搬迁试点累计安排资金48亿元，"十五"期间，国家累计安排民族地区"以工代赈"资金140亿元，约占全国总规模的45%。

在全国上下的共同努力下，民族地区的贫困状况得到了明显缓解，"十二五"前4年，国家对民族自治地方累计投入扶贫资金1130亿元，民族八省区贫困人口从3917万人下降到2205万人，减贫率为43.7%。许多贫困群众开始踏上了追求小康生活的路子。当然，由于历史因素和自然条件的影响，民族地区的扶贫开发工作，依然任重而道远，2013年八民族省区贫困发生率，仍然高于全国平均水平7.3%，贫困人口占全国总量的比例仍然高达31.0%，远高于其人口占全国的比重。

党的十八大后，中央进一步加大了对民族地区的扶贫开发力度。民族地区农村贫困人口由2012年的3121万人，下降到2016年的1411万人，贫困发生率从20.8%降为9.4%。其中，广西、西藏、青海和新疆的贫困人口分别比上年减少111万人、14万人、10万人和34万人。2012年到2016年西部少数民族地区农村居民人均可支配收入和人均消费支出增长，分别达到16.43%和17.92%，高于全国增幅的14.03%和17.87%，说明少数民族农村经济社会发展明显提速。2016年9月、11

---

① 参看《我国对少数民族地区扶贫开发特殊政策》，载"新疆社会科学网"，http://www.xjass.com/mzs/content/2008-07/25/content_ 25203. htm）。

② 江泽民：《在中央扶贫开发工作会议上的讲话》，载《人民日报》2001年9月18日，第1版。

月和 12 月，国务院先后印发《全国"十三五"异地扶贫搬迁规划》《"十三五"脱贫攻坚规划》《"十三五"促进民族地区和人口较少民族发展规划》，针对少数民族贫困山区和贫困群体制定了解决贫困问题的重点措施。西部民族地区涉及异地扶贫搬迁的贫困人口约 348.3 万人，占全国约 981 万贫困人口的 35.5%。根据《中国少数民族地区扶贫进展报告（2017）》统计，到 2016 年底，西部民族地区减贫率为 22.17%，接近全国减贫率的 22.20%。2016 年，贫困人口主要集中在云南、贵州、广西和新疆四省区。2017 年末，民族八省（区）贫困人口约占全国贫困总人口的三分之一，且有约 1000 万贫困人口处于深度贫困状态。除了内蒙古，其他七省（区）的贫困发生率均大大高于全国平均水平[1]。少数民族地区贫困人口主要分布在缺少耕地和水源、交通不便的石漠化地区、边境山区和荒漠化地区，加上基础设施保障缺位、环境脆弱，公共服务成本高、难度大，自然灾害频发，并受思想观念及教育落后等诸多因素的影响，导致民族地区贫困程度深分布广、脱贫任务重且难度很大。虽然民族地区脱贫工作受到特殊的自然环境和社会环境的双重制约，但在中央和全国其他地区的扶持和大力帮助下，党的十八大以来民族八省区贫困人口从 3121 万人减少到 603 万人，赫哲族、独龙族等人口较少民族在全国率先实现整体脱贫。[2] 2020 年底，包括民族地区贫困县在内的全国 832 个国家级贫困县全部脱贫摘帽。

六、环境保护力度加强

中国的民族地区是生态环境比较脆弱的地区，也是对全国生态平衡影响较大的地区。新中国成立初期，鉴于民族地区的贫困落后，国家和民族地区各级政府主要着重于在民族地区开展各项建设，环境保护意识还十分薄弱。在发展经济的同时，生态环境遭到了较大破坏。改革开放以来，民

---

[1]　张丽君等：《中国少数民族地区扶贫进展报告（2017）》，中国经济出版社 2018 年版。

[2]　参看《庆祝新中国成立 70 周年，共话民族工作创新与发展！》，载"中国统一战线新闻网"，http://tyzx.people.cn/n1/2019/0821/c396781-31308936.html。

族地区社会各界对环境保护有了较高程度的认识，并投入越来越多的资源以保护生态环境，而且取得了一定的成效。

民族地区是中国重要的生态功能区，分布着全国95%的草场，50%以上的森林，80%以上的水力资源，在全国的能源战略和生态调节方面占据重要地位。近年来随着经济的快速发展，资源开发利用的加快，环境和生态面临严峻挑战。土地荒漠化、草原退化、水土流失、水资源短缺等问题不断凸显。根据第五次全国荒漠化和沙化监测结果，中国荒漠化面积261.16万平方公里，占国土面积三分之一；沙化土地面积172.12万平方公里，占国土面积的五分之一。荒漠化土地90%分布在民族地区，新疆占40%、内蒙古占24%、西藏占16%；内蒙古科尔沁、锡林郭勒，宁夏中部的沙漠正在逐渐扩大，直接危及周边省区；草原退化呈现加速趋势，中国现有的3.9亿公顷草原，90%已经或正在退化，草原退化面积以每年200万公顷的速度递增，其中尤为突出的地方是内蒙古、新疆两个自治区和甘肃、四川两省的民族地区；内蒙古、云南、新疆三省区水土流失面积曾一度年超10万平方公里；地下水大规模开采，西北民族地区普遍处于干旱少雨状态。

多年来，中央和各民族地区都高度重视环境保护工作，加大了对环境保护工作的投入，使得民族地区的生态环境恶化现象得到一定程度的遏制。"十二五"期间，国家进一步加大了民族地区生态建设投入力度，着力改善当地农民生产、生活条件，共完成投资388.2亿元。5个民族自治区5年新增森林面积2017万公顷、森林蓄积量4.22亿立方米，森林覆盖率增长了4个百分点。其中，广西森林覆盖率增加最快，5年增长了7.04个百分点。2000—2004年，西部地区六大林业重点工程完成造林864万公顷，占造林总面积的84.6%。在国家的支持下，民族地区新建自然保护区200处，面积2870.814万公顷，特别是青海省三江源国家级自然保护区作为示范点，已经纳入全国湿地保护工程。国家还充分利用民族地区的资源优势，帮助民族地区发展不同区域各具特色的生态产业，积极引导和扶持民族地区以名特优经济林产品、竹产品、花卉、森林食品、森林药材和森林旅游为主的林业产业的发展，调整了农村产业结构，扩大了民族地区农民就业机会，提高了农民收入，实现了区域经济发展与群众脱贫致富相结合。广西九万大山 8 个县贫困人口已由 1993 年的 93.2 万人减少到 2004 年的 28 万人，下降了 70%，有 65.2 万人基本解决了温饱[①]。2007 年，内蒙古环境保护机构达到 327 个；从事环保人员总数达到 4395 人，其中科研人员 136 人；自然保护区达到 203 个，自然保护区面积 1388.35 万公顷；安排治理项目 150 个，完成投资额 16.75 亿元。自治区工业废水排放达标率大幅度提高。2007 年全区工业废水排放达标率为 73.7%，比 1986 年提高 51.5 个百分点。1986 年到 2007 年，全区 GDP 按可比价格增长 11 倍，人口增长 19.3%，工业粉尘排放量由 1985 年的 36 万吨下降到 2007 年的 20.04 万吨，工业粉尘回收率从 63.9% 上升到 74.8%。工业固体废物综合利用率提高。全区工业固体废物综合利用率由 1986 年的 13.1% 提高到 2007 年的 56.7%。2007 年，全区削减二氧化硫 10.1 万吨，其中工业氧化硫排放量削减 10.0 万吨，生活二氧化硫排放量消减 0.1 万吨。化学需氧量排放消减 1 万吨，其中工业废水中化学需氧量排放量消减 0.5 万吨，生活污水中化学需氧量排放量消减 0.5 万吨。2007 年，新疆完成营造林 24.18 万公顷。"三北"防护林四期工程完成人工造林 8 68 万公顷、封育 6.6 万公顷，退耕还林工程分解下达 7.33 万公顷。塔里木河流域近期综合治理工程完成投资 12 亿元。塔里木河干流大西海子泄洪以下河道输送生态水 1400 万立方米。截至 2017 年，新疆建立各级、各类自然保护区 29 个，其中国家级 13 个；保护区总面积 1968.92 万公顷，占新疆辖区面积的 11.8%。[②]

在环保工作管理方面，1989 年国家制定了《环境保护法》，系统规范中国的环境保护工作。此后又陆续颁布了关于大气污染、水资源保护、海洋环境保护、环境影响评价、循环经济促进等专项法律，国务院也陆续出

---

① 《中国西部民族地区生态建设取得重大进展》，载《绿色时报》2005 年 5 月 26 日，第 1 版。

② 数据来源：《新疆统计年鉴（2018）》。

台了相关法律的实施细则，使各项环境工作有法可依。2008 年 3 月，国家环保总局正式升级为环境保护部，表明国家进一步加大了环境保护工作的力度。各民族地区也非常关注本地方的环境保护问题，例如内蒙古自治区 2008 年发布了《节能减排实施方案》，规定在"十一五"期间，万元生产总值能耗比 2005 年降低 25%，二氧化硫排放总量在 2005 年基础上削减 3.8%，化学需氧量排放总量在 2005 年基础上削减 6.7%，万元生产总值用水量控制在 320 立方米，万元工业增加值用水量降至 80 立方米，工业用水重复利用率达到 60%以上，盟市所在地污水处理率达到 95%以上，旗县所在地污水处理率达到 75%以上。新疆维吾尔自治区人民政府《关于落实科学发展观 切实加强环境保护工作的决定》提出，"'十一五'期间，全区重点区域环境得到改善，环境质量稳定提高。单位 GDP 能源消耗比'十一五'期末降低 20%左右，单位 GDP 主要污染物排放强度明显下降，主要污染物排放总量控制在国家下达的指标内；确保核与辐射环境安全；危险废物得到妥善处置；森林覆盖率达到 3.2%，实施生态修复面积 50 万亩；绿洲区域、自然保护区、生态功能区、重点流域及其他敏感区域的环境质量得到有效监控，环境管理能力进一步提高"[①] 等具体目标。《西部大开发"十二五"规划》，将西部民族地区的环境指标，作为重要的指标列入规划；2011 年出台的《国家主体功能区规划》，则将大多数民族自治地方列为禁止、限制开发区域，这意味着在大多数民族自治地方，环境保护工作的地位，要放在更加重要的位置上。

党的十八大后，生态文明建设被纳入中国特色社会主义事业"五位一体"总布局。在这样的大背景下，西藏、新疆、广西和内蒙古等民族地区各级人民政府纷纷出台了地方性生态保护政策。以西藏自治区为例，党的十八大以来出台了《西藏自治区湿地保护条例》《西藏自治区生态环境保护监督管理办法》等 30 多部地方性法规，并于 2013 年全面考核了全区 74 个县区政府的环境保护工作。同时，国家每年投入西藏生态环境保护

---

① 新疆维吾尔自治区人民政府：《关于落实科学发展观 切实加强环境保护工作的决定》，载《中国环境报》2006 年 11 月 3 日，第 3 版。

建设的资金达到 100 多亿元，并大力调整产业结构，禁止高污染、高排放的产业进入。截至 2016 年底，西藏全区禁止或限制开发的区域约占全区国土面积的 70%，超过 80 万平方公里；建立总面积超过 41 万平方公里的各类自然保护区 61 处；较 2011 年森林面积增加 19 万公顷，森林蓄积增加 2047 万立方米。[①] 2014 年以来，内蒙古自治区编制自然资源资产负债表，建立生态环境损害责任终身追究制，加大重大生态修复工程实施力度。新修订的《中华人民共和国环境保护法》，于 2015 年 1 月 1 日在全国范围内正式实施，每年的 6 月 5 日被规定为环境日，生态环境保护得到前所未有的重视。截至 2016 年，我国总共有 9 部环境保护法、50 多项环境保护行政法规、1600 余件地方性环境保护法规颁布。[②] 在最高人民法院的授权下，包括 8 个少数民族人口大省（区）在内的全国各地共设立了 559 个"环境资源审判组织"，并有 400 个基层法院设立了"环境资源审判庭"，在民族八大省区建立起了"环境资源"和"生态环境"案件审理的联动机制，有力地推动了民族地区生态环境保护的法制化水平。[③]

2017 年，党的十九大报告提出"创新、协调、绿色、开放、共享"新的五大发展理念，指出我们应该走一条实现经济、生态和民生有机统一的绿色发展之路。习近平总书记提出的"绿水青山就是金山银山"的重要论断，确定了建设美丽中国、坚持人与自然和谐共生的战略目标和发展方向。2017 年国务院印发《西部大开发"十三五"规划》，再次将西部民族地区生态文明建设列入规划，并提出要坚持绿色永续，建设美丽西部这一原则。2018 年 3 月，生态环境部正式成立，全面保障国家生态安全、加强环境污染治理的工作进入了新的阶段。

[①] 根据西藏自治区人民政府网站《十八大以来西藏生态环境保护工作综述》相关数据整理。

[②] 周玉、侯璐、送杨等：《环境政策研究》，东北林业大学出版社 2016 年版。

[③] 宋才发、宋强：《民族地区生态环境保护的法治探讨》，《民族学刊》2018 年 10 月。

第三节 民族文化保护与传承

文化是一个民族的灵魂，是构成民族特点的核心因素。中国少数民族在长期的历史发展进程中，形成了各自源远流长、异彩纷呈的文化特色。但在新中国成立以前，由于缺乏必要的重视和保护，许多优秀少数民族文化都出现了传承危机。新中国成立以后，党和国家采取了许多有效的措施，大力扶持民族地区文化、出版、新闻事业发展，开办民族教育和双语教育。国家尊重少数民族风俗习惯，少数民族享有保持或改革本民族风俗习惯的权利。国家有计划地组织对各少数民族的文化遗产进行搜集、整理、翻译和出版工作，保护少数民族的名胜古迹、珍贵文物和其他重要历史文化遗产。各级政府以及文化艺术部门组织了大批的人类学、社会学、民族学专家和文学艺术工作者，深入少数民族聚居地区，抢救、搜集流传在民间的传统文化艺术。国家投入巨资对少数民族地区的文化、历史遗产进行了维修。有关部门通过组建少数民族文艺团体、艺术院校、文化馆和群众艺术馆等措施，大力培养少数民族文艺人才，繁荣少数民族文艺创作，发展少数民族文化艺术事业。定期举办少数民族音乐、舞蹈、戏剧"孔雀奖"评比和少数民族题材的电影、电视、文学"骏马奖"评选。国家大力培养少数民族医药人才，在西藏、内蒙古、新疆等地相继成立了藏医、蒙医、维吾尔医高等院校，截至 1999 年 9 月，累计培养民族医药人员 2531 人。2007 年国家中医药管理局等 11 个部委局联合印发《关于切实加强民族医药事业发展的指导意见》，2018 年印发《关于加强新时代少数民族医药工作的若干意见》。2016 年 4 月，全国民族医院有 251 所，床位达 22643 张，年总诊疗人次为 792.6 万人次，出院 48.6 万人次。新中国成立以后，党中央对各民族民间传统体育活动十分重视。1953 年 11 月8—12 日，国家在天津市举行了全国民族形式体育表演及竞赛大会。从1982 年开始，每四年举办一次全国少数民族传统体育运动会。为了在新时期进一步促进少数民族文化事业的发展繁荣，2009 年 6 月 10 日国务院召开常务会议，讨论并通过《进一步繁荣发展少数民族文化事业的若干意见》。会议指出："要以满足各族群众日益增长的精神文化需求为出发点和落脚点，促进少数民族文化建设与全国文化建设协调发展。一要加快少数民族和民族地区公共文化基础设施建设；二要大力发展少数民族新闻出版和广播影视事业，加大对少数民族文艺院团和博物馆建设的扶持力度；三要积极开展群众性少数民族文化活动；四要加强对少数民族文化遗产的挖掘和保护，尊重、继承和弘扬少数民族优秀传统文化；五要推进少数民族文化创新，积极促进少数民族文化产业发展；六要加强边疆民族地区文化建设，推动少数民族文化的对外交流；七要加大投入，完善政策法规，深化少数民族文化事业单位体制机制改革，加强少数民族文化人才队伍建设。会议要求，各地区、各部门要努力推动少数民族文化事业大发展大繁荣。"[1] 2016 年，中央财政继续贯彻落实党中央、国务院有关文件精神，积极支持少数民族文化事业发展。一是安排专项资金 23.85 亿元，用于支持少数民族地区文化事业的发展。二是在安排文化体育与传媒有关转移支付资金时，对少数民族地区予以倾斜，支持少数民族文化遗产保护利用，促进少数民族地区基本公共文化服务标准化、均等化，保障少数民族群众基本文化权益。[2] 2017 年，国务院印发《"十三五"促进民族地区和人口较少民族发展规划》，其中将民族文化传承与发展作为重点，提出要加快民族地区公共文化服务发展，繁荣发展少数民族新闻出版广播影视事业，加强少数民族优秀传统文化保护传承，加快民族文化产业发展。2019 年 7 月，习近平总书记考察内蒙古时指出，56 个民族不断交流交往交融，形成了多元一体的中华民族，要重视少数民族文化遗产的保护传承。2019 年，中央财政贯彻落实党中央、国务院有关部署，通过部门预算、转移支付等渠道，积极支持少数民族文化传承发展。

---

① 《国务院常务会议通过〈关于进一步繁荣发展少数民族文化事业的若干意见〉》，载《人民日报》2009 年 6 月 11 日，第 4 版。

② 中华人民共和国中央人民政府：《中央财政 2016 年支持少数民族文化事业发展情况》，http://www.gov.cn/xinwen/2016-08/29/content_ 5103190.htm。

一、少数民族语言文字保护

语言、文字是民族文化传承、延续和发展的基础。中国 55 个少数民族中的 53 个有自己的语言，数量超过 80 多种。在中国 1 亿多少数民族人口中，能够使用本民族语言进行交流的约有 6400 万人，占少数民族总人口的 60％以上。中国现有 22 个少数民族在使用 28 种文字，全国约有 3000 万少数民族公民使用本民族文字。少数民族的语言权利得到了很好的保护。

早在新中国成立之初的 20 世纪 50 年代，中国政府就着手帮助尚无文字的一些少数民族创制文字，到 1958 年，国家先后为壮、布依、彝、苗、哈尼、傈僳、纳西、侗、佤、黎、景颇等少数民族创制或改进了 16 种以拉丁字母为基础的拼音文字，使这些少数民族陷入危机的语言得以挽救，且为后来少数民族的教育、文化事业的发展创造了条件。同时，对于已有本民族文字的少数民族，国家也采取帮扶措施，帮助其优化发展本民族文字。

为了强化少数民族语言文字的应用，新中国成立之初就鼓励民族地区在公共生活中，使用少数民族语言文字。如教育领域，由政府主导的民族地区基础教育、扫盲教育广泛采用少数民族语言，高考、公务员考试、司法考试等重要考试专门为少数民族考生提供民族语言文字的试卷。中央政府公文、民族地区政府公文，一般都会准备汉语文本和各少数民族语言文本；政府举办的各类会议，也要求配备少数民族语言翻译；民族地区地名和公共场所名称，在有条件的地方，也同时用汉语和民族语言标识；民族地区广播、电视、互联网等大众传媒，一般也要求配备汉语和当地民族语言两种界面。为了科学保护各民族语言文字，教育部、国家语委自 2015 年起启动中国语言资源保护工程，在全国范围开展以语言资源调查、保存、展示和开发利用等为核心的各项工作。国务院 2016 年 12 月印发的《"十三五"促进民族地区和人口较少民族发展规划》提出，要继续实施中国语言资源保护工程，建设国家语言资源服务系统，加大少数民族濒危语言文字保护力度。2017 年 3 月国家民委印发了《国家民委"十三五"少数民族语言文字工作规划》。该《规划》不但提出了到 2020 年各民族使用和发展自己的语言文字的自由得到进一步保障，少数民族语言文字规范标准基本满足社会需求，信息化水平进一步提高的发展目标，而且推出了保障该目标实现的多个重点项目。2018 年度立项的 80 个少数民族语言调查点任务已按计划完成，质量达到验收标准。2019 年，共设立少数民族语言调查点 81 个。

中国政府每年都投入大量人力物力，支持少数民族语言文字的出版物发行，鼓励以少数民族语言文字为载体的文化产品的生产与消费。中国政府还不断加大对用少数民族语言文字播放的广播、电视节目编译、创作和播放的支持力度，并建立了少数民族语电影译制中心，研发出电影译制数字化新技术。2005—2008 年，累计提供电影 199 部。2008 年，国家用于补助广播影视译制经费达 1.3 亿元，各级文化主管部门平均每年免费提供 45 部优秀影片版权用于少数民族语译制。自 2005 起，各级文化主管部门还发动全国的电视剧制作机构每年向西藏、新疆捐赠 1000 集电视剧版权用于少数民族语译制播出，2017 年，全国少数民族语言广播、电视节目制作译制时间分别达到约 12.2 万小时、4.2 万小时，这一系列举措皆有效地缓解了少数民族语影视剧片源短缺的问题。

从 2002 年起，中国政府推动实施了文化信息资源共享工程，并将少数民族优秀文化成果作为该工程重要的建设领域。到 2008 年，文化信息资源共享工程已在新疆、西藏等 8 个民族省区建设了 34357 个各级中心和基层服务点，同时建立了少数民族语专题资源库，其中维吾尔文、朝文、蒙文、藏文 4 种少数民族视频节目 1048 部，584 多个小时。少数民族文字电子图书共 1250 种，12.5 万册。国家自第一次中央新疆工作座谈会至 2015 年，先后投入 1.5 亿元推动新疆文化信息资源共享工程建设，为各族群众能够便捷地通过现代传播手段获取知识打下了坚实基础。西藏也依托全国文化信息资源共享工程资源建设项目全面系统深度地拍摄了上百集《藏族手工技艺大全》和《藏族十明学》系列专题片，并于西藏图书馆设立了"全国文化信息资源共享工程藏语资源建设中心",统领全国藏区资源建设。2007 年以来完成 3120 小时汉语资源译制任务,译制资源达 8.12TB。2018 年 500 小时卫藏语译制资源项目获得立项。①

自 2002 年至 2009 年,国家财政累计投入非物质文化遗产保护经费达 3.86 亿元,其中约有四分之一的经费用于少数民族地区的非物质文化遗产保护工作。2011 年,国家财政用于非物质文化遗产保护的资金达到了 4.15 亿元,比 9 年前翻了 400 倍。截至 2011 年,在国务院公布的三批 1219 项国家级非物质文化遗产项目中,少数民族项目 425 项,占 34.9%。在公布的三批 1488 名国家级非物质文化遗产项目代表性传承人中,少数民族传承人有 393 名,占 26%,他们从 2008 年起享受国家财政每人每年 8000 元的传习活动资助。我国目前设立了 15 个文化生态保护实验区,其中建在民族地区的有 6 个。"十一五"期间,中国政府累计投入 110.4 亿元为民族地区购置设备,用于 20 多种少数民族语言广播电视节目的译制。国家通过直播卫星平台播出少数民族语言的广播节目 43 套,电视节目 48 套,使少数民族群众能够收听收看到本民族语言的广播电视节目。截至 2015 年底,全国有近 200 个广播电台(站),使用 25 种少数民族语言播音,出版民族文字图书的各类出版社有 32 家。全国已建成 11 个少数民族语言电影译制中心,可进行 17 个少数民族语种、37 种少数民族方言的译制,2012—2015 年共完成 3000 余部(次)电影的少数民族语言译制。② 自 2015 年起,中国政府组织实施中国语言资源保护工程,收集记录汉语方言、少数民族语言和口头语言文化的实态语料。该工程作为目前世界上规模最大的语言资源保护项目,已实现全国范围覆盖。2019 年,中央财政继续通过相关转移支付,支持加强民族语言文字出版能力建设等,推动

---

① 中华人民共和国国务院:《西藏"三加快"举措推动公共数字文化建设取得显著成效》,https://www.mct.gov.cn/whzx/qgwhxxlb/xz/201805/t20180503_ 831977.htm。

② 中华人民共和国国家民族事务委员会:《〈国家人权行动计划(2012—2015 年)〉规定目标任务如期完成 少数民族权利得到有力保障》,http://www.seac.gov.cn/seac/xxgk/201606/1080389.shtml。

少数民族地区新闻出版广播电视事业发展。① 根据国务院新闻办公室 2019 年 9 月发表的《为人民谋幸福：新中国人权事业发展 70 年》白皮书的数据，截至 2019 年 3 月，民族自治地方共设置广播电台、电视台、广播电视台等播出机构 714 个，全国各级播出机构共开办民族语电视频道 46 套，民族语广播 56 套。

二、民族书刊出版发行事业

新中国成立以前，许多少数民族虽然有自己的语言，但却没有文字，传统文化多靠口传心授，缺乏稳定性。少数民族典籍的出版发行数量极少，且多集中于宗教文献，只有极少数贵族和宗教人士能够接触到，普通少数民族群众既不认识本民族文字，更不可能阅读到以本民族文字撰写出版的文献。这种状态使得少数民族文化的传承和发展受到严重阻滞，许多优秀的少数民族文化因为缺乏图书出版事业的支撑，在长期的历史发展进程中湮没或者被扭曲。而许多少数民族群众因为对本民族语言文字掌握不熟练，而放弃使用本民族语言文字。

新中国成立以后，国家为了更好地保护和弘扬少数民族文化，保障少数民族使用本民族语言文字的权利，首先从图书出版事业入手，做了大量工作。

1949 年 10 月 19 日中央人民政府民族事务委员会成立时，中央给民委下达的一项重要任务，就是用各民族文字翻译出版中国人民政治协商会议的文件。1950 年 11 月 24 日，政务院要求新成立的中央民族学院研究少数民族的语言文字、历史文化和社会经济等，组织这方面的著作出版，以及用各民族文字翻译马列主义、毛泽东思想的各种文献与其他应用性书籍。此后，中央和地方陆续成立了一批民族出版社，专门从事民族图书的出版。为了加强民族图书出版工作，国家民委和新闻出版署等有关部门还多次召开全国少数民族出版工作会议，研究各个时期民族出版工作的方针

---

① 《中央财政积极支持少数民族文化传承发展》，中华人民共和国财政部网站，http://jkw. mof. gov. cn/zhengwuxinxi/gongzuodongtai/201910/t20191012_ 3400730. html。

任务。1982 年，中共中央和国务院在《关于加强出版工作的决定》中，专门指出："要认真重视和扶持少数民族地区出版工作和少数民族文字的出版工作，推动他们为本民族经济文化的发展和全国出版工作的繁荣做出贡献。要切实考虑他们的特殊困难，在人力、物力、财力方面，给予更多的帮助。对少数民族文字编译人员、印刷技术人员的培养，有关部门应重视安排。"[①]

在新的历史时间，国家继续对少数民族文字出版事业采取了特别的扶持政策。2007 年，中宣部、国家民委、财政部、国家税务总局、新闻出版总署联合下发《关于进一步加大对少数民族文字出版事业扶持力度的通知》，提出扶持少数民族文字出版事业的 6 项举措：（1）少数民族出版事业属公益性文化事业，承担少数民族文字出版任务的单位是公益性出版单位。中央和地方财政要按照"增加投入、转换机制，增强活力、改善服务"的方针，加大资金投入力度，增加对少数民族文字出版的财政补贴，并逐年有所增长。（2）在国家设立的出版基金中，对少数民族文字重大出版项目的出版，给予重点资助。（3）国家设立民族文字出版专项资金，通过中央财政对少数民族地区的专项转移支付，加大对少数民族文字出版工作的扶持力度。重点补贴少数民族文字出版物（包括图书、报刊、音像制品和电子、网络出版物）的编辑出版、少数民族文字编译人才的培养、民族文字新闻出版单位设备更新和技术改造，以及少数民族文字出版"走出去"的项目等。各地也要相应增加投入，保证本地区少数民族文字出版事业的繁荣发展。（4）继续实行补贴少数民族文字中小学教材出版发行的政策，对少数民族文字中小学教材出版发行出现的亏损，由中央和地方财政各承担一半，每年年底据实结算。（5）认真执行现行对少数民族文字出版物的各项税收优惠政策，切实减轻少数民族文字出版发行单位的税收负担。（6）在中央和各级宣传文化事业发展专项资金的使用上，优先向关系少数民族群众切身利益的出版建设项目倾斜。积极开展"送书下乡"等公益性活动，重点推进少数民族地区"农家书屋"建设，扶持少

---

① 中共中央、国务院：《关于加强出版工作的决定》（中发〔1983〕24 号）。

数民族地区农村出版物发行网点建设。同时，鼓励社会力量通过各种途径和方式捐助发展民族文字出版事业，最大限度地解决少数民族群众买书难、看书难的问题。①

在国家的大力支持下，民族图书杂志出版事业得到了飞速发展。1952年，全国仅出版少数民族文字图书 621 种，杂志 15 种，报纸 20 种。

截至 2013 年，全国已有 32 家出版民族文字图书的出版社，约占全国出版社总数的 6%，用 20 多种民族文字出版图书，图书内容涉及政治、经济、文化、科技、教育、卫生、体育等各个领域。年出版图书 6000 多种，印数 8000 多万册。2017 年，全国出版少数民族文字图书 8592 种，期刊 229 种，报纸 103 种。经过多年的发展，中国已经建立了比较完备的民族出版体系，基本上保证了有本民族文字的少数民族都拥有出版本民族文字图书的出版社，各种少数民族文字都有图书出版物。

全国现有 99 种民族文字报纸，用 13 种民族文字出版，数量约占全国报纸总数的 5% 左右。其中维吾尔文 36 种，蒙古文 18 种，藏文 16 种，哈萨克文 11 种，朝鲜文 8 种，傣文、傈僳文各 2 种，壮文、彝文、柯尔克孜文、锡伯文、景颇文、载瓦文各 1 种。从发行区域来看，民族文字报纸分布 11 个省区，其中新疆 52 种，内蒙古 12 种，西藏 8 种，吉林、青海、云南各 6 种，辽宁、四川各 3 种，广西、黑龙江、甘肃各 1 种。许多报纸采用免费赠送的办法进行发行。

中国现有 229② 种民族文字期刊，用 10 种民族文字出版，数量约占全国期刊总数的 2.5% 左右。其中维吾尔文 72 种，蒙古文 58 种，藏文 26 种，哈萨克文 35 种，朝鲜文 20 种，柯尔克孜文 3 种，彝文、傣文各 2 种，壮文、景颇文各 1 种。民族文字期刊分布 11 个省区市，其中北京 13 种，新疆 109 种，内蒙古 49 种，西藏 14 种，吉林 14 种，青海 9 种，四川 4 种，云南、黑龙江、甘肃各 3 种，广西 1 种。③

---

① 《关于进一步加大对少数民族文字出版事业扶持力度的通知》，（中宣发〔2007〕14 号）。
② 数据来源于《中国民族统计年鉴（2018）》。
③ 根据各民族省区统计年鉴整理，并参看金星华：《中国少数民族文字新闻出版事业稳步发展》，载《大地》2006 年 12 月 1 日，第 23 期。

三、双语教育

由于中国是一个以汉民族为主体民族的多民族国家，中国的绝大多数人口所使用的语言是汉语，社会交流的主要语言也是汉语。但是，许多生活在地域相对封闭或者少数民族聚居程度较高地区的少数民族群众，由于日常生活中接触汉语的机会很少，因此往往都不能用汉语进行交流。而这无疑会大大降低他们获取重要的社会信息，参与到国家主流生活中去的机会。为此，新中国从成立以后，就开始尝试在保护少数民族使用本民族语言文字权利的同时，在民族地区进行适当的国家通用语普及教育，以帮助少数民族群众融入国家主流文化。

新中国成立初期召开的第一次民族教育工作会议上，有关部门就提出要按照当地少数民族的需要和自愿设汉文课，初步提出了要在民族地区进行双语教育的设想。然而在新中国成立初期，中国的双语教学工作虽然已经受到一些关注，但由于当时大多数少数民族群众还处于受教育程度极低的状态，许多少数民族甚至都没有自己的文字。因此这一时期双语教育更多的只是停留在理论探讨上，民族地区教育发展更多的是普及初级教育，开展扫盲工作。在民族地区教育教学使用的教材方面，则更多的是尝试将汉语教材翻译成少数民族语言文字。但这一时期，部分少数民族地区在中央民族学院等高等院校的帮助下，已经有不少师资力量接受了更高层次的教育培训，掌握了用民汉双语进行教学的技能。

改革开放以后，国家陆续出台的《民族区域自治法》和《教育法》，都以法律形式提出了双语教学的要求。《民族区域自治法》第三十七条规定：招收少数民族学生为主的学校（班级）和其他教育机构，有条件的应当采用少数民族文字的课本，并用少数民族语言讲课；根据情况从小学低年级或者高年级起开设汉语文课程，推广全国通用的普通话和规范汉字。《教育法》第二十条规定：汉语言文字为学校及其他教育机构的基本教学语言文字。少数民族学生为主的学校及其他教育机构，可以使用本民族或者当地民族通用的语言文字进行教学。学校及其他教育机构进行教学，应当推广使用全国通用的普通话和规范字。在法律保障和推动下，中国开始了双语教学的大规模试验，汉语和双语教育理论研究，双语教育学科历史沿革的研究，民族语和汉语对比研究，教材编写理论研究，国外双语教学及双语教育研究介绍等各项工作都得到稳步推进，并建立相应的学术团体，形成了一支双语教学和双语教育研究队伍。

截至 2007 年，全国有 1 万余所中小学约 600 万名学生，使用 21 个民族的 29 种文字开展民汉双语教学，还在 2500 余所各类扫盲班、培训班 100 余万名学员中使用民族语文进行教学。双语教学已成为民族地区基础教育重要的教学形式。国家实施"农村中小学现代远程教育试点工程"，中央财政专门安排 1000 万元资金用于开发民族地区双语教学光盘资源。现全国每年编译出版的少数民族文字教材有 3500 余种，总印数 1 亿多册。云南省在 2013 年 10 月出台《云南省少数民族教育促进条例》，要求各级人民政府建立双语教师的培养、培训制度；在民族高等学校和民族地区师范院校建立双语教师培养、培训基地，根据民族地区的需要，举办定向双语师资班，学生毕业后择优录用、聘用到当地小学或者幼儿园工作。鼓励在民族地区工作的教师学习使用当地通用的少数民族语言。2013 年底，全省一共有 1 万余名少数民族双语教师，分布在各个州市，他们既懂汉语，也掌握少数民族语言。云南省双语教学主要在学前和小学阶段开展，面向 14 个少数民族的幼儿及学生采用 18 个文种进行民汉双语教学。13 年以来共培训了彝文、佤文、白文、壮文、藏文、景颇文、载瓦文、西傣文、德傣文、傈僳文、哈尼文、拉祜文、川黔滇苗文、滇东北苗文、独龙文、纳西文、门方瑶文、勉方瑶文等 14 个民族 18 个语种的双语教师 10000 多人。[1] 截至 2014 年底，西藏实施双语教育的小学、教学点共计 1217 个，在校学生近 30 万人；初中 93 所，在校学生近 12.5 万人。实施双语教育的小学初中学生占总数的 97.06% 和 97.46%。29 所高中实施双语教育，在校学生近 5.6 万人，占总数的 92.88%；9 所中等职业学校和 6 所高校实施双语教育，学生总数超过 5 万人，几乎实现了双语教育全覆

---

[1]　刘超：《不可或缺的双语教学》，《春城晚报》2015 年 3 月 31 日，第 2 版。

盖。基础教育学校专任双语教师 30641 人，占总数的 82.93%；建立了国家、区、地（市）、县、校五级培训体系，"十二五"以来落实资金 2 亿多元，建设了 10 个双语教师培训基地。此外，西藏编译各类教材 400 多种，收集 12 类学科名词术语 2500 余条应用到新教材及各学科教学中；编写了整套农牧区双语幼儿读物。① 2013 年 10 月 28 日，我国首款藏汉双语手机向全球发行。2010 年，新疆维吾尔自治区发布《自治区少数民族学前和中小学双语教育 2010—2020 年发展规划》，其中明确提出：到 2012 年，基本普及少数民族学前两年双语教育，接受学前两年双语教育的少数民族幼儿占年龄段少数民族幼儿的 85%以上；到 2015 年，少数民族中小学基本普及双语教育，接受双语教育的少数民族中小学生占少数民族中小学生的 75%左右；到 2020 年，接受双语教育的少数民族中小学生占少数民族中小学生的 90%以上，少数民族高中毕业生基本熟练掌握和使用国家通用语言文字。据统计，到 2012 年底，新疆地区学前教育阶段，接受双语班教育的少数民族学生和"民考汉"学生，合计超过这一年龄段少数民族学生的 92%。中小学阶段双语班学生和"民考汉"是 59.33%，到 2013 年，这一数据增长到 65%②。

2014 年，中共中央、国务院印发《关于加强和改进新形势下民族工作的意见》（以下简称《意见》），《意见》提出："要坚定不移推行国家通用语言文字教育，全面开设国家通用语言文字课程，全面推广国家通用语言文字，确保少数民族学生基本掌握和使用国家通用语言文字，同时尊重和保障少数民族使用本民族语言文字接受教育的权利，不断提高少数民族语言文字教育水平，并在需要的民族地区加强学前双语教育，制定激励政策，加大师资对口支援力度，做好双语教师招录工作，对双语教学师资培养培训、教学研究、教材开发和出版给予支持，注重培养民汉双语兼通人才，提高少数民族干部掌握国家通用语言文字能力，在民族地区工作的

---

① 边巴次仁：《西藏双语教育体系基本形成》，http://news.xinhuanet.com/local/2015-03/18/c_1114682661.htm。

② 陈西：《新疆双语教育现状》，《瞭望东方周刊》2014 年 9 月 26 日，第 72 页。

汉族干部应学习掌握少数民族语言文字。"[1] 2015 年，我国在少数民族中小学使用 21 个民族的 29 种文字实施双语教育，从学前教育到普通高中，实施双语教育的学校有 1.2 多万所，接受双语教育的学生有 410 万人，双语教师有 23.5 万人。在民族院校、民族自治地方的部分职业学校和高等学校也开展双语教育。受交通不便、师资流失率高等因素限制，新疆尤其是南疆四地州学前双语教师数量匮乏、质量"结构性短缺"等问题一直十分突出。为此，2017 年新疆实施了国家"学前双语教师特设岗位计划""自治区学前特岗计划""自治区大学生实习支教计划""干部支教计划选派"，以及各地州自行招聘教师和选派干部支教等举措，以南疆四地州和农村幼儿园为重点，共补充 4.45 万名学前双语教师，在岗总数达到 7 万名，缓解了师资匮乏状况。2017 年，新疆维吾尔自治区各地新建、改扩建 4387 所农村双语幼儿园，农村入园幼儿总数达到 112.89 万人，实现农村学前 3 年免费双语教育全覆盖。[2] 2018 年印发的《西藏自治区"十三五"时期教育事业发展规划》进一步强调西藏地区双语教学的重要性，将其列入规划，并提及要深入实施学前双语教育普及工程，实现学前双语教育普及率 100%。目前，我国民族地区已经基本建立了从学前到高中阶段的双语教育体系。截至 2018 年，少数民族双语教育的中小学共 6521 所，接受双语教育的在校生 309.3 万人，双语教育的专任教师 20.6 万人。

四、民族文化研究

少数民族文化是中华文明的重要组成部分，对少数民族文化进行研究和深入的挖掘，不但可以使少数民族群众更加了解本民族的文化传统，而且对于中国文化事业的发展和繁荣都具有非常重要的意义。从 20 世纪 50 年代初开始，中国各级政府以及文化艺术部门组织了数以万计的人类学、

---

① 中华人民共和国中央人民政府：《关于加强和改进新形势下民族工作的意见》，http://www.gov.cn/zhengce/2014-12/22/content_ 2795307. htm。

② 《新疆采取五大举措补充逾 4.4 万学前双语教师》，中国政府网，http://www.gov.cn/xinwen/2017-11/26/content_ 5242302. htm。

社会学、民族学专家和文学艺术工作者，深入少数民族聚居地区，抢救、搜集、整理流传在民间的传统文化艺术。从 1979 年开始，中国政府又投入大量资金和人力物力，搜集整理各民族民间文艺资料，历时 30 年，至 2009 年 10 月，共编纂出版了《中国民间歌曲集成》《中国戏曲音乐集成》《中国民族民间器乐曲集成》《中国曲艺音乐集成》《中国民族民间舞蹈集成》《中国戏曲志》《中国民间故事集成》《中国民间谚语集成》《中国歌谣集成》《中国曲艺志》等包括各民族文学、音乐、舞蹈诸门类的十大文艺集成，总计约 4.5 亿字，298 卷，400 册。在这些文艺集成中，少数民族文艺成果占了很大一部分。这些《集成》的出版，对挖掘和保护少数民族优秀传统文化发挥了重要作用。

在国家支持下，《中国少数民族》《中国少数民族简史丛书》《中国少数民族语言简志丛书》《中国少数民族自治地方概况丛书》《中国少数民族社会历史调查资料丛书》等 5 种少数民族丛书编辑完成并出版，合计共有 403 册，9000 多万字，发行 50 多万套（册）。现在 55 个少数民族都有一部文字记载的简史。

1984 年，国家成立少数民族古籍整理出版规划小组，负责组织和指导全国少数民族古籍整理出版工作，到目前已经整理并公开出版了 5000 余部比较有影响和价值的典籍文献。在 1996—2000 年间，国家还成立专门机构，对少数民族三大英雄史诗《格萨尔》《江格尔》《玛纳斯》进行研究和整理。

2012 年推出的《少数民族事业"十二五"规划》对少数民族文化研究做出了新的安排，决定实施少数民族文化读本编撰出版工程，编撰出版少数民族文化读本和少数民族历史题材青少年普及版绘图本，编创、巡演、展播少数民族历史题材说唱艺术，创作、陈列、展出少数民族历史风俗画；开展少数民族传统文化展演评奖活动，促进少数民族文化交流与研讨。

2017 年，中国政府将加强少数民族语言文字科研工作作为国家重点项目，积极组织和支持相关科研机构、大专院校及专家学者对少数民族语言文字工作的基础理论和应用问题进行研究。以有关院校和机构为依托，培养少数民族语言文字科研人才，形成老中青相结合、汉族专家和少数民族专家相结合、语言学和其他相关学科专家相结合的少数民族语言文字科研队伍。2019年，中央财政贯彻落实党中央、国务院有关部署，通过部门预算、转移支付等渠道，积极支持少数民族文化传承发展。具体措施包括：一是通过国家文物保护专项资金、非物质文化遗产保护专项资金等，支持实施少数民族地区文物保护项目和非物质文化遗产保护项目，支持国家级代表性传承人开展传习活动和国家级文化生态保护区建设等。二是通过中央补助地方公共文化服务体系建设专项资金、文化人才专项经费等，支持少数民族地区等统筹落实国家基本公共文化服务指导标准和地方实施标准，丰富群众性文化活动，改善民族地区基层公共文化体育设施条件和加强基层文化人才队伍建设。三是通过相关转移支付，支持加强民族语言文字出版能力建设等，推动少数民族地区新闻出版广播电视事业发展。四是通过国家出版基金、国家艺术基金、电影电视剧相关专项资金等，支持舞台艺术、图书、电影、电视剧等少数民族文艺作品创作生产、宣传推广、人才培养等。

五、民族文化遗产保护

民族文化遗产是各民族历史上遗留下来的物质、精神财富，是民族精神的标志和象征。中国是一个历史悠久的文明古国，中国的文化遗产非常丰富。中国又是一个多民族的国家，每一个民族都创造了自己绚丽多彩的文化，少数民族文化遗产丰富，是中华民族文化遗产的一个重要特征。

在中国社会急速发展变迁过程中，如何更好地保护少数民族传统文化，已成为世人瞩目的一个焦点问题。2000年6月在巴黎举办的重点探讨经济全球化对文化领域影响的首届国际文化节上，通过了《文化性和文化多样性权利宪章》，会议对经济全球化带来的负面影响深感忧虑，担心少数民族及其文化、宗教、语言艺术等会在全球化浪潮中被吞没。会议要求有关国际组织和各国政府采取措施，加强管理，使各民族的文化教育和宗教信仰得到尊重和保护。

中国政府特别重视少数民族文化遗产的抢救、挖掘和保护。这首先表现在立法方面。《中华人民共和国民族区域自治法》第三十八条规定："民族自治地方的自治机关组织、支持有关单位和部门收集、整理、翻译和出版民族历史文化书籍，保护民族的名胜古迹、珍贵文物和其他重要历史文化遗产，继承和发展优秀的民族传统文化。"2000 年，文化和旅游部、国家民委联合发布《关于进一步加强少数民族文化工作的意见》，要求抓好民族文化艺术遗产的收集整理和民族文艺理论研究工作。保护少数民族老歌手、老艺人，抓紧抢救文献记载和口头流传的少数民族文化遗产。

其次，国家组织了大规模的人力物力，整理出版了许多少数民族文化古籍。少数民族古籍是中国各民族在长期历史发展进程中所创造的文化结晶，为了抢救和保护少数民族古籍，近年来，中国出版了《中国少数民族古籍集成》《突厥语大辞典》《格斯尔全书》《宗喀巴大师集》《格萨尔王传》等一大批在传承、弘扬民族文化，促进民族文化研究方面具有文化积累价值的出版物。25 个省（自治区、直辖市）已建立民族古籍整理与研究机构。截至 2018 年，抢救、整理的散藏民间的少数民族古籍约百万种（不含馆藏及寺院藏书），包括很多珍贵的孤本和善本。组织实施《中国少数民族古籍总目提要》编纂工程，共收书目约 30 万种。

再次，中央和各地方政府将多处少数民族文化遗产列为文物保护单位，进行重点保护。截至 2016 年，少数民族地区有全国重点文物保护单位 512 处，古遗址 222 个，古墓葬 82 处，古建筑及历史纪念建筑物 127 个，近现代重要史迹及地标性建筑 55 个，石窟寺石刻及其他文 26 个。

此外，国家还大力推动少数民族文化遗产申遗。鉴于少数民族文化遗产在申报世界遗产中存在的问题，中国少数民族研究中心于 2003 年 2 月 25 日向国家民委提交了《关于加强中国少数民族文化申报世界遗产工作的研究报告》，论证了少数民族文化申报世界遗产的意义，分析了少数民族地区被列为世界遗产的状况及存在的问题，提出改善少数民族文化列入世界遗产比例偏低的工作建议。截至 2017 年底,在全国 12 个世界自然遗产名录中,少数民族地区有 7 个,分别是四川的九寨沟、黄龙、四川大熊猫栖息地和云南的三江并流、澄江化石地;贵州的中国南方喀斯特;新疆的天山以及青海的可可西里等;西藏的布达拉宫入选世界文化遗产名录。蒙古族传统长调民歌和呼麦、侗族大歌、维吾尔族"木卡姆"艺术、柯尔克孜族英雄史诗《玛纳斯》、朝鲜族农乐舞、藏族英雄史诗《格萨尔》和藏戏等均入选联合国人类非物质文化遗产代表作名录。在国务院公布的两批国家级非物质文化遗产名录 1028 项中,少数民族项目有 367 项。

2009 年 6 月 10 日,国务院常务会议讨论并原则通过的《关于进一步繁荣发展少数民族文化事业的若干意见》,再一次强调要加强对少数民族文化遗产的挖掘和保护。目前,拉萨布达拉宫历史建筑群、丽江古城、元上都遗址、红河哈尼梯田文化景观、土司遗址等被列入联合国教科文组织《世界遗产名录》。中国列入联合国教科文组织非物质文化遗产名录(名册)的项目中有 21 项与少数民族相关;中国前四批共计 1372 项国家级非物质文化遗产名录中,与少数民族相关的有 492 项,占 36%;在五批 3068 名国家级非物质文化遗产项目代表性传承人中,少数民族传承人有 862 名,约占 28%;设立 21 个国家级文化生态保护实验区,其中有 11 个位于民族地区。

各民族地区政府,在保护少数民族文化遗产方面也做了大量工作。

新中国成立以来,西藏自治区充分行使《宪法》和《民族区域自治法》赋予的自主管理和发展本地区文化事业的自治权,保护和整理民族文化遗产,发展和繁荣民族文化,依法保障西藏人民继承发展民族传统文化的自由和宗教信仰的自由。西藏各级政府成立有专门的民族文化遗产抢救、整理和研究机构,先后收集、整理和编辑、出版了《中国戏曲志·西藏卷》《中国民间歌谣集成·西藏卷》以及民间舞蹈、谚语、曲艺、民间歌曲、民间故事等文艺集成,有效地抢救和保护了西藏优秀的民族传统文化。同时,先后颁布实施了一系列文物保护法规,投巨资修缮和保护了大批文物。西藏自治区于 1979 年成立专门机构,对《格萨尔王传》进行全

面的抢救、整理。国家也将其列入重点科研项目组织研究和出版。经过
20 多年的努力，现已录制了 3000 多盘磁带，搜集藏文手抄本、木刻本近
300 部，整理出版藏文版 62 部，发行 300 多万册，同时还出版了 20 多部
汉译本，并有多部被译成英、日、法文出版。2018 年 7 月，经过了 10 年
时间的搜集、整理和编排，囊括历史上的手抄本、伏藏本、木刻本、铅印
本、内部资料本、新近在民间整理的说唱本，以及近 60 年来正式出版的
各种版本的总计 8000 余万字，汇编成 300 卷的藏族英雄史诗《格萨尔王
传》在成都展出，是这部世界最长史诗迄今为止最完整的版本①。西藏自
治区成立以来，颁布实施了一系列文物保护法规，先后投资数亿元，修复
开放了 1400 多座寺庙，及时修缮和保护了大批文物。特别是 1989 年到
1994 年间，中央人民政府拨出 5500 万元和大量的黄金、白银等珍贵物资
实施了维修布达拉宫一期工程。2001 年开始，国家又拨专款 3.3 亿元，
用于布达拉宫二期维修工程和罗布林卡、萨迦寺三大文物古迹的维修。截
至 2006 年底，西藏已登记在册的各类文物保护点 2330 余处，有各级文物
保护单位 329 处。其中，国家级重点文物保护单位 35 处，自治区级 112
处，市（县）级 182 处。布达拉宫被列入世界文化遗产，大昭寺、罗布
林卡被列入其扩展项目。拉萨市、日喀则市和江孜镇被列为全国历史文化
名城。全区现有馆藏文物数十万件，其中国家级文物 1 万余件②。国家还
组织力量对昌都卡若、拉萨曲贡、山南昌果沟等新石器时代遗址进行了科
学发掘，填补了西藏史前考古的空白。2006—2010 年，中央人民政府将
再次拨出 5.7 亿元，对西藏 22 处重点文物保护单位进行维修保护③。2018
年底西藏启动了周期 10 年、投资 3 亿元的布达拉宫文物（古籍文献）保
护利用项目。2015—2019 年，西藏申请国家文物保护专项补助项目 180
个（全国重点文物保护单位）、资金 10.02 亿元；自治区财政下达资金

---

① 《世界最长史诗〈格萨尔王传〉最完整版本展出》，新华网，http://www.xinhuanet.com/
politics/2018-07/12/c_1123118325.htm。
② 《西藏社会主义政治制度的自我完善和发展》，载《西藏日报》2008 年 12 月 17 日，第
2 版。
③ 《西藏文化的保护与发展》白皮书，载《人民日报》2000 年 6 月 23 日，第 5 版。

3.6 亿元，用于 69 处自治区级文物保护单位的保护维修工作。① 截至 2019 年底，西藏已登记在册的各类文物保护点 4277 处，有各级文物保护单位 1985 处。其中，国家级重点文物保护单位 70 处，自治区级 603 处，市（县）级 1314 处，世界文化遗产 1 处 3 个点。②

云南省早在 20 世纪 50 年代初，就在国家的支持下开始组织了大规模的民族学调查，收集了大量各少数民族的历史、社会、语言、文学、艺术等方面的资料。20 世纪 70 年代末 80 年代初，云南出版了各少数民族民间文学集成（包括民间故事集成、民间歌谣集成、民间谚语集成以及音乐舞蹈集成）。收集、保存的民间文学资料有十多万件，民间艺术作品三万多件（其中音乐作品二万多首），民族舞蹈 6700 多套，民族戏剧 2000 多种，民族乐器 200 多种。建立各级文物保护单位 1600 多处，文化、博物单位 110 多个，收藏文物 30 多万件。③ 2000 年云南率先推出了全国第一个非物质文化遗产保护条例，这为全省的非物质文化遗产的保护奠定了基础；2003 年云南又展开全省文化普查，2007 年 5 月将云南的彝族、壮族、哈尼族、傣族、拉祜族等 22 个少数民族的 207 位艺术家命名为云南省非物质文化遗产（民族民间传统文化）传承人。2017 年，云南省少数民族传统文化抢救保护项目投入资金 793 万元，扶持安排 121 个项目。世居少数民族文化精品工程项目投入资金 365 万元，扶持安排 20 个项目。省级民族机动金文化项目投入资金 596 万元，扶持安排 10 个项目。项目覆盖濒危传统文化遗产、非物质文化遗产、语言文字等方面内容。

新疆从 2004 年至 2007 年累计投入文化经费 5.2 亿元，用于保护和传承民族文化。中国新疆维吾尔木卡姆艺术成为世界人类非物质文化遗产，52 项非物质文化遗产成为国家级"非物质文化遗产代表作"，17 项物质

---

① 《西藏现有各级文物保护单位 1985 处 世界文化遗产 1 处 3 个点》，http：// www.xzzw.com/lyrw/201911/t20191125_ 2826050.html。

② 《西藏现有各级文物保护单位 1985 处 世界文化遗产 1 处 3 个点》，http：// www.xzzw.com/lyrw/201911/t20191125_ 2826050.html。

③ 朱维华：《新中国对云南少数民族文化的保护、建设和发展》，载《统一论坛》2000 年第 3 期，第 42 页。

文化遗产被国务院公布为第六批全国重点文物保护单位。自治区人民政府批准公布了全区首批各民族的非物质文化遗产名录108项，重点文物单位133个。2007年10月，《新疆维吾尔自治区非物质文化遗产保护条例》公布，该《条例》明确了对非物质文化遗产的普查、调查、发掘、整理以及保存的主体和职责，并规定，县级以上人民政府应当鼓励和扶持有关单位和个人在有效保护的前提下，合理利用非物质文化遗产资源，进行弘扬优秀民族传统文化的文艺创作，开发具有民族、民间和地方文化特色的传统文化产品。该《条例》着重对代表作项目、濒危代表作，以及文化生态区的保护主体和职责做出了明确规定，并要求在利用非物质文化遗产资源时，应当尊重其真实性和文化内涵，保持原有文化生态资源和文化风貌，不得歪曲滥用。2010年，《新疆维吾尔自治区维吾尔木卡姆艺术保护条例》颁布实施，为科学、系统地抢救保护非物质文化遗产提供了制度保障。2014年12月4日，国务院正式批准文化和旅游部确定的《第四批国家级非物质文化遗产代表性项目名录（共153项）》和《国家级非物质文化遗产代表性项目名录扩展项目名录（共153项）》并予公布。新疆11个非遗项目入选第四批国家级非物质文化遗产代表性项目名录，2个项目入选国家级非物质文化遗产代表性项目名录扩展项目名录。① 截至2019年6月，新疆维吾尔自治区入选联合国教科文组织人类非物质文化遗产代表作名录3项、国家级非物质文化遗产代表性项目名录83项、自治区级315项，有国家、自治区、市、县四级非物质文化遗产代表性传承人5654名，其中国家级112名、自治区级418名。②

　　贵州从20世纪80年代后期以来，在民族民间文化艺术资源和民族文化遗产的调查、研究、抢救、发掘、搜集、整理、编辑、研究等方面做了大量工作，为民族文化的发掘保护打下了基础。贵州在全国率先以民族村寨为单位建立民族生态博物馆，继六枝梭戛苗族文化博物馆之后，又相继

---

①　《新疆11个项目入选第四批国家级"非遗"》，新疆维吾尔自治区人民政府网，http://www.xinjiang.gov.cn/xinjiang/xjyw/201412/2f29935948834af7b16d213610d76193.shtml。

②　《非遗"活"起来市场"火"起来》，新疆维吾尔自治区人民政府网，http://www.xinjiang.gov.cn/xinjiang/bmdt/201906/4beac0484d3d43ccaf8bb345994c4ba8.shtml。

建成了布依族、侗族、水族、仫佬族等各民族村寨文化生态博物馆。2003年,《贵州省民族民间文化保护条例》公布,这一条例系统规范了贵州民族民间文化保护工作。2007年,贵州建立贵州民族文化宫,集博物馆、图书馆、艺术馆、文化交流中心四位为一体,全方位地宣传、教育、保护和传承民族文化。

《少数民族事业"十二五"规划》是在原有的文化遗产保护基础上,进一步提出实施少数民族特色村寨保护与发展工程,以保护少数民族特色村寨的建筑风格和整体风貌,改善少数民族群众的居住条件和环境,支持特色种养、民族风情旅游、民族手工艺品开发等"一村一品"特色产业发展;少数民族特需商品传统生产工艺和技术保护工程,保护少数民族特需商品独特的生产工艺和技术,促进生产发展,满足消费需求,推动少数民族特需商品生产的产业化,系统收集和整理少数民族特需商品传统生产工艺和技术,运用现代技术手段予以保存和展示,对一些濒临失传的传统工艺和技术进行抢救;少数民族濒危语言抢救与保护工程,完成20种少数民族濒危语言的调查工作,出版《中国少数民族语言文字保护丛书》;少数民族文物保护工程,尤其是要实施西藏重点文物保护、新疆大遗址保护等民族地区重点文物保护工程;少数民族古籍保护工程,基本完成少数民族古籍普查和《中国少数民族古籍总目提要》的编纂出版工作。

《"十三五"促进民族地区和人口较少民族发展规划》中进一步强调要传承弘扬民族文化。提出加大对人口较少民族文化遗产的保护力度,加快征集珍贵民族文物,对濒危文化遗产进行抢救性保护,加强濒危文化资源数字化建设,精心实施国家级非物质文化遗产项目代表性传承人抢救性记录工程;加大对入选国家级和省级非物质文化遗产名录的人口较少民族文化遗产保护力度,开展非物质文化遗产传承人群研修研习培训,扩大参与面,提升总体素质;结合实施少数民族特色村镇保护与发展,对人口较少民族的生态资源、语言文化进行文化生态整体性动态保护,建立文化生态乡村;充分利用人口较少民族的民间故事、神话传说、民族史诗、音乐舞蹈等文化资源，鼓励创作人口较少民族文化题材广播影视节目。①

六、少数民族文艺事业发展

少数民族文艺是中华文化的重要组成部分。每个少数民族都有着本民族独特的文艺形式，少数民族文学、歌曲、舞蹈、戏剧、工艺美术等，都是中华民族灿烂文化的重要源泉。

新中国成立之前，少数民族文艺处于自生自灭的原始状态，许多弥足珍贵的民族民间文艺形式和内容失传或濒危。新中国成立后，特别是党的十一届三中全会以来，少数民族文化艺术事业取得了长足发展。具体体现这样几个方面：

（一）少数民族文艺创作队伍不断成长壮大，许多优秀的作家、歌唱家、舞蹈家、艺术表演家和著名编导脱颖而出。其中，55 个少数民族都有了自己的作家，不仅形成了少数民族作家群体，而且有多个少数民族的作家的作品在全国少数民族文学创作评奖中获奖。如今，在中国作家协会中的少数民族会员已有 600 多人，占全体会员的 11.1%；在全国各省、自治区、直辖市作家协会中的少数民族会员已超过 5000 人。另据统计，在 1997 年，民族自治地方有民族歌舞团 59 个，从业人员 3801 人；艺术表演团体 526 个，从业人员 21729 人；艺术表演场所 188 个，从业人员 3472 人。截至 2016 年末，民族自治地方共有各种艺术表演团体 1101 个，公共图书馆 766 个，文化馆 801 个，博物馆 520 个。

（二）少数民族文艺创作日益繁荣，优秀精品不断涌现。①在中国作家协会和国家民委举办的第十一届全国少数民族文学创作"骏马奖"评奖活动中，产生了 24 部获奖作品和 3 名获奖译者；②在国家民委、广播电影电视总局、文化和旅游部、中国文联共同举办的全部七届少数民族题材电视艺术"骏马奖"中，已有包括电视剧、专题片、艺术片、儿童片、民族语言译制的 815 部作品获奖；③在文化和旅游部、中国戏剧家协会和

―――――――――

① 国务院：《"十三五"促进民族地区和人口较少民族发展规划》，http：//www.gov.cn/zhengce/content/2017-01/24/content_ 5162950. htm。

中国少数民族戏剧学会共同举办的五届全国少数民族题材戏剧剧本"孔雀奖"评奖活动中，已有245部作品获奖；④在文化和旅游部、国家民委举办的全国少数民族舞蹈"孔雀奖"评选活动中，已有90人获表演一、二、三等奖，有123人获编导一、二、三等奖，有47人获作曲一、二、三等奖。在文化和旅游部、国家民委、广播电影电视总局举办的两届全国少数民族声乐"孔雀奖"比赛中，有72名歌手获一、二、三等奖。少数民族文艺的发展繁荣，活跃了各族人民群众的文化生活，繁荣了祖国的文艺舞台，使中华文艺百花园更加鲜艳夺目，绚丽多彩。

（三）少数民族工艺美术事业成果卓著。新中国成立以来特别是改革开放以来，少数民族工艺美术也得到了继承和发展。藏族壁画艺术不断创新，增加了表现藏族发展史和藏族人民新生活的内容；维吾尔族、蒙古族等民族的地毯、壁挂不仅风行全国，还行销世界许多国家和地区；布依族、苗族等民族的蜡染，无论工艺、图案，还是花色、品种，都有了很大发展，在国内外市场上广受欢迎；壮、土家、傣、黎、侗等民族的织锦技艺，也从过去的一家一户的小型作坊发展成了织锦工艺厂，生产规模不断扩大。

七、民族文化交流

民族文化交流不仅是展示和弘扬各民族文化的重要形式，也是促进民族交往、增进各民族之间相互了解、推进民族文化交融和增强民族团结的重要纽带和桥梁。新中国成立后特别是改革开放以来，国家在促进民族文化交流方面做了大量的工作。

1. 少数民族文艺汇演

全国少数民族文艺会演是由国家主办的少数民族文艺盛会，通过这样的盛会，各少数民族集中在一起展示本民族文化、艺术和生活习惯等，并在此过程中相互学习借鉴、交流情感。第一届会演于1980年举办，第二届于2001年举办。2002年，国务院决定全国少数民族文艺会演五年举办一次，2005年这一决定写入了《国务院实施〈民族区域自治法〉若干规定》之中，使之成为常规性文化交流活动。第二届全国少数民族文艺会演，有全国31个省、自治区、直辖市和新疆生产建设兵团、解放军原总政治部和港澳台地区等37个代表团的42台剧（节）目参演。3500多名各族艺术家和文艺工作者登台献艺，充分展示各具特色、多姿多彩的少数民族艺术。2012年6月举办的第四届少数民族文艺汇演，有来自全国31个省、自治区、直辖市和新疆生产建设兵团、解放军，以及香港、澳门、台湾地区等36个代表团，56个民族6700余名演职人员参加，参演剧目41台，演出94场，12万各界人士到剧场观看演出，剧场平均上座率达到98%，1亿多电视观众收看了开幕式晚会直播，网络投票人次达9400多万人。目前，少数民族文艺汇演已举办到第五届。2016年举办的第五届少数民族文艺汇演以"中华民族一家亲，同心共筑中国梦"为主题，参演团体来自全国31个省、自治区、直辖市和新疆生产建设兵团、中央军委政治工作部以及中央人民政府驻香港联络办和中央人民政府驻澳门联络办等35个代表团，共带来43台剧目。其中，少数民族剧种由上一届的2个剧种2台剧目增加到了4个剧种5台剧目。

　　2. 为少数民族文艺人才成长创造条件

　　国家定期举办少数民族音乐、舞蹈、戏剧"孔雀奖"评比和少数民族题材的电影、电视、文学"骏马奖"评选。国家自1992年开始在少数民族聚居的广西、云南、西藏、新疆、内蒙古、黑龙江、吉林等省、自治区实施"全国万里边疆文化长廊建设"工程。几年来，各级政府投入大量资金，建成了一批公共文化基础设施，改善和丰富了当地的文化生活，受益的边疆各族人民群众达1000多万人。近十多年来，少数民族文化艺术团体不断扩大对外交流，日益活跃在国际舞台上，从中央到地方已先后有100多个少数民族艺术团体走向世界。①

　　3. 定期举办少数民族体育运动会

　　全国少数民族传统体育运动会（简称民族运动会），是在1953年举办的全国民族形式体育表演及竞赛大会的基础上发展而来的。改革开放之

————————————

① 《中国的少数民族政策及其实践》，《国务院公报》2000年3月。

后，自1982年起恢复举办，每4年一届，到2019年已经是第十一届全国少数民族传统运动会了。民族运动会以其民族性、广泛性和业余性等特色，已成为独具特色的全国性体育赛事，为发掘整理各民族民间传统体育、弘扬民族体育文化、促进各民族团结做出了积极贡献。

在民族运动会的影响下，目前，全国已有27个省、自治区、直辖市定期举办省级少数民族传统体育运动会。2005年，《国务院实施〈中华人民共和国民族区域自治法〉若干规定》中，把定期举办全国民族运动会以法规的形式固定下来。从第二届到第十一届的38年中，民族运动会逐步走向规范化和制度化，对促进民族地区体育活动普及，提高少数民族身体素质等方面，发挥了积极的作用。国务院印发的《"十三五"促进民族地区和人口较少民族发展规划》提出，要保护发展少数民族传统体育，加快培养少数民族传统体育人才，建立少数民族传统体育项目训练、示范基地，推动少数民族传统体育项目、体育赛事和全民健身融合发展，办好全国少数民族传统体育运动会。

第四节 民族区域自治制度稳步推进

一、少数民族干部培养

不论是在革命战争年代还是社会主义建设时期，中国共产党都非常重视少数民族干部的培养和任用。通过少数民族干部加强了党与各民族群众的联系，维护和保障少数民族的利益，保证了党的方针政策在各民族地区的顺利贯彻执行。

1. 少数民族干部培养的起步时期

新中国成立之初，全国少数民族干部数量很少，据统计，1950年全国约有少数民族干部1万人，[1] 很多民族地区只有少量的甚至没有少数民族干部。因此，加快培养少数民族干部就成为新中国民族工作的一项重要

---

[1] 毛公宁：《民族政策研究文丛》第三辑，民族出版社2004年版，第282页。

内容。

1949 年 11 月，毛泽东指出："要彻底解决民族问题，完全孤立民族反动派，没有大批少数民族出身的共产主义干部，是不可能的。"同年 12 月，毛泽东就西北民族工作做出指出："一切少数民族存在的地方的党委，都应办少数民族干部训练班或干部训练学校。"① 在上述精神指引下，国家民委经过较短时间的筹备，于 1950 年 2 月，在北京举办了藏民研究班，专门培养藏族干部。此后，不同形式的民族干部培训班和培训学校，在民族地区广泛兴办。为了把培养少数民族干部的工作引向深入，并加以规范，中央人民政府根据形势发展的需要，于 1950 年 11 月通过了《培养少数民族干部试行方案》，该《方案》的推出，标志着新中国的民族干部教育培养工作开始走上了正规化的轨道。同年，中央人民政府还颁布了《筹办中央民族学院试行方案》，提出了建立民族学院，重点培养少数民族干部的具体举措。与此同时，国家相继组建了中央、西北、西南民族大学和中央民族学院中南分院。此外，各地也举办了大批政治学校和政治训练班，培养普通政治干部和急需的专业技术干部，使民族干部队伍迅速发展起来。②

通过各方面的努力，全国少数民族的干部队伍，到 1954 年已发展到 14 万人，到 1956 年增加到 34 万人。③ 西藏在 1952 年底，全区仅有少数民族干部 216 人，占当时干部队伍总数的 7.7%，到 1959 年民主改革初期，全区少数民族干部达 5000 多人，占干部队伍总数的 30.85%；在云南，新中国成立时党培养的少数民族干部有 1600 多人。1952 年，全省少数民族干部增加到 7481 人，占全省干部总数的 9%；1956 年，达 2.7 万人，占全省干部总数的 17.3%。④

① 国家民委政研室：《中国共产党主要领导人论民族问题》，民族出版社 1994 年版，第 42 页。

② 金炳镐：《中国共产党民族政策发展史》，中央民族大学出版社 2006 年版，第 127 页。

③ 沈桂平：《少数民族干部教育问题研究》，民族出版社 2004 年版，第 95 页。

④ 沈桂平：《少数民族干部教育问题研究》，民族出版社 2004 年版，第 94—95 页。

2. 少数民族干部培养的波折与恢复发展

"文化大革命"期间，少数民族干部受到严重冲击，不仅数量减少，在任用方面也出现了许多问题。据统计，"文革"结束前后全国 5 个自治区全部，29 个自治州中的 17 个，69 个自治县（旗）中的 32 个革委会主任，都不是由少数民族干部担任①。同时，由于培养工作的中断，许多培训机构陷于瘫痪甚至被解散，也大大影响了少数民族干部队伍素质的提升。1978 年中央组织部和国家民委发布的《关于少数民族地区干部工作的几点意见》显示，当时少数民族干部文化水平比较低，有的自治州，少数民族干部中百分之八九十只有初小文化程度。有的自治州，文盲占 30%—40%，专业技术干部更是严重缺乏。

改革开放之后，在全国各项事业还处在恢复性发展阶段，国家就采取了多种措施培养和任用少数民族干部，以弥补民族干部培养在十年动乱期间所受的损失。中央在《关于少数民族地区干部工作的几点意见》中，将少数民族干部培养工作重新确定为民族工作的重要组成部分。1979 年中共中央批转中央统战部《关于地方民族主义分子摘帽问题的请示》提出，凡是在此前划为地方民族主义分子的，都应当全部摘掉帽子。1980 年中共中央转批的《西藏工作座谈会纪要》，1981 年印发的《云南民族工作汇报会纪要》，以及 1981 年中央书记处在讨论新疆工作、内蒙古自治区工作的纪要中都强调要加强少数民族干部的培养。

在党和国家的高度重视下，少数民族干部队伍迅速得以恢复和重建。到 1981 年底，全国 5 个自治区的人民政府和人大常委会主要负责人均由实行自治的民族干部担任；30 个自治州、72 个自治县（旗）中，除个别尚未召开人代会进行选举外，政权机关的主要负责人，均由实行自治的民族干部担任。这三年里，全国少数民族干部增加近 19 万人，总数已达 102 万人。

3. 新时期少数民族干部培养的成就

党的十一届三中全会以后，中国的少数民族干部培养迎来了一个辉煌

---

① 《中华人民共和国民族政策法规选编》，中国民航出版社 1997 年版，第 2 页。

的发展时期。

1987 年，中共中央、国务院批转的中央统战部、国家民族事务委员会《关于民族工作几个重要问题的报告》指出，要认真抓紧对各级少数民族干部培训工作，采取多种办法，提高他们的思想道德素质和科学文化素质。1993 年，中央组织部、中共中央统战部、国家民族事务委员会《关于进一步做好培养选拔少数民族干部工作的意见》对全面提高少数民族干部队伍政治业务素质提出了具体要求。[1]

此后，国家不断加大对少数民族干部的培养力度。一是根据民族工作以及社会发展的需要，通过各级各类院校培训学习，全面提高少数民族干部素质。二是注重实践锻炼，各地、各部门有计划地开展干部交流、岗位轮换，选派少数民族干部到中央国家机关和经济相对发达地区挂职锻炼，促进了少数民族地区经济社会的快速发展。三是在坚持德才兼备原则的前提下，同等条件优先选拔和使用少数民族干部，使少数民族干部在各级党委、政府、人大和政协等领导班子中占有适当比例。1992 年全国有少数民族干部 228.3 万人，1994 年增加到 282.4 万人，2008 年又增加到 291.5 万人，占当时干部总数的 7.4%，少数民族干部队伍规模已经非常稳定并持续增长[2]。

从 1990 年开始，中央统战部和中央组织部、国家民委每年组织一批少数民族地、县级领导干部到中央国家机关和经济相对发达地区挂职锻炼。从 1995 年起，这一工作开始加速发展，当年参加挂职锻炼的少数民族干部就有 165 名，2000 年达 392 人，2002 年 446 人，截至 2003 年底，通过挂职锻炼为民族地区共培养了 4205 名干部。2000 年 3 月 15 日，中央组织部、中央统战部和国家民委联合制定《2000—2009 年选派西部地区和其他少数民族地区干部到中央、国家机关和相对发达地区挂职锻炼工作规划》，计划在 10 年内为西部地区和其他少数民族地区培训 4000—5000

---

① 沈桂平：《少数民族干部教育问题研究》，民族出版社 2004 年版，第 112—113、118—120 页。

② 国家民委人事司：《建党 90 年来培养选拔少数民族干部工作的成就与经验研究》，《纪念中国共产党成立 90 周年党建研讨会论文选编》上册，2011 年 6 月。

名党政干部和科技、经济管理人才。党的十八大后，中央和地方进一步加大了干部交流、岗位轮换力度。在中央层面，共选派2100多名西部地区和其他少数民族地区市（厅）、县（处）级干部到中央国家机关、企业和发达地区挂职。各地也根据实际情况，采取挂职锻炼、交流任职等方式，选派少数民族干部到艰苦地区、复杂环境、关键岗位进行实践锻炼，提高少数民族干部解决实际问题和应对复杂局面的能力。截至2016年底，内蒙古盟市、旗县（市、区）党政正职中，少数民族干部分别为12人、92人。甘肃省从2011年开始，每年从甘南藏族自治州、临夏回族自治州选派20名左右少数民族县处级干部到省外挂职锻炼，2013年又扩大到5个民族自治县，并增加数量。2014年开展了少数民族县处级干部上下交流任职工作，从甘南州和临夏州县区党政领导班子成员、省直部门挑选少数民族干部进行双向交流任职。贵州黔东南苗族侗族自治州仅2017年就已选派1488名干部到杭州、成都、北京、深圳、漳州等省外经济发达地区挂职锻炼。其中，少数民族干部超过80%[1]。截至2019年，西部地区和其他少数民族地区干部参加挂职锻炼的人数已经突破1万人次。[2]

　　同时，中央党校也扩大了对西藏、新疆少数民族干部培养的规模，1994年以后，西藏班逐渐由60人增加到80人，1999年以后，中央党校新疆班由改革开放之初的每期60名增加为80名，并设两个班。全国36所重点大学和一般大专院校，以及政法学院和一些艺术院校、医学院校，也相继举办民族班，为各少数民族培养各类专业人才。与此同时，各民族自治地方还采取委托内地有关大专院校代培干部。[3] 1983年国家还成立了专门培养少数民族干部和民族工作干部的重要基地——中央少数民族管理干部学院，2003年更名为中央民族干部学院，每年培训各级各类少数民

　　① 《少数民族干部在历练中成长》，国家民族事务委员会网，http：//www.seac.gov.cn/seac/c100474/201710/1083757.shtml。

　　② 《211名西部地区和其他少数民族地区干部赴中央单位挂职锻炼》，新华网，http：//www.xinhuanet.com/politics/2019-03/26/c_1124284129.htm。

　　③ 沈桂平：《少数民族干部教育问题研究》，民族出版社2004年版，第112—113、118—120页。

族干部 3000 多人次。2005 年，中共中央、国务院颁发《关于进一步加强民族工作加快少数民族和民族地区经济社会发展的决定》，把加强少数民族干部队伍建设作为一个独立的部分，从培养、选拔、使用等各个环节上做出了全面部署，其中特别强调，要制定并实施少数民族干部培养规划，进一步完善少数民族干部选拔制度，注重在改革发展稳定的实践中考察和识别干部，把更多优秀少数民族干部特别是年轻干部选拔到各级领导岗位上来，充分信任，放手使用。截至 2005 年底，少数民族干部已经发展到 290 多万人，其中少数民族的国家公务员约有 70 万人，事业单位中有少数民族干部 160 多万人[1]。2012 年我国少数民族干部数量达到 299.4 万人，全国党政群机关县处级以上干部中少数民族干部 5 万人，比 2002 年增长了近两成[2]。为加强少数民族高层次骨干人才的培养，国家还制定了对培养少数民族高层次骨干人才特殊的政策，与各大学合作培养具有硕士甚至博士学位的少数民族骨干人才，到 2019 年，少数民族高学历骨干人才招生规模已经达到硕士生 4000 人、博士生 1000 人。[3]

　　各少数民族聚居地方也都结合本地区的实际情况，大力加强民族干部培养，并取得了重要成绩。2012 年 12 月统计数据显示，西藏党政干部人才队伍、专业技术人才队伍和企业经营管理人才中，藏族和其他少数民族 83446 人，占西藏全区干部总数的 70.53%。全西藏专业技术人才中，藏族和其他少数民族占 77.12%[4]。2013 年底，宁夏全区各级党政机关共有少数民族干部 1.14 万人，占干部总数的比例由 1981 年的 13.5% 提高到 27.3%。值得一提的是，不少少数民族干部在一些重要岗位和要害部门唱

---

①　中华人民共和国国家民族事务委员会：《第十讲 大力培养选拔少数民族干部》，http：//www. seac. gov. cn/seac/zcfg/200703/1071801. shtml。

②　刘亚丽：《新时期中国共产党少数民族干部政策研究（1978—2012）》，吉林大学，博士学位论文，2013 年。

③　参看中华人民共和国教育部网站《教育部办公厅关于下达 2019 年少数民族高层次骨干人才研究生招生计划的通知》，http：//www. moe. gov. cn/srcsite/A09/moe_ 763/201809/t20180930_ 350531. html。

④　黎华玲、郭雅茹：《少数民族干部占西藏干部总数超八成》，http：//news. xinhuanet. com/politics/2013-01/29/c_ 114545366. htm。

主角、挑大梁，成为民族地区的工作骨干。目前宁夏全区 33 个部门领导班子中，有 28 个配备了少数民族干部，其中 13 个是主要负责人。5 个地级市和 22 个市、县（区）中 21 个党委或政府主要负责人是回族干部。少数民族干部担任省级领导职务的有 10 人，担任厅级职务的达 213 人。① 2014 年，内蒙古自治区全区共有少数民族公务员 5.4 万人，占全区公务员总数的 32%。省部级、地厅级、县处级少数民族干部分别占同级干部的 39%、35% 和 30%；自治区和盟市管理的后备干部中少数民族干部分别占 38.08% 和 37.48%。自治区党委、51 个工作部门领导班子中配备少数民族干部的有 47 个，12 个盟市党委、政府、人大、政协及法检两院班子中，绝大部分都配备了少数民族干部。2013 年自治区人大、政协换届时，自治区十二届人大 544 名代表中，有少数民族代表 209 名，占代表总数的 38.4%；自治区十一届政协 520 名委员中，有少数民族委员 191 名，占委员总数的 36.7%②。2014 年，广西全区有少数民族干部 41 万人，占全区干部 36.2%，比自治区成立时提高了 13 个百分点，2010—2013 年全区新录用公务员中少数民族分别为 2264 人、2623 人、4407 人、3764 人，分别占年度录用总人数的 46%、46.5%、46.3%、46.5%，均高于全区少数民族人口占总人口 37.94% 的比例。截至 2012 年底，新疆全区干部总数 76.88 万人，其中少数民族干部 39.4 万人，占全区干部总数的 51.25%。省级少数民族干部 32 人，占省级干部总数的 59.26%；地厅级少数民族干部 471 人，占地厅级干部总数的 34.06%；县处级少数民族干部 4110 人，占县处级干部总数的 27.13%。③ 2016 年，新疆全区少数民族公务员已达 91076 人，占干部总数的 40.24%。④ 截至 2012 年 3 月，云南省公务员中，

---

① 张亮：《宁夏多渠道培养少数民族干部》，http://news.xinhuanet.com/ttgg/2014-09/27/c_1112650618.htm.

② 李国萍：《内蒙古少数民族公务员达到 5.4 万人占总数的 32%》，《北方新报》2014 年 12 月 12 日，第 3 版。

③ 新疆维吾尔自治区党建研究会：《新疆培养选拔女干部、少数民族干部、非中共党员干部的做法和经验启示》，内部资料。

④ 中华人民共和国国家民族事务委员会：《新疆人权事业的发展进步》，http://www.seac.gov.cn/seac/xwzx/201706/1010507.shtml.

少数民族干部约 10 万名，占 32.1%；厅级干部中少数民族干部占 31.3%；县处级干部中少数民族干部占 29.4%，其中县（区、市）党政主要领导中，少数民族干部占 45.1%。在省级正厅级机关事业单位 117 个领导班子中，配备少数民族干部的班子 86 个，占 73%；在 16 个州市党委、人大、政府、政协班子中，配备少数民族干部的占 89%。在民族自治地方的各级领导班子中，基本形成了以少数民族为主的干部结构。[①] 截至 2016 年底，云南省少数民族干部占全省干部总数的 33.68%。其中，厅局级干部中少数民族干部占 32.62%；省级机关领导班子中，配备少数民族干部的班子占 83.33%；全省 16 个州市党政班子中，党委班子和政府班子均全部配备了少数民族干部。内蒙古自治区少数民族干部约占全区干部总数的 33%，高于少数民族人口占全区总人口的比例，自治区省部级、地厅级、县处级少数民族干部分别占同级干部总数的 41.67%、33.72%、30%。[②]

中央和地方的共同努力，使少数民族干部队伍不断壮大，国务院新闻办公室 2019 年 9 月发表的《新中国人权事业发展 70 年》白皮书显示，55 个少数民族均有本民族的全国人大代表和全国政协委员，十三届全国人大代表中，少数民族代表 438 名，占 14.7%；近年来，全国公务员考试录用少数民族考生的比例保持在 13%以上，远高于少数民族人口占全国人口 8.49%的比例；155 个民族自治地方的人民代表大会常务委员会中，均有实行区域自治民族的公民担任主任或者副主任；民族自治地方政府的主席、州长、县长或旗长，均由实行区域自治民族的公民担任。

二、民族自治地方政权建设

1. 新中国成立初期民族自治地方政权建设的开展与成就

民族自治地方政权建设，是实现民族区域自治，维护少数民族权益的

---

① 伍晓阳：《云南：少数民族干部培养选拔取得显著成效》，http://www.yn.xinhuanet.com/gov/2012-07/11/c_131708212.htm。

② 中华人民共和国国家民族事务委员会：《少数民族干部在历练中成长》，http://www.seac.gov.cn/seac/c100474/201710/1083757.shtml。

实体性保障。1949年9月颁布实施的《中国人民政治协商会议共同纲领》，提出了"各少数民族聚居的地区，应实行民族的区域自治，按照民族聚居的人口多少和区域大小，分别建立各种民族自治机关"。这一规定，为新中国成立初期民族自治地方政权建设提供了宪法性文件的依据。

1952年8月9日，政务院颁布了第一部关于民族区域自治的专门性法律文件《中华人民共和国民族区域自治实施纲要》，对各民族自治区的自治机关权力、自治机关建立的原则、人员组成和隶属关系做了详细的规定，以具体指导民族自治地方政权的建置，此后不少民族地区陆续建立自治机关。到1952年10月，全国已建立民族自治区（新中国成立初期所建立的民族自治地方，全部都称为自治区，1954年宪法制定之后才在名称上有所调整）130多个，民族民主联合政府共有200多个。① 在少数民族聚居的地区，民族民主联合政府实际上是民族区域自治机关的过渡形式。不少少数民族聚居的地区，在民主联合政府的基础上，建立起自治机关，实现了民族区域自治。②

1954年《中华人民共和国宪法》颁布实施，这是新中国第一部宪法。该宪法以国家最高法律的形式，进一步明确了民族区域自治制度是中国的重要政治制度。并且对自治地方的层级、名称进行了规范，对中国少数民族自治地方的自治机关建设、自治机关的职责权限、代表构成等做了规定。1954年《宪法》的颁布，为中国民族自治地方政权的建立奠定了法律基础，使民族自治地方政权建设具有了宪法保障。截至1955年底，全国共建立民族自治地方57个，其中自治区2个，自治州19个，自治县（旗）36个，这些自治地方都按照宪法和法律的要求建立了自治机关。

2. 改革开放初期民族自治地方政权建设的恢复

"文化大革命"前中国已建立民族自治地方94个，其中5个自治区，28个自治州，61个自治县（旗），从"文革"开始到1979年前的13年

---

① 《全国少数民族地区三年来政权建设工作的巨大成就》，《人民日报》1952年10月17日。
② 金炳镐：《中国共产党民族政策发展史》，中央民族大学出版社2006年版，第120—121页。

间，再没有建立任何新的自治地方。在"文化大革命"期间，民族区域自治制度遭到了严重的破坏，在造反派的冲击下，许多民族自治机关陷于瘫痪，民族区域自治制度名存实亡。

党的十一届三中全会后，党中央及时进行了拨乱反正工作，《关于建国以来党的若干历史问题的决议》指出："在民族问题上，过去，特别在'文化大革命'中，我们犯过把阶级斗争扩大化的严重错误，伤害了许多少数民族干部和群众。在工作中，对少数民族自治权利尊重不够。这个教训一定要认真吸取。"①

1979 年 7 月 1 日，党中央、国务院决定恢复内蒙古自治区 1969 年 7 月前的行政区划，将当时属辽宁省的昭乌达盟（今赤峰市），吉林省的哲里木盟（今通辽市）和科尔沁右翼前旗、突泉县，黑龙江省的呼伦贝尔盟（今呼伦贝尔市）和鄂伦春自治旗、莫力达瓦达斡尔族自治旗，甘肃省的额济纳旗、阿拉善右旗，宁夏回族自治区的阿拉善左旗重新划归内蒙古自治区。同年 9 月，中央决定伊犁哈萨克自治州党政机关迁回伊宁办公，其代管的博尔塔拉蒙古自治州改由新疆维吾尔自治区直接领导。此外，鉴于 20 世纪 50 年代曾经存在的民族乡对保障散杂居少数民族成员和未实行区域自治的少数民族成员的权益所产生的积极影响，国务院于 1983 年 12 月 29 日发出了《关于建立民族乡问题的通知》，决定重新恢复民族乡建置，并就恢复和新建民族乡的条件、名称、职责、机构设置、人员配备以及语言文字使用等问题做了具体的规定。通过一系列具体举措，比较彻底地解决了民族自治地方的历史遗留问题，并为实现民族自治地方工作重心的顺利转移奠定了基础。

经过民族工作的拨乱反正和新的法律、法规的出台，使得民族区域自治制度重新确立，因"文革"而遭受影响的民族自治地方政权建设工作得到了恢复调整。中国不仅恢复了原来被取消或被合并的民族自治地方，而且新建了一批民族自治地方。从 1979 年到 1983 年底，全国共新建民族

---

① 中共中央：《关于建国以来党的若干历史问题的决议》，载《人民日报》1981 年 7 月 1 日，第 1 版。

自治地方 10 个，其中自治州 2 个，自治县 8 个。

3. 新时期民族自治地方政权建设内容的转变

从拨乱反正工作完成之后，中央持续不断地加大对民族自治地方政权建设的支持力度，为了更好地落实民族区域自治，保障民族自治地方的自治地位和权益，相继采取了多项具体措施。

这一时期，新的民族自治地方仍然在不断建立，既有的民族自治地方也依照现实需要做了不少调整：1985 年，批准成立伊犁地区，明确了伊犁哈萨克自治州下辖伊犁、塔城、阿勒泰地区和奎屯市"三地一市"的体制。1989 年 10 月，七届全国人大常委会第十次会议做出决定，伊犁自治州机构设置、领导干部配备及其待遇要有别于全国其他自治州。随着民族区域自治地位和作用不断巩固，中国民族自治地方的建立也取得了很大的进展。2003 年 10 月 25 日，四川省北川羌族自治县成立，成为迄今中国最年轻的民族自治地方。从 1984 年到 2003 年底，全国新建立民族自治地方 51 个，全部为自治县。[①] 截至目前，全国共建立了 155 个民族自治地方，包括 5 个自治区、30 个自治州、120 个自治县（旗）。另外，作为民族区域自治的重要补充形式，还建立了 1000 多个民族乡。中国 155 个民族自治地方的人民代表大会常务委员会中都由实行区域自治的民族公民担任主任或者副主任，自治区主席、自治州州长、自治县县长全部由实行区域自治的少数民族公民担任。[②] 在 55 个少数民族中，有 44 个建立了自治地方，超过 70% 的少数民族实行了区域自治，民族自治地方的面积占全国国土总面积的 64% 左右，实行民族区域自治的少数民族人口占民族自治地方总人口的 77%，民族自治地方人口占全国总人口的 14%。11 个人口较少且居住分散，不适合建立民族自治地方的少数民族，有 9 个建立了民族乡。至此，中国适合建立民族自治地方的少数民族聚居区基本上都建立了民族自治地方，中国建立民族自治地方的任务基本完成。[③]

---

① 数据来源《中国民族区域自治白皮书》，《国务院公报》2005 年 11 月，第 37—47 页。

② 《中国的民族区域自治》白皮书。

③ 参看国家民委：《在中国特色社会主义道路上共同团结奋斗共同繁荣发展 改革开放 30 年民族工作成就》，民族出版社 2008 年版，第 25 页。

　　然而，这一时期相比新的民族自治地方政权的建立而言，更具有深远意义的是民族自治地方政权建设的内涵不断得到充实，各级民族自治地方政权能力得到了明显的提升。在这一阶段，国家从多个方面提供支持，帮助民族自治地方政权提升治理本地方、本民族事务的能力：

　　（1）在《民族区域自治法》框架下不断完善民族法制体系。《民族区域自治法》是实施民族区域自治制度的主要法律依据，是地位仅次于宪法的国家基本法律。《民族区域自治法》出台之后，为了确保该法得到有效的执行，国家修订了大批既有法律，而新制定的法律法规中涉及民族地方或少数民族事务的，往往也都会依据《民族区域自治法》的有关规定做特别的规范。同时，国务院和中央各部委，纷纷出台了实施《民族区域自治法》的配套法规或规章，以规范涉及民族事务的管理活动。在中央的引导和带动下，各民族自治地方也出台了大量自治条例、单行条例和对有关法律的变通规定。

　　（2）进一步提升少数民族干部队伍素质。新的历史时期，中央继续加大对少数民族干部队伍的培养工作的支持力度，采用了更多的培养方式，进一步充实了民族干部培养的内容，使民族干部队伍在质和量方面都不断跃上新的台阶，从而使各民族自治地方政权机关治理能力得到根本性提升。

　　（3）加大对民族自治地方发展的支持。中国绝大多数民族自治地方发展的过程中，长期处于落后的地位。改革开放之后，由于国家实行了先富带后富，优先发展沿海地区的策略，使得西部少数民族地区与东部地区本来就存在的发展差距有进一步拉大趋势。为了扭转这一局面，尽快提升少数民族地区的经济发展水平和人民生活水平，国家采取了许多措施扶持民族地区的发展。从 2003 年之后，有多个民族自治地方的经济发展速度已经超过全国平均水平。随着民族自治地方发展水平的提升，民族自治地方政府的行政能力也相应不断提升。

三、散杂居少数民族权利保护

　　散杂居少数民族，是指居住在民族自治地方以外的少数民族和居住在自治地方以内但不实行自治的少数民族。目前，中国杂散居少数民族人口约 3000 多万人，占全国少数民族总人数的四分之一。他们分布于全国 31 个省、自治区、直辖市的 98% 以上的县市（港澳台未在统计之列）。面对中国散杂居少数民族人口众多、分布广泛这一现状，党和国家一直高度重视散杂居少数民族权利的保护工作，将其列为民族事业发展的重点工程。

1. 新中国成立初期散杂居少数民族权利保护

保障散杂居少数民族的平等权利，是新中国成立后党和国家民族工作的一个重要组成部分。新中国成立初期，为了保护散杂居少数民族的权益，在《中国人民政治协商会议共同纲领》和 1954 年《宪法》的有关的原则和规定的基础上，开始制定有关散杂居少数民族权利保护的政策和法规。

1951 年 5 月 16 日，政务院制定颁布了《关于处理带有歧视或侮辱少数民族性质的称谓、地名、碑碣、匾联的指示》，切实维护各少数民族的民族尊严和民族权利，以增进各民族之间的融合、团结。1952 年 2 月 22 日政务院第一百二十五次政务会议通过了《中央人民政府政务院关于地方民族民主联合政府实施办法的决定》，指出在少数民族散杂居地区，均可建立民族民主联合政府，同时还明确了少数民族在这类政权会议代表和政府委员的名额，保障散杂居少数民族在参与地方政权管理方面的平等权利。在这次会议上还通过了《中央人民政府政务院关于保障一切散居少数民族成分享有民族平等权利的决定》，这一决定适用范围广泛，涵盖了一切没有实行民族区域自治的少数民族。[①] 决定对于散居少数民族成分的人民所享有的政治权利、保持民族风俗习惯及信仰自由的权利、职业权利、使用本民族文字及其他权利做出了概括性的规定。

为了保障散居少数民族享有的参政权，1953 年的《中华人民共和国全国人民代表大会及地方各级人民代表大会选举法》第 30 条规定："一切散居的少数民族成分，均参与各级人民代表大会代表的选举，应选代表

---

① 金炳镐：《中国共产党民族政策发展史》，中央民族大学出版社 2006 年版，第 125—126 页。

名额以人口比例为基础，其每一代表所代表的人口数，得少于当地人民代表大会每一代表所代表的人口数，但一般不得少于二分之一。"①

　　为了适应中国少数民族大量杂居、散居于各地特点，保障散杂居少数民族当家做主的平等权利，在 20 世纪 50 年代，中国就开始了在少数民族散杂居地方建立民族乡的工作。1954 年颁布的《中华人民共和国宪法》规定，对于有些少数民族聚居地区，因地域太小、人口太少，不宜建立自治地方和设立自治机关的，可以通过在这些地区设立民族乡的办法，使这些地区的少数民族也能行使当家做主的权利。1955 年 12 月，国务院先后发出《关于建立民族乡若干问题的指示》等文件，开始了建立民族乡的工作。到 1958 年，全国共建有民族乡 1300 多个。

　　20 世纪五六十年代，国家有关部门还制定了一些专门的政策，包括尊重散居民族的风俗习惯，帮助和促进包括散居民族在内的贸易、教育、卫生等政策。如 1952 年 7 月，中央人民政府政务院发布了《关于劳动就业问题的决定》，规定一切杂居、散居少数民族的平等就业权利，并强调根据他们的民族特点在就业上要予以适当照顾；1952 年商业部制定的《关于对回民小商贩安排及食品供应工作中注意民族习惯的指示》，1955 年的《关于牛羊肉经营中有关回民风俗习惯的几点注意事项的指示》等对散杂居少数民族经商过程中可能出现的一些情况做了规范。②

　　这一系列法律法规的出台和许多具体的方针政策的配合，使杂居、散居少数民族的平等权利得到了保障，生活状态有了一定的改善，而这对于促进民族平等，加强民族团结起到了非常重要的作用。

　　2. 改革开放初期散杂居少数民族权利保护工作的恢复

　　在 1958 年开始的大跃进、人民公社化的过程中，由于推行政社合一，全国各地的民族乡除了个别保留了民族人民公社的名称外，基本都被取消。"文革"期间，散杂居少数民族的权益保护工作更是受到了严重的冲

---

　　① 《中华人民共和国全国人民代表大会及地方各级人民代表大会选举法》1953 年 2 月 11 日，《民族政策汇编》第二编，人民出版社 1958 年版，第 9 页。
　　② 郎维伟、王允武：《中国民族政策与少数民族人权保护》，四川人民出版社 2006 年版，第 233 页。

击。为了切实维护散杂居少数民族的合法权利，1979年10月12日，中共中央、国务院批转了国家民委党组《关于做好杂居、散居少数民族工作的报告》，强调指出解决散居少数民族问题必须做好以下几个方面的工作：一是切实保障他们的平等权利；二是积极帮助他们发展经济文化；三是认真尊重他们的风俗习惯；四是贯彻执行宗教信仰自由政策；五是加强党的领导，恢复与健全各级民族工作机构。[①]

1975年《宪法》曾取消了有关民族乡的规定，使散杂居少数民族事务的管理实质上中断。1982年12月4日第五届全国人民代表大会第五次会议通过的新《宪法》重新规定了民族乡建置。1983年12月29日，国务院发布《关于建立民族乡问题的通知》。除此之外，国务院及各部委还制定了一些专门性的法规政策，以加强对散杂居少数民族权益的保护，如1978年7月15日财政部、国家民委、国家劳动总局制定的《关于妥善解决回族等职工的伙食问题的通知》，1979年2月10日民政部、国家民委发布的《关于不强迫回族实行火葬问题的通知》等。[②]

这一时期，由于党和国家高度重视民族工作的恢复和调整，从而使"文革"结束后的散杂居少数民族权利工作得到了很好的恢复和调整，并在一些方面取得了突破和创新，不仅很好地保护了散杂居少数民族权利，而且也为后来的散杂居少数民族权利保护工作奠定了基础。

3. 新时期散杂居少数民族权利保护工作的推进

1984年《民族区域自治法》颁布以来，中国少数民族工作进入了新的历史时期，散居少数民族权利保护工作也有了新的进展。

1987年4月17日，中共中央、国务院批转的中央统战部、国家民委《关于民族工作几个重要问题的报告》中专门把做好散居少数民族工作列为一个重要问题来研究，并首次将城市民族工作作为散居民族工作的一部分提了出来。为了使城市民族工作走上法制化，1993年国务院发布了中

---

① 参见郎维伟、工允武：《中国民族政策与少数民族人权保护》，四川人民出版社2006年版，第233—234页。

② 参见郎维伟、王允武：《中国民族政策与少数民族人权保护》，四川人民出版社2006年版，第241页。

国第一个城市散居少数民族工作的行政法规，即《城市民族工作条例》。该条例把加强城市民族工作，保障城市少数民族的合法权益，促进适应城市少数民族需要的经济、文化事业的发展作为立法宗旨，明确了城市人民政府及其相关部门应该履行的职责，也规定了少数民族享有的权利和应履行的义务。① 之后，许多地方政府也都出台了相应的地方法规，少数民族群众的权益得到了有效保障。

在维护散居民族权益的各项工作中，国家完善、制定有关对民族乡法制建设的法律、条例是一项重要的内容。1993 年，经国务院批准的《民族乡行政工作条例》颁布实行。民族乡恢复新建工作快速展开，到 1987 年全国就建立了 1500 多个民族乡（镇、区）。后来，由于一些地区基层行政体制变动，如云南、贵州等省撤小乡，合并建大乡，使民族乡的数量有一些减少。截至 2016 年，中国有 1026 个民族乡镇，民族乡镇少数民族人口在 917.87 万人，约占全国散杂居少数民族人口的 1/3。全国未实行区域自治的 11 个少数民族已有 9 个建立了民族乡。民族乡人民政府已成为中国基层政权的重要组成部分，民族乡对于保障农村散居少数民族管理自己内部事务的权利发挥了重要作用。②

除此之外，中国在宪法、刑法、选举法以及有关法律、法规、规章中均对散杂居少数民族权益保护做出了相应规定，内容涉及散居少数民族的政治权利、宗教信仰自由权利、语言文字权利以及发展经济、文化、教育等权利，充分体现了国家对少数民族权益保护工作的重视。③

实际上，国家立法机关在 1991 年 3 月 8 日就已拟定了《中华人民共和国散居少数民族权益保障法》草案。该草案主要是规范各级国家机关对保障散居少数民族权益的行为，明确规定它们必须承担的这方面的责任和义务。对散杂居少数民族除了比较综合、全面的政策文件和法规外，国务

---

① 参见郎维伟、王允武：《中国民族政策与少数民族人权保护》，四川人民出版社 2006 年版，第 235—245 页。

② 《设立民族乡，保障散杂居少数民族权益》，《中国民族报》2008 年 8 月 1 日，第 2 版。

③ 张剑源：《散居少数民族权益保护立法概述》，载《云南法制报》2007 年 8 月 29 日，第 3 版。

院及各部委还制定了一些专门性的法规政策，以加强对少数民族散杂居少数民族权益的保护，如 1989 年 3 月 16 日国家民委办公厅制定《关于民航飞机供应清真食品的通知》，1989 年 5 月 13 日交通部运输管理司制定《关于做好对信奉伊斯兰教各个少数民族旅客伙食供应的通知》，2003 年 8 月 21 日国家民委办公厅制定《关于加强清真饮食管理防止继续发生不尊重少数民族风俗习惯问题的通知》等。

全国各省、自治区、直辖市对所在地区散杂居少数民族的权益保障也制定了相关的政策法规，到目前为止，湖北、河北、湖南、江苏、黑龙江、山东、广东、上海等省、直辖市均已发布了具体的关于保障本地区散杂居少数民族权益的工作条例和规定。云南省也先后颁布了《云南省民族乡工作条例》《云南省城市民族工作条例》，1991 年 11 月 26 日四川省人民政府颁布的《四川省民族乡工作暂行规定》，1991 年 6 月 8 日河北省颁布的《河北省散居少数民族权益保障条例》，2005 年 10 月 1 日辽宁省颁布施行的《辽宁省散居少数民族权益保障条例》等等，对少数民族，特别是散居少数民族的权益保障做出了具体规定。①

四、民族法制体系建设

民族法制建设，是实施民族区域自治制度和维护少数民族权益的重要保障。中国的民族立法从新中国成立之初就开始了，经过 70 多年的发展，目前已经基本形成了内容比较全面、结构相对完整的民族法律体系。

1. 民族法制建设的起步阶段

新中国成立前夕召开的中国人民政治协商会议，制定了具有新中国临时宪法性质的《中国人民政治协商会议共同纲领》，在《共同纲领》的总纲中，对于中国实行平等的民族政策做出了规定。第六章则是专门阐述中国的民族政策，对于民族平等原则、民族区域自治和少数民族享有的权益做出了概括性的规定。这是新中国第一部涉及民族事务的法律文件。

---

① 参见郎维伟、王允武：《中国民族政策与少数民族人权保护》，四川人民出版社 2006 年版，第 241—245 页。

1952 年 8 月 9 日政务院颁布了《中华人民共和国民族区域自治实施纲要》,《实施纲要》全文共 7 章 40 条,对自治区的建立(当时所有民族自治地方统称自治区)、自治机关、自治权利、自治区内的民族关系、上级人民政府的领导原则等内容进行了规范。这一法规,是对《共同纲领》中关于民族问题原则规定的具体落实。

1954 年 9 月 20 日,第一届全国人民代表大会第一次会议通过了《中华人民共和国宪法》,这是新中国的第一部宪法。《宪法》的总纲第三条对于中国的民族问题和民族政策做了总括性的规定。《宪法》还明确规定了民族自治地方分为自治区、自治州、自治县三级,以民族乡作为民族区域自治的重要补充形式。《宪法》在关于民族自治地方的自治机关一节,对中国少数民族自治地方的自治机关建设、自治机关的职责权限、代表构成等做了比较详细的规定。

20 世纪 50 年代,中央政府还制定了 3 项重要行政法规,即 1950 年 11 月 24 日的《培养少数民族干部试行方案》、1952 年 8 月 23 日发布的《政务院关于保障一切散居的少数民族成分享有民族平等权利的决定》和 1956 年 3 月 10 日《国务院关于各少数民族创立和改革文字方案的批准程序和实验推行分工的通知》①。一些民族自治地方的自治机关也依法制定了数量可观的自治条例和单行条例,具体指导本地方的民族区域自治工作。据统计,1955 年到 1966 年的 11 年间,当时全国 98 个民族自治地方的自治机关,共制定过有关政权组织、生产管理、税务管理、社会治安、土地改革、阶级划分等 48 个单行条例。②

这一时期,是中国民族法制体系建设的起步发展阶段,民族法律从无到有,从国家最高法律的《宪法》到民族自治地方的单行条例,初步构建起了中国的民族法制体系。

2. 民族法制体系的恢复与发展

经过"反右"扩大化的冲击和"文化大革命"的浩劫,民族法制建

---

① 参见甘重斗:《中国法律年鉴:1987》,法律出版社 1987 年版,第 409、418 页。
② 参见甘重斗:《中国法律年鉴:1987》,法律出版社 1987 年版,第 7 页。

设遭到了严重的破坏，无论是中央政府还是自治地方在法制体系建设上处于停滞状态，很多有关民族事务的法律被随意修改或被废置不用，其中影响最大的是 1975 年《宪法》的颁布。1975 年《宪法》在关于民族事务的条文上进行了很大的修改，与 1954 年《宪法》相比，在形式上过于简单粗糙，在内容上对于少数民族享有的各项权益的维护不够充分全面，甚至将 1954 年《宪法》所赋予的少数民族享有的一些重要权益忽略，对民族区域自治制度造成了严重破坏。

"文革"结束后，中华人民共和国第五届全国人民代表大会第一次会议通过了 1978 年《宪法》。这部《宪法》在涉及少数民族事务的条文上与 1975 年《宪法》相比有了一定的改进，但与 1954 年《宪法》相比仍有一定的差距，其中一些"文革"时期极"左"思想的遗留，使民族工作的开展受到了很大的限制。

1982 年，全国人大再次修订《宪法》，这部《宪法》不仅恢复了 1954 年宪法关于民族区域自治的一些重要原则，而且增加了一些具有时代精神的新内容。这部《宪法》规定，民族自治地方的人民代表大会常务委员会中应当有实行区域自治民族的公民担任主任或副主任；自治区主席、自治州州长、自治县县长由实行区域自治的民族公民担任；国家从财政、物资、技术等方面帮助各少数民族加速发展经济建设和文化建设事业，大量培养少数干部、各种专业人才和技术工人。新宪法对于民族自治地方自治机关的自治权利，从经济建设、财政、教育、科学、文化、卫生、体育、使用民族语言文字等方面做了明确的规定；重申了民族自治地方的人民代表大会有权依照当地的政治、经济和文化特点，制定自治条例和单行条例；并特别规定民族自治地方的自治机关有权根据本地方的实际情况，贯彻执行国家的法律和政策。新宪法关于民族自治地方行政地位、自治权等做出的明确规定，充分体现了国家尊重和保障各少数民族自主管理本民族内部事务的权利，为恢复民族区域自治制度的重要地位和作用，奠定了坚实的法律基础。①

　　这一时期，民族法制建设的主要工作就是恢复在"反右"扩大化和"文化大革命"中受到破坏的民族法制，主要是对于 1975 年《宪法》的废置以及新《宪法》颁布和修订。经过这一时期的努力，基本上把民族法制建设调整到正轨上来，为民族法制建设奠定了基础。

　　3. 民族法制体系建设加速发展阶段

　　(1)《中华人民共和国民族区域自治法》颁布实施

　　1984 年 5 月 31 日，第六届全国人民代表大会第二次会议通过了《中华人民共和国民族区域自治法》，这是新中国成立以来第一部关于民族区域自治的专门法律，它以基本法的形式把民族区域自治政策固定下来，是民族区域自治制度建设和法制建设的重大成就，是民族区域自治制度进一步完善的重要成果，标志着中国民族法制建设走上了新的发展阶段。②《民族区域自治法》是具体指导民族区域自治制度运行的国家基本法，是民族区域自治制度作为一项国家基本制度的最重要法律依据，也是民族区域自治制度实施的重要准则。《民族区域自治法》的出台，是在改革开放已经进行了数年之后的成果。这部法律，对民族区域自治制度的定义，实行民族区域自治制度的意义进行了权威阐述，并且具体规定了民族区域自治制度的目标、自治机关的主要任务、自治机关的组织原则、自治机关的自治权、上级政权机关对民族自治地方的应承担的职责等。2001 年随着市场经济体制在中国基本建立，国家又及时地修正了《民族区域自治法》的内容，使民族区域自治制度能够与市场经济体制相融合。

　　(2)《宪法》对民族区域自治制度的规定内容更加具体和全面

　　1982 年《宪法》颁布实施后进行了多次的修改，历次宪法修正案，都对民族区域自治制度有非常全面而具体的规定，从而确保了民族区域自治制度的高度严肃性，确保了民族区域自治制度作为一项国家基本制度的

<hr />

　　① 参看国家民委：《在中国特色社会主义道路上共同团结奋斗共同繁荣发展 改革开放 30 年民族工作成就》，民族出版社 2008 年版，第 19 页。
　　② 参看国家民委：《在中国特色社会主义道路上共同团结奋斗共同繁荣发展 改革开放 30 年民族工作成就》，民族出版社 2008 年版，第 20 页。

崇高地位。现行宪法在序言中明确规定中国是全国各族人民共同缔造的统一的多民族国家，并且确认中国的民族关系是平等、团结、互助的社会主义民族关系，明确反对大民族主义，同时将促进全国各民族的共同繁荣确定为民族工作的根本任务。在总纲中则规定国家保障各少数民族的合法的权利和利益，维护和发展各民族的平等、团结、互助关系，帮助各少数民族地区加速经济和文化的发展，以及在各少数民族聚居的地方实行区域自治，设立自治机关，行使自治权。同时，宪法更是用一节11个条文具体规定了民族自治机关的组织原则及自治机关享有的自治权。

（3）《民族乡工作条例》和《城市民族工作条例》

为了更加全面保障少数民族的自治权利，在《民族区域自治法》出台并成功实施近十年之后，经国务院批准于1993年8月29日出台了专门保护散杂居少数民族权利的两项法规《民族乡工作条例》和《城市民族工作条例》，这两部条例分别针对农村和城市的散杂居少数民族，从政治、经济、文化和生活等方面对散杂居少数民族的权利和利益进行了保护性规定。

（4）国务院出台了《实施〈中华人民共和国民族区域自治法〉若干规定》

《民族区域自治法》公布施行后，制定贯彻实施的行政法规和具体办法，便成为一项重要而又紧迫的任务。2005年5月11日，国务院常务会议审议并原则通过了《国务院实施〈中华人民共和国民族区域自治法〉若干规定（草案）》。5月19日，国务院颁布了《实施〈中华人民共和国民族区域自治法〉若干规定》（以下简称《若干规定》），自同年5月31日起开始施行。《若干规定》共35条，明确规定了上级人民政府在基础设施建设、西部大开发、资源开发利用、生态环境保护、财政支持、对外贸易、边境地区建设、人口较少民族发展、扶贫开发、非公有制经济、对口支援等方面促进民族自治地方经济发展的职责和义务；明确规定了上级人民政府在帮助和促进民族自治地方教育、科技、医疗卫生、体育事业、少数民族优秀传统文化等社会事业以及培养少数民族干部和各类人才等方面的职责和义务；并对违法责任和监督机制做了明确规定。《若干规定》是国务院第一个贯彻实施自治法的行政法规，是坚持和完善民族区域自治制度又一具有里程碑意义的重要法规，是中国民族法制建设的重大成果。《若干规定》的颁布实施，对于加快少数民族和民族地区经济社会发展，全面建设小康社会，对于巩固各民族大团结、构建社会主义和谐社会，具有重大的现实意义和深远的历史意义。①

（5）其他配套性的行政法规、部门规章、地方法规、自治条例和单行条例相继出台

国务院除了已出台的《国务院实施〈中华人民共和国区域自治法〉若干规定》外，编制了从"十一五"到"十三五"多个《少数民族事业规划》《促进民族地区和人口较少民族发展规划》《兴边富民行动规划》等专项规划。截至 2015 年底，共有 115 件法律、47 件行政法规涉及民族问题规定。国务院各部委出台了包括《中国公民民族成份登记管理办法》等数十件涉及少数民族事务的规范性文件。民族自治地方共制定和修改自治条例 262 件，现行有效的 139 件；制定单行条例 912 件，现行有效的 698 件。目前，全国有 15 个省市制定了实施民族区域自治法的地方性法规或政府规章，15 个省市制定了民族工作条例（办法、若干规定、散居少数民族工作条例），16 个省市制定了（散居）少数民族权益保障条例②。

民族法制体系，特别是民族自治地方法规的丰富和完善，有力地保障了少数民族的平等权利和合法权益，保障了民族区域自治这一基本政治制度的推行，促进了少数民族地区经济和各项社会事业的快速发展。对增进民族团结，巩固和发展平等、团结、互助的社会主义新型民族关系，对维护国家统一和保持社会稳定，都发挥着重要作用。③

---

① 参看国家民委：《在中国特色社会主义道路上共同团结奋斗共同繁荣发展 改革开放 30 年民族工作成就》，民族出版社 2008 年版。

② 《中国民族法制建设 70 年：历程、成就与展望》，中国社会科学网，http：// www. cssn. cn/mzx/202001/t20200109_ 5073731_ 1. shtml？COLLCC＝866149874&。

③ 《中国民族信息年鉴（2005）》，民族出版社 2005 年版，第 685 页。

第三章 冲击与挑战

第一节 国际环境对中国民族关系的影响

当今世界，"全球化"与"民族主义"成为影响人类发展进程与发展方向的两大主要思潮和运动。人类社会正同时处于"全球化"与"民族主义"的双重历史进程之中。正如安东尼·D. 史密斯所指出的，一方面，"我们生活的星球上经济与社会之间的联系正在得到加强，以前独立的国家与民族也正在被一张复杂的跨国组织与规则的网络连接成为一个真正的国际共同体。在世界的每一个角落，族裔的过去正在更新，旧的文化正在肢解并在重新创造。全人类被困在自动化技术的车轮上，被大众传播的'森林'包围，一句话，我们的世界已经成为一体"，但是，另一方面，"我们正在目睹着被长期封存的族裔民族主义、宗教原教旨主义和群体对抗的复兴。每一个州要求自治和分离的族裔斗争、民族统一运动的战争以及发生在劳动力市场和社会设施上的爆炸性种族冲突大量增加。在全球化与超然存在的时代，我们发现自己陷入了政治认同与族裔分离的冲突大漩涡"。① "全球化"与"民族主义"，特别是"族裔民族主义"的思潮和运动分别从不同维度上对现存民族国家及其内部的民族关系发动了冲击，并提出了新的挑战，成为重新塑造民族国家及其民族关系的重要外部力量，民族国家与正在建构中的民族关系受到了"全球化"进程和"族裔民族主义"复兴的双重制约和影响。

---

① ［英］安东尼·D. 史密斯：《全球化时代的民族与民族主义》，中央编译出版社 2002 年版，第 1—2 页。

一、"全球化"及其对民族关系的影响

1."全球化"的含义

全球化是指社会生活和社会组织的活动空间日益跨越民族国家的界限和各种制度、文化障碍，人类在世界范围内进行自由而快速的流动、活动、交往和联系的客观历史进程和趋势。20 世纪 80 年代以来，特别是在后冷战时代，全球化在全世界范围内成为一种日益凸现的发展趋势，成为当前国际经济社会发展的一项基本特征。对于什么是"全球化"，不同领域的机构和学者有各自不同的解释。如国际货币基金组织给全球化下的定义是"全球化是指跨国商品服务交易及资本流动规模和形式的增加以及技术的广泛、迅速传播，使世界各国经济的相互依赖性加强"[1]；雅克·阿达则认为"全球化就是资本主义经济体系对世界的主宰和控制"[2]；赫尔姆和索伦沃把全球化看成是"跨越国界的经济、政治、社会、文化关系的增强"[3]；罗伯森则强调全球化是指"世界的缩小以及认为世界是一个整体的意识的增强"[4]。尽管人们对于全球化的理解尚存许多差异，关于全球化现象的定义，学术界也没有取得一致意见，从总体上来看，全球化是一种在经济纽带带动下，各个国家、民族在政治、文化、科技、军事、安全、意识形态、生活方式和价值观念等多方面相互影响、碰撞、制约和融合的过程。全球化最主要的动力是资本和物资流动的全球化，在此基础上又形成了科技、经济、政治、法治、管理、组织、文化、思想观念、人际交往、国际关系等多个领域全球化，它所带来的一个重要事实就是"经济关系、社会关系和文化传播在时间和空间上的超越，这就意味着国与国之间边界的削弱甚至消失"[5]。

---

① 转引自洪银兴、刘伟等主编：《政治经济学》，高等教育出版社 2002 年版，第 232 页。

② ［法］雅克·阿达：《经济全球化》，中央编译出版社 2000 年版，第 3—4 页。

③ ［澳］罗·霍尔顿：《全球化与民族国家》，世界知识出版社 2006 年版，第 11 页。

④ ［美］罗兰·罗伯森：《全球化：社会理论和社会文化》，上海人民出版社 2000 年版，第 11 页。

⑤ 杨伯溆：《全球化：起源、发展和影响》，人民出版社 2002 年版，第 4 页。

2. "全球化"的总体影响

全球化进程对当前世界产生的影响包括正反两面。全球化对世界发展的正面影响包括:一是促进全世界范围内发展模式创新和发展效率提升。全球化使生产、资源、人员、贸易、投资和金融等生产要素全球范围内得到优化配置,大大降低经济活动成本,提高了经济发展效率。目前,从世界大多数国家的情况可以看出,一国经济开放度与经济成长能力之间具有明显的正向关系。二是密切了国与国、民族与民族之间的关系,促进国际利益融合。全球化使国家、民族间经济相互依赖不断深化,许多国家和民族实际上都被共同利益捆绑在一起,相互依赖、相互融合。而这又极大地改善了国家间、民族间关系,促进了跨区域、跨族群合作,从而缓和了过去历史上形成了国家间、民族间矛盾。三是推动了全球性问题的治理。在全球化不断深入的现代社会,人们所关注的问题已经不再局限于传统的基于一国范围之内的问题,而是更加关注一些具有全球性影响的重大问题的治理,如恐怖主义、经济安全、环境恶化、气候变暖、疫病蔓延、移民浪潮和跨国犯罪等问题,受到了各个国家和各地区人民的关注,针对这些问题开展的国际合作也不断增加,这进一步缓和了国际间的矛盾和冲突,推动了国际社会一体化。四是推动了社会治理主体多元化。全球化推动了全世界范围内治理主体的多元化,使得更多的人都能够参与到其所生活的社会问题的治理之中,甚至参与到全球问题治理之中。在过去,社会重大问题的治理,几乎是政府垄断的事务,其他社会主体很难参与。但是在全球化进程中,非政府组织、跨国企业、政府间国际组织等越来越多地参与到一国的社会事务之中,影响其社会问题的治理。五是加速了国际格局转变。传统的国际格局,是建立在少数几个西方大国利益基础上的,具有一定霸权主义色彩的格局,以美国为首的部分西方大国,是国际行为规则的主要制定者和执行者,它们往往根据自身利益而非国际公共利益要求来制定和执行相关规则。随着全球化的发展,这种缺乏民主性的国际关系格局正发生变化,新兴大国和广大发展中国家的崛起,正逐步打破国际关系的霸权主义,推动着国际关系向民主、协商的方向发展。六是大大推动人类文明进步。全球化、全球性问题、全球利益共同体和全球治理，这些新的现象正重新塑造人类的价值观念和生活方式，推动着人类社会向更加文明的方向发展。

但是，全球化并不只是一个充满着浪漫与美丽故事的过程，全球化在给世界经济社会发展带来新动力的同时，也在全世界范围内造成了一些负面影响。具体表现在：一是经济社会危机跨越国界。全球化使各国家、各民族关系更加紧密的同时，也使得原先主要局限于一国之内的社会问题，常常产生超越国界的影响，从而使相关问题的治理难度大大增加。经济危机、能源紧张、环境恶化、不良社会思潮的传播等，当前也都在"全球化"，许多国家根本无力单独应对。2008 年席卷全球的金融——经济危机，无疑是社会危机全球化的最新注解，这一危机根源是部分西方国家的金融系统存在的弊病，但是其结果却是许多相对落后的国家经济和民生受到更为严重的损害。二是全球化引发了许多新的社会动乱。全球化导致国家间和国家内部贫富差距扩大，引发了一些新的国际性矛盾，也导致部分国家的国内矛盾出现了激化的倾向。在全球化进程中，随着产业大量外移，失业问题突显，国际性移民增多，新的社会动乱风险不断出现。而且全球化还使各国国内因素与国际因素的联系与互动增强，国际问题诱发国内动荡、国内问题引发国际动荡的概率都在增大。三是全球化加剧了部分地区的动荡局面。全球化是在市场体制力量的推动下实现的，而全球化进程中必然会出现一些被边缘化的国家和民族，他们由于发展机会的丧失而陷入贫困和绝望，引发了一系列国际国内冲突。同时，霸权主义、恐怖主义、核扩散等新的问题，也使得世界范围内的冲突热点不减反增，局部性动荡有所加剧。

3. "全球化"对中国民族关系的影响

全球化对整个中国的经济与社会都产生了广泛而又深刻的影响，就中国的民族关系而言，全球化的影响主要表现在四个方面：

在经济方面，全球化的深入推进，进一步扩大了中国社会业已存在的利益多元化格局，包括民族间、区域间利益多元化。由于中国地域和人口规模庞大，中国不同区域、不同族群融入全球化进程的时间和程度具有非常大的差异。在中国，东部沿海地区是融入全球化进程时间最早、程度最深的地区，因而也是发展得较快较为成熟的地区。而中西部融入全球化进程的时间相对要晚很多，融入的程度要低得多，融入的方式也与东部沿海地区存在一些差异。这些差异进一步加大了中国已经存在的区域间经济社会发展方面的差距，包括经济社会发展水平、经济结构，甚至一些重要的经济制度乃至思想观念等方面的差距。而中国相对落后的西部地区，几乎都是民族地区，这使得中国的经济发展差距事实上与族群分布具有相当大的同一性。不可否认，发展差距会产生发展动力，从而推动中国经济社会进一步发展，尤其是相对落后的民族地区的跨越式发展。但是，古今中外的历史已经多次证明，发展差距历来也是导致国家政局不稳的最重要原因，尤其当发展差距与民族、宗教等敏感的社会问题结合在一起之后，将会非常危险。近几年中国社会在日益富裕繁荣的同时，边疆一些民族地区却出现了不少社会问题，正是给中国社会发出的危险信号。

在政治方面，全球化的推进，使不少国家的政治过程都发生了巨变，在推进世界各国政治交流，推动国际政治民主化的同时，也使不少国家的政治现代化进程加快，政治组织的行为有效性和科学性得到提升。但是，全球化也给不少国家主权的合法性和有效性都带来了巨大的冲击，使得许多国家出现了主权受损甚至受控于国际性企业、非营利组织的现象，而一些在经济、军事、政治和文化上居于优势地位的国家，借全球化之势干预他国政治进程的现象，更是屡见不鲜。

就中国民族关系而言，全球化的深入发展使中国民族关系面临的国内外政治环境变得更加复杂，构建和谐民族关系的困难也有所增加。一方面，由于全球化的影响，中国民族地区政治现代化的进程得到了大大推进，政治决策的科学性、政府行为的有效性、社会公众对政治过程的参与程度等都有了很大的进步。但另一方面，借全球化之势，也有不少具有浓厚政治色彩的国际势力正通过许多渠道，影响中国民族地区政治形势，干扰中国民族政策的实施，使中国的民族团结和边疆稳定受到冲击。例如通过非营利组织在民族地区的"公益性"活动，削弱中国政府的威信；通过支持中国民族分离运动，达到干扰中国发展甚至肢解中国的目的；通过有针对性的资助行为，在境内外抹黑中国民族政策，在中国各民族间制造心理裂痕。

文化全球化方面，从积极意义上来说，促进了中国少数民族文化的对外开放，有利于打破一些少数民族文化传统中固有的封闭、保守的局限，使中国少数民族文化能够借鉴和吸收更多的外来文化成果，实现少数民族文化更快更好的发展；文化全球化也使得中国的少数民族文化，能够更容易走向世界，使极具特色的少数民族文化更容易转变成产业，从而促进民族地区发展。从消极意义上来说，全球化也给少数民族文化带来了许多挑战，最为严重的挑战，就是少数民族传统文化在面对外来文化的冲击时，可能会出现传承困难，甚至会走向消亡。同时，在全球化背景下，外来文化中的一些消极观念，也特别容易在少数民族地区传播，尤其是一些具有极端色彩的民族意识和宗教意识，现在已经渗透到中国部分民族地区，引发了一些社会问题。另外，在文化全球化背景下，由于中华文化所面临的外部环境变得更为复杂，因此中华文化内部的整合也相应变得更加困难，尤其是对处于相对边缘地区的少数民族文化的整合，会遇到更多外来的阻力。

少数民族地区融入全球化的进程，从总体上来看是少数民族社会生活方式不断向现代化迈进的进程，在这一过程中，少数民族地区许多传统、落后的社会生活方式被摒弃，许多人开始接受现代化的社会生活方式。少数民族地区社会生活在内容上变得更为丰富，在形式上也更加多样化。但是，全球化也使得少数民族地区社会生活出现了一些新的问题，拜金主义、个人主义思想在一些地方也出现蔓延之势，一些腐朽堕落的生活方式也在沉渣泛起。

二、世界"民族主义"浪潮及其对中国民族关系的冲击

1. 冷战后世界民族主义浪潮的兴起

"冷战"结束后，随着全球化在世界范围内的迅速推进，一股影响全

球诸多国家的民族主义浪潮也开始涌起，并在全世界范围内造成了许多重大的政治、社会问题，对国际和区域政治产生了重要影响。民族主义，特别是族裔民族主义的复兴构成新的世界政治图景的重要塑造力量，"族性（Ethnicity）"成为影响各国国内政治生活与国际政治发展的重要因素。①由于这一次民族主义浪潮是 20 世纪发生的第三次民族主义浪潮，不少学者就直接将其称为第三次民族主义浪潮。但事实上这一次民族主义浪潮的影响，却跨越了世纪，一直延续到现在，并对中国的民族关系产生了重要影响。

2. 冷战后世界民族主义浪潮的诱因及特点

第三次民族主义浪潮兴起的诱因很多，其中比较关键的诱因包括：第一，冷战格局结束导致的国际力量对比失衡。冷战期间，许多国家内部既有的民族矛盾，由于受到两极争霸斗争的压制，而处于相对缓和的状态。但冷战格局的结束，苏联集团的解体，则使苏联和东欧一些国家内部的民族矛盾失去了外部压力突然爆发出来。而这些地方爆发的民族主义运动，对包括中国在内的世界其他地方产生了巨大的冲击，在 20 世纪 80 年代末、90 年代初引发了一系列政治动荡。第二，全球化对民族国家的冲击。全球化对传统的国家主权观念构成了一定的挑战，在全球化时代，经济、文化和社会生活方式等都超越了国界，传统的建立在"民族——国家"基础上的政治认同在许多方面都受到了挑战，维系国民凝聚力的因素发生了变化，一些国家由于未能把握这些变化，导致了国内族群之间矛盾凸显。全球化使得不同的意识形态、文化传统、价值取向、民族精神、宗教传统、生活方式相互冲突和碰撞加剧，使长期以来就存在于各地的民族主义情绪进一步突出。第三，部分国家的民族政策制定和实施失当。苏联及一些其他国家，由于对民族问题的长期性和复杂性认识不足，因而无论在宪政制度安排还是在政策措施的制定与执行方面都存在一些问题，或在过度强调民族自决权，强化族群政治意识；或在保持少数民族特殊性，保护主体民族特殊权利，以及构建"新的历史共同体"等方面均出现偏差，

---

① 参见任东来：《Ethnicity（族性）：从国内政治到国际政治》，载《读书》1996 年第 8 期。

结果一方面使民族间文化、心理和生活方式等方面的差异和隔阂被固化甚至扩大，另一方面又造成不同民族间在发展方面产生较大的差距。缺乏共同认同的族群和族群间发展差距的不断扩大，最终使得这些多民族国家难以实现有效的民族整合，从而走上了民族分裂的道路。

第三次民族浪潮有几个显著的特点：第一，地方民族主义和民族分离运动表现极为活跃。20世纪前两次民族主义浪潮，都与殖民地半殖民地争取国家独立和民族解放运动相关，主要内容是反帝国主义、反殖民主义。而第三次民族主义浪潮，更多地表现为一国内部具有相对特殊性的族群，地方民族主义情绪彰显，民族分离运动高涨，这与反帝反殖民时期大不相同。第二，宗教成为引发民族主义情绪和民族矛盾的重要诱因。过去民族主义运动虽然也会借助宗教以整合力量，但是宗教在民族主义运动中的影响多数情况下都是间接、次要的。而第三次民族主义浪潮则与宗教的关系极其密切，许多地方的民族主义情绪和民族间冲突，实际上都直接与宗教信仰有关，甚至可以说许多民族情感都直接源自宗教。第三，民族主义运动国际化趋势更加明显。一方面，民族分离势力为了达到其从所在国分离独立的目的，正越来越有意识地借助全球化趋势，促使本属于主权国家内部事务的民族问题国际化；另一方面，部分怀有传统殖民主义、冷战思维的国家，也不断试图利用民族问题，削弱、分化甚至肢解他们敌视的国家，从而达到其特殊的政治目的。

3. 冷战后民族主义浪潮对中国民族关系的影响

冷战后的民族主义浪潮，从国内层面来说，更多地表现为一个多民族（或族体）国家内，出于不同的原因，某一（或多个）民族，程度不等地试图建立本民族的民族国家的努力，或者是国内主要民族相互之间出现的冲突与仇杀而导致的国内民族关系的紧张[①]。具体来说，这一民族主义浪潮对中国民族关系的影响主要是指一些国家发生的分离主义运动所产生的示范效应，及其对中国民族关系发展的严峻挑战。在这一波民族主义浪潮的影响下，中国边疆"民族"分离势力有所抬头，部分地区狭隘地方民

---

① 王联主编：《世界民族主义论》，北京大学出版社2002年版，第309页。

族主义情绪滋长，民族意识被过度强化，民族团结受到了一定冲击。在西部一些边疆地区，"民族"分离势力活动频繁，在一些地方制造了多起重大事件，对中国的国家统一和边疆安全造成了严重威胁。此外，中国与接壤的14个国家之间存在多达31个跨界民族，占中国民族总数的55%[①]。边疆地区大量跨界民族的存在，加上"泛民族主义"和"宗教民族主义"的抬头，更加剧了"民族"分离主义影响的威胁性和危险性。同时，由于"民族"分离势力与国外反华势力相互勾结，试图使中国内部民族问题国际化，也给中国的对外关系造成了很大压力。

中国的"藏独"势力、新疆"三股势力"等分裂势力[②]，虽然形成和发展的历史较长，但其活动的猖獗与影响的急剧扩大，却是在第三次民族主义浪潮之后。而随着这一波民族主义浪潮对中国的影响不断扩大，还有其他一些边疆民族地区，也出现了极端民族主义势力抬头的端倪。因此，如何应对这一波民族主义浪潮对中国民族关系的冲击，是我们面临的一项艰巨任务。

三、"全球化"和"民族主义"给民族关系带来的新挑战

从民族与民族关系的视角来看，全球化进程与民族主义浪潮本质上是对立的，全球化是指资本、商品、信息和技术等跨越民族、国家疆界的进程和趋势，是市场机制的普遍性、扩散性对民族和领土疆域的超越；而民族主义则追求民族的疆界和政治疆界的统一，它强调的是民族及其领土疆域、共同体利益的固定性。换言之，全球化是指超越各民族国家界限的经济一体化的进程及在此基础上形成的社会文化融合的趋势；而民族主义则

---

① 葛公尚主编：《当代国际政治与跨界民族研究》，民族出版社2006年版，第293页。

② 不少理论著作和新闻报道中，都习惯性地将新疆、西藏以及海外出现的以分离中国国家为目的的组织称为民族分裂势力，但实际上这种称谓并不妥当。这些势力只是打着"代表民族利益"的旗号，从事分裂国家的活动，而被其所"代表的"民族——维吾尔族、藏族中的绝大多数成员，都高度拥护国家统一、民族团结，根本不会追随这些组织从事分裂国家的活动。因此，这些势力根本不具有"民族性"，仅仅是极少数极端分子行为，据此，本书将这些势力统称为分裂势力。

始终表现为对一个拥有共同历史、共同文化以及共同生活环境的政治共同体的感情依托、文化认同和政治忠诚，具有一定的封闭性和排他性。但是，民族主义和全球化的进程并不是截然对立、不可调和的，它们是人类社会向前发展过程中彼此关联、相互影响的两个方面。一方面，全球化刺激了民族主义的产生、发展和复兴。盖尔纳认为：民族主义在相当程度上是与现代化的进程联系在一起的，新兴的工业社会促进了社会流动、自我奋斗和竞争，所以需要新的文化凝聚资源，而民族主义恰恰提供了这种资源①。当然，全球化也在很大程度上抑制并影响着民族主义的发展空间。另一方面，民族主义在以不同形式参与全球化的同时，也在国际国内两个层面上向全球化提出了挑战。冷战后民族主义"重新发现自身的存在价值和身不由己地介入全球化进程是交织在一起的"②。因此，这两个看似对立，却又在历史舞台上并行的时代潮流，共同构成了推进世界历史进程的重大动力，二者的互动构成新的历史时代建构与塑造民族关系的外部动力。

全球化和民族主义的交互影响对世界各国的民族关系造成了较大的冲击和挑战，其中最重要的就是民族国家本身的存在价值在这一潮流冲击下受到质疑。全球化和民族主义共同从社会基础和上层建筑两个维度对传统的民族国家及其民族关系发起了冲击和挑战，这种冲击和挑战体现在民族国家的主体性、价值构成、国家职能以及国家认同等各个方面。民族国家受到了内外双重夹击，即"一方面，国际的、地区的、全球的权力结构限定了国家的行动范围，一些国际组织正替代国家的传统职能；另一方面，民族国家内部的极端民族主义、地方主义正要求脱离原来的国家"③。具体来讲，全球化与民族主义交互影响给我国带来的冲击和挑战主要表现为以下几个方面：

1. 中央与民族自治地方权力关系需要进行调适。全球化削弱了国家

---

①　Gellner, E. (1983) Nations and Nationalism (Ithaca, NY: Cornell University Press).

②　王逸舟：《当代国际政治析论》，上海人民出版社 1995 年版，第 127 页。

③　杨雪冬：《全球化：西方理论前沿》，社会科学文献出版社 2002 年版，第 95 页。

权力对国内社会力量的控制①，全球化的发展导致了领土边界作用的降低和民族国家对内主权的弱化，民族国家独自控制决策和决定结果的能力受到一定的限制，国家对内主权行使能力在某些方面呈现出衰退和复杂化的基本征兆，民族国家对内的控制能力也相应地弱化，与此相对应的是地方力量和作用的增强。而族裔民族主义的复兴则带来各少数民族族体意识的复苏和政治诉求的增强。在我国，这意味着原有的民族自治地方与中央的权力关系结构受到一定程度的挑战，尤其是在涉及民族自治地方的财政、税收、资源开发等方面的问题时，可能出现新的矛盾和分歧。

2. 国家认同与民族认同之间的关系趋于复杂化。一方面，国家认同和民族认同属于不同层次的价值认同。国家认同是国民对政治共同体的支持、服从、效忠和归属，是国家赖以存在的价值基础。在现代民族国家中，国家认同是最高层次的认同，各个族裔群体的民族认同应该从属于国家认同。然而，全球化的迅猛发展带来了认同的多元化，并导致所谓的全球认同的出现，民族国家原有的制度、传统、文化、价值受到了强烈冲击，甚至国民的身份和利益也出现了模糊化的倾向，这些都可能从根本上冲击并弱化原有的国家认同。另一方面，族裔民族主义的复兴则带来族群、族体意识的复苏，并由此导致了族群认同的强化，而族群认同强化则是民族主义运动发生的重要社会根源。国家认同弱化的倾向与族群认同增强的趋势相互作用，使得原有的国家认同与民族认同的关系结构出现了某种程度的变化，相应地也会使二者之间的关系变得复杂。

3. "民族"分离势力的活动形式多样化，非政府组织（NGO）在其中发挥尤其重要的作用。全球化发展的结果之一就是社会治理行为主体的多元化，各种非政府组织纷纷登上了国际舞台，开始发挥着重要的作用。这些非政府组织的迅猛发展为族裔民族主义的复兴和"民族"分离运动提供了可资利用的组织形式和活动载体，并为"民族"分离运动的发展提供了更加广阔的活动空间。在我国，各种形式的"民族"分离运动，

---

① 郑永年：《全球化与中国国家转型》，浙江人民出版社 2009 年版，第 19 页。

如新疆"三股势力""藏独"势力，都成立有组织较为严密的非政府组织，如"世维会""藏青会"等，在这类组织的旗帜和领导下开展分裂活动，使这两大分离势力的活动空间更大，也更能迷惑世人。同时，全球化背景也为来自西方和中东的一些国际 NGO 与中国分裂势力结合创造了条件。有证据表明，中国新疆的"东突"分离运动曾与阿富汗的塔利班组织有人员和组织上的联系；再如，美国政府公开承认，策划制造了乌鲁木齐"7·5"事件的组织"世界维吾尔大会"得到了美国"全国维护民主捐赠基金会"的资金支持。NGO 的兴起和发展，并成为参与全球或区域公共治理的重要主体，对于弥补政府公共管理缺陷和公共产品供给不足，以及促进市民社会（Civil Society）的成长等方面，发挥了重要的作用，但也有一些 NGO 成为各种分裂势力开展活动以及获取国外反华势力支持的重要途径和载体。当前，在中国活动的各种境内外的 NGO 数量巨大，组织形式各异，背景各不相同，其使命和价值取向各有特色，活动方式也多种多样，这就要求我们在扶持引导的同时加大监管力度，防止有些 NGO 被分裂势力所利用或与分裂势力相勾结。

4. 少数民族的贫困化、边缘化与民族极端主义的滋生。全球化发展的另一个后果就是可能加剧国内原有经济利益结构中的不平等和发展格局的不平衡，从而进一步加剧少数民族地区的贫困化，使其同时处于现代化与全球化进程中的双重边缘化地位，这种边缘化所带来相对剥夺感可能会成为民族极端主义和"民族"分离主义滋生的思想土壤。在这种双重边缘化的刺激下，以地区、宗教、民族、语言等为基础的各种亚群体及其分别发起的群体性运动极易形成对民族国家的冲击。中国的少数民族大多居住在东北、西北和西南边疆地区，在全球化条件下，如何缩小东部与西部之间、内地与边疆之间发展的差距，避免西部边疆少数民族地区的进一步贫困化，维护民族关系的平衡与稳定，就成为当前面临的又一项重大挑战。

四、国际反华势力对中国民族关系的干扰与破坏

改革开放以来，中国经济持续快速发展，综合国力不断提高，在短短

几十年里迅速崛起为一支具有世界性影响的重要力量。但是，中国的崛起对于传统世界格局的既得利益者却构成了挑战，从而使得崛起的中国在国际格局中的角色定位变得困难，中国越是发展壮大面临的外部压力也越大。目前，一些作为传统国际格局主要既得利益者的西方发达国家，一方面希望通过全球化进程，从中国的发展中获益，另一方面又对中国的快速发展怀有戒心，甚至试图从各个方面遏制中国。

1. 中国崛起对国际关系格局的影响

自20世纪80年代以来，中国的快速发展和国际影响力的不断增强，无疑是影响国际关系格局的最重要的事件之一。在改革开放之初的1978年，中国的GDP总量只占全世界的1.8%，而到2020年已经占到了17%，2010年中国超越日本，成为世界第二大经济体。据最近韩国公布的一项调查显示，基于基础国力、国防实力、经济实力、科学技术实力、教育实力、信息实力、环境管理能力等硬实力和国政管理能力、政治实力、外交实力、文化实力、社会资本实力、宏观变化应对能力等软实力构成的"综合国力指数"，中国在二十国集团（G20）国家中，位居第二，其中，中国在政治实力、文化实力、社会资本实力等3个测评领域排名第一。世界经济论坛（World Economic Forum）根据每个国家的制度、基础设施、宏观经济稳定性、健康与初等教育、高等教育与培训、商品市场效率、劳动市场效率、金融市场成熟性、技术准备、市场规模、商务成熟性、创新等12项要素综合测评，公布了《2020年全球竞争力报告》，中国排名第20位。随着经济发展和综合国力的提升，中国在国际事务中正发挥着越来越重要的作用。中国崛起速度之快，规模之巨大，对世界造成冲击的深度与广度，都是从前没有过的。中国的快速崛起，正在不断地改变着由以美国为首的一些西方强国所主导的国际政治、经济秩序，对传统国际格局中的既得利益者造成了压力。因而一些固守冷战思维，具有反华传统的国际势力（包括一些国家的政府，以及一些非政府组织和具有一定社会影响力的个人）特别是西方的反华势力，或出于其国家利益，或出于意识形态的敌意，将中国的崛起视为一种威胁。如美国政治学家，"文明冲突论"的代表人物塞缪尔亨廷顿（Samuel Huntington）认为，在当今世界对西方文明构成挑战和威胁的各种文明冲突中，"潜在的、最危险的冲突是在中美之间"①。而美国自进入21世纪以来，已经越来越明显地将中国列为其头号竞争对手，根据不同机构预测，中国在总体经济规模上，一定会超越美国，在其他领域接近乃至超越美国的预期也不断明朗，在两大政治实体此消彼长的力量变化过程中，各类摩擦势必会增加。

2. 国际反华势力对中国的遏制战略

自从新中国成立以来，以美国为首的西方势力就公开对中国推行"遏制"战略。在冷战最激烈的时期，这种"遏制"是全方位的，经济隔绝、军事封锁、文化阻断、政治压制。虽然在中苏两国出现矛盾之后，部分西方国家一度调整了对华战略，开始与中国政府接触并开展各种形式的交往，但是这并不意味着他们放弃了对华"遏制"战略，只不过是"遏制"的具体策略发生了变化。

当前西方反华势力对中国的"遏制"战略包括了软硬两种方式，但由于全球化浪潮下中国与西方共同利益的增加，目前西方反华势力越来越多地采用"软遏制"而较少公开宣扬硬实力对抗。近些年，西方主要国家的领导人不时提出"利益攸关方""负责任的大国"等概念以描述中国，试图使中国按照符合其利益的方式参与国际行动，同时他们又不断地强化以"民主""自由""人权"等为内容的对华宣传，试图改变中国的社会思潮，进而改变中国的社会制度。而与"软遏制"相伴随的，是西方反华势力特别是美国，不断扩充针对中国的军事力量，不断在中国周围建立前沿据点，增强对中国的军事威慑，在经济上则利用美元的优势地位，利用西方的科技优势，试图控制中国的经济自主能力，迫使中国成为西方的经济附庸。

全球化与国际依存度的提高导致了国家政治边界的模糊化，一些"国内"问题与"国际"问题的传统区别变得模糊起来，一国国内的政策和事务越来越多地与国际事务相关联，国内政治过程日益受到国际社会的影

---

① 塞缪尔·亨廷顿：《再论文明的冲突》，李俊清译，《马克思主义与现实》2003年第1期。

响与制约。国内政治的国际化为西方国家干涉中国内政提供了理论依据。中国境内各民族关系作为国内社会、政治问题的一部分，也日益受到国际社会的影响和牵制，并成为国际反华势力干涉中国内政的借口和工具。后冷战时代，以美国为首的西方国家经常以"人权""民主""反对民族宗教压迫"等为幌子，干涉中国的民族事务。特别是随着中国的崛起以及在国际事务中地位与作用的增强，国际反华势力越来越多地将民族、宗教问题当作遏制中国、分裂中国、妖魔化中国的工具。在国际交往中，一些西方国家一直将民族、宗教、人权问题与国家外交活动紧密挂钩，不断打出"人权牌""西藏牌""新疆牌""宗教牌"等来牵制中国。中国西藏和新疆等地区分裂势力活动之所以猖獗，是与西方国家的支持分不开的。同时，"藏独""三股势力"等分裂分子也越来越多地利用了西方的干预行为，加紧与境外分裂势力勾结，在国际上制造舆论，使国内民族问题国际化，谋求国际的支持和干预，企图达到自己分裂的目的。[①] 近两年，西藏、新疆部分地区涉及民族事务的问题再度凸显，就是全球化浪潮与族裔民族主义思潮相互作用、境内分裂势力与反华势力相互勾结的突出例证。外部势力的介入和干预，进一步增加了中国民族关系和民族问题的复杂性。

3. 国际反华势力对中国民族分裂活动的利用和支持

在西方反华势力对华"遏制"战略中，中国的民族问题成为他们借助的重要工具。一方面，他们通过将民族权利与民主、自由、民族自决等思想结合起来，在中国境内煽动狭隘的民族主义情绪，以达到削弱中国党和政府的合法性，特别是在民族地区实施治理的合法性的目标；另一方面，他们也为中国境内的分裂国家势力提供资金、物资、信息等方面的援助，支持他们分裂国家的活动，以破坏中国的稳定，牵制中国的发展。西方反华势力在中国民族问题上软硬兼施的"遏制"政策，大大增加了中国民族问题的复杂程度，严重威胁了中国的民族团结和边疆安全，给中国

---

① 参见徐晓萍、金鑫：《中国民族问题报告》，中国社会科学出版社 2008 年版，第 153—155 页。

构建和谐社会的战略安排带来了很大的不确定性。具体来说，西方反华势力与中国境内分裂势力勾结与合作的主要途径和方式包括：

（1）利用所谓的民族问题对中国施加政治压力

长期以来，部分西方国家始终坚持利用中国所谓的"民族宗教问题"向中国政府施加政治压力，近年来此类活动更为频繁。第一，一些西方国家政治领导人频繁会见中国的分裂势力头目为其撑腰打气。美国、法国、德国等主要西方国家的元首和政府首脑，全都高调接见了十四世达赖喇嘛、热比娅等分裂势力头目，为其分裂中国的活动打气加油，极大地助长了这些分裂势力的嚣张气焰。第二，西方多个国家的议会通过各种听证会、决议案为分裂势力的活动造势，给中国政府施压。美国国会很早就插手西藏事务，不断通过各种手段干涉中国西藏问题，先后共通过了 200 多项涉藏议案①，其中有为数众多的议案成为法律，如《西藏政策及支持法案》《西藏旅行对等法》《维吾尔人权政策法案》等等。这些议案或是对中国西藏和新疆问题的政策进行指责和干涉，或以西藏和新疆问题为借口对中国进行各方面的制裁。欧洲议会，欧洲部分国家的议会等，也通过了一系列涉藏或有关新疆问题的议案或法律，干涉中国内政。此外，西方一些国家的议会，近年来还经常就"西藏问题""新疆问题"举行所谓的听证会，邀请"民族"分裂分子及其同情者参与，为"民族"分裂组织成员提供在国际社会活动的舞台。第三，操纵各种国际组织干涉中国民族问题。早在1950 年解放军入藏之前，部分西方国家就试图操纵联合国通过干涉中国中央政府处理与西藏地方政府关系的议案，并于当年 11 月 24 日在联合国大会将"西藏遭到外国武装力量入侵"的问题作为附加议案交由总务委员会讨论。虽然这次会议并没有如部分西方国家所愿通过干涉中国内政的决议，但却造成了很坏的影响。1959 年西藏发生反动叛乱，美国等西方国家通过国际法学家委员会对在西藏发生的所谓"事实"进行调查，认为中国在西藏推行"种族灭绝"的政策。该委员会将其所谓的

---

① 郭永虎：《美国国会"涉藏立法"的历史考察》，载《当代中国史研究》2008 年第 1 期，第 106 页。

调查报告提交联合国审议。然后，美国做了大量外交工作，给相关国家施压要求其在联合国配合行动，并最终导致联合国大会于当年 10 月 21 日，通过了所谓"关于西藏问题的决议"（1353 号决议），对中国政府在西藏的平叛行动极尽诬蔑之能事。此后，美国等西方国家又多次迫使联合国通过一系列干涉中国政府处理西藏事务的议案，在国际社会破坏中国形象，阻挠中国政府治理西藏的相关政策的实施。同时，国际反华势力还经常操纵国际人权组织、国际法学组织等发布关于西藏问题的议案，在国际社会制造不利于中国的舆论环境。在西方国家的支持下，诺贝尔和平奖委员会曾于 1989 年授予十四世达赖喇嘛诺贝尔和平奖，并于 2006 年提名热比娅为诺贝尔和平奖候选人。第四，策动一些地方政府和民间组织支持分裂势力开展反华活动。在反华势力的策动下，西方国家的一些地方政府也积极支持中国民族分裂分子在当地开展反华活动，例如在 2008 年和 2009 年，为了给中国举办奥运会制造障碍，先后有波兰、法国、德国、美国、澳大利亚等国的地方政府，公开邀请和支持十四世达赖、热比娅等民族分裂组织领袖到当地进行反华的宣传活动，还有一些城市通过授予荣誉市民或在特定敏感日悬挂民族分裂集团的旗帜等方式，给予民族分裂分子以政治支持。此外，还有许多国际反华势力以各类民间组织的形式支持中国分裂势力，这些组织为"三股势力"、"藏独"等组织分裂国家的活动提供了多种形式的支持和帮助，而其背后，大多数都有西方国家政府和议会支持。如美国国家民主基金会，是美国国会拨款支持，与美国国务院、中央情报局、国际开发署等政府部门关系极为密切的民间组织，在近几年就曾经给予东突组织和"藏独"组织大批拨款以支持他们的民族分裂活动。第五，在对华交往过程中把民族问题作为前提条件或谈判筹码，干涉中国内政。一些西方国家在与中国政府的交往过程中，常常把所谓的民族问题作为与中国合作的筹码，试图通过对中国施加政治压力，一方面平衡其国内各政治集团的矛盾关系，一方面从中国获取更多的利益。

（2）在处理民族问题和反对民族分裂方面采取双重标准

分裂势力的兴起，是第三次民族主义浪潮的重要特征之一，其对一些西方国家也具有较大的冲击力，如加拿大、英国、法国、西班牙等国，都存在民族分裂活动，美国也面临着比较复杂的国内种族问题。然而，同样是民族问题，西方国家却公然采取双重标准，对于他们自身内部存在的"民族"分离活动，几乎无一例外地是约束、打击和镇压，并通过经济、文化等方式不断同化融合非主体民族。例如英国对北爱尔兰民族独立运动的镇压，法国对科西嘉独立运动的压制，加拿大对魁北克独立自决的约束等。但是对于发展中国家特别是中国面临的民族问题，他们则常常以民族权利、文化多样性保护、人权等幌子横加干涉，支持分裂势力，指责和干涉这些国家对本国少数民族采取的任何旨在促进民族和解融合，甚至是扶持发展的政策措施。一旦发展中国家出现民族分裂活动，西方国家几乎无一例外地给予鼓励和支持。在"9·11"事件发生之后的国际反恐合作中，西方国家也是公然采取双重标准，对于那些会威胁其自身的恐怖组织，不遗余力地采取军事手段严厉打击，并要求其他国家协调配合；而对那些主要针对非西方国家的恐怖组织，则往往是予以默许，甚至是纵容和支持。

（3）操纵大众传媒妖魔化中国并美化分裂势力

西方反华势力为了达到其遏制、分化，甚至是肢解中国的目的，不惜采取欺骗手段，制造虚假舆论，竭力妖魔化中国。在西方一些被政治势力操控或怀有意识形态偏见的媒体中，中国的发展成就极少被提及，而中国在发展过程中的一些负面现象则不断被放大；中国在解决民生问题，改进人权状态方面的巨大成就被忽略和漠视，而与西方意识形态和社会制度的差异则被不断丑化甚至被妖魔化。对中国的民族问题和民族关系，则更是极尽丑化之力，甚至不惜制造虚假新闻歪曲事实。如西藏"3·14"事件后，一些西方媒体竟然将尼泊尔军警驱逐"藏独"分子的画面说成是中国军警在西藏屠杀善良僧侣；乌鲁木齐发生的"7·5"事件，部分西方媒体置暴徒打砸烧杀残害无辜的事实于不顾，将其描述为中国政府"血腥镇压民众的和平示威"。另外，积极帮助中国的分裂势力和宗教极端势力"整容"，将恶行累累的分裂恐怖分子装扮成争取民主、自由和民族权利的斗士，从而为其支持这些势力的政策提供合法性，争取国际社会的同情和支持。此外，国际各种敌对势力还通过无线电广播、影像和文字材料等手段加大对我国民族地区的宣传渗透，煽动民族分裂情绪。目前世界上有若干个国家或地区开设了专门的对西藏和新疆等民族地区的广播节目，"美国之音""自由亚洲电台"等，都开通了藏语广播节目，每天各有3—4个小时的对藏区广播时间，节目内容基本上都以损毁中国政府形象，煽动民族情绪，制造民族仇恨为目的，其中有许多节目甚至都是由"藏独"集团制作，然后通过这些电台向藏区传播。西方影视界也有一大批反华人士，先后制作了多部歪曲西藏历史事实，攻击中国政府在西藏的治理策略，为达赖造势的节目。这些广播、影视节目在民族地区的传播，对破坏中国的民族关系、煽动民族情绪、助长分裂势力的气焰起到了很坏的作用。"美国之音"等广播电台，甚至还直接充当了"藏独"组织在境内策划活动的信息传播工具，帮助"藏独"组织特别是达赖喇嘛向内地传播各种消息。拉萨"3·14"事件发生之前，"美国之音"就曾用暗语帮助达赖喇嘛传达指令，协助"藏独"集团组织暴力活动。

（4）为中国的分裂势力开展活动提供直接的支持

多年来，国际反华势力对中国的民族分裂活动提供了多种形式的直接支持。首先是巨额的资金投入。有些国家将支持中国民族分裂活动的资金投入直接列入财政预算，有的则是通过各种各样的 NGO 或基金会的形式提供支持，但主要资金仍然来自政府拨款。这些反华势力从经济方面支持中国境内极端势力的主要方式包括：

为"东突""藏独"组织关键人物设立特别账户，提供活动资金。一些西方基金组织借助开展公益活动、进行文化交流等方式，为中国分裂势力的组织和个人设立了一些特别账户，提供巨额的资金支持。

为中国的"民族"分裂和宗教极端组织在境外建立基地提供场所和资金。近年来，新疆"三股势力"和"藏独"组织，在境外建立了许多活动场所，宣传其政治主张，培训组织成员，开展反华活动。而这些活动场所的建设和维护，往往都有国外组织提供支持；新疆"三股势力""藏独"组织在境外开展的反对中国政府活动，也有许多国外组织提供资金和物资的支持。例如印度给予长期盘踞在达兰萨拉进行分裂活动的"藏独"集团以经常性的资金援助，新疆"三股势力"势力在西亚、西欧、北美的活动，也都得到了一些政治势力和经济组织的支持。

为中国各种"民族"分裂、宗教极端势力培养骨干分子设立专门基金。中国境内分裂势力组织成员来源复杂，大部分人受教育程度不高，活动能力有限，而这些组织自身很难为其组织成员提供良好的教育培训机会。为此，许多西方国家的各类机构特别是基金会组织，打着文化交流和学术交流的旗号，为这些组织成员出国进修、接受培训提供资金支持，其中甚至包括一些影响力很大的教育基金组织。

除了提供资金援助之外，国际反华势力还对中国的分裂势力提供了其他许多方面的支持。例如为"民族"分裂和宗教极端组织在中国内地建立组织、开展活动提供物资和装备。近年来，境外反华势力极力帮助中国境内的极端组织扩大在中国内地的组织力量，开展各种各样的分裂国家的活动，并为其组织建设和活动开展提供物资和技术支持。在新疆破获的"东突"组织犯罪案件中，就曾缴获不少来自西方国家的通信设备、生活物资甚至武器装备。

其次，为中国的"民族"分裂组织培训人员。一些西方国家的政府机构、民间组织、高等学校等，采取降低录取标准、简化签证程序、提供优厚的奖学金等特殊政策，帮助中国的"民族"分裂和宗教极端组织培训人员，并向其灌输民族分裂、宗教极端思想。部分西方国家甚至还直接动用安全机关、军事组织中的培训机构，为中国的分裂势力培训实战人才，使其成为训练有素，破坏力极强的恐怖分子。

再次，为中国的"民族"分裂和宗教极端组织开辟外逃通道、提供情报和安全保护。国际反华势力利用其庞大的情报网络为中国的分裂势力的活动提供情报，帮助其沟通串联、开展反华活动、规避中国政府的打击。中国军警在新疆打击"东突"组织的过程中，曾经缴获可以直接利用美国通信卫星相互联络的电台。此外，国际反华势力还利用军事、外交、安全等多种渠道，协助"民族"分裂组织成员进出中国，为其从事破坏活动提供安全庇护。

第二节 区域发展差距形成的结构性张力

我国民族地区在长期的历史发展进程中，与其他地区都存在着较大的发展差距，新中国成立以来，这种发展差距虽然在计划经济体制下有所缩小，但并未消除。改革开放以来，随着市场经济体制的推进，广大民族地区受自然、社会环境的制约，与全国其他地区的发展差距又出现了拉大的趋势。虽然国家出台了一系列政策，民族地区各级政府也采取了许多措施改变这一趋势，但是先天的局限与各项措施在决策、实施等环节出现的一些问题，却使得民族地区经济发展的质量相对偏低、经济效率低下、经济增长缺乏稳定性、经济发展的成果不能被社会成员公平地分享、经济发展的社会代价与资源环境代价高昂[1]。这些问题的存在，使民族地区与其他地区在经济发展方面存在的结构性张力始终较大，进而使得国家其他推动民族地区社会发展与民族关系和谐的工作受到影响。

一、市场环境对民族地区竞争力的制约依然很强

新中国成立 70 多年来，特别是改革开放以来，中国的民族自治地方经济社会发生了巨大变化。据统计，改革开放 40 多年来，民族自治地方 GDP 总量由 1978 年的 300 亿元增加到 2018 年的 77722[2] 亿元。但是由于诸多因素的限制，与全国平均水平相比，尤其是与东部发达地区相比，民族自治地方依然处于相对落后的位置，而且这种发展差距还有进一步扩大的趋势。

---

① 参看郑长德：《中国少数民族地区经济发展质量研究》，载《民族学刊》2011 年第 1 期，第 1—4 页。

② 数据来源：《中国民族统计年鉴（2019）》。

民族自治地方人均 GDP 与全国人均 GDP 差距变化情况表（单位：元）

年 份	全国人均 GDP	民族自治地方人均 GDP	两者差额
1995	5046	3055	1991
1999	7159	4128	3031
2000	7858	4451	3407
2001	8622	4848	3774
2002	9398	5287	4111
2003	10542	6030	4512
2005	14053	8991	5062
2006	16165	10759	5406
2007	18934	13125	5809
2008	22698	15463	7235
2009	25575	18133	7442
2010	30015	22060	7955
2011	35181	27401	7662
2012	43387	30871	12516
2013	43684	33732	9952
2014	47173	34320	12853
2015	50237	35181	15056
2016	54139	39606	14533
2017	59660	39622	20038

数据来源：根据《中国统计年鉴（2019）》和 2013—2018 年《中国民族统计年鉴》数据整理。

群体间、区域间发展落差，历来就是引发社会矛盾的重要诱因，而这种落差如果与民族、宗教等较为敏感的社会问题交织在一起，就会使中国社会产生一种结构性紧张，进而影响民族关系。

造成民族自治地方经济社会发展水平长期落后的原因有很多方面，其中在市场经济环境下，构成市场运行的基础性条件较差是根本性原因。

1. 民族自治地方宏观市场环境

不同的政府与宏观市场关系模式，并没有优劣之分，关键是要看它是否适合某一地方发展的需要。而某一地方在经济发展过程中，最适用哪种关系模式，是由当地的宏观市场状况决定的。当前，民族自治地方的宏观市场发展状况，主要有以下几个方面的特征：

（1）社会整体竞争力不强。整个民族自治地方的社会竞争力，与全国其他地方相比，落后很多。在构成社会整体竞争力的诸多方面，民族地区与其他地方相比都存在着较大的差距：

民族自治地方市场竞争力影响因素与全国对比情况表①

竞争力影响因素	全国平均	民族自治地方平均
三次产业比例	7.6：40.5：51.9	14.9：39.1：46.0
人均 GDP（元）	59201	38033
外贸依存度（%）	39.6	9.9
从业人员人均受教育年限（年）	10.23	9.02
每千人科技人员数（人）	40.6	18.7
万人技术成果成交额（万元）	1342.42	287.07

表中列出的只是部分影响因素，还有影响地区竞争力的如基础设施发展水平、公共卫生服务水平、教育发展水平、资源环境状况等，民族自治地方也都处于弱势。

（2）市场发育水平较低。处于西部的民族地区市场化程度与东部差距较大，主要表现为非国有经济的发展和要素市场的发育程度低，同时在政府与市场的关系、产品市场发育、市场中介组织和法律制度环境等方面也都存在明显差距。由于中国民族自治地方主要分布在西部地区，因此从市场发育程度来看，民族自治地方基本处于全国最低的水平。在 2016 年的一份关于中国各地市场化指数的调查中，8 个民族省区市场化相对进程在内地 31 个省级行政区域中，排名最高的广西壮族自治区只排全国第 16 位，其他省区内蒙古排第 24、宁夏第 25、云南第 26、贵州第 27、新疆第

---

① 根据国家统计局数据整理和八民族省区 2018 年统计公报数据整理。

29、青海第30、西藏第31，八民族省区除广西外，都在后十名之内。① 而根据现阶段衡量市场发育程度的几项重要指标来评价，西部民族地区市场化水平与中东部地区仍存在非常显著的差距。如城镇化率远低于全国平均水平；2018 年城镇居民人均可支配收入，八民族省区均低于全国平均水平（39250 元），内蒙古最高为 38304 元，其后依次为西藏 33797 元，云南 33487 元，新疆 32763 元，广西 32436 元，宁夏 31895 元，贵州 31591元，青海 31514 元；外贸进出口总额，8 个民族省区总和（9280 亿元）仅相当于广东一省的 12.96%，占 GDP 的比例也远低于全国均值。

（3）市场的产业选择与企业成长促进能力较弱。在成熟市场经济条件下，产业选择和企业成长都是通过市场的价格机制和竞争机制来实现的，如果没有外部挤压，民族自治地方也可以通过市场机制来实现产业的平衡，并且成长起一批有实力的企业，但这将是一个缓慢而且代价沉重的过程。因为市场机制的产业调整与企业成长，是通过利益追求、价格波动等机制造成资本在不同产业和企业间流动，以大量资本的浪费为代价的一个不断淘汰与升级的过程。然而，没有外部挤压只是一个理论上的假设，现在民族自治地方的市场发育，面临着来自国内和国外的双重压力，自我发展的空间越来越狭窄；而民族自治地方经济基础薄弱，赶超发展的任务非常艰巨，薄弱的经济能力不可能承受市场运作带来的巨大浪费。因此，在民族自治地方区，如果完全依照市场经济的规律进行资源配置，那么民族自治地方区的产业将出现高度的集中与发展畸形，产业集中于有当前优势的资源开发领域；而民族自治地方的企业将遭受严重的挤压，难以培养出本地有竞争力的企业。南美、非洲部分国家，成为跨国集团谋取公司利益的工具，整个国家沦为跨国集团经济附庸，经济结构高度畸形的发展历程，已经充分证明了在本地经济水平落后的情况下，如果完全依靠市场机制，将会对本地经济造成极其严重的伤害。

（4）市场规则不够健全。在市场主体数量和质量都存在问题的情况

---

① 王小鲁、攀纲、胡李鹏：《中国分省份市场化指数报告（2018）》，吉林文史出版社 2019年版。

下，民族自治地方还面临着市场规则缺失的问题。由于旧的计划经济体制被打破，新的市场经济体制尚需要一个较长的成长发育阶段，现在民族自治地方市场规则出现了两个方面的缺失：

第一，市场伦理需要完善。伦理规则是市场主体的自律规则，是市场经济运行中非常重要的内部规范体系。民族自治地方市场伦理还处于起步阶段，许多规则都没有建立起来，即使有的规则已经建立，也不能有效地发挥作用，在企业的诚信、经营道德、社会责任等方面，都还存在许多问题需要改进和完善。

第二，市场运行法治化程度有待加强。与伦理相对应的是从外部约束市场的力量，特别是法治的力量也非常薄弱。当前民族自治地方市场治理的法律规范还不健全，市场管理的方式、程序、规则等都需要完善，市场运行秩序不够稳定，对市场的监管力度也需要进一步加强。

2. 民族自治地方市场主体状态

民族自治地方市场主体，包括作为商品生产者的企业和商品消费者的社会大众两个部分。市场主体的发育状态，决定了一个地方市场的成熟程度和发展潜力。民族自治地方的市场主体，与其他地方相比，差距悬殊。

（1）企业数量少。2018 年，8 个民族省区规模以上工业企业总数为23717 家，只占全国规模以上工业企业总数的 6.27%，仅相当于广东一省的 1/2，远低于八民族省区人口在全国所占的比例。

（2）企业竞争力弱。民族自治地方的企业与其他地区的企业相比，竞争力很弱。企业的竞争力主要是通过企业的规模、科技创新能力、管理水平、市场开拓能力等诸多因素表现，而民族地区的企业普遍存在规模小、科技含量低、创新能力不高、管理落后等问题，竞争力与其他地区相比，相差悬殊。首先，民族自治地方企业普遍规模小。在 2019 年全国企业 500 强中，8 个民族省区一共只有 28 家，占总数的 5.6%。其中云南 7 家，内蒙古 4 家，广西 6 家，新疆 5 家，贵州 1 家，宁夏 1 家，青海 4 家。2018 年，八民族省区规模以上工业企业总产值 121927.9 亿元，只占全国规模以上工业企业总产值的 10.75%，与排名第一的广东省相差

2356.3亿元。进入全国500强的企业中，相对其他省区，八民族省区企业的主营收入、利润、资产、纳税额和从业人数等各项反映企业规模的指标都普遍偏低。其次，民族自治地方企业的效益不高。2014年，我国平均劳动生产率为72313元/人，八民族省区平均低于全国12000元左右。[①]再次，民族自治地方企业的科研能力和技术创新能力不高。前面列举的科技人员和科技成果交易数量，民族自治地方都远远落后于全国平均水平，2019年《福布斯》上市企业发展潜力100强，只有4家民族地区企业；非上市企业发展潜力100强，科技企业100强，均没有1家民族地区企业上榜。

（3）居民消费能力偏低。企业是市场产品的供应者，只是市场主体的一部分。作为市场主体另一部分的是产品消费者，其中主要是居民，他们的消费能力和消费意识也对民族自治地方经济发展有着至关重要的作用。消费带动生产，如果居民消费能力低下，企业往往也就失去了进一步发展的主要动力。而民族自治地方的居民消费能力相对其他地方，整体偏低。

2018年少数民族地区城乡居民收入与全国平均水平对比情况表（单位：元）[②]

地　区	城镇居民可支配收入	农民人均纯收入
全　国	39250.8	14617.0
内蒙古	38304.7	13802.6
广　西	32436.1	12343.8
贵　州	31591.9	9716.1
云　南	33487.9	10767.9
西　藏	33797.4	11449.8
青　海	31514.5	10393.3
宁　夏	31895.2	11707.6
新　疆	32763.5	11974.5

① 根据国家统计局有关数据和中国劳动工资统计年鉴资料整理。
② 根据《中国统计年鉴（2019）》资料整理。

3. 民族自治地方政府的公共服务水平及对市场的监管和培育能力

在影响民族地区经济社会竞争力的诸多因素中，政府在公共产品供应、法律制度提供，以及处理政府与市场关系等方面的能力也相对较弱。因为微观市场主体的落后状态，与宏观市场环境有着很大的关系，特别是和政府在确保社会分配的公平公正，提供公共产品方面的能力有着直接的联系。以影响地区经济发展能力和企业创新能力的关键因素——区域创新环境为例，在全国各省区间该项因素指数的对比中，八民族省区在全国31 个省市自治区中占据了后八位。影响区域创新环境的主要因素是公共产品供应水平和政府的创新服务水平，所以要改变市场落后的状态，科学定位民族自治地方政府职能并积极有效地履行这些职能显得尤为重要。因此，提高民族地区政府的宏观调控、市场监管和公共服务能力，是改善民族地区市场环境、提升区域竞争力的重要措施。

二、各项社会事业基础薄弱

社会事业是区域社会发展的基础，其包括的内容非常广泛，而在社会事业包含的门类中，又以"公共产品"为核心。所谓"公共产品"，是一个与"私人产品"相对应的概念，指需要通过公共财政机制向社会提供，满足社会成员公共需要的产品，主要包括交通基础设施、环境保护、基础教育、公共卫生、社会保障、城市公用设施等。公共产品对社会发展具有先导性、根本性影响，往往需要巨额投资，却不能产生直接的经济效益，因而市场经营主体一般不愿意或者难以承担这类投资，它的有效供给通常依赖公共财政资源。

与全国平均水平相比，民族自治地方在几项主要公共产品供应领域都存在着巨大的差距：

1. 交通基础设施

交通基础设施是现代经济发展的命脉，对整个社会发展具有基础性作用。交通基础设施的完善程度，是决定一个地区经济发展能力的关键因素之一。民族自治地方的交通基础设施很不完善，已经成为制约经济成长的瓶颈之一。

2018 年民族自治地方与全国交通状况对比表

交通情况	公路密度 （公里/百平方公里）	铁路密度 （公里/万平方公里）	等级路占公路 总里程比例（%）
全国	50.48	136.0	92.1
八民族省区	20.91	63.39	87.45

数据来源：根据《中国统计年鉴（2019）》相关数据整理。

从表中数据可见，民族自治地方在交通基础设施方面与全国平均水平相比还存在着较大的差距，并由此对物资流通能力形成了严重的制约。

2. 公共卫生

公共卫生服务，是国家为了国民身心健康而向社会提供的公共产品。公共卫生服务水平，会直接影响一个地区的国民身体素质，影响居民健康消费结构，从而影响本地经济社会发展能力。由于诸多因素的限制，相比全国而言，民族自治地方的公共卫生服务水平较低。

2018 年八民族省区公共卫生情况与全国对比表①

	卫生人员	医疗机构	机构床位	乡镇卫生机构床位	孕产妇死亡率	围产儿死亡率	儿童营养状况	儿童保健管理
全　国	6.83	7.24	6.03	1.43	18.3	3.9	1.43	92.7
内蒙古	7.43	9.71	6.27	1.29	10.5	5.15	0.60	94.0
广　西	6.51	6.85	5.20	1.65	10.5	5.82	4.47	92.2
贵　州	6.82	7.81	6.82	1.14	19.5	5.25	1.56	91.3
云　南	6.25	5.17	6.03	1.32	17.7	5.42	1.70	90.9
西　藏	5.55	4.50	4.88	1.52	56.5	14.67	2.11	71.0
青　海	7.39	10.60	6.49	1.05	25.6	6.5	1.08	89.4
宁　夏	7.71	6.47	5.96	0.97	20.4	6.35	0.54	95.3
新　疆	7.09	6.23	7.19	1.51	27.8	11.01	1.61	94.1

① 卫生人员指标（卫生技术人员/千人），医疗机构指标（医疗机构数/万人），卫生机构床位数（张/千人），孕产妇死亡率（人/10 万人），围产儿死亡率（人/10 万人），儿童营养状况（5 岁以下儿童中重度营养不良比例%），儿童看护状况（7 岁以下儿童保健管理率%），相关数据根据《中国卫生健康统计年鉴（2019）》资料整理。

从表中可以看出，民族自治地方的公共卫生服务在各个方面都取得了巨大的进步，但是部分省区都还存在着一定的差距，尤其在妇女儿童保健方面还存在着许多亟待解决的问题。

3. 社会保障

社会保障是国家依据相关法规，在社会成员因年老、伤残、疾病而丧失劳动能力或就业机会，或因自然灾害和意外事故等原因而面临生活困难时，为保障其基本生活权利而提供的物质帮助和社会服务。社会保障制度是人类在 20 世纪所取得的最重要的制度文明之一，它是促进经济社会持续协调发展的"安全网"与"稳定器"。中国的社会保障事业起步比较晚，但发展非常迅速。随着市场经济体制的逐步完善，主要由政府提供的社会保障系统，将是维持公民职业、身心、养老等方面安全的基本手段，如果社会保障系统不健全，整个社会的经济发展能力将受到严重的制约。但由于受到经济发展水平的限制，民族自治地方的社会保障事业与全国平均水平相比还存在着较大的差距。

2018 年民族地区社会保障情况与全国比较

	全 国	八民族省区	备 注
失业保险参保比例（%）	14.08	7.95	参保人数/人口总数
工伤保险参保比例（%）	17.11	10.33	参保人数/人口总数
城镇职工基本养老保险参保比例（%）	30.03	19.58	参保人数/人口总数
医疗保险参保比例（%）	96.36	99.09	参保人数/人口总数
生育保险参保比例（%）	14.64	9.43	参保人数/人口总数
城乡居民基本养老保险参保比例（%）*	37.55	40.61	参保人数/人口总数

*备注：2012 年 8 月起，新型农村社会养老保险和城镇居民社会养老保险制度全覆盖工作全面启动，合并为城乡居民社会养老保险。

根据《中国统计年鉴（2019）》资料整理。

从表中数据可以看出，八民族省区社会保障的覆盖率还很低，这给民族自治地方的社会和谐与经济发展带来了一定的挑战。

4. 教育

教育是变人口压力为人力资源优势的关键因素，在落后地区，教育同时也是摆脱贫困的关键因素。民族自治地方经过多年的努力，在为公民提供良好的教育方面取得了巨大的成就，大山深处建起了各级学校，草原腹地传来了琅琅书声。在新中国成立之初，民族地区95%以上的人没有接受过正式的现代教育；民族自治地方的文盲率在1999年还高达23.32%。然而，到2010年第六次人口普查已经降到5%以下。2017年，民族自治地方共有职业中学1005所，在校生1804660人，教职工94797人，专任教师76381人。2017年民族自治地方高等院校的专任教师人数与1952年相比增长了198倍，在校大学生人数增长了近500倍。到2018年底，全国各级各类学校少数民族在校生总数为2607.9万人，是1951年99万人的26倍。

尽管如此，民族自治地方的教育，特别是基础教育，与全国其他地方相比，还有不少差距。

2016 年八民族省区与全国普通高中办学情况对比

对比项目	全　国	八民族省区
本科及以上学历教师占教师比例（％）	98.15	97.72
生均校舍建筑面积（平方米）	21.69	19.45
每百学生实验室面积（平方米）	138.28	117.89
每百学生图书室面积（平方米）	72.37	60.43
每千学生计算机台数（台）	218.15	165.68
生均教学仪器价值（元）	3728.96	2849.77
危房占校舍面积比例（％）	13.08	16.10

2016 年八民族省区与全国普通初中办学情况对比

对比项目	全　国	八民族省区
生均校舍建筑面积（平方米）	13.73	12.65
生均教室面积（平方米）	3.79	3.39

对比项目	全　国	八民族省区
每百学生实验室面积（平方米）	86.73	73.77
每百学生图书室面积（平方米）	34.27	27.40
每千学生微机室面积（平方米）	252.20	230.37
每千学生语音室面积（平方米）	85.71	55.85
生均体育场馆面积（平方米）	0.25	0.20
生均图书藏量（册）	35.64	25.26
每千学生计算机台数（台）	177.28	147.01
生均教学仪器价值（元）	2264.77	1895.55
危房占校舍面积比例（%）	10.51	21.25

2016 年八民族省区与全国小学办学情况对比

对比项目	全　国	八民族省区
专科以上学历教师占教师比例（%）	95.26	93.67
人均校舍建筑面积（平方米）	7.44	8.21
每百学生实验室面积（平方米）	25.07	24.52
每百学生图书室面积（平方米）	21.75	22.04
每千学生微机室面积（平方米）	171.27	177.43
每千学生语音室面积（平方米）	47.55	35.98
生均体育场馆面积（平方米）	0.10	0.07
生均图书藏量（册）	22.67	22.74
每千学生计算机台数（台）	124.06	109.52
生均教学仪器价值（元）	1404.55	1402.01
危房占校舍面积比例（%）	10.57	16.97

以上表格根据《中国教育统计年鉴（2017）》资料整理。

八民族省区与全国其他教育数据对比

对比项目	全　国	八民族省区
2016 年人均教育经费（元）	2786.94	3212.78
2016 年文盲人口占 15 岁及以上人口的比重（%）	5.28	11.79
2018 年文盲人口占 15 岁及以上人口的比重（%）	4.94	10.53
2018 年受过高中教育程度者占人口比例（%）	31.56	25.75
2018 年大专以上教育程度者占总人口比例（%）	14.01	12.31

根据《中国统计年鉴（2019）》和《中国教育年鉴（2017）》有关资料整理。

从上面诸表可以看出，当前民族自治地方的教育发展水平还比较低。教育发展的落后，会对地区的经济社会竞争力造成根本性的制约。

5. 其他公共产品和部分重要准公共产品

除了上述公共产品之外，还有一些重要的准公共产品，其供应状况对城乡社会的发展进步起着基础性作用。虽然它们的供应主要依赖市场或者社会自身的力量，但其发展的初级阶段离不开政府的投入和支持，政府是推动社会力量参与这些产品供应的主要动力。而民族自治地方在一些重要的准公共产品供给方面，也存在着不足。

部分公共产品和准公共产品对比

对比项目	全　国	八民族省区
城市生活垃圾无害化处理率（%）	93.24	86.94
工业固体废弃物综合利用率（%）	54.64	44.64
森林覆盖率（%）	22.96	27.07
城市用水人口人均供水能力（立方米）	122.17	119.89
人均图书出版量（册）	7.17	4.65
人均期刊出版量（册）	1.64	0.55
人均报纸出版量（份）	24.17	10.74
固定电话普及率（部/百人）	13.77	11.49
移动电话普及率（部/百人）	112.23	108.74
互联网宽带用户占人口比例（%）	29.20	23.51
移动互联网用户占人口比例（%）	91.36	86.88

根据《中国统计年鉴（2019）》数据整理。

公共产品供应的水平，从根本上影响着一个地区整体竞争力，是地方经济发展与社会和谐稳定的重要保证。民族自治地方政府要实现本地区的快速和谐发展，就有必要在尽可能短的时间内，通过政府职能的积极履行，将这些缺口弥补起来。否则，民族自治地方经济社会的落后与民族关系不和谐因素将长期存在，并且可能进一步恶化。

第三节 民族地区治理与发展面临的新情况和新问题

一、民族地区经济社会发展面临的新情况和新问题

新中国成立 70 多年来，中国民族地区经济社会发展取得了巨大的成绩，但在新的历史时期，由于经济快速增长、社会急剧变化、民族地区经济社会的发展也面临着许多新的情况和问题，如生态环境恶化，人口素质与结构对经济社会发展的制约，制度变迁路径选择的困境等等，对民族地区实现跨越式发展产生一定的影响。

1. 发展经济与保护环境之间的矛盾

中国主要的生态功能区和环境脆弱区大多集中在民族地区，近年来沙漠化、水土流失、干旱、土地退化等问题日渐突出。首先，民族地区水土流失严重。2018 年全国水土流失面积 273.69 万平方公里，占全国国土面积（不含港澳台）的 28.6%。水土流失类型主要分水力侵蚀和风力侵蚀两种，其中水力侵蚀面积 115.09 万平方公里，占水土流失总面积的 42%，占国土面积的 12%；风力侵蚀面积 158.60 万平方公里，占水土流失总面积的 58%，占国土面积的 16.6%。① 其次，草原退化呈现加速趋势。中国现有的 3.9 亿公顷草原，90% 已经或正在退化，草原退化面积以每年 200万公顷的速度递增，其中尤为突出的地方是内蒙古、新疆两个自治区和甘肃、四川两省的民族地区。再次，荒漠化面积进一步扩大。截至 2014 年，中国荒漠化面积占国土面积约 27.20%，总面积约 261.16 万平方公里；沙化土地 172.12 万平方公里，占国土面积的 17.93%。因土地沙化每年造成的直接经济损失高达 540 多亿元，全国有近 4 亿人受到荒漠化、沙化的威胁，贫困人口的一半生活在这些地区。荒漠化土地 90% 分布在民族地区，尤其以新疆、宁夏、内蒙古、青海最为集中。目前，内蒙古科尔沁、锡林

---

① 《5 组数据带你了解：水土流失动态监测首次实现国土面积全覆盖》，新华网，http://www.mwr.gov.cn/xw/mtzs/xhsxhw/201907/t20190703_1344437.html。

郭勒、阿拉善，宁夏中部的沙漠正在逐渐扩大，直接危及周边省区，而由于沙漠化带来的沙尘天气灾害已经影响了中国长江以北的大部分地区。最后，水资源短缺状况有所恶化。由于西北民族地区普遍处于干旱少雨地区，降水量不足，因此水资源相对紧张。而近几年来由于这些地区工农业发展，大规模开采地下水，使地下水位较20世纪五六十年代下降了几十米，对环境产生了严重影响。[①] 据统计，新疆塔里木河农业用水占比高达97%，近30年内蒙古湖泊个数和面积都减少了30%左右，科尔沁沙地农区地下水10年间下降了2.07米。这些都对沙区生态建设和植被保护构成了巨大威胁。[②]

由于民族地区在发展过程中，除了资源优势外，其他比较优势较弱，因此许多地区除了发展与环境高度相关的产业如农牧业、矿产资源开发、高耗能产业外，很难有其他选择。但是，这种经济发展领域的狭窄，却使得民族地区的经济发展与环境保护的矛盾日益突出。2018年，民族自治地方经济总产值中农业的比重达到14.5%，比全国平均水平高出7个百分点[③]；在工业总产值中与资源关系密切，对环境影响相对更严重的资源开采加工和重工业，占全部国有及规模以上非国有工业企业总产值的比例超过80%，比全国平均水平高出20多个百分点。因此，面对相对落后的现状与差距不断扩大的趋势，面对自然生态环境高度脆弱的现实，许多民族地区在发展中面临着非常艰难的抉择。

2. 人口状况与经济社会发展的要求尚有差距

人是构成社会的核心因素，社会人口状况对于一个地方经济社会发展具有根本性的影响。由于许多因素的限制，民族地区人口在规模、结构、素质以及其他方面与经济社会跨越式发展的要求还存在一些不相适应的问题。

---

① 参看《中国西部经济发展报告（2006）》，http://www.china.com.cn/aboutchina/data/txt/2006-10/25/content_7276369.htm。

② 《我国沙区超载放牧、水资源过度开发等问题突出》，http://xj.people.com.cn/n2/2015/1229/c188514-27428200.html。

③ 数据来源：《中国统计年鉴（2019）》。

首先，民族地区人口规模与环境承载力之间的关系趋于紧张。如果仅从国内比较的角度而言，西部民族地区无论人口规模还是人口密度都远远低于中东部地区。但从民族地区人口密度的绝对值来看，2014年，民族自治地区人口密度达到34人/平方公里，而除中国之外的世界其他国家人口平均密度为36.58人/平方公里，民族地区人口密度已经接近世界平均水平；2017年，八民族省区人口总量已经达到18943.33万人，与人口总量排名世界第六的人口大国巴基斯坦相接近；人口增长率要大大高于全国平均水平，从1978年到2017年，全部民族自治地方的人口共增加了7866.11万人，增长71%左右，而同期全国人口增长率不到45%，民族自治地方的人口增长率远远高于全国平均水平。

长时期的人口快速增长，会导致民族地区的资源优势不断削弱，而且需要我们注意的是，大多数民族地区都处于自然环境相当恶劣的高原或荒漠地区，生态非常脆弱且在持续恶化，支撑人口和经济增长的能力非常有限，产业规模相对较小，消化吸纳新增人口的空间也有限，因此民族地区的人口压力事实上正在持续增强。

其次，从人口结构来看，民族地区人口结构与当地社会和谐和发展的要求也存在一定的差距。人口结构包括很多内容，如性别结构、年龄结构、就业结构等，下表列举了几项关键的人口结构数据：

2018年全国及八民族省区人口结构主要指标对比①

地区	性别比	城乡人口比重		年龄结构			总抚养比（％）	少年人口抚养比（％）	老年人口抚养比（％）	人口自然增长率（‰）
		城镇人口比重（％）	乡村人口比重（％）	0—14岁（人）	15—64岁（人）	65以上（人）				
全国	104.64	59.58	40.42	192963	815039	136645	40.44	23.68	16.77	3.81
内蒙古	104.26	62.71	37.29	2759	15976	2047	30.08	17.27	12.81	2.40
广西	108.47	50.22	49.78	8821	27486	4046	46.81	32.09	14.72	8.16
贵州	109.37	47.52	52.48	6558	19585	3344	50.56	33.49	17.08	7.05

① 根据《中国统计年鉴（2019）》资料整理。

续表

地区	性别比	城乡人口比重		年龄结构						人口自然增长率（‰）
		城镇人口比重（%）	乡村人口比重（%）	0—14岁（人）	15—64岁（人）	65以上（人）	总抚养比（%）	少年人口抚养比（%）	老年人口抚养比（%）	
云　南	107.67	47.81	52.19	7157	28637	3790	38.23	24.99	13.24	6.87
西　藏	98.98	31.14	68.86	663	1994	160	41.27	33.23	8.04	10.64
青　海	108.34	54.47	45.53	967	3603	375	37.25	26.83	10.42	8.06
宁　夏	98.27	58.88	41.12	1131	4000	507	40.96	28.29	12.67	7.78
新　疆	99.76	50.91	49.09	4610	14307	1458	42.42	32.22	10.19	6.13

表中数据显示，民族地区男女性别比例失调问题比全国平均水平更加严重；农村人口的比例更高，城市化水平要大大低于全国平均水平；总人口中需要抚养的青少年人口比例大大高于全国平均水平，使民族地区家庭用于抚养子女的费用占据家庭支出的比重增加而导致生活水平降低。这样的人口结构，使民族地区在制定和实施产业发展政策、教育政策、社会保障政策、就业政策以及在其他许多公共管理和公共服务领域必须采取特殊措施，经济社会发展面临着更大的压力。

再次，民族地区人口素质也需要提高。人口素质主要涵盖身体素质和文化素质两个方面，人口素质对于一个地区的发展潜力具有决定性的影响，是区域竞争力的核心影响因素。人口文化素质包含的指标很多，但最关键的指标是人口受教育程度，2005年全国1%人口抽查数据显示，八民族省区6岁以上人口中，从未接受过任何正式教育的文盲占总人口约14.07%，比全国平均水平高出近4个百分点，接受过大专以上教育的人口占总人口比例约4.88%，比全国平均水平低1.08个百分点。2010年人口普查数据则显示，8个民族省区中，西藏、青海、贵州、宁夏、云南、内蒙古文盲率排名都在全国靠前的位置，西藏以文盲率24.42%排名第一，内蒙古文盲率4.07%排名第八，青海、贵州、宁夏、云南等省区则介于这两者之间。而从人均受教育年限来看，8个民族省区中除内蒙古与新疆之外，其他省区排名都非常靠后，西藏以平均3.27年排名全国倒数第一（第31名），广西以平均7.52年排名全国第18名，青海、贵州、云南、宁夏等省区介于这两者之间。从身体素质来看，民族地区在许多方面也与其他地区存在较大差距，特别是在人均寿命、妇幼保健状况、医疗卫生费用支出、传染病发病率等方面，民族地区存在的问题都比全国其他地区严重，例如在人均可预期寿命方面，2010 年全国人口平均预期寿命已经达到 71.40 岁，而八民族省区中，平均预期寿命最高的广西仅为 71.29 岁，内蒙古、新疆、青海、贵州、云南、西藏等省区都没有达到 70 岁，其中西藏仅仅只有 64.37 岁。由于人口素质方面的问题，民族地区在经济社会发展方面受到了较多的限制。

最后，民族地区在人口流动及对现代经济、社会、文化生活的融入程度等方面，也存在一些不利于发展的因素。在市场经济条件下，人口的流动实际上意味着资源、信息等的流动，是反映一个地方经济社会活力的重要指标。但民族地区由于受自然条件限制和特殊传统文化的影响，人口流动在方向和规模方面，都存在一些不利于当地经济社会发展的问题。2010 年人口普查，户籍在八民族省区而居住在外地的人口相当于户籍在外地而居住在八民族省区的人口近 4 倍。这说明民族地区人口外流规模要大于从外部流入的规模。一方面，由于人口单向流动特征非常明显，民族地区人口流动对于当地社会活力的激发功能并没有完全体现出来，市场经济体制在民族地区的建立和完善的限制性条件较多。而另一方面，人口流动的单向性，外部人员信息进入较少，也使得民族地区传统文化中一些对经济社会发展的制约因素始终难以被有效克服，特别是在一些少数民族社会中长期存在的重精神娱乐轻物质积累的生活方式，以及浓厚的宗教信仰氛围，严重制约了市场观念的发育和市场主体的成长。例如在新疆、西藏等地，宗教场所几乎遍及每一个社区，数量甚至远远多于正规学校，据统计，西藏有各类宗教活动场所 1787 处，住寺僧尼约 4.6 万余人，而当地小学、中学、中等职业学校、高校的总数也只有 1696 所；新疆有各类宗教活动场所 2.48 万处，而各级各类学校共有 8000 多所。许多信众在虔诚的宗教信仰引导下，接受现代教育、从事生产经营的意识淡漠；不愿意离开家乡去参与市场竞争，对外部世界的信息也缺乏了解的兴趣。而在西南一些地区，除了宗教影响力不断扩大，一些封建迷信思想也有蔓延之势，使科学思想、市场观念、竞争意识等现代思潮的传播和普及受到限制。

3. 制度变迁路径选择的难题

由于长期的相对落后，在有些民族地区，谋求发展的急切愿望，在很长一段时期里被转化成为一种不够理性的集体行动，在谋发展的口号激励下，在追求政绩考核机制的引导下，一些民族地区掀起了一股股开发资源、兴办实业、拓展贸易、招商引资的浪潮。新的矿山、电厂、工厂陆续建立，开发区遍地开花，不论什么项目只要拿钱来投资都受到欢迎和优待。这种不够理性的发展浪潮，虽然带了一些短期的经济效益，但付出的代价却极其高昂。河流被污染，土地在退化，资源被无序开发，环境变得越来越脆弱，一些民族地区发展的可持续问题非常突出。尽管 GDP 不断攀高，财政收入增长很快，但贫困问题仍然很严重，人民生活水平提高缓慢。而原来因为计划经济体制塑造的相对平衡的社会，突然面临着收入差距急剧扩大，公共意识淡漠，社会矛盾增多，教育、就业、治病、住房等问题凸显的冲击。早在 2005 年，人们就意识到，中国西部地区将成为世界高能耗产业转移重点地区。"在 20 世纪 90 年代世界范围的产业结构调整中快速发展起来的西部高耗能产业，目前已经成为西部各省（区）的出口支柱，由于其面向国际市场的发展思路，极有可能成为世界高耗能产业转移的重点地区。"若干西部民族省区，都将高耗能产业列为本地重点支持的产业，采取各种政策措施鼓励其发展。而发展高能耗产业可能对国家经济安全、环境保护和资源利用效率提高带来的负面。[①] 有不少民族地区，在经济总量和财政收入都增长迅猛的情况下，却依然无法摘掉贫困县帽子，"农村却很凄凉，不通车、不通电、点柴油灯的很多。有些地方村民们吃的是旱井贮存的雨雪水，有的甚至连旱井水也吃不上，到十多公里以外拉水、花钱买水"[②]。同时，资源开发还对当地百姓生活产生了一些

---

① 《中国西部将成世界高耗能产业转移重点地区》，引自《化工之友》2006 年第 12 期，第 64 页。

② 《这些"百强县"竟是贫困县》，载《瞭望新闻周刊》2006 年 5 月 15 日，第 10 页。

负面影响，如地质灾害、水源枯竭、农田破坏等等。

民族地区社会各界特别是各级民族自治地方政府，对这种不科学的发展方式一直在反思，并且努力想要改变。为了寻找新的发展动力，使本地发展更加符合科学发展观的要求，不少民族自治地方政府非常重视通过制度变迁来实现民族地区的跨越式发展，并进行了大规模的制度创新。但是，在制度变迁的过程中，也暴露出了一些问题，这些问题的存在不但影响了制度变迁的效果，甚至可能影响民族地区的长远发展。

制度变迁有两种基本路径，即诱致性制度变迁和强制性制度变迁。"诱致性制度变迁，指的是现行制度安排的变更或替代，或者是新制度安排的创造，它由个人或一群人，在响应获利机会时自发倡导、组织和实行。"① "强制性制度变迁是指由政府命令或法律引入和实现的制度变迁。"②

（1）诱致性制度变迁存在的问题

在诱致性制度变迁中，政府所需要发挥的作用非常有限，而且制度变迁直接由社会需求引发，由社会组织完成，其社会代价也相对较小，因而是制度变迁的优先选择。诱致性制度变迁的具体政策往往以引起或影响制度变迁需求的六项要素为依据来设计，这六项要素的任意一项存在，都会导致社会产生制度变迁的需求。它们分别是：要素与产品相对价格的长期变动、技术进步、其他制度安排的变迁、市场规模、偏好的变化、偶然事件。民族地区在过去多年里，非常注意对制度变迁需求的把握，并试图在此基础上实现诱致性制度变迁，以减少制度变迁的社会成本。但在这一过程中，却也因为对制度变迁的需求把握不足，或者内部诱致动力缺乏，而暴露了一些问题。

第一，本地技术、市场及其他因素对制度变迁的诱发能力微弱。近年来，学术界在研究总结东南沿海经济快速发展的成功经验时，经常把浙南

---

① 林毅夫：《关于制度变迁的经济学理论：诱致性变迁与强制性变迁》，载《财产权利与制度变迁》，上海三联书店1994年版，第394页。

② 林毅夫：《关于制度变迁的经济学理论：诱致性变迁与强制性变迁》，载《财产权利与制度变迁》，上海三联书店1994年版，第396页。

和苏南两种发展模式加以对比，认为浙南的经济发展主要是由于诱致性制度变迁的推动，而苏南则更多地由强制性制度变迁推动。而在分析浙南的诱致因素时，认为浙南地区相对较差的自然环境带来的生存压力，善于经商的传统习俗，敢闯荡、敢冒险、不怕苦、讲实效、勤俭节约的价值观等内在的地方文化是当地政府可以实现诱致性制度变迁的内部条件，而1978 年之后中央政府对地方控制的放松，浙南过去与海外的密切交流带来的对外部世界的了解，发达国家产业转移等则是外部因素。内外因素共同激发了社会群体追求利益的强大积极性，而政府因势利导，不断地放松对经济的限制，鼓励新的市场经济制度的生成与完善，从而进一步激发了民间的经济活力，促成了浙南经济空前繁荣，在短短二十几年里，使得浙江这个既没有区位优势，又没有资源优势的省份，人均收入从全国排名靠后一跃而成为除几个直辖市外最高的省级区域。① 对于当前民族地区而言，外部诱致性因素与浙江有很多相似之处——国家控制放松，发达国家、发达地方产业要向内地转移。但是，民族地区却存在着内部性诱致因素不足的问题，市场狭小、观念落后、社会发育水平较低，使整个社会对制度变迁的需求远没有东部沿海地区那样强烈。由于地理的封闭和文化因素的影响，民族地区社会缺乏参与市场活动、追逐个人利益的激情和能力，许多少数民族群众根本无法接受高风险、快节奏的市场经营方式；少数民族群众大多注重当前的生活，重视宗教和传统仪式，而不太在意生产资料和资本的积累，在民间很难形成可观的资本力量；由于教育水平相对较低，交通、通信等基础设施不够完善，民族地区各族群众对市场信息的了解和利用程度都远低于其他地方，利用市场机制的能力也受到更多的客观条件限制；民族地区的企业管理者与发达地区相比，整体上思想解放程度以及能力和素质方面存在差距。这些内在的不利因素，使得民族地区政府想通过诱致性制度变迁来激发本地发展动力的努力往往达不到应有的效果。

第二，要素与产品价格引发的诱致因素具有反生态性。随着整个社会

---

① 参看田伯平：《区域现代化与区域制度变迁》，《江海学刊》2003 年第 2 期。

的经济发展，资源、能源和其他初级产品的价格必然不断上升。许多落后地方正是利用这一趋势，通过加入全国乃至全球大市场，以资源换资本，并推动本地制度变迁，实现了本地经济的高速发展。不少民族地区在内部诱致因素缺乏的情况下，也积极地利用当地资源、能源和其他初级产品的优势，通过招商引资、企业改制、大建工业园区等方式，积累发展能量，推动本地制度变迁。这种基于要素和产品价格长期变动而进行的制度变迁，导致了外部资本向民族地区高能耗、低效益产业集中，向资源密集型产业集中，虽然在短期内可以使经济指标和财政收入提升，但会对民族地区自然生态环境造成破坏，而且对促进民族自治地方民生问题的解决作用甚微。

第三，诱致性制度变迁导致经济更加边缘化，进一步恶化了民族自治地方自主发展的环境。由于民族自治地方诱致性制度变迁带来的经济发展，主要是由来自区域之外的企业推动，而民族自治地方内部诱致因素的成长现在效果还不明显。这种制度变迁造成的发展模式，使得民族自治地方的经济有边缘化趋势，民族自治地方自主发展的环境不但没有改善，反而可能出现恶化。这主要表现在民族自治地方在国家产业分工中处于低端，经济产出的附加值更多地被其他地方获得；民族自治地方产业单一，导致其在市场价格竞争中处于劣势；社会自发展能力低下导致各种资源外流，进一步恶化了当地的自发展能力。

（2）强制性制度变迁可能引致的问题

为了克服诱致性制度变迁带来的诸多问题，民族地区政府采取了许多强有力的措施，出台了不少法令政策，以强制性制度变迁手段，刺激本地的内在发展动力，或者限制外来资本的不利影响。具体手段包括：

第一，市场新观念的强制灌输。政府通过所掌握的舆论资源，向社会灌输新的思想观念，从而为制度变迁营造思想和文化氛围，以观念更新推动制度变迁。

第二，对企业行为的介入。在完全自由的市场经济环境中，企业的决策应该完全自主，政府作为公共权力的行使主体，不应该介入企业的行为。但是，一些民族地区政府为了尽快实现制度变迁，推动本地经济发展而弱化市场作用，直接介入企业行为。如为了完成政府的经济发展绩效指标，而给企业规定生产增长计划；为了实现财政收入增长，而对企业的纳税额提出具体要求；为了培育有竞争力的大型企业集团，而由政府主导实现不同企业之间的联合或者合作；为了使企业能够提升科技含量，政府给企业下达科研指标；为了节约企业经营成本，政府动用公权力帮助企业建立原材料供应渠道或者进行市场推广；为了培育新型的企业经营模式，政府要求企业按照其意图进行经营体制改革等。

第三，以政府行为部分替代市场调节机制。市场机制是围绕着价格机制的一系列资源流动机制的总和，具体包括价格机制、竞争机制、风险机制和供求机制。市场机制要发挥有效的作用必须有几个重要的条件：价格由市场自发形成、市场主体意志自由、资源流动不受非市场因素制约。然而，目前有一些民族自治地方政府经常以政府行为代替市场机制，改变市场运行的条件，以控制资源配置，使之服从服务于政府预期目标。如给关键产品限价甚至定价，设定特别的市场准入标准以扶持有关产业或行业发展，以公权力强制性分配资源和财富，以行政命令干扰市场信息以改变资源流向等。

第四，政府承担市场中介角色。目前，有不少民族自治地方政府实际上已经成为市场中介的主力从事大量中介性工作，如通过政府部门直接招商引资吸引外部市场主体来本地投资兴业，通过政府介入安排本地企业合作甚至合并，用行政手段整合科研院所力量为部分企业技术、管理革新和人力资源素质提升提供服务等。

强制性制度变迁，对于相对落后的民族地区而言，具有必然性。因为诱致性的制度变迁要想取得较好的效果，必须具体一定的条件，如交易受到的非市场因素阻滞很少，市场信息传播顺畅，产权制度比较完备。然而，"无摩擦交易、完备的信息和明确界定的产权等假设条件，在处理不发达地区（那里的要素和产品市场不完全）的许多经济问题和理解历史的演进过程时显得尤其不适当"①。在民族地区，市场交易受到的限制来自多个方面，许多限制条件如果依靠市场主体自身去应对，或者无能为力，或者成本过高而无意去应对；市场信息由于相对落后的交通、通信基础设施状态，由于整个社会普遍的教育水平的相对低下等因素，无法顺畅传播；而产权制度不明晰一直是我国经济领域里的顽疾。这些市场机制中存在的缺陷，以及民族地区后发劣势的现实，使得民族地区如果完全依靠诱致性制度变迁将会导致许多问题，最终影响经济健康发展。而通过强制性制度变迁，则有可能纠正诱致性制度变迁中的不利因素，使经济按照政府理性规划而运行，从而确保经济成长的健康稳定。事实上，当前民族地区经济发展速度非常快，且出现了一大批有竞争力的企业和产业，这都与政府的强制性制度变迁有着直接的关系。

然而，强制性制度变迁却也给民族地区带来了许多问题，这些问题如果得不到很好的解决，就有可能影响民族地区的长远发展。制度经济学认为强制性制度变迁受宪法秩序和规范性行为、制度设施和实施的成本、社会科学知识的进步、制度群的集合程度、上层决策者利益、官僚体制运行状况等因素的影响，操作不当往往会导致制度供给出现不均衡状态，从而引发一系列问题。在民族地区，强制性制度变迁可能引发的问题有：

①政府呵护下的企业、产业竞争力具有一定的虚假性。政府在推动经济发展过程中的强制性制度变迁，一般都是直接针对特定企业或特定产业，其主要内容往往都是通过新制度的实行，为这类企业和产业的发展提供便利，使之能够获得超常规的发展。由于政府权力的特殊关照，这些企业或产业相对脱离市场竞争机制来发展自己，提升自己的实力。但是，这种脱离市场竞争机制而获得的实力，往往缺乏可持续性。②强制性的产业聚集并没有带来经济效益的实际提升。通过集中土地、公用设施、公共服务等一系列资源整合行动而建立开发区，以政府的力量推动产业聚集是民族地区强制性制度变迁的重要形式。然而，这种由政府强推的产业聚集而

---

① 林毅夫：《关于制度变迁的经济学理论：诱致性变迁与强制性变迁》，载《财产权利与制度变迁》，上海三联书店 1994 年版，第 398 页。

形成的开发区，取得良好效益的却并不多。民族地区有一些开发区设立目标不明确，主导产业不清晰，入驻企业数量少、投资额低，土地闲置率高等问题使得其开发区事实上开而不发，大量的资源被严重浪费。③政府与企业、市场的关系发生异化。由于民族地区强制性制度变迁，往往采取的是对特定企业或行业进行特别照顾的方式来实现，而这种特别的照顾总是伴随着政府对企业行为的介入，对市场机制的替代等，这不仅使民族地区政府与企业、市场的关系发生扭曲，而且与建立公共服务型政府的潮流背道而驰。④政府行为进一步加剧了社会不公正。强制性制度变迁往往意味着政府凭借强制力量整合社会资源，分配给在资本、技术、管理等方面本来就占有优势的市场主体使用，以实现经济更高效率的发展。而这又必然带来另外一个严重的问题，即本来由市场经济所引致的资源配置结果不公平现象，政府未能基于确保社会公正的角度去消解，反而因为制度变迁的导向偏差而使之进一步加大。⑤权力滥用现象难以遏止。在政府掌握大量资源并且对这些资源的分配具有支配性影响的时候，权力寻租现象就会难以遏止。在政府整合社会资源，推动强制性制度变迁的进程中，以非市场手段获得和支配公共资源，以公共利益名义谋取自身狭隘利益，以行政方式赋予部分市场主体特权等权力滥用现象难以遏制。⑥路径依赖导致制度僵化。在强制性制度变迁过程中，还有一个非常严重的问题，这就是强制性制度变迁的路径依赖现象往往很严重。诺斯在其著作中这样描绘制度变迁路径依赖的形成："参加者的主观精神构想会演进成一种意识形态，它们不仅会使社会的结构理性化，而且还选择了不佳绩效。结果，经济中会演进出一些加强现有激励与组织的政策。"① 在民族地区，制度变迁的路径依赖在许多方面已经显现出来，如习惯性地移植部分发达地区现成制度和经验，习惯性地依赖行政命令或政府的组织力量推进市场制度变革，习惯性地为本地企业和产业对社会责任的规避进行辩护。此外还有因为利益集团的形成导致的既得利益者强力影响公共政策和制度设计，使得制度变迁停滞不前或按既得利益者的利益方向进行的现象也时有发生等等，都可

① D.C. 诺斯：《制度、制度变迁与经济绩效》，上海三联书店 1994 年版，第 132 页。

能使制度变迁释放社会活力的效果非常微弱。

因此，在新的历史时期，如何以科学的发展观指导民族地区制度变迁的目标设定与路径选择，探索诱致与强制相辅相成的制度变迁方式，以强制性制度变迁推动诱致性制度变迁因素的成长，通过发展教育提升制度变迁的动力等，都需要在理论和实践层面积极探索。

4. 城市化发展过程中涉及民族因素的问题

随着我国经济发展水平的不断提升，我国城市化程度也不断提高。截至 2019 年，我国城市数量（除台湾外）已从新中国成立前的 132 个增加到 672 个（4 个直辖市，两个特别行政区，293 个地级市，375 个县级市），城市化水平由 7.3% 提高到 60.6%。城市人口达到 8.5 亿人。城市化进程事实上又与工业化、市场化，与社会流动性增强，现代性发育联系在一起的。城市化进程的加速，大大推动了我国经济社会的发展，推动了我国各项社会事业的进步。在民族地区，城市化对经济社会发展的拉动作用更加突出，数以千万计的少数民族群众因为国家城市化进程，改变了过去日出而作、日落而息的农牧生活，进入城市谋求新的生活方式，他们中绝大部分人因此过上了更加富裕、更加充实的生活。民族地区自身也在加速城市化，一座座崛起的新城散布于民族地区广阔大地上，其中有些城市的现代化程度即使与东部发达城市相比，也毫不逊色。这些崛起在民族地区的城市，不但为民族地区注入了强劲的发展动力，而且也有力地促进了各民族间的交往。然而，我国城市化发展对全社会的冲击也全面而深刻，对我国民族关系的冲击也非常明显。目前，主要由于城市化发展，我国少数民族流动人口已经超过 3000 万人，其中大部分都流向东部沿海发达地区务工、经商、求学。在最近几年发生的涉及民族因素的突发群体性事件中，80% 都发生在非少数民族聚居地的城镇中。这种情况表明，随着城市化、现代化的发展，我国民族交往与民族分布格局已经发生了非常显著的变化，相应地民族关系发展和民族工作开展的局面也要发生变化。目前，由于城市化导致的涉及少数民族因素的社会问题主要包括：

（1）少数民族流动人口在东部城市的融入困难

　　由于我国东部发达省区少数民族人口长期以来占人口总量的比例极低，因此整个社会形成的生活方式与民族地区差别较为明显。当大量少数民族群众进入东部地区城市之后，首先面临的问题就是少数民族融入所在城市，过上正常生活比较困难。这方面的困难主要包括：

　　第一，经济融入困难。从事特定的经济活动以获取维持生活必需的收入，是人参与社会生活的基础条件。因此如果一个人无法参与他所生活地区的经济中去，他在这一地区的生存就会发生困难，至于其他方面的融入根本就无从谈起。然而，在东部许多城市特别是沿海一些相对发达的大城市中，少数民族流动人口由于学历一般都不高、缺乏工作技能、缺乏对市场信息的了解，普遍存在工资待遇不高，工作种类单一，社会保障缺失，居住场所环境恶劣且相对隔绝等问题，在经济上处于相对边缘化状态。目前，大多数流入东部发达城市的少数民族群众，都集中于具有少数民族特色或与民族地区相关联的餐饮、运输和中介服务行业工作，还有相当一部分人则以在街边经营小摊小贩为业。例如上海的一份调查显示，当地流动少数民族31.4%都是经营小生意的商贩，合同制工人和临时工人分别占29.1%和20.3%，自主创业者仅4%左右①。就业层次低，收入微薄且不稳定，是他们面临的共同困难。

　　第二，社会融入困难。建立一定的社会关系是个人融入社会的重要条件，有效的社会关系可以帮助个人获取各类与生活、发展有关的信息与资源，降低个人社会生存的成本。城市的形成和发展，从根本上来说是为了便利人与人之间的交往，因此城市在历史上一直是促进社会不同群体融合的强大力量。然而，由于文化的差异和城市人际关系固有的一些弊病，以及部分少数民族成员固有的保守、封闭思想的影响，目前流入东部发达城市的部分少数民族成员，除与本族、本地一同流入的人保持了较紧密的关系之外，与当地人的社会关系几乎都处于空白状态。而与当地人的社会关系的空位，使他们事实上与当地社会处于某种程度的隔绝状态，不能有效

---

　　① 华东师范大学、上海市民宗委：《上海市外来少数民族人口服务与管理长效机制研究》，内部资料。

地参与当地经济、文化和社会生活中去。目前，我国许多城市都出现了特定少数民族聚群而形成的特殊社区，这些社区与城市中其他社区在经济、文化和生活方式上差异极为明显，在城市中显得非常独特。这类社区一方面固然为进入城市生活的少数民族提供了生活方面的便利，但是另一方面，它们也普遍存在着在经济、文化和社会关系方面相对封闭、隔绝的特征。世界上许多国家的经验已经证明，不同族群在同一城市中相互隔绝，常常会引发族群间的狭隘民族主义情绪，进而导致社会治安出现严重的问题，甚至会引发大规模族群间冲突。我国部分民族分区界限明显的城市，目前已经发生了一些因宗教信仰、利益分配、生活方式、族群意识引发的较为棘手的社会问题，未来如果少数民族聚居社区在东部城市进一步扩散，很可能会引发更多更严重的社会问题，需要引起注意。

第三，城市认同困难。由于我国大多数少数民族群众都信仰特定宗教，宗教生活在少数民族的日常生活中占有重要地位；许多少数民族在其他生活习俗与信仰方面，也与东部地区汉族群众明显不同。而东部发达地区缺乏满足少数民族宗教、饮食、居住、文化、娱乐及其他特殊要求的生活设施，使许多少数民族成员流动到东部地区之后，在日常生活上遭遇了许多困难，这些困难加上前述的经济、社会融入的困难，进一步导致少数民族在心理上无法融入当地社会，不能形成对所住城市的认同与归属感。例如在浙江、广东等地，清真寺数量非常少，清真餐馆的数量也非常有限，信奉伊斯兰教的少数民族群众的宗教活动和日常饮食需求往往难以得到有效满足。同时，东部地区个别群众，习惯于用奇怪甚至猜疑的眼光看待少数民族，在经济交往和日常生活中为与之接触的少数民族设置一些不必要的障碍，甚至有意无意进行刁难，也使流入的少数民族群众对所住城市缺乏归属感。例如在个别大城市，对来自新疆、西藏的少数民族流动人口就曾发生过出租车拒载、飞机安检格外严格、旅馆拒绝住宿登记、公安人员查验特别频繁的现象。更有个别市民，将来自一些特殊民族地区的青少年务工者简单等同于"小偷""强买强卖者"，在大街上遇见他们时唯恐避之不及。这些都严重影响了少数民族流动人口对所在城市的归属与认同。目前有些东部城市的少数民族流动人口，在所住城市生活之后，往往民族意识更加浓厚，与此不无关联。甚至有个别少数民族成员在东部城市生活之后，由于上述情况导致的对城市不适应，对现状不满意而在思想上甚至行动上走向极端。

（2）针对少数民族流动人口的公共服务与管理困难

在东部地区，少数民族流动人口的大量涌入，引起了当地各级政府的高度重视。许多地方政府都出台了服务少数民族群众，帮助他们解决生产生活中遇到的实际困难，引导他们融入当地社会的特殊政策。同时，随着涉及少数民族因素的各类社会管理问题不断增加，东部地区不少地方政府也在探索相应的治理策略。然而，在东部地区，不论是针对少数民族的公共服务还是对涉及民族因素的社会问题的治理，目前都还存在一些现实的困难。

第一，针对少数民族流动人口的公共服务困难。公共服务包含的类型非常多，在东部沿海地区，涉及少数民族流动人口的公共服务，主要在三大领域出现了较大困难。首先是公共基础教育领域，流动少数民族成员的子女在接受教育时面临诸多困难。其中比较突出的，如教学资源使用饱和，少数民族流动人口子女求学无门；教材与教学进度不一致，少数民族流动人口子女教育衔接困难；语言不通，教学过程中师生互动难，进而影响教学质量；甚至有部分地区出现本地学生家长抵制学校接受外来少数民族人口子女，给学校教学工作带来巨大压力等。其次是社会保障领域，由于相当一部分少数民族流动人口集中在一些非正规经营的行业、企业，工作处所用工不规范、居住手续不完备，因而无法参加社会综合保险，无法享受本地政府提供的各类针对少数民族流动人口社会保障的优惠政策的照顾，使他们的工作、生活处于无保障状态。而少数民族流动人口大多数学历偏低、谋生手段单一、收入不高、法律意识与权利意识淡薄，也缺乏获取社会保障的知识和能力。因此，在东部相对发达地区，有为数众多的少数民族流动人口游离于社会保障体系之外，但按现有的国家法律与政策，政府又无法给他们提供其他方面有效的帮助。再次是公共文化生活领域。

公共文化生活是形成公民认同，凝聚国民心理的重要公共服务，参与公共文化生活也是个人融入社会的重要渠道。然而，由于东部省区的公共文化基础设施，公共文化娱乐活动设计，在过去都较少考虑少数民族因素，特别是对语言、宗教禁忌等方面内容的考虑较少，因此当大量少数民族人口涌入之后，既有的公共文化服务体系对少数民族流动人口的吸引力不足。公共文化生活的缺乏，使得少数民族流动人口更倾向于同族聚居，保守、排他、封闭的特征明显。

　　第二，对少数民族的管理与引导存在困难。少数民族大量涌入发达地区城市，也引发了许多社会问题，给当地政府管理社会事务造成了一些现实的困难与压力。例如仅在上海，2008年一年就发生涉及少数民族因素的信访事件116起，在广东等地，涉及少数民族因素的突发事件发生的频率近几年也快速增加，其中2009年广东韶关一工厂发生的员工聚众斗殴事件，因涉及维吾尔族务工人员，更是被新疆"三股势力"恶意炒作，成为引发新疆"7·5"事件的重要诱因。之所以会出现这些情况，主要有两方面原因。首先是一些东部地区政府与社会对大量少数民族流动人口的快速涌入缺乏足够准备。这些地区不能较好地引导这些流动少数民族融入当地社会，不能为他们提供良好的公共服务和充分的发展空间，对待少数民族的社会氛围也存在一些问题，进而使个别少数民族成员事实上或感觉到利益甚至尊严受到伤害，走上极端的对抗社会的路子。个别地方政府对流入的少数民族务工人员，甚至怀有"敬而远之"的态度，在不敢管、不想管的消极思路指引下，以提高公共服务"门槛"的方式故意将少数民族拒于政府公共服务之外。其次是少数民族流动人口自身存在的问题。有些少数民族流动人口不适应城市生活，不懂得城市的管理规章，在择业方面存在较大盲目性，使相应的城市在管理、引导方面无法制定和实施有效的政策。还有部分少数民族流动人口，由于家境贫困，在流入城市的过程中几乎都是倾家荡产筹集资金，承受着极为沉重的经济压力和精神压力，然而面对城乡巨大的落差，其中有些人并不能在城市寻找到更好的生活，因此而出现心理失衡，可能会借助于极端行动来表达和维护自己的利益，给相关地区社会治安与公共管理带来压力。同时，少数民族流动人口中有一部分人由于受教育程度相对较低，法治观念、市场观念淡薄，对国家民族政策理解片面，在进入东部地区城市后，一方面不尊重当地的社会管理与市场运行规则，另一方面又常常以"少数民族"身份给当地政府和市场主体施加压力，寻求"特殊公民"待遇，也给当地社会治理带来了许多困难。在北京、上海、浙江等地，都出现过少数民族流动商贩强买强卖，不尊重所在地市场管理规则，不服从当地政府依法做出的行政裁决的案例。更有个别分裂势力的成员，借助市场经济环境下人口流动和信息传播的便利，从边疆渗透到内地，从事破坏民族团结、抹黑党和国家形象，甚至分裂国家的活动，使当地的一些普通社会问题与遥远的边疆地区涉及民族团结、边疆安全和国家统一的敏感政治问题直接联系在了一起，加大了当地社会治理的难度。目前，"三股势力"就已经有部分成员以务工、求学、经商为幌子，渗透到了内地，从事分裂国家的各种活动，特别是募集犯罪活动所需资金、开展分裂国家的宣传、培训犯罪分子技能、与内地一般犯罪分子和犯罪组织沟通合作等。

（3）民族地区自身城市化发展引发的矛盾和问题

由于我国经济的快速发展，以及国家不断加大对中西部地区发展的政策倾斜，我国相对落后的中西部地区，包括广大民族地区，也开始快速城市化。在这个过程中，许多过去曾经相对偏远的民族地区，迅速地开始了工业化进程，深深地被卷入全国乃至世界市场体系，各种外来的资源、信息和人员不断涌入，而民族地区的人、物资也不断向外流动。在城市化进程中，民族地区各族群众的生活水平不断跃上新的台阶，社会生活也变得更加丰富多彩。然而，不可否认的是，这一过程也导致了民族地区生活方式快速世俗化、利益格局日益多元化、社会矛盾也更加复杂化。目前，民族地区城市化引发的比较突出的问题包括：

第一，城市化、工业化过程中的社会转型与适应问题。民族地区城市化过程中，也遭遇了内地城市化过程中同类型的问题，如农民入城的就业和生活转型问题，流动人口的管理问题，城市建设过程中利益分配，特别是土地征收过程中利益分配问题、城乡差距扩大问题、环境保护问题、公共服务短缺问题等。然而，由于民族地区社会环境的特殊性，这些在内地看来只是社会转型中的普通问题，在民族地区却有可能因为各种原因而变得更加复杂。统计数据表明，到 2018 年，8 个民族省区城镇人口占总人口的比例达到 50.4%，城镇人口总量达到 1 亿多，这样规模巨大的人口增量，给民族地区造成的压力是显而易见的，其中就业、教育、社会保障、公共卫生等领域的问题尤其突出，而这些问题又非常容易被分裂势力和反华势力渲染以制造族群间的仇视情绪，进而煽动民族间矛盾与冲突。例如在西藏拉萨，在进入 21 世纪以来特别是青藏铁路开通以来，城区和近郊区聚集的闲散无业人口就不断增加，到 2008 年"3·14"事件发生前后，总量已经达到数万人，而拉萨市城区总人口仅 30 万人左右。这些闲散无业人员，由于没有工作、没有稳定收入、不能完全享受城市提供的各类公共服务，有些人抱有对政府、社会的不满情绪，在"3·14"事件中，其中一部分人受"藏独"势力蛊惑，成为制造骚乱的重要力量。城市建设中涉及土地、资源征收补偿方面的问题，也非常敏感。改革开放以来，特别是进入 20 世纪 90 年代以后，民族地区城市规模急剧扩大。乌鲁木齐1981 年城区面积仅 46.6 平方公里，到 2018 年，乌鲁木齐城区面积达 449平方公里；新中国成立初期，贵阳城区面积仅 6.8 平方公里，到 2018 年城区面积已达 360 平方公里，而根据贵州省规划，未来贵阳市城区面积要扩大至 1200 平方公里左右。其他民族地区的城市，也都出现了大规模的扩张。而城市扩张的背后，则是涉及千百万人切身利益的土地征收、房屋改造、重新就业、迁移安置等现实问题。这些问题在内地已经引发了许多社会矛盾和冲突，而在民族地区，稍有处理不慎，可能引发更为严重的问题。

第二，工商业发展与资源开发过程中的利益分配问题。在民族地区，尤其是过去闭塞程度较高，开发较晚的地区，如西藏、南疆部分地区，曾经普遍存在这样一种现象：新建的工商企业不断增加，但是这些工商企业的管理层大多数都是来自内地的人，本地人非常少，甚至普通员工，当地人的比例也不高。这使得不少当地人尤其是少数民族群众出现了不满情绪，认为内地人涌入，夺取了他们的资源与就业机会，却没有给他们带来实际利益。然而，在相对落后的民族地区，要实现跨越式发展，这种局面在一定程度上又难以避免。这些相对闭塞、落后的民族地区，由于各种社会事业建设起点低，居民受教育程度不高，市场观念淡漠，完全依靠自身的力量，实际上根本无力推动本地方经济社会快速发展，进而缩短与东部地区的差距。国家要开发这些落后地区，仅仅依靠政府投入也无法筹集足够资源，因此必须发动来自内地的市场主体积极参与落后民族地区的开发与建设。但是，这些市场主体毕竟是以追求利润为目标的"理性经济人"，进入民族地区之后，它们需要考虑经营管理的成本和获利预期。目前民族地区市场环境和公共服务体系，都不足以为这些企业提供充足的人力资源，因此这些企业不得不从内地调入大批经营管理人才和技术人才。然而，这种现象的确会导致当地各族群众从国家政策中的受益出现一定程度的流失。例如在西藏，国家通过优惠政策安排到西藏的各类重大建设项目，承建商许多都是来自内地的公司，而这些公司从管理层和普通员工，大部分都来自内地。项目实施结束后，国家拨付的建设资金有相当一部分转变成为公司的利润及其员工的薪酬回流内地，当地少数民族群众能够分享到的财富占的比例并不高。在资源开发过程中，也存在一些利益分配方面的问题，参与资源开发的企业一般来自内地，雇员也大多从内地调入，当地少数民族参与的空间较小，开发出来的资源在转变成财富之后，民族地区从中获益也相对有限。如何解决民族地区开发过程中遇到的这方面问题，需要进一步加强研究，寻找对策。目前国家在民族地区资源开发方面，已经通过税率调整等方式，优化了民族地区与外来企业、国家之间的分配结构。国家民委和国资委也联合发布了《关于进一步做好新形势下国有企业民族工作的指导意见》，在项目投资、劳动用工方面照顾少数民族利益。但在建设项目利益分配方面，还需要探索更好的方式。

第三，不同族群成员高度聚居带来的相互适应与包容问题。民族地区每一个城市就是一个融合了不同利益、观念和生活方式的综合体，在城市这个狭窄的空间里，随着不同族群利益的纠结、文化的碰撞、观念的激荡、生活方式的交汇，有时一件小小的个人争端，都有可能点燃大规模的族群间矛盾冲突。在这种情况下，如何引导各族群市民互相调适，就成为未来整个社会需要特别关注的问题。民族地区在城市化过程中，必须引导各族群众形成宽容精神，法治观念和市场意识。没有对异文化的宽容，没有严格遵守法律的观念，没有尊重市场规则的意识，人口快速集中的城市化进程，将不可避免地引发社会动荡。相反，如果能够在民族地区城市化进程中，相应地培育起这些方面的思想、观念和意识，则城市化必然会成为民族地区经济腾飞的强大助力。

5. 民族地区快速现代化过程中各种社会矛盾凸显问题

纵观世界各国发展历程，诚如美国学者亨廷顿所言，现代性孕育着稳定，而现代化过程则容易诱发社会震荡，中国目前正处于一个重要的历史节点。一方面，新中国成立 70 多年，改革开放 40 多年，我们取得了举世瞩目的巨大成就，中华民族伟大复兴的目标从来没有像今天这样清晰可见。另一方面，我国发展不平衡不充分问题仍然突出，重点领域关键环节改革任务仍然艰巨，创新能力不适应高质量发展要求，农业基础还不稳固，城乡区域发展和收入分配差距较大，生态环保任重道远，民生保障存在短板，社会治理还有弱项。

中国社会整体情况如此，民族地区的情况更为特殊。在新中国成立之前，中国的民族地区比其他地区更加落后，部分民族地区甚至还停留在原始社会状态。在新中国成立之后的前 30 年时间里，国家由于经济实力所限，对民族地区的开发被局限在个别点与线上，大部分民族地区实际上一直与其他地区始终存在较大发展落差。即使在改革开放之后，这种局面仍然没有得到迅速扭转，改革开放的前 20 年，我国实行的是梯度发展战略，资源、区位等禀赋相对较好的地区先发展起来，自然、地理环境相对恶劣、区位相对封闭的中西部民族地区则处于后发位置。然而，进入 20 世纪 90 年代以后，特别是进入 21 世纪以后，国家的发展战略做了重大调整，对中西部民族地区采取了倾斜式的照顾。从前面谈及的西部大开发、兴边富民行动等重大战略安排不难看出，在短短的十几年里，国家对西部民族地区的投入呈爆炸式增长状态，而西部民族地区的经济总量也迅猛增长，各类社会事业快速发展。然而，历史经验告诉我们，发展并不必然带来稳定，实际上，如果把握不当，发展很可能是社会动荡的诱因。在发展过程中，由于利益格局的日益多元化，各种资源的快速流动，人员流动的加快以及相伴而来的生活方式、价值观念、现实利益的碰撞与激荡，诱发矛盾冲突的因素不断增加。而民族地区普通的社会冲突，也很有可能被渲染、演绎成影响边疆稳定、民族团结、国家安全的重大政治、社会问题。如果没有相应的法律、制度与政策的跟进，以协调人们之间的关系，合理分配社会价值与利益，西部民族地区的快速发展很可能引发不同程度的社会动荡。对此，我们需要有所警觉，其中最需要提前做好准备的领域包括：

（1）社会利益多元化可能引发的问题。随着民族地区经济快速发展和市场化程度的不断提高，民族地区社会利益多元化的趋势将会日趋明显。利益多元化包括利益类型、利益内容、利益观念、利益分配结构等多方面的多元化和快速变化，而这必然会导致社会各方利益竞争的激化。在此过程中，如果社会利益、价值分配的规则未能及时跟进和完善，则必然会使部分人因利益之争陷入激烈的矛盾冲突之中，进而引发社会动荡。因此，在推进民族地区发展过程中，不断根据发展形势的变化，调整和改进社会利益、价值分配的规则，在全社会形成依法参与市场竞争的氛围，培育公民理性对待各种利益，以及因利益产生的各种矛盾冲突的观念，是当前非常重要的一项任务。

（2）多元文化激荡融合带来的社会整合问题。在民族地区发展过程中，随着资源、物资和人员在民族地区与非民族地区流动的加强，肯定会带来不同文化和生活方式的交流碰撞。而历来异文化的激荡磨合，都会不同程度地引发社会群体之间的矛盾冲突。因此未来如何应对不同文化群体之间的交流融合，值得深入研究。同时更需要警惕的是，利用民众对异文化的陌生，制造恐慌气氛，历来都是分裂势力、国际反华势力的惯用伎俩。如何防范这两股势力借我国民族地区多元文化激荡之际，宣扬狭隘民族主义和宗教极端主义思想，制造社会群体间的敌对情绪，需格外引起关注。

（3）社会快速世俗化可能引发的问题。我国许多少数民族大多数信教，宗教生活对于不少群众而言具有至关重要的意义。然而，历史已经证明，随着一个地方经济发展水平的提高、市场经济体制的完善和城市化发展，社会世俗化的趋势将不可避免。在这个过程中，会产生一系列矛盾与问题，包括信教群众信仰方式的改变引发的矛盾，信教群众与非信教群众之间的矛盾，宗教生活与现实生活的矛盾等。而宗教因素引发的矛盾，如果与其他因素引发的矛盾交织在一起，将会带来更大的社会影响，引发一些极端反社会行为。对此，全社会需要思考并设计应对方案，采取恰当的手段，引导人们正确处理宗教生活与现实生活的关系，发挥宗教对道德和善良习俗的促进作用，避免宗教负面作用的扩散，特别要防范宗教因素成为激化其他领域矛盾的催化剂。

（4）经济社会事业发展与社会凝聚力的提升问题。我们出台各种政策措施，推动民族地区发展，除了要提升各族人民群众的生活水平之外，另一个重要的目标就是希望以发展的方式，促进民族团结，社会和谐，提高各族群众对中华民族的向心力，对中国国家的认同，确保国家的统一和边疆的稳定。但是，经济社会事业的发展并不必然会带来各族群众对国家认同的强化，并不必然会加强民族团结，巩固边疆稳定。事实上，如果在发展过程中，不能同时强化社会成员和谐共处的纽带，不能强化各族群对中华文明，对中国共产党，对我们这个伟大祖国和我国政府的认同，那么影响民族团结和社会稳定的负面因素不但不能消除，反而可能进一步恶化。由此，对于民族地区治理而言，经济社会事业的发展固然是基础性工作，但在此基础之上，我们应该采取什么样的方法，提升各族群众对国家的认同，对中华民族、中华文明的认同，对社会主义道路的认同？我们应该怎样巩固"共同团结奋斗、共同繁荣发展"的和谐民族关系？我们如何才能从根本上铲除分裂势力生存、发展的土壤，实现民族地区的长治久安，我们怎样才能使国际反华势力无法借力中国的民族矛盾，制造反华事端？都是需要认真思考的课题。

二、民族区域自治制度的调整与完善

民族地区治理过程中出现的新情况和新问题，使民族区域自治制度的科学性、有效性面临一些新的挑战，进而迫切需要进一步优化和完善。在市场经济体制已经建立，中国已经深入参与全球化进程的新的历史时期，要优化、完善民族区域自治制度，就必须在合理界定政府职能，科学制定公共政策的基础上，结合当前我国转型过程的战略、长远的目标和方向，对民族区域自治制度实施过程中出现的问题进行诊断，进而找到优化和完善民族区域自治制度的具体措施。

1. 作为一项公共政策的民族区域自治制度

在市场经济体制下，国家需要合理定位政府与市场、政府与社会的关系，需要通过制定和实施各类公共政策，弥补市场失灵，为市场主体、社会主体提供优质公共服务，进而在维持经济社会稳定、发展的同时，不断强化公民对国家的认同，提升政府的合法性。

在文化多元的国家，政府处理与境内多元族群联系在一起的社会问题，实际上属于政府与市场、社会关系的一部分。这一问题，需要在科学的政府职能定位基础上，通过公共政策和公共服务来应对。现代公共管理理论已经揭示，不论市场机制还是政府公共政策，都存在甚至可以说必然会出现失灵的情况，因而这两者的关系必须根据社会形势的发展不断调整。

公共政策是"在某一特定的环境下，个人、团体或政府有计划的活动过程，提出政策的用意就是利用时机、克服障碍，以实现某个既定的目标，或达到某一既定的目的[1]"。对于一项公共政策而言，从政策问题的识别，到政策实施再到政策评估，每一个环节都是政策主体的主观能动性与社会客观现实性互动的过程。由于政策主体所掌握的信息的局限，价值

---

[1]　Carl J. Friedrich, Man and His Government. New York: McGraw-Hill, 1963, p. 79.

观念的束缚，政策主体在政策过程中，往往不可避免地会出现与社会客观现实脱节的问题，进而使公共政策或多或少地偏离社会现实。解决公共政策与社会现实中存在的这一矛盾，别无他途，唯一的选择就是根据客观现实情况的变化，不断地修正公共政策，包括公共政策问题，公共政策方案设计，公共政策评估标准等，使公共政策不断接近客观现实，尽可能减少因公共政策与社会现实偏离而出现的政策失灵带来的危害。

民族区域自治制度，作为我国应对民族关系领域存在的社会问题的核心政策，虽然自推行以来，取得了令人瞩目的成效。但是，它对社会问题的识别，以及在此基础上设计的政策方案，政策评价体系，实际上也不可避免地存在与社会现实脱节的问题，进而使这一政策在实施的过程中，也出现了失灵现象，引发了一些副作用。正视、发现并深入分析民族区域自治制度存在的这些问题，是调整和完善民族区域自治制度的前提。

我国的民族区域自治制度，设计于新中国成立之前，成形于新中国成立之初，其对政策问题的识别，设计的政策方案，提出的政策评估标准，都与当时的社会背景联系在一起，而经过 70 多年的发展，民族区域自治制度建构的这些社会背景早已时过境迁，可是民族区域自治制度对政策问题的识别，政策方案的设计，政策评估的标准，却并未经过根本性的修正，从而使其在若干方面不可避免地与当前的社会现实发生了偏离。

（1）民族区域自治制度对政策问题的识别

民族区域自治制度是应对我国境内具有文化差异性的社会群体间，以及与这些社会群体关联在一起的区域间关系问题的政策。这两类关系之间存在的问题，是客观现实，但这一问题的属性是什么，政策主体只能依据既有理论进行判断。我国民族区域自治制度在识别和建构政策问题时，所依据的理论主要是经过部分修正的苏联民族理论，而苏联民族理论，又是西方民族主义思潮、马克思主义民族理论与苏联社会主义革命与建设的现实结合的产物。根据苏联民族理论，一国之内具有文化差异性的社会群体间、区域间关系问题被定性为民族问题，而民族问题则被定性为与国家政治权力合法性基础联系在一起的重要政治、社会问题。这种问题识别方式，有助于将境内复杂且变动不居的文化群体间关系、区域间关系简单化，进而使得相关的公共政策设计与实施变得更容易。但是，这种问题识别方式，却不可避免地会将境内本来难以清晰区分的群体间文化、区域界限清晰化，进而使公共政策成为撕裂社会群体整体性的利刃。

中国共产党在引入苏联民族理论的过程中，对苏联民族理论存在的负面作用有所认识，因而根据中国社会的现实做了一些调整。但局限于当时的社会环境，这些认识与调整的力度并不大。因而，我国民族理论实际上也是将一国境内具有文化差异性的社会群体间、区域间关系问题定性为民族问题，并且将民族不仅仅作为一种特殊文化群体看待，而是作为一种文化—政治共同体来看待，因而民族问题事实上也被识别为一种敏感的社会—政治问题。我国对苏联民族理论的最大修正，是在"民族自决权"方面，苏联承认民族自决权，民族—区域—政治权利三者紧密结合在一起来建构政策问题并以此为基础设计民族政策体系。而中国共产党认识到，在中国做不到也不应该像苏联那样，将民族—区域—政治权利三者高度捆绑，实行民族自决建国，然后建立国家联盟。中国只能赋予文化族群以相对有限的自治权，以弥补族群间在历史上因各方面原因形成的发展差距，保护少数民族的政治、经济权利和社会生活方式。

在苏联解体过程中，不同区域间、不同文化群体间激烈的民族主义情绪发挥了关键作用，这说明，苏联的民族理论即使不是彻底错误，至少也存在严重问题。特别是其中将民族—区域—政治权利捆绑的做法，很明显地成为撕裂社会群体间团结，激化社会群体间矛盾的诱因。基于苏联解体的教训以及我国与苏联国情的差异，我们对民族区域自治制度，从政策问题识别和建构的理论基础上，就需要进行深入的反思。

（2）民族区域自治制度的政策方案设计

在基于经过修正的民族理论识别并建构政策问题之后，我国民族区域自治制度的实施就具有理论基础。但是，由于这一理论基础本身具有局限性，因而在实施过程中必然会面临这样的问题：第一，哪些人是属于一个民族的？第二，哪些民族在发展过程中处于优势位置，哪些处于弱势位置？第三，对处于弱势位置的民族应该如何通过公共政策的实施去帮扶和照顾？前面两个问题的解答，关乎民族区域自治制度对象的确定，第三个问题的解答，则关乎民族区域制度的具体内容的设计。第四，在发展中处于弱势的民族，需要哪些帮扶和照顾措施？只有解决这四个问题，才能完成民族区域自治制度具体方案的设计。

对前两个问题的解决，我国是通过民族识别工作来完成的，即按照一定的标准，主要是苏联民族理论提供的价值标准，将社会成员归类为不同的民族，并将这种民族身份的识别，以特定的行政管理方式加以明确，使民族身份不仅仅是一种文化身份，更成为具有浓厚政治—行政管理色彩的身份。而经过民族识别之后，哪些人处于发展优势位置，哪些人处于发展弱势位置，也并不好确定。在这个问题上，民族区域自治制度设计之初，也明显采取了简单化处理，即将汉族等同于在发展中处于优势的民族，将少数民族等同于在发展中处于弱势的民族。因而，从政策对象上来说，中国的民族区域自治制度从理论上来说，只是针对少数民族的政策。

第三个问题的解决，必须协调好民族身份与行政管理工作开展的关系。具有不同民族身份的人口，高度分散于全国各地；但行政管理工作，却是按照行政区域层层划分权力—责任来开展的。为了使处于发展中弱势的少数民族能够得到较好的帮扶与照顾，我国在划分行政区域的过程中，虽然没有像苏联一样将民族—区域—政治权利高度捆绑，但也很明显借鉴了苏联模式，在全国划分出了不同层级的民族自治地方，使得少数民族人口聚居相对较多的区域，成为在行政管理上享有相对特殊权力，承担相对特殊责任的特殊行政区域，进而使之可以更便利地执行民族区域自治制度框架下的各类针对少数民族的政策。

第四个问题的解决，涉及社会资源如何分配，公共权力—责任如何划分等具体细节。我国民族区域自治制度以法律的形式，将之细化成了针对少数民族和民族自治地方的二十多项具体规定。这些规定的主要内容，都是针对少数民族和民族自治地方的照顾和帮扶措施。另外，《民族区域自治法》还详细规定了民族自治地方的上级机关，在实施民族区域自治制度过程中的职责，以督促其落实相关政策措施，支持民族自治地方政权机关的工作。

民族区域自治制度在设计方案的过程中，对这些具体问题的解决，受其理论基础的制约，不可避免地会存在简单化、片面化的问题，特别是经过新中国成立以后70多年的发展，我国社会群体间、区域间关系已经出现了很大的变化，致使民族区域自治制度的部分内容出现了不同程度地与社会现实脱节的现象，其保障民族平等、巩固民族团结、促进民族地区发展、维护边疆地区稳定的作用有所弱化。

（3）民族区域自治制度实施成效的评估

《民族区域自治法》虽然未详细规定民族区域自治制度实施成效的绩效评估标准与程序，但在民族区域自治制度框架下，我国建立的从中央到地方的涉及民族事务管理的政权组织体系，都在积极履行这一制度，并按照政府绩效评估的规则、程度接受考察。

例如在中央政权机关，全国人大设有专门的民族委员会，其主要职责是从立法角度，保障民族区域自治制度得到贯彻落实，其具体职责中，如提出、拟订、审议涉及民族事务的法律案，审议涉及民族事务的行政法规、地方性法规、民族自治地方自治法规、政府规章和决定，审议涉及民族事务的人大质询案，开展涉及民族事务管理的调查研究，对涉及民族事务的法规实施情况进行执法检查等，都是操作性极强的事务，其工作量与工作成效，都有非常细致的绩效评估体系评价。国务院国家民族事务委员会，主要职责是贯彻执行国家民族工作的方针、政策，具体包括：协调推动有关部门履行民族工作相关职责，促进民族政策在经济发展和社会事业有关领域的实施、衔接，对政府系统民族工作进行业务指导；起草民族法律法规和政策规定，负责督促检查落实情况，保障少数民族的合法权益，联系民族自治地方，协调、指导民族区域自治法的贯彻落实；研究并提出协调民族关系的工作建议，协调处理民族关系中的重大事项，参与协调民族地区社会稳定工作，促进各民族共同团结奋斗、共同繁荣发展，维护国家统一；负责拟订少数民族事业等专项规划，监督检查规划实施情况，参与拟订少数民族和民族地区经济社会相关领域的发展规划，促进建立和完善少数民族事业发展综合评价监测体系，推进实施民族事务服务体系和民族事务管理信息化建设；研究分析少数民族和民族地区经济发展、社会事业方面的问题并提出特殊政策建议，协调或配合有关部门处理相关事宜，参与协调民族地区科技发展、对口支援和经济技术合作等有关工作；负责组织指导民族政策、民族法律法规和民族基本知识的宣传教育工作，承办国务院民族团结进步表彰活动，组织协调民族自治地方重大庆典活动；管理少数民族语言文字工作，指导少数民族语言文字的翻译、出版和民族古籍的搜集、整理、出版工作；负责组织协调民族工作领域有关对外和对港澳台的交流与合作，参与涉及民族事务的对外宣传工作；参与拟订少数民族人才队伍建设规划，联系少数民族干部，协助有关部门做好少数民族干部的培养、教育和使用工作。这些事项都是操作性极强的工作，有政府绩效考核体系进行评估。民族自治地方政权机关，以及各级政府下设的民族事务管理机构，也都有工作绩效评估考核制度。

我国每年还出版民族年鉴以及民族统计年鉴，通过统计民族工作开展情况以及民族自治地方、少数民族发展成效，评价民族政策实施效果。由于民族工作理论基础和民族区域自治制度本身存在的一些局限性，现有的民族工作评价体系，是否能够真正反映当前中国在处理涉及文化族群关系问题方面的工作成效，也需要进一步反思。

2. 基于公共政策理论的民族区域自治制度的思考

对于民族区域自治制度的理论基础，当前理论界对于苏联民族理论的批判和反思已经非常深入，但却未在寻找新的理论基础方面达成共识。因而，对于其理论基础问题，留待后文探讨。从公共政策视角而言，民族区域自治制度作为国家的一项基本政策，其政策过程，包括政策问题识别，政策方案设计，以及在此基础上的政策实施与评估，在涉及一些社会现象与社会利益时的处理方式，确实值得探讨与反思。

（1）对民族身份问题的思考

当前中国每一个人，在身份证上都会显示出自己属于哪个民族，这种做法对民族政策的实施非常必要，是民族政策体系下，针对少数民族和民族地区各类资源分配的前提与基础。

我国通过民族识别赋予每个人的民族身份，显然与西方民族主义理论所说的政治民族有着重要区别，因为在西方民族主义理论中，政治民族与现代国家是一回事，即 Nation-State。我国通过民族识别工作识别出来的民族，只能是在文化上有差异性的族群。但是这种文化族群，是否可以按照某种标准清晰地区分出其具体成员，却是存在疑问的。社会学意义上的文化族群，是一个非常模糊且存在较大争议的概念，只在探讨社会文化、意识等问题时具有参考意义，而无法准确地用操作性较强的标准互相区分，更不用说区分到个体成员。若强行按照某一标准，识别民族并将其身份用政治制度—行政管理方式固定下来，这样识别出来的民族必然与社会真实存在的族群无法吻合。政府主导下识别的民族与社会现实存在的文化族群的差异，已经引发了一些矛盾和问题。

首先，有部分社会成员并不认可依据民族识别工作赋予他们的民族身份，而是不断主张自己在文化上的特殊性。例如西南地区的穿青人、摩梭人、夏尔巴人、僜人、革家人，西北地区的艾努人、图瓦人等。据统计，目前如上述人群一样，不认同民族识别赋予的身份，或者民族识别工作无法依据既定标准对其民族特征进行准确识别的人群，一共涉及约73万人。

其次，依据民族识别工作识别出来的民族，有相当一部分存在争议。即使我国占人口绝对多数的汉族，如果按照民族识别的标准去仔细梳理其发展脉络，那就会对汉族是不是个纯粹的文化民族产生争议，例如从语言上来说，汉族南北群体在语言上差异非常明显；从生活风俗来说，不同区域更是各不相同。这些情况的存在，说明民族识别及其成果，与社会现实的民族格局，即使不是说完全背离的，也是存在许多差距的。事实上，由于我国文明历史悠久，不同区域、不同族群间交往融合程度极高，族群之间的界限，包括分布区域和标志族群文化差异的界限非常模糊，按任何标准都难以清晰区分出不同的民族来。因而，强行按照某些标准来识别民族，将民族界限清晰化，不仅是极其困难的，而且也于现代国家建构是无益的。

再次，为了族群认同以外的目的而选择或修改民族身份的现象广泛存在。理论上来说，文化意义上的民族，是具有强烈文化认同的共同体，而民族认同是一种心理、精神方面的需求，是比较稳定的社会现象。但实际上，为了与民族认同无关的因素，特别是为了享受国家民族政策的优惠照顾，选择或修改民族身份的现象多有发生。这说明，行政管理意义上的民族身份识别，实际上在大多数时候发挥着重新建构民族的作用，而不是确认既有民族成员身份的作用。例如在父母双方分属汉族和少数的家庭，子女选择汉族和少数民族身份的比例分别为 32.6% 和 67.4%，选择少数民族身份的比例相当于选择汉族的两倍之高，特别是当父亲是少数民族而母亲是汉族的情况下，子女选择少数民族身份的比例更高达 90% 以上，其主要原因正是为了享受民族政策带来的优惠[①]。而民族身份确定之后，为了现实利益而修改民族身份的现象也屡有发生，特别是涉及高等学校招生、干部招聘时，这种现象最为严重。

（2）民族人口问题

民族政策实施的另一个重要依据，是不同民族有多少人口，以及这些人口是如何分布的。这涉及民族政策实施的资源量的确定，以及具体分配标准的设计。然而，如果我们仔细观察新中国成立以来各民族人口变化情况就不难发现，建立在民族身份识别基础上的部分民族人口变化情况，几乎完全背离了人口变化发展的一般规律。下表显示了新中国成立以来我国总人口及部分民族人口增长情况：

---

① 郭志刚、李睿：《从人口普查数据看族际通婚夫妇的婚龄、生育数及其子女的民族选择》，《社会学研究》2008 年第 5 期，第 99—103 页。

历次人口普查人口增长情况表

民　族	历次普查人口数（人）						1953—2010年人口增长率（％）
	1953年	1964年	1982年	1990年	2000年	2010年	
全国总人口	577856141	691220104	1003913927	1130510638	1242612226	1332810869	115.04
汉族	542824056	651296368	936674944	1039187548	1137386112	1220844520	109.53
蒙古族	1451035	1965766	3411367	4802407	5813947	5981840	300.68
回族	3530498	4473147	7228398	8612001	9816805	10586087	178.06
藏族	2753081	2501174	3847875	4593072	5416021	6282187	96.73
维吾尔族	3610462	3996311	5963491	7207024	8399393	10069346	132.64
苗族	2490874	2782088	5021175	7383622	8940116	9426007	258.91
彝族	3227750	3380960	5453564	6578524	7762272	8714393	140.49
壮族	6864585	8386140	13383086	15555820	16178811	16926381	135.69
满族	2399228	2695675	4304981	9846776	10682262	10387958	345.24
少数民族合计	34013782	39883909	66434341	90567245	104490753	111324802	207.20
少数民族占全国比重（％）	5.89	5.77	6.62	8.01	8.41	8.49	

资料来源：根据《中国统计年鉴（2013）》《中国民族统计年鉴（2013）》资料整理。

　　从表中数据不难看出，新中国成立以来我国总人口增长1倍多，而部分少数民族人口却增长两到三倍。特别是蒙古族、满族的人口，均增长了3倍以上。

　　部分少数民族人口的迅猛增长，固然有民族政策实施以后，少数民族人权状况极大改善，人口繁衍速度增加的因素。但还有一个不容忽视的原因，是有部分人为了享受民族政策的利益，而修改了自己的民族身份，进而使得个别民族人口在特定阶段出现了非正常的跳跃式增长。特别是1982—1990年间，民族工作拨乱反正后，许多少数民族的人口，都出现了与人口发展规律不一致的跳跃式增长。这种情况说明，依据民族政策、民族识别而认定的中国少数民族人口及其分布，与现实中应该有的少数民族人口及分布，尚存在着一定程度的差异。

　　（3）民族群体间关系问题

　　中国的民族关系，究竟是什么性质的关系？当前，人们更多地把民族关系简单等同于汉族与少数民族、国家整体与民族地区的关系。但现实情况，远比这复杂得多。首先，汉族是不是一个界限清晰的民族，汉族与少数民族是不是真能严格区分开来，就是有争议的，因而能不能清晰地界定出哪些社会问题是汉族与少数民族之间的关系问题，哪些不是，现实中其实很难做到。其次，即使按现有的政策标准，不同的民族能够区分开来，他们之间因相互交往而发生的各种矛盾冲突，是不是全都属于民族关系问题，也值得思考。例如在一些东部发达城市，个别少数民族群众由于不了解、不尊重当地市场管理规则，在生产经营中与汉族管理人员发生纠纷，这究竟是经济问题、法律问题还是民族关系问题？在民族地区，两个分属于汉族和少数民族的社会成员，因日常交往而发生争执，究竟是一般社会问题还是民族问题？另外，在部分地方，民族群体之间的矛盾，并不发生于汉族和少数民族之间，而更多发生于少数民族相互之间，例如西南、西北地区民族众多，很多一般社会矛盾、纠纷，往往都发生于不同民族成员之间。那么这类问题，是不是民族关系问题？如果民族关系被泛化地理解为涉及不同民族的社会成员之间的关系问题，必然会推导出一系列复杂甚至危险的逻辑。

（4）民族地区和非民族地区关系问题

将民族自治地方或民族地区，等同于少数民族在政治、经济等方面享有特殊权利的地方，而非民族自治地方或非民族地区则是汉族人占支配地位的地方，这样的认识在当前也广泛存在，但它却是站不住脚的。首先，民族自治地方的划分，是否就意味着在全国划出了属于少数民族的地方和属于汉族的地方，而且意味着这两大区域间的关系，是民族关系的重要表现？且不说我国宪法、《民族区域自治法》和其他所有的法律都明确否定了这一点，就以现在已经划出的民族自治地方的现实情况来分析，这个问题的答案更多也是否定的。截至目前，我国155个民族自治地方，面积占全国的64%，人口占全国的近14%，在民族自治地方1.8多亿人口中，少数民族人口仅占49.23%。也即是说，从总体上看，少数民族人口并不占民族自治地方人口的多数。同时，民族自治地方9017万少数民族人口，只占全国少数民族人口总数的 78% 左右，这也就意味着，还有 20% 多的少数民族人口，并不生活在民族自治地方。因此，可以说，民族自治地方的划分，并不意味着划分出属于少数民族的区域和属于汉族的区域。其次，从民族自治地方内部来看，情况更为复杂。我国目前没有任何一个民族自治地方的人口，在民族成分上具有单一性，只有 1 个自治区（西藏，占自治区数量的 1/5），11 个自治州（占自治州数量的 1/3 稍强），42 个自治县（占自治县数量 1/3 强）的自治主体民族人口超过本地区总人口半数，在这些民族自治地方，汉族与少数民族关系、自治主体民族与非自治主体民族关系、非自治少数民族之间的相互关系、不同层级的自治地方自治主体民族关系，构成了错综复杂的关系网络。例如新疆维吾尔自治区，是以维吾尔族为自治主体民族的自治地方，然而，新疆 40% 左右的人口是汉族人。在接近人口总数 60% 的少数民族人口中，包含了维吾尔、哈萨克、蒙古、回、乌兹别克、柯尔克孜等 47 个民族。维吾尔族人口，占新疆总人口的 48% 左右。新疆作为一个省级区域，是中国一级民族自治地方，但在新疆维吾尔自治区辖下，又有 5 个自治州（伊犁哈萨克自治州、昌吉回族自治州、巴音郭楞蒙古自治州、克孜勒苏柯尔克孜自治州、博尔塔拉蒙古自治州），6 个自治县（巴里坤哈萨克自治县、塔什库尔干塔吉克自治县、木垒哈萨克自治县、察布查尔锡伯自治县、布克赛尔蒙古自治县、焉耆回族自治县），另外还有诸多民族乡。

（5）不同层级行政区域间关系问题

在民族区域自治制度框架下建立的民族自治地方及其政权机关，是实施民族区域自治制度，实现和维护民族平等的重要组织载体。我国民族区域自治制度设计的具有针对性的政策资源倾斜，大多与民族自治地方政权机关的自治权联系在一起。然而，这种制度设计在现实行政管理运作时，却无法避免这样的局面：为了促进群体间、区域间平等的制度，却是在具有层级差别的政权体系下实施的，上级政权与下级政权在行政管理实践中具有显著的权力不对等。例如在一个普通省下面的自治州、自治县，所享有的行政权力不可能与省平等，或者一个在自治区属于非区级自治民族的少数民族所建立的自治州、自治县，如新疆维吾尔自治区下辖的昌吉回族自治州、木垒哈萨克自治县、大南沟乌兹别克民族乡，逐层隶属，它们所享有的行政权力不可能与自治区平等。在这样的情况下，若行政管理—公共服务主要以民族、区域为单位来开展，那么它实际上不可能做到在民族间、区域间的平等；如果不以民族、区域为单位，而单纯按照行政管理操作、公共服务均等化的要求来开展，那就意味着民族自治地方的划分对于行政管理—公共服务实践而言，没有实际意义。

从以上的梳理不难看出，即使按照现有的民族理论和民族政策来观察中国的民族关系，至少存在这样几层关系：汉族与少数民族的关系，国家整体与民族自治地方的关系，民族自治地方自治主体民族与非自治民族关系，同一民族分布于民族自治地方的群体与未分布于民族自治地方的群体间关系，不同级别的民族自治地方间关系，非自治地方行政区域与下辖民族自治地方关系，民族乡与民族自治地方关系，民族乡与所处行政区域各级政权机关关系等。实际上，只要依据本来并不能清晰区分的民族—区域标准作为政策设计的基础，那么必将陷入民族关系无限可分，民族政策在行政管理技术方面无所适从的局面。这种情况，需要我们认真思考。

3. 民族区域自治制度完善的具体思路

民族区域自治制度，作为我国民族政策的核心内容，虽然其界定政策问题识别以及在此基础上的内容设计有诸多需要商榷的地方，但作为一项执行了70多年，得到全国各界广泛认可，且取得了巨大成效的制度，其正面作用仍然是主要方面，负面作用只是次要方面，而且应该可以通过对这一制度存在的不合理因素进行修正，有效地克服。当然，民族区域自治制度的调整和完善，将是一个长期的过程，在这个过程中，既要注意当前迫切需要做出调整的领域，也要注意解决一些长远的，根本性问题。

（1）市场经济改革与自治权的完善

对于民族区域自治制度的完善而言，当前最为现实的问题，是如何使民族区域自治制度的内容、实施与我国市场经济体制改革的步伐衔接，特别是自治权内容的调整问题。

1978 年开始的中国改革开放的历程，一定程度上也就是中央不断向地方放权的过程。从改革开放初期的经济特区，到后来的沿海经济开放区，再到 1994 年分税制改革后明确的中央与地方财权、事权的划分，地方权力在每一个进程中都获得了相当程度的扩张。在计划经济时期，地方基本上只能被动执行中央的决策，自主空间很小。《民族区域自治法》中设定的大部分自治权，特别是经济类自治权，许多都是基于计划经济的背景条件而设计。在《民族区域自治法》出台的早期，自治权的内容与其他地方政权机关享有的权利相比，具有明显的特殊性。但是改革开放以来，由于中央不断向地方放权，使得原先许多只有民族自治地方专享的权力，也逐渐被一般地方所享有，民族区域自治权特殊性色彩逐渐淡化。以几项经济类自治权为例。关于财政、税收自治权，《民族区域自治法》第三十二条规定："民族自治地方的财政是一级财政，是国家财政的组成部分。民族自治地方的自治机关有管理地方财政的自治权。凡是依照国家财政体制属于民族自治地方的财政收入，都应当由民族自治地方的自治机关自主地安排使用。"《民族区域自治法》第三十四条规定："民族自治地方的自治机关在执行国家税法的时候，除应由国家统一审批的减免税收项目以外，对属于地方财政收入的某些需要从税收上加以照顾和鼓励的，可以实行减税或者免税。"这些针对财政、税收自治权的规定，如果放在计划经济条件下，放在统收统支的财政体制背景中考虑，是相当大的自主权。但是，在改革开放之后，相对于国家对经济特区、沿海经济开发区的规定，相对于 1994 年实行的分税制改革后关于地方财税权力的规定，这两项自治权的特殊性大为减弱。以 1994 年《国务院关于实行分税制财政管理体制的决定》（以下简称《决定》）为例，该《决定》对实行分税制后的中央与地方财权、事权进行了明确的分工，《决定》规定："地方财政主要承担本地区政权机关运转所需支出以及本地区经济、事业发展所需支出。具体包括：地方行政管理费，公检法支出，部分武警经费，民兵事业费，地方统筹的基本建设投资，地方企业的技术改造和新产品试制经费，支农支出，城市维护和建设经费，地方文化、教育、卫生等各项事业费，价格补贴支出以及其他支出。"而关于中央与地方收入分配则是通过划分中央税与地方税的税种来规范。① 这种规范也就意味着，只要财政支出和收入事项在地方的权力范围之内，地方具有高度的自主性。在关于减免税的规范方面，《决定》也赋予了地方相当大的自主决策权。而民族自治地方除了财政自治权中关于机动资金和预备费在预算中高于一般地方之外，其他内容几乎与一般地方没有特别差异。当然，这种基于对比而出现的民族自治地方自治权特殊性色彩淡化的问题，是中国整体经济社会发展和行政体制改革的必然结果，这种变化对于民族自治地方而言，并不一定意味着权力和权利的损失，反而会给民族自治地方带来改革和发展的动力。同时，这些变化趋势也反映出在计划经济体制色彩还较浓的背景下制定的《民族区域自治法》，虽然经过了一次大规模修订，但是与当前市场经济体制发展的步伐相比，与中国整体行政管理体制变革的进程相比，仍需适时调整，以适应形势发展的需要。

此外，五大自治区的自治条例均未出台，民族地区城市化过程中的自治州、自治县改市的法律依据缺失，民族乡镇的法律地位尚需进一步明确，一些自治地方所辖面积偏大并导致行政管理成本增加和技术困难，民族自治与区域自治之间关系的协调与处理等等，都是目前民族区域自治制度实施过程中存在的问题，需要进一步探索解决的思路。

（2）处理好族群归属与利益诉求、族裔认同与政治认同的关系

从长远来看，调整和完善民族区域自治制度，必须充分慎重考虑如何处理好族群归属与利益诉求的关系，处理好公民族裔认同与政治认同的关系。

新中国成立，使少数民族彻底摆脱旧的剥削制度的奴役和压榨，政治经济地位发生了翻天覆地的变化。在国家宽松的民族政策的刺激下，我国少数民族人口在解放后迅速增长。少数民族人口的快速增长，是中国民族政策实施成效的具体体现，新中国成立以来，少数民族地区居民的生活水平和医疗卫生状况大大改善，人均寿命大幅度延长，婴儿出生率和成活率

---

① ［1993］国发第 85 号文件。

都有了显著提高，加上特殊的计划生育政策，从而使少数民族人口自然增长速度较快。更为重要的是，新中国成立以来，由于少数民族政治社会地位的提高，也使得许多在旧中国因受到歧视压迫而不敢承认自己民族身份的少数民族群众，通过法定程序明确了自己的族群归属。

但在市场经济改革不断深化的情况下，由于社会群体利益分化和利益诉求的强化，我们也必须注意到，由于民族身份在某些方面（如招生、招工、公务员考录、职位晋升、计划生育、某些经济待遇等）与现实利益相关，而出现了个别人在利益驱动下篡改民族成分，从而导致以文化为核心纽带的民族认同被利益驱使所异化。2009 年发生在重庆的篡改高考学生民族成分事件，在全国引起了轩然大波，正是这种现象蔓延的结果。如果这种现象进一步扩散到其他领域，将会进一步引发许多社会问题，甚至会使民族政策——民族认同——公民权利三者之间的关系出现扭曲。

此外，人口结构是形成社会利益结构，进而界定公共利益的基本依据。而族群结构作为人口结构的一项重要内容，对社会利益结构和利益关系的形成具有重要的影响力。利益关系是不同利益主体之间的相互关系，族群利益更多的是一种基于族群划分，以他族为对象涉及族际关系的群体性利益诉求，而群体利益通常是通过公共权力来实现的。因此，新中国成立后，为了确保各民族在国家政治、经济、社会、文化等各个方面拥有平等的地位和权力，为了改变由于历史原因形成的少数民族发展相对落后的状况，国家先后采取了一系列政策措施和制度安排，如民族政策的制定和实施、自治地方的建立、各级人大代表选举名额的分配、自治地方人大和政府主要领导人的选任、财政转移支付的倾斜性照顾、重大建设项目和经济社会发展规划中的特殊安排、保护少数民族的文化和习俗等等。这些利益分配和利益调节的政策措施，对于促进民族地区和少数民族的发展、实现民族平等发挥了重要的作用，是完全必要而且是必需的。但随着社会现代性的发育和公民国家建构进程的深入，也需要逐步调适公民利益和族群利益的关系。因为族群利益建立在族属认同基础之上，而族属认同是一种相对封闭、排他的认同。这种认同的过度强化，无疑会导致社会不同族群之间形成一种心理壁垒，而这种文化心理层面的认同一旦与利益相结合，且被制度安排所固化，则会使原有的心理隔阂进一步转化为经济、政治壁垒，从而在社会成员之间造成裂痕，会使族群之间因利益分割而壁垒森严，并可能引致族际关系的紧张甚至对立。现代国家的基础应当是超越地域、宗教、族群身份的公民，公民利益是以国家为对象的个体利益诉求，对公民利益诉求的积极回应，尊重和保障每一位公民个体的权利，实现公民权利与国家权力的良性互动，是强化公民对国家的政治认同，增强国家凝聚力的基石。因此，在中国的社会转型和现代化进程中，如何防止因族群身份和地域相对固化而引致的问题，如何有效地引导族群之间的交流和融合，如何通过恰当的制度安排将族群整体利益诉求逐步转化为公民个体利益诉求等，都需要我们深入思考和不断探索。

第四节 分裂势力对中国民族关系的威胁

在影响中国民族关系的诸多因素中，分裂势力的活动与破坏为害最烈。受历史和国内外环境变化的多重影响，目前中国部分地区分裂势力的活动还很猖獗，这些势力中既有传统的分裂势力死灰复燃，也有新局势下催生的新分裂势力。近几年来，分裂势力一方面在中国境内制造了多起暴恐案件，对国内社会的稳定和经济发展产生了极大的威胁；同时也频繁活动于国际舞台，对中国国际形象造成损害。在中国的民族分裂势力中，以"藏独"集团和新疆"三股势力"最具危害。它们已经形成严密的理论体系，具有庞大的组织规模，活动能力极强，在国内、国外具有很大的影响力和破坏力。

一、"三股势力"对新疆稳定的破坏

新疆全称新疆维吾尔自治区，古称西域，位于中国西北方，面积166万平方公里，是中国面积最大的省份。新疆是古代丝绸之路的重要通道，陆地边境线长达5600多公里，与俄罗斯、哈萨克斯坦、吉尔吉斯斯坦、

塔吉克斯坦、巴基斯坦、蒙古、印度、阿富汗等 8 个国家接壤。现在新疆境内居住着 56 个民族，其中人口在 10 万以上的民族有维吾尔族、汉族、哈萨克族、回族、柯尔克孜族、蒙古族①。早在公元前 60 年，西汉王朝就在新疆设立行政机构——西域都护府，新疆正式被纳入中原王朝的管辖范围内，唐朝设安西都护府。鸦片战争爆发后，为了支付不平等条约的赔款，清政府削减了新疆的军费，给了外来侵略者可乘之机。19 世纪，清政府面临内忧外患的局势，无暇顾及新疆，沙皇俄国趁机多次入侵伊犁地区②。19 世纪五六十年代，沙皇俄国逼迫清政府签订了《中俄伊犁塔尔巴哈通商章程》《中俄勘分西北界约记》，侵占新疆 40 多万平方公里领土。同时期的英国为了扩大自己的殖民范围，也将侵略的黑手伸向了新疆，侵占拉达克地区③，并与沙皇俄国在新疆地区争夺殖民范围。1865 年，位于中亚的浩罕汗国趁着新疆发生大规模反清叛乱，派军官阿古柏侵入南疆，在沙皇俄国和英国的支持下，成立阿古柏政权④。1877 年，左宗棠率军平定阿古柏叛乱，1884 年新疆收复，取"故土新归"之意，命名新疆省，新疆又重回祖国怀抱。

（一）"三股势力"概述

"三股势力"是指境内外民族分裂势力、宗教极端势力和暴力恐怖势力，分布于欧洲、亚洲和非洲的各个国家，其中亚洲是"三股势力"的主要活动区域⑤，中国作为亚洲最大的国家，更是深受其害，而新疆则是"三股势力"在中国境内发展最猖獗的地区。

"三股势力"作为一个特定概念，最早是由江泽民主席在 2000 年

① 李俊清、卢小平：《城镇化与新疆各民族互嵌式社会结构建设》，《国家行政学院学报》2016 年，第 36 页。

② 李娜：《近代沙俄对中国新疆的侵越史实概述》，《昌吉学院学报》2003 年第 3 期，第 57 页。

③ 张皓：《1927—1950 年中英两国关于西藏问题的较量与争论》，九州出版社。

④ 石沧金：《沙皇俄国与阿古柏政权的关系——兼析沙俄与英国的相关角逐和争夺》，《史学集刊》2006 年，第 29—30 页。

⑤ 顾华详：《国际合作打击"三股势力"策略探析》，《新疆师范大学学报》（哲学社会科学版）2010 年第 3 期，第 33 页。

"上海五国"首脑杜尚别会议之前与塔吉克斯坦总统拉赫莫诺夫会晤时提出的。2001 年上海合作组织成立时，成员国签署了《打击恐怖主义、分裂主义和极端主义上海公约》，首次将"三股势力"以文字的形式界定出来，并且明确提出了打击"三股势力"的具体方向、方式及原则。从定义上，新疆"三股势力"是在泛伊斯兰主义和泛突厥主义（"双泛"思潮）影响下出现的试图建立独立伊斯兰国家，把新疆从中国分裂出去的各派势力的总和，具体指民族分裂势力、宗教极端势力和暴力恐怖势力。"三股势力"间的相互关系是，宗教是外衣，暴恐是手段，分裂是目的。

1. 民族分裂主义

民族分裂主义，也称民族分离主义，是指在一个有独立主权的多民族国家内，有些民族中的极端势力刻意激化民族矛盾，打着"民族自决"旗号，通过政治运动、武力斗争等方式要求建立本民族独立国家的主张与活动。民族自决权是在反对封建专制的王权和神权过程中产生的，在建立资本主义现代民族国家的过程中起到了积极作用。但随着国际政治格局的变化，现代大多数国家均为多民族国家，民族自决权的适用性需要有若干前置条件作为基础。当前的民族分裂势力的存在及其活动已经成为破坏国家安全和地区稳定的重要因素。

2. 宗教极端势力

宗教极端势力是指一些极端分子为了实现自己的政治目的，通过曲解或者片面解读宗教经典，误导信教者以极端狂热、非理性的方式（如自焚或杀害他人）行动。当前新疆宗教极端势力主要是以伊斯兰宗教激进主义面貌出现的，鼓吹"圣战"思想，实施恐怖主义，意图将新疆从中国分裂出去的反动势力。

3. 暴力恐怖势力

恐怖主义是人类共同的敌人，恐怖势力的存在威胁着世界上各个国家的安全，通常暴力恐怖势力是指有组织有计划的以暴力恐怖的手段从事危害人民生命财产安全、破坏社会稳定、危害国家安全的势力。目前中国认定的恐怖组织有："东突厥斯坦解放组织"（"东突解放组织"The Eastern

Turkistan Liberation Organization)、"伊斯兰解放党"（Hizb-ut-Tahrir)、"东
突厥斯坦伊斯兰运动"（"东伊运"The Eastern Turkistan Islamic Move-
ment)、"世界维吾尔代表大会"（World Uyghur Congress）等。

（二）"三股势力"的主要危害

1. "三股势力"威胁人民生命财产安全

新疆的"三股势力"由来已久，新中国成立以来经多次严厉打压一
度呈蛰伏之势，从20世纪90年代巴仁乡暴乱以来，暴恐活动日趋猖獗。
近年来，新疆"三股势力"联合国外的恐怖分子，制造的活动呈现出暴
恐化、血腥化，包括在公共场所持刀行凶，使用枪支炸弹，严重威胁着人
民的人身安全。仅1990—2001年，"三股势力"就制造了暴恐案件400多
起，造成1000多平民伤亡。21世纪前十年，新疆"三股势力"造成的恐
怖袭击没有间断，对人民的生命财产和社会的稳定造成了极大的威胁。
2009年7月5日，一些分裂分子在以热比娅为首的境外分裂势力的蛊惑
煽动下，在乌鲁木齐实行打砸抢烧的严重暴力犯罪行为，制造了震惊中外
的"7·5事件"，造成197人死亡、1800人受伤，受损房屋633户共
21353平方米①；2013年10月28日，恐怖分子驾车撞击天安门金水桥，
引发大火，当场造成5人死亡（包括3名暴恐分子），40人受伤，造成极
坏的影响；2014年4月，恐怖分子在乌鲁木齐火车南站出站口接人处持
刀行凶，之后，引爆了爆炸装置，造成3人死亡，79人受伤；2014年9
月，轮台县多处遭到爆炸装置袭击，造成6名群众死亡，54名群众受伤。
2014年3月1日在云南昆明火车站发动暴恐袭击，造成29人死亡、143
人受伤的血腥事件。

2. "三股势力"影响中国的社会稳定和国家安全

"三股势力"的猖狂活动在新疆多地制造了恐怖氛围，影响着新疆地
区的经济发展和社会稳定，造成一些地区人心惶惶，人民群众社会安全感
不足。"三股势力"在境内外发展组织力量和活动基地，包括建立军事

---

① 努尔·白克力：《关于乌鲁木齐打砸抢烧严重暴力犯罪事件善后工作的电视讲话》，《新
疆日报》2009年7月13日。

化、准军事化训练营地，策划、煽动和组织各类冲击党政机关的群体性事件，这些活动多发生在人流密集的公共场合，造成极坏的舆论影响和严重的人员伤亡及经济损失。并且近几年来，与境内各种分裂和极端势力相勾结，使中国西部的国家安全环境受到威胁。

3. "三股势力"损害中国的国际形象

新疆"三股势力"通过出版反动刊物，撰写鼓吹"圣战"的著作，举行集会，发表演讲，充分利用广播、电视、互联网等电子媒介，在世界各地传播扩散，大肆宣传其分裂思想，肆意歪曲和恶毒攻击中国的民族政策、宗教政策和西部大开发战略等，造成国际上对中国政策的误解，诋坏中国的国际形象。除此之外，"三股势力"还通过在公共场合演讲和参加大型国际会议等各种手段将新疆问题国际化，如2007年和2008年，分裂分子头目热比娅两次访问会见美国总统布什；2008年北京奥运会筹备期间，新疆"三股势力"制造"8·4"系列暴力案件，致多人死亡受伤，造成恶劣影响。

（三）"三股势力"猖獗的原因

新疆"三股势力"的活动破坏性极强，尽管受到严厉打击，但是仍在频繁活动，不断地制造暴恐案件，究其根本，主要是有思想根源、现实基础和境外支持三个方面的原因。

1. "双泛"思潮是"三股势力"的理论基础

"双泛"思潮指泛伊斯兰主义和泛突厥主义，这是新疆分裂主义势力的思想根源。

泛伊斯兰主义（Pan-Islamism）作为一种宗教社会思潮和社会运动，经历一个发展与演变过程。19世纪上半叶，阿富汗人哲马鲁丁·阿富汗尼（1838—1897，全名哲马鲁丁·穆罕默德·本·赛夫达尔·阿富汗尼）为反对西方殖民主义的扩张，提出了振兴伊斯兰教，建立超越民族和国家的宗教联盟。强调全世界信奉伊斯兰教的各族人民有共同的信仰体系、共同的利益、愿望和要求，应团结起来，捍卫、复兴伊斯兰信仰。这些主张后来被发展异化为世界穆斯林是"一个穆斯林民族"，要通过发动"圣战"对异教徒和其他民族进行血腥屠杀，建立跨越现行国界的，由伊斯兰精神领袖哈里法统治的、严格实行伊斯兰法的"大伊斯兰国家"。

所谓泛突厥主义（Pan-Turkism），作为一种极端的民族主义思潮，发源于 19 世纪后半叶的俄国。鞑靼族知识分子主张俄国境内所有操突厥语族语言的各个民族，通过复兴民族文化，强化族群认同和民族意识，进而建立政治组织，统一思想和行动，争取所谓的民族权利。这一思潮在俄国受到打压后，却在奥斯曼帝国广泛传播，并不断丰富完善，形成了系统的思想体系。声称"突厥主义意为发扬光大突厥民族""突厥世界是个不可分割的整体，具有明确的文化联系和实际纽带""将 1 亿突厥人联合成一个民族是突厥的极大愿望"。主张所有操突厥语族语言的民族联成一体，建立一个"从亚得里亚海直到中国长城"由苏丹统治的大突厥斯坦国家。

突厥作为历史上一个古老的民族，曾于公元 4 至 6 世纪活跃于蒙古高原和中亚地区，经历了兴起、强盛、分裂、衰落的几个发展阶段，在与其他民族不断斗争和融合的过程中，逐渐退出了历史舞台。而今天的所谓突厥人并不是一个民族，而是对所有操突厥语族语言的诸多民族的统称。阿尔泰语系包括蒙古语族、突厥语族和通古斯语族三大分支，而突厥语族又包含了土耳其语、阿塞拜疆语、乌兹别克语、哈萨克语、维吾尔语、土库曼语、塔塔尔语、吉尔吉斯/柯尔克孜语等等，分布于南欧、地中海、西亚、中亚和中国西部等广泛地区。虽然当今突厥语族诸民族与古代突厥语部落有着或强或弱的历史联系，但是他们在民族文化方面又都具有各自的特殊性，分别属于不同的民族。因此突厥作为一个古代民族已经消失在历史的长河里，而泛突厥主义所宣称的"突厥人"只是出于政治目的构建的一个虚拟的共同体。

这两大思潮在中亚交织发展，形成了"双泛"思潮。19 世纪八九十年代国际上第三次民族主义浪潮的兴起对新疆境内的民族分裂势力产生了示范和影响作用，"双泛"思潮传入新疆之后，被新疆的民族分裂势力接受和利用，成为新疆分裂势力建立"民族"独立国家的主要思想根源。20 世纪 60 年代以来，新疆存在的"东突厥"的组织体系、思想形态和活动方式都有明显受到"双泛"思想影响的痕迹。

2. 经济社会相对封闭且发展缓慢导致"三股势力"活动猖獗

新疆地处边陲，自然条件相对恶劣，适合人类生存的绿洲只占国土面积的 8.6% 左右。在维吾尔族占 96.7% 的和田地区，24 万平方公里辖区内，96% 为山地和沙漠戈壁，绿洲仅占 3.7%。年降水 43 毫米，蒸发量为 2482 毫米，全年浮尘天气 260 天以上。在新中国成立以来的很长一段时间内，由于交通不便，基础设施相对落后，教育医疗等公共服务水平不高，宗教氛围浓郁，其经济发展一直处于比较落后的状况。尤其是在维吾尔族聚居程度较高的南疆地区，贫困始终是一个非常突出的问题，新疆 27 个国定贫困县（占新疆县级区划数量约 1/3），南疆三地州（市）有 19 个，贫困人口约占全疆 87% 左右。且南疆贫困人口贫困程度之深，扶贫难度之大，在全国范围内均处于前列，2014 年克拉玛依人均 GDP 为 223341.42 美元，而和田地区人均 GDP 仅有 1632.45 美元；南疆三地喀什、和田、克孜勒苏农民人均纯收入分别仅为 6419 元、5692 元、4852 元（全国平均水平为 9892 元，新疆平均 8724 元），贫困人口收入在此基础上还要低很多。2010 年第 6 次人口普查数据显示，维吾尔族聚居程度高，99.32% 集中在新疆，而且主要聚居在南疆地区；流动率为 7.66%，比全国平均水平低近 9 个百分点；族际通婚率为 0.53%，在全国少数民族中最低。人口、贫困的固化，使得这些地方浓郁的宗教氛围，保守的经济思维，落后的生产生活方式等，也相应固化。在这种情况下，"三股势力"利用新疆经济落后的现状煽动新疆人民对于中央政府的不满情绪，同时民族分裂势力和宗教极端势力利用经济落后地区人民受教育水平偏低的现状，对当地居民大肆灌输宗教极端思想，壮大发展分裂势力，煽动少数民族群众排斥汉族同胞。

3. 境外势力为"三股势力"的发展提供了国际支持

自近代以来，新疆就是境外分裂势力渗透的主要区域。目前围绕新疆问题建立的境外分裂组织达 50 多个，主要形成四股势力：西亚的艾莎分裂集团、以"伊盟"为代表的泛伊斯兰宗教势力、盘踞于中亚的"维吾尔跨国联盟"和其他西方敌对势力为开展针对新疆分裂破坏活动设立的专门机构。在思想上，这些组织依托所在国家，通过加强"东突厥斯坦"思想体系的宣传，替"三股势力"在国际上发声，支持着"三股势力"的发展①；在行动上，他们积极为"三股势力"提供物质基础，如藏匿场所和武装支持。新中国成立后，1950年新疆首次发生反革命武装暴乱，其中的首领乌斯满是哈萨克族的部落头目，也是美国帝国主义的傀儡，这场暴乱是在美国的支持下发生的②。1962年，在苏联当局的策划和煽动下，发生了震惊中外的"5·29"大规模边民外逃的伊塔事件。进入21世纪之后，新疆的"三股势力"在境外民族分裂势力的支持下，通过将境外50个分裂组织整合，形成三大派系——"世界维吾尔代表大会""东突流亡政府"和"东突厥斯坦伊斯兰运动"，其中"世界维吾尔代表大会"得到德国司法部门的批准和正式注册，成为德国的合法组织，2006年新疆分裂主义势力代表人物热比娅当选"世界维吾尔代表大会"第二任主席，努力拓展"三股势力"的国际活动空间，不断推动"新疆问题"国际化。

（四）"三股势力"的发展趋势

新疆"三股势力"的形成和发展源远流长，早在20世纪30年代，民族分裂势力就在南疆建立了所谓的"东突厥斯坦伊斯兰共和国"。40年代，新疆地区发生了反对地方反动统治的三区革命，革命初期，在"双泛"思想的影响和民族分裂势力的控制下，新疆出现了寄生于三区革命的分裂政权"东突厥斯坦人民共和国"，虽然后期的"二次革命"扭转了三区革命的性质，但是目标设定为"赶走汉人、建立东突厥斯坦国"的民族分裂势力已经形成③。在新中国成立后，"三股势力"几经起伏，曲折发展，并且呈现出一些新的特点。

1."三股势力"合流意图分裂国家

在"双泛"思潮的鼓动下，宗教极端主义分子和民族分裂势力逐渐

---

① 马大正：《国家利益高于一切》，新疆人民出版社2002年版，第76—78页。
② 马大正：《国家利益高于一切》，新疆人民出版社2002年版，第35—36页。
③ 厉声：《中国新疆：历史与现状》，新疆人民出版社2003年版，第330页。

融合，打着宗教和民族的旗号，分裂国家。20 世纪七八十年代，借着中国解放思想的浪潮，宗教极端势力死灰复燃①。极端民族分裂分子打着民族或宗教的旗号，制造分裂事件，其中在新疆波及范围最广的是国际宗教极端组织"伊扎布特"，"伊扎布特"以宗教为名，意图建立"伊斯兰哈里发"，主要活动形式是在新疆散发反动传单和标语，煽动群众游行，策划暴力活动。除了"伊扎布特"，威胁新疆的主要势力就是以暴力为手段的"东突党"，1990 年 4 月 5 日，"东突伊斯兰党"组织了数百人，以"圣战"为名义，围攻克孜勒苏柯尔克孜自治州阿克陶县巴仁乡乡政府，进而挟持人质，叫嚣成立"东突厥斯坦共和国"；1995 年 7 月 7 日，和田市因更换拜吐拉清真寺的主持，极端宗教主义势力煽动群众打砸和田地委、行署和公安机关，造成了"7·7"和田骚乱，破坏了新疆地区的和谐稳定。

2. "三股势力"的扩散和蔓延

新疆"分裂势力"长期在南疆开展活动，近几年来其势力范围呈扩张之态，并且蔓延到其他省份。如近年来，"三股势力"在新疆的首府乌鲁木齐制造多起案件，除了"7·5 事件"外，2014 年 2 月，新疆阿克苏乌什县的宗教极端分子携带爆燃装置和凶器，袭击公安巡逻车，导致 2 名群众受伤，2 名民警受伤，损毁 5 辆执勤车；2013 年 6 月 26 日，恐怖分子在吐鲁番市鄯善县鲁克沁镇发动恐怖袭击，造成 24 人死亡，21 人受伤；2014 年 5 月 22 日，新疆暴恐分子在乌鲁木齐的早市驾车冲破防护隔离栏，碾压人群，并引爆爆炸装置，由于人员密集，造成 31 人死亡，94 人受伤的惨痛结果；"三股势力"除了在新疆境内制造案件，还将暴恐活动扩散至其他省份，2014 年 3 月 1 日，分裂分子在云南省昆明火车站持刀大肆砍杀无辜旅客，造成严重的血腥恐怖事件。

二、"藏独"势力对西藏安全的威胁

西藏地处中国西南部，总面积 120 多万平方公里，位于世界上面积最

---

① 张秀明：《新疆反分裂斗争和稳定工作的实践与思考》，新疆人民出版社 2009 年版，第 5 页。

大、海拔最高的高原——青藏高原，平均海拔在四千米以上。西藏周围有昆仑山、横断山脉、唐古拉山和喜马拉雅山脉环绕，阻断了西藏与周边地区的交通。

唐王朝时，文成公主远嫁吐蕃，成为吐蕃赞普松赞干布的王后，巩固了汉藏之间的友好关系。元忽必烈时期，中央机构总制院设立，掌管西藏地区的军政事务，又下设乌斯藏、纳里速、古鲁孙等三路宣慰使司都元帅府，分别负责前藏、后藏、阿里地区的军政事务，同时将中原王朝的刑法和历法在西藏颁行，自此，西藏地方正式成为中国中央政府管辖的一部分。明朝时期，对西藏换发新印，继承了对西藏地区的国家主权；清朝时期，改授新朝印信，其中顺治时期，格鲁派五世达赖喇嘛觐见顺治皇帝并受到清朝正式册封，后来五世班禅又受到康熙皇帝的册封，此后，历代达赖和班禅必须经中央政府册封。1727 年，雍正皇帝正式设立驻藏大臣，管理西藏地区事宜。民国时期，《中华民国临时约法》明文规定：西藏是中华民国 22 行省之一。新中国成立之后，1951 年中央人民政府和西藏地方政府代表签订了《中央人民政府和西藏地方政府关于和平解放西藏办法的协议》，西藏和平解放。1965 年，西藏自治区筹备委员会向国务院提出了《关于正式成立西藏自治区的请示报告》，之后经国务院会议同意，西藏自治区正式成立。

（一）"西藏问题"的缘起

西藏自元代开始就置于中原王朝的有效管辖范围之内，与中央政府的关系十分密切。近代以来，英国殖民势力一度出兵占领了拉萨，煽动西藏部分僧侣贵族独立。辛亥革命时期，内地动荡不安，中央政府无暇兼顾西藏的地方管理，在英殖民者的诱导之下，十三世达赖发起"驱汉运动"并策划"西藏独立"。1913 年，西藏地方政府又在英国的支持下，参与了所谓的"西姆拉会议"，试图迫使中央政府承认西藏独立并划定边界，所谓的"西藏问题"由此产生。西藏受当地的地理位置和地势地貌的影响，长期以来形成了较为封闭的环境，在这个封闭的环境中，发展出当地民众独特的文化传统。西藏远古时期就有自己信奉的本地宗教——苯教，7 世纪左右，佛教自印度逐渐传入西藏，与苯教结合，形成了特殊的藏传佛教。藏传佛教的特点主要有：政治首领和宗教领袖同为一人，政权和教权由一人执掌；法律以宗教教义为依据，宗教教义是处理一切民间事务的准则，民众受狂热和专一的宗教感情所支配①。藏传佛教在发展过程中逐渐分流成多个派别，其中最主要的派别有噶当、萨迦、宁玛、噶举、格鲁五大派别，目前势力最大的是格鲁派，创立者宗喀巴，格鲁派在西藏确立了达赖、班禅两大佛活掌控政教大权的制度体系。西藏地区居民的宗教情怀浓厚，很多人把藏传佛教当成自己生命的全部，在此基础上，藏传佛教的教义和宗教领袖对于民众来说有着至高无上的地位，宗教领袖对于民众思想意识的形成和发展走向有着极强的影响力，直到 2011 年，十四世达赖喇嘛丹增嘉措宣布"退休"，退出行政职务，才从形式上结束西藏的政教合一制度，但达赖喇嘛对藏传佛教信众还有着很大的影响力。

（二）"西藏问题"的演变历程

中华民国成立后，在《中华民国临时大总统宣言书》《中华民国宪法》《中华民国训政时期约法》中，都明确了西藏是中国领土的主张。十三世达赖晚年也逐渐认识到自己是被英国殖民者欺骗，遂主动与中央政府修好。在双方的共同努力下，西藏达赖和班禅都派代表参加了 1931 年的国民政府会议②。这期间，中央政府对西藏的管理逐渐加强，但是西藏的"独立"分子为了维护自己的既得利益，依旧积极从事着分裂西藏的活动。

1949 年 7 月 8 日，西藏噶厦政府通知国民党政府及驻西藏办事处"请彼等及其眷属立即准备离藏内返"，随后噶厦武装包围国民政府驻藏办事处。之后，噶厦政府根据所谓的"共产党汉人"名单，分三批将汉族逐出西藏，这就是"驱汉事件"。事件发生后，中共西北西南地区的党政领导人先后四次派人进藏劝和③。劝和无果后，1950 年解放军在昌都将

---

① 《中国大百科全书·政治学》，中国大百科全书出版社 1992 年版，第 481 页。
② 杨圣敏：《中国民族志》，中央民族大学出版社 2003 年版，第 206 页。
③ 于晨等：《西藏民主改革 50 年》，中央文献出版社 2009 年版，第 46 页。

"藏军"击溃，促进了西藏的解放进程。1951 年 5 月 23 日，中央人民政府和西藏地方政府签订了《中央人民政府和西藏地方政府关于和平解放西藏办法的协议》（简称《十七条协议》）①。《十七条协议》一方面明确中央政府对西藏的主权，另一方面也指出暂时不在西藏进行民主改革，维持西藏现有的管理模式。

十四世达赖继位之后，表面上虽拥护解放军入藏，但同时也与"藏独"势力保持密切的联系，受"藏独"势力思想影响很深。1959 年，十四世达赖与"藏独"分裂势力在拉萨发动叛乱，叛乱失败后，在美国和印度的支持下，十四世达赖与分裂势力一同逃亡印度，开始了长达 60 多年的流亡生活。此后，十四世达赖积极谋求国际支持，在达赖的"申诉"下，联合国于 1959 年，1961 年和 1965 年接连通过了 3 个涉藏协议，把"西藏问题"列入民族自决权范围，具有明显的分裂倾向。

20 世纪 70 年代，国际上美苏争霸，国际格局发生变化，"藏独"势力成为"冷战孤儿"，备受冷落。

20 世纪八九十年代，苏联解体后，国际上对"藏独"势力的支持大幅度提高，这期间，"藏独"势力掀起百余起暴乱事件，其中以 1987 年、1988 年、1989 年三起暴乱最严重。1987 年国庆期间，"藏独"分裂分子高举"雪山狮子旗"进行游行，制造拉萨暴乱，造成 6 名群众死亡，20 名群众、325 位公安干警和 7 位新闻记者受伤；1988 年 10 月 5 日西藏爆发骚乱，造成 399 名武警战士和公安受伤；1989 年 3 月 5 日到 7 日，拉萨又爆发严重骚乱，造成 11 人死亡，100 多人受伤，24 个政府机关与学校被攻击，99 家个体户商店与饭店、8 家国营与集体商店遭到彻底破坏，有 20 多辆汽车被砸、烧②。2008 年"藏独"势力又掀起了新一轮骚乱，在"3·14"事件中，"藏独"势力在西藏和四川、青海、甘肃 3 省藏区发起打、砸、抢、烧事件 90 余起，事件过程中，有 18 人死亡（其中有 4 名武警战士牺牲），594 人受伤。2011 年到 2013 年，十四世达赖及其"藏独"

① 杨圣敏：《中国民族志》，中央民族大学出版社 2003 年版，第 207 页。
② 徐明旭：《阴谋与虔诚——西藏骚乱的来龙去脉》，明镜出版社 1999 年版，第 342 页。

集团，煽动、鼓惑、操纵境内藏区僧众自焚，如格尔登活佛就鼓吹自焚者是"民族英雄""自由斗士"，在这些思想的蛊惑和胁迫下，四川、甘肃、青海等地发生多起藏族僧人自焚事件，无辜的生命遭到残害。

（三）"藏独"势力的组织体系

"藏独"分子在境外势力的资助下，建立了严密的组织体系，形成了一个有组织的民族分裂集团，主要包括流亡政府组织结构、社会团体和军事组织三个大的系统。

1. 流亡政府组织结构

"藏独""流亡政府"的组织架构主要包括达赖秘书处、"噶厦政府"和"西藏人民会议"，是仿造西方三权分立学说建立的伪民主政府，三个机构分别承担"藏独"分裂势力的决策权、行政权和立法权，形成了严密的权力框架。

达赖秘书处是达赖集团的决策和权力机关，一方面，达赖秘书处负责安排达赖的日程和演讲，配合达赖的走访，积极与各个国家的政客、媒体接触，散布"藏独"思想，另一方面，达赖秘书处积极策划分裂西藏的方案和策略，在"西藏问题"的发酵中有重要的作用。

"噶厦政府"是达赖集团的主要行政机关。"噶厦"是清政府钦定的西藏政府名称，为了维护西藏政教合一的体制，分裂集团保留了这个称呼，主要的组成机构有"七部一处"，即噶厦秘书处、内政部、外交与新闻部、宗教与文化部、教育部、财政部、卫生部、安全部等。噶厦政府主要负责分裂集团的行政事务，负责发布和实施行政各项决议命令等。2011年，十四世达赖"辞职"，洛桑森格（Lobsang Sangay）担任所谓"噶伦赤巴（总理）"。

"西藏人民会议"是达赖集团的最高"立法"机关，是为了迎合西方的"民主"学说建立的，为达赖集团谋求国际上的同情心和支持起了一定的作用。实际上"西藏人民会议"受到达赖的操控，达赖有权停止、延期或者提前召开"西藏人民会议"。

2. 社会团体

为了尽可能地凝聚境外的"流亡藏人"，达赖集团除了建立严密的权力组织，还推动建立了多个民间社会团体：如"三区团结会""藏青会""藏妇会""西藏民主党""九十三组织"等等，这些社会团体在帮助达赖集团宣传"藏独"思想，扩大"藏独"声势、拉拢各界"流亡藏人"的活动中发挥着重要的作用。

其中"三区团结会"中主要帮助达赖集团调和不同地区（卫藏、多堆、多麦）的矛盾，将藏传佛教的各个教派统一在格鲁派的统治下，维护达赖在藏人心中的领袖地位。

"藏青会"，全称"西藏青年大会"，其主要宗旨就是实现"西藏独立"，目前是达赖集团的五个社会团体中势力最大的群体，其成员也是"流亡藏人"中最激进的群体，噶厦政府中80%以上的组成人员都是"藏青会"的成员，2008年"3·14"打砸抢烧暴力事件就是由"藏青会"一手策划。

"藏妇会"，全称"西藏妇女协会"，开始成立时主要吸纳"流亡藏人"中的女性，教会她们一些生活技能，后来逐渐依附"藏青会"，大肆宣传分裂思想。

"西藏民主党"，全称"西藏全国民主党"，是达赖集团中的唯一党派组织，宗旨是通过暴力手段争取西藏实现"独立"。

"九十三组织"是根据1987年9月、1988年10月和1989年3月爆发的三起暴乱而命名的组织，主要活动就是组织成员参加西藏的暴乱活动，参加各地区的"藏独"游行活动。

3. 军事组织

达赖集团目前的军事组织主要有"印藏边境警察部队"和"四水六岗卫教军"，其中"印藏边境警察部队"是印度政府控制的陆军部队，主要任务是边境巡逻，属于印度武装力量的一部分，但是达赖集团始终将这支部队视为自己的主要军事武装力量；"四水六岗卫教军"前身是昌都和四川、青海、云南等地藏区民主改革时期的叛乱部队，在达赖集团的煽动下，组合成为达赖集团的武装力量，并随达赖喇嘛叛逃印度，1974年因参与尼泊尔内部权力斗争，被尼泊尔政府解除武装，但后来又在美国中情局的扶持下重新开始活动。

(四)"藏独"势力的危害

"藏独"势力威胁中国的领土安全,挑战中国的政治制度,影响民族团结,"藏独"势力开展的一系列活动也极大地威胁着藏区群众的生命财产安全、地区的经济社会稳定和中国的国际形象。

1. 威胁藏区民众的人身安全和西藏的经济社会发展

"藏独"分裂势力为谋求自己的政治目的,通过策划组织游行、骚乱、打砸、自焚等活动,严重威胁着藏区民众的生命安全和财产安全,在藏区营造恐怖的氛围,影响当地居民的正常生活,同时也造成极大的经济损失,不利于西藏地区的社会和谐稳定。除此之外,"藏独"势力利用"西藏发展与保护"的说辞,干涉国家对西藏开展的战略开发,如2000年,在50多个"藏独"组织及其国际支持组织的不断阻挠与破坏下,世界银行最终取消资助青海省都兰县重新安置大约5.8万农民的贷款计划,涉及金额达1.6亿美元;2001年9月7日,在国际援"藏独"组织的强压下,英国石油公司撤出中国东西油气管道的竞标;2007年12月,在"藏独"势力及国际非政府组织的联合施压下,英国南华资源公司表示,决定中止在中国的业务,放弃收购中国矿业部门在西藏的朱诺铜矿项目53%股份的谈判,"藏独"势力的活动拖慢西藏地区的经济发展步伐,影响了西藏地区的经济发展。

2. 破坏国家安定与民族团结

所谓"西藏问题"的本质就是分裂国家谋求西藏独立。"藏独"势力在思想方面通过广播、电视、网络,以及旅游、探亲、偷渡等手段向国内输送宣传分裂思想的音频视频和报刊书籍,散布分裂言论,攻击我国政治制度和方针政策,挑战中国的主权和民族区域自治制度;在行动上,"藏独"势力组建所谓的"独立政府"和"军队",在境内外形成分裂武装势力,并且积极组织策动暴恐活动,煽动民族仇恨,破坏民族团结,以达到其谋求独立的目的。

3. 破坏中国的国际形象

"藏独"分裂势力为了吸引国际关注,常在重大时间节点开展活动。

在"藏独"分裂组织的运作下，"藏独"分子在一些特殊时间如所谓藏独纪念日、联合国人权日等开展静坐、绝食甚至自焚，博取国际关注。同时，在涉及中国的国际活动中，"藏独"分裂分子大肆开展破坏活动，如2008年奥运圣火传递过程中，在伦敦、巴黎、旧金山等多个地区都遭遇"藏独"势力抢夺奥运圣火的情况①，达赖集团意图借此引起轰动效应，宣传"藏独"思想。

（五）"藏独"势力活动的趋势和特点

新时期以来，西藏分裂势力的活动呈现出新的特点，主要体现在对内加强颠覆渗透、对外积极推动"西藏问题"国际化。

1. "以教促政"，加强思想文化渗透

"藏独"分裂分子在西藏开展大规模的文化渗透，大肆制作印发《西藏独立王朝概况》等各类宣传材料②，利用宗教宣传"藏独"思想，宣传"大藏区"思想，并且加强对西藏地区青少年的诱拐。

（1）宗教思想渗透。达赖集团利用西藏地区宗教氛围浓郁，许多藏族群众对藏传佛教信仰虔诚的社会条件，企图通过宗教思想的渗透，控制宗教团体和广大信众，甚至利用宗教干预国家行政、司法和学校教育，最终实现"藏独"的目的。

达赖集团奉行"控制一个活佛就等于控制一座寺庙，控制一座寺庙就等于控制一个地区"的方针，开展分裂活动。第一，借助西藏人民对于藏传佛教的信奉，将"藏独"思想渗透到宗教教义中去③，达赖利用时轮金刚灌顶大法会，以"弘法"为借口鼓吹"藏独"，煽动汉藏分裂。第二，达赖集团先后认定了一批活佛，利用活佛控制的寺庙挑拨民族关系。达赖通过活佛来宣传藏独思想，将大量藏独著作、录影带传入藏区，给信徒灌输"藏独"理论，制造宗教狂热分子。

（2）通过要求"大藏区"高度"自治"来实现"藏独"。1987年达

---

① 于晨等：《西藏民主改革50年》，中央文献出版社2009年版，第285页。

② 直荣边吉：《达赖喇嘛——分裂者的流亡生涯》，海南出版社1997年版，第221页。

③ 司仁、格旺：《十四世达赖喇嘛》，五洲传播出版社1997年版，第33页。

赖集团在国外反华势力的支持下，提出"五点和平建议"，其中就包括"大藏区""高度自治"。"藏独"势力主张的"大藏区"包括青海、西藏全部，四川、云南、甘肃的所有藏族聚居区，以及新疆部分地区，总面积达240万平方公里，约占中国总领土的四分之一。达赖喇嘛的"大藏区"自治主张包括：中国军队和非藏族居民从"大藏区"撤离，"大藏区"非军事化，"大藏区"所有事务由藏人自主处理，中央政府不得干涉，否定中国的政党制度和国家制度，否定民族区域自治制度。达赖集团通过"大藏区"宣传，笼络了各个教派势力和来自各个地区的"流亡藏人"，煽动民族仇恨，虽然"大藏区"只提"自治"，未提"独立"，但实际目的就是谋求西藏"独立"，根本上还是要分裂中国。

（3）诱骗青少年接受"藏独"思想。为了培养下一代"藏独"分裂分子，达赖集团在文化渗透方面着重加强了对西藏青少年的诱骗和思想控制。一方面，达赖集团要求一些流亡藏民回西藏探亲的时候，用各种手段把青少年藏民带出境外，给这些青少年藏民灌输"藏独"思想。另一方面，达赖集团以免费入学等为诱饵，诱导青少年自己潜逃到境外。达赖集团在中国边境建立多个"接待站"，专门负责策反和运输青少年到境外，在境外建立多个藏人学校和寺庙，通过提供经济补助的方式诱导藏族青少年潜逃境外，对其灌输"藏独"思想，培养青少年成为分裂分子。

2. 积极谋取国际支持，推动西藏问题国际化

达赖集团在国际上将"西藏问题"包装成其他问题，意图通过"中间道路"实现西藏"独立"。中间道路是指，在解决"西藏问题"的进程中，既不接受西藏在目前中国所处的地位和状态，也不寻求西藏的"独立"，而是取中间路线，在中国框架范围内寻求西藏的完全自主自治。其产生的原因是过去几十年中，达赖集团一直追求以暴力手段实现"西藏独立"的方式失败，因而采取另外一种方式分裂中国。为了实现他们的政治主张，达赖以维护人权为借口，以讲经布法为幌子，积极走访世界各国，参加各类国际活动，谋求国际社会的同情和支持。

（1）意图通过"中间道路"实现西藏"独立"。达赖集团近年来将

"西藏问题"包装成环境问题，博取国际关注。近年来，达赖以"高原环境气候不断恶化"为由，在国际上宣称中国政府治理不善，破坏了高原的环境和气候，威胁到西藏民众的生存和发展，提出"保护西藏"主张，要求中央政府同意所谓的"大藏区自治"，实际上达赖集团是以"中间道路"欺骗国际同情心，将环境问题和"西藏问题"相混淆，借此激发西方民间人士对中国政府的对抗情绪。

（2）通过"走访讲经"谋求国际关注和支持。自1956年开始，达赖以布法讲经为由，多次出访，在世界各国举办弘法会，宣传藏传佛教的"价值观""道德观"，并举办多次演讲，宣传"藏独"思想，激发西方民众"护藏护法"的热情。达赖利用一切机会，频繁与各国领袖、政界名流会晤，在军事上和经济上都获得了大量支持；印度作为达赖集团发展的大本营，更是为达赖集团的发展提供了政治和军事保护。在一些西方国家的策划下，达赖获得1989年诺贝尔和平奖，在国际上抹黑中国的形象，引导世界上其他国家干涉中国内政。

（3）加强对海外华人的公关力度，意图建立"统一战线"。自冷战结束，达赖集团充分利用各种渠道，密切接触海外华人，希冀通过联结海外华人，推动西藏"独立"。一方面，达赖集团加强了与"民运"分子的联合。达赖"出访"时，多次会晤流亡海外的"民运"分子，与所谓的"民运"分子深入对话，并且逐渐促进"汉藏对话会"机制化，希望得到"民运"分子的支持，达成其分裂西藏的目的。另一方面，达赖集团加强了对海外华人的宣传。达赖集团多次参与哈佛大学的"西藏问题研讨会"和其他小型"研讨会"，与海外华人学者探讨"西藏的未来出路"，蛊惑海外华人；除此之外，"藏独"势力还举办具有排他性的"闭门对话会"，宣传达赖集团的"中间道路"，试图博取海外华人的关注和支持。

第四章 前景展望

在新的历史时期，面对中国民族关系遇到的压力和挑战，我们需要认真梳理总结新中国成立 70 多年来中国民族关系发展的历史经验，冷静客观地分析当代世界民族问题的发展趋势，深入研究新形势下中国民族关系的规律和特点，着力推进现代公民国家建构，把铸牢中华民族共同体意识作为新时代民族工作的主线，进一步提升中华民族的凝聚力，巩固和发展和谐的民族关系。

第一节 现代公民国家民族关系发展趋势

一、现代公民国家建构

人是群居的动物，人的本质，是各种社会关系的总和，群体生活塑造了人区别于动物的各种关键属性，是人之成为人的基础。人类学、考古学、历史学的研究都已经充分证明，正是因为人类自诞生以来，就结合成了各种各样的共同体，以满足自身物质生产、精神生活等方面的需要，人类才逐渐形成了区别于动物的智力、语言、情感、能动性以及各种有目的性的关系，进而使人类群体演变成与动物群体不同的人类社会。在人类历史上结合成的各类共同体中，民族与国家是两个具有独特性的共同体。

民族是基于生活习俗、语言、信仰、历史记忆等因素形成的具有一定稳定性的文化共同体。民族共同体的形成有两种途径：一种是在自然状态下，由于自然条件以及在此基础上形成的生产、生活方式的长期作用，使生活在特定区域的人形成许多具有相似性的特征，从而成为一个民族，这是原生形态的民族；另一种则是在人类进入文明社会之后，由于政治、经济、文化、宗教等力量的推动，使自然状态下形成的人的共同体分化瓦解，重新组合而形成的民族，这是次生形态的民族。从历史的宏观视角观察，民族是一个不断变化的动态共同体，"各个族体都有一个产生、发展、吸引、扩散、聚合、分解、消亡的过程"①。目前，全世界约有3000多个民族，分布在200多个国家和地区，其中完整保留原生形态的民族很少，大部分民族都是在历史上经过文明之间的激荡碰撞而形成的次生形态的民族。在人类文明演进过程中，民族的原生性和建构性交织缠绕、相互作用，共同塑造着民族意识。正是基于这一角度，安德鲁·海伍德认为：在英文中"'民族（Nation）'一词通常很少在精确意义上使用，且常与国家（State）、国土（Country）、族群（Ethnic Group）和种族（Race）替换使用"②。甚至还有学者认为，现代社会的许多民族都是人们基于特定的需要，通过教育、大众传媒及政治社会化过程塑造出来的"想象的共同体（Imagined Community）"。③

国家也是人类共同体的一种形式，它的出现与存在，也是为了满足人类的特定需要。如果说民族共同体，主要是在一种潜移默化情况下，满足人们精神、信仰、归属感等方面的需要。那么国家则是人类自觉设计出来的制度、价值和组织体系，它要满足的是人们对现实安全、秩序与利益追求的需要。国家的出现，是在原始社会人类形成的各类共同体都不足以维持社会秩序、化解社会矛盾之后做出的理性选择。因此，可以认为国家的形成一般都要晚于原生形态的民族。

恩格斯认为，"国家的本质特征，是和人民大众分离的公共权力"④。这种公共权力以人为创造的各种公共组织为载体，以各种基于理性设计或

---

① 宁骚：《民族与国家》，北京大学出版社1995年版，第27页。

② ［英］安德鲁·海伍德：《政治学》第二版，张立鹏译，中国人民大学出版社2006年版，第132页。

③ ［美］安德森：《想象的共同体：民族主义的起源与散布》，吴叡人译，上海人民出版社2005年版。

④ 《马克思恩格斯选集》第四卷，人民出版社1972年版，第114页。

认定的法律规则和制度体系为内容，以实现和维护公共利益或统治阶级利益为诉求，以建立和维持符合统治阶级或公众利益需要的秩序为直接目标。因此，国家自产生以来，就表现出对其他共同体的支配性影响力，成为凌驾于其他共同体之上的更高层次的共同体。直到现在，国家仍然是实现社会秩序，维持社会团结最重要的共同体。

国家之所以成为一种必要，是因为原始社会时期形成的以血缘、地域、文化等关系为纽带的氏族、部落包括民族等共同体，以及原始社会就已经出现的道德、宗教信仰、传统习俗等社会规范，都已经无法化解人与人之间的冲突，无法为社会提供良好秩序。因而必须建立起有组织的、系统的、以暴力为后盾的机构，制定强制性的规则，才能实现社会稳定。所以，不论国家性质如何，不论国家处于哪个发展阶段，国家最典型的特征，就是它由一系列暴力组织作为支撑，以贯彻一套具有强制性的价值和制度，实现人为设定的公共目标。

在历史上，国家为了履行其职责，实现其功能，曾经利用和借鉴了其他类型共同体的许多维系纽带，以巩固国家的政权组织，普及国家提倡的价值理念，落实国家设计和认可的各类制度，如血缘、宗教信仰、道德理念、经济利益、生活习俗等。其中也包括了对民族共同体的存在和维系具有关键意义的纽带，如语言、生活地域、对民族归属的认同等。古代大多数延续了较长时间的国家，都曾经自发或自觉地采取一系列措施巩固统治，如统一语言，提倡甚至强行推广某种生活方式，向社会宣扬和灌输某种价值理念，以便在国民中形成对国家的认同与忠诚。国家作为一种理性设计的共同体，它采取的这些措施极大地影响甚至主导了一些民族的演变进程，许多原先在各自区域自发形成和演变的民族，都被国家的力量重新建构，分化、融合进而形成新的民族，甚至在一些历史悠久的国家，民族认同与国家认同难分彼此。也正是因为这一原因，在人类历史上，国家与民族的关系随着时间的推移变得越来越复杂，在部分区域，这两类共同体甚至很难区分开来。

然而，直接将民族与国家叠加到一起，试图建立民族——国家，也即英文 Nation 意义上的国家，却是近代资产阶级兴起前后的事。在此之前，国家可能被称为部落（Tribe）、城邦（City-state）、王国（Kingdom）、公国（Duchy）、帝国（Empire）等，却不会被称为 Nation。为国家赋予 Nation 之意义，是在主权理论、契约国家观念出现之后，将国家主权与特定区域的人民契约，也即人民对国家的自觉认可联系在一起的结果。而这个过程，又与近代史上西欧民族主义运动密不可分。

关于民族主义究竟该如何定义，就如同民族概念一样充满了争议，目前理论界提出的民族主义定义超过 200 种。然而，从根本上来说，民族主义运动恰如安东尼·史密斯所认为的，是一种意识形态运动，目的在于为一个社会群体谋取和维持自治及个性，他们中的某些成员期望民族主义能够形成一个事实上的或潜在的民族。民族主义运动的终极目标，是建立民族——国家，也即 Nation 意义上的国家。民族主义运动借助民族认同中的文化、情感因素，通过激情渲染特定民族的历史记忆，激发了特定区域人民对于国家的忠诚。但是，由于在一定区域内居住的民族往往自古以来就是多元的，民族主义运动因而也引发了不同民族之间对于居住区域、享有的权利和追求的政治目标之间的矛盾冲突。在近代以来，民族主义"曾促成了战争与革命，导致了新国家的诞生、帝国的解体以及边界的重新划定，被用来重塑和巩固现有政权"①。民族主义的作用，复杂且易变。

欧洲各国在近代历史上，经过无数次战争、谈判和交易，曾试图按照"民族"的边界来建立国家的边界。但是，经过民族主义运动塑造的民族，实际上与历史上由于其他原因形成的民族有很大差异。而且，在欧洲民族主义运动如火如荼进行的过程中，另一项对社会发展影响更深刻的运动——现代化进程，也开始启动。本来就边界模糊，不断流动融合的民族，由于现代化进程中市场触角的不断延伸，分工与贸易的发展，城市化进程的持续加速，加快了人口流动与融合。因此，虽然极端民族主义者经常鼓吹建立单一民族国家，但正如恩格斯所说："欧洲没有一个国家不是

---

① ［英］安德鲁·海伍德：《政治学》第二版，张立鹏译，中国人民大学出版社 2006 年版，第 105 页。

一个政府管辖好几个不同的民族，……没有一条国家分界线是与民族的自然分界线，即语言的分界线相吻合的。"①

当前，大多数成熟的现代国家已经很少关注单一民族建国的问题，而是更加关注在宪政、法律的基础上，通过一系列民主制度安排、利益聚合与表达机制的完善、政治参与有效性的提高，尤其是公民观念的培育，形成新的超越族群范围的政治认同，将居民个人的血缘、地域、宗教、民族等身份认同因素在政治生活中的作用逐步淡化，而代之以基于现代性理念建构的公民认同，使公民身份（citizenship）成为社会成员在公共生活特别是政治生活中唯一的身份，进而建构公民国家。

公民国家以公民的权利、责任、义务为基础，以国家的权力、职能、责任为纽带，通过公民与国家契约关系，特别是政府向公民提供公共服务来建构。公民在进入国家共同体得到国家保护、享受国家福利的同时，向国家让渡了某些权利，以实现共同体的目标。在公民国家，文化可以而且在大多数情况下是多元的，不同族群之间存在的差异、各族群独特的文化和生活方式都应该得到尊重。公民身份不因种族、族群、信仰、地域、性别等因素而有所差别，拥有平等的政治、社会地位，国家有责任和义务保障每一个公民的权利，而公民在获取国家的保护和公共服务的同时，也必须平等地履行应尽的义务，遵守法律法规，维护国家的稳定和统一。

公民国家的建构，既需要基于民主理念的宪政制度安排做保障，也需要有公民意识为黏合剂。所谓公民意识是公民对自己在国家中地位的自我认知，其中核心内容是公民对宪法和法律规定的基本权利和义务的理解与认知，以及对这些权利与义务自觉接受的心理状态和责任意识。公民意识以公民的权利与义务为中心，反映公民对待个人与国家、个人与社会、个人与他人之间关系的认识状况和价值取向。公民意识以及与此相关联的公民权，是建构现代公民国家的基础，是现代国家凝聚国民的核心因素。"国家是公民的联合……，是不分种族和宗教，所有具有公民权的人的联合。它是一种作为多民族国家建设之基本手段的政治制度。公民权在这里

---

① 《工人阶级同波兰有什么关系？》，《马克思恩格斯全集》第十六卷。

创造了一种新的认同，一种与族属意识、族籍身份分离的政治认同，它是多元文化的一把政治保护伞。它同时也是一种新的政治联系，一种比种族联系和地域联系更加广泛的联系。因而，它提供了一种将种族上的亲族认同（文化民族）与和国家相联系的政治认同（国家民族）相分离的方法，一种把政治认同从亲族关系转向政治地域关系的途径。"①

　　在公民国家内部，族群认同是文化归属，国家认同是政治纽带，两者各具功能又相互关联。国家包容族群间客观存在的各方面差异，通过公共政策与公共服务化解不同族群间的发展差距，促进族群交流与融合。但是一切政策最终都应以保障公民权利、实现公民利益为基点，以促进族群平等、团结、融合为目标。族群在公民国家，更多地作为一种与公民个人私生活关联的社会现象存在，为公民提供生活方式、宗教信仰、道德信念和精神归属等方面的选择机会。

　　从近代以来的世界历史进程来看，较好地完成了现代国家建构，在国民中形成较强公民意识，较好地淡化族群在政治生活中作用的国家，往往都保持了稳定和繁荣，而没能够较好完成现代公民国家建构的国家，特别是族群界限过于清晰，族群因素在政治生活中影响过大的国家，或者陷入混乱，或者早已瓦解。从根本上来说，这是由"族群利益"和公民利益各自不同的属性决定的。在公民国家，公民利益都是针对国家的利益诉求，公民在要求自身利益的过程中，往往不会针对其他社会群体，不以改变既有国家为目标，因此只要现代国家通过积极的公共管理和公共服务基本满足这种利益诉求，整个社会就能够保持稳定。而族群利益则是以他族为对象的利益诉求，这种利益诉求的唯一目的，就是将本族与他族区别开来，从而使本族与他族相比，在价值、利益分配的过程中，能够得到特殊照顾。由于族群利益针对的对象并不是现代国家，因此只要承认族群有特殊的政治—社会利益，那么现代国家不论如何努力，都无法消除族群间的矛盾与隔阂。因为现代国家一旦承认族群在政治利益分配中的作用，只要

①　[美]菲利克斯·格罗斯：《公民与国家——民族、部族和族属身份》，王建娥、魏强译，新华出版社2003年版，第32页。

其不能够满足某一族群的特殊利益，这个族群就会产生对其他族群的不满情绪，而一旦给予其特殊利益，又不可避免地因为分配的不公平而引起其他族群的不满。因而一旦族群因素被引入现代国家的公共管理和公共服务中，国家作为越多，则引起的不满会越多。

二、中国现代国家建构与族群、国家关系调整

从根源上来说，中国民族问题的产生与发展，与中国现代国家建构进程联系在一起，是中国现代国家建构进程遭遇的困难与挫折的产物，是中国社会公民意识发育不充分，公共服务未能在公民社会均等分配的结果。

在近代以前，中国作为屹立于世界东方的庞大封建帝国，领土广阔，人口众多，族群结构复杂。但是，这种情况并没有使中国陷入持久的族群矛盾与冲突之中，中国境内各族群在封建帝国的统治下，大多数时期都能够和平相处，对中央王朝保持了较高的认同，各族群相互之间也不断分化融合，渐渐形成了你中有我，我中有你的族群分布格局。传统的中国，虽未自觉建构公民国家，但是全社会却形成了对国家相当高的认同；传统中国的族群虽未经历自觉的民族建构，但是在长期共同发展过程中，已经融合成了更高层次的政治—社会共同体。从这个意义上来说，中国的民族—国家建构实际上早在西方民族主义传入之前，就自发地进行并部分完成了。在建构现代中国的进程中，我们需要珍惜中华民族在漫长的历史进程中已经取得的成果，避免再出现近代史上曾经出现的对民族—国家思想的误解，在公民国家精神的引领下，处理好族群—民族—国家的关系。

发端于鸦片战争之后的中国现代国家建构进程，是在西方现代国家政治理念和西方民族主义思潮的共同影响下进行的，在这个进程中，不论是追求变革的中国国内社会精英，还是试图改变中国的外部势力，都尝试着用完全不同于中国传统社会的话语体系，去解释中国社会，包括中国的族群关系；同时也尝试着用现代国家的政治价值和革命理论，去重新塑造中国社会。由此，不可避免地出现了许多认识和行动上的偏差，其中涉及族群及其与国家关系方面的认识与实践偏差，正是中国当前民族问题产生的

重要根源。

我们现代习惯性地称中国境内的各族群为民族，但中国境内各"民族"究竟是什么性质的共同体？在近代中国社会变革的过程中，西方学者与中国国内社会精英对此提出了许多看法，其中不乏对中国境内族群问题的严肃思考。例如梁启超、顾颉刚等学者，对传入中国境内的民族主义思想保持了高度的谨慎，清醒地认识到了民族主义运动的两面性，对文化族群和政治民族之间的关系做了非常深入的探讨，并提出了中国民族—国家建构的思路。早在 20 世纪 20 年代，梁启超先生就通过梳理中国古代族群关系，提出了中华民族与中国境内之民族是不同层次的民族，中华民族是政治民族，而中国境内各民族是文化族群的观点。同时，他还指出，文化民族之间的融合，或者说"化合"，是历史的必然。"甲时代所谓夷狄者，乙时代已全部或一部编入诸夏之范围，而同时复有新接触之夷狄发现，如是递续编入，递续接触，而今日硕大无朋之中华民族，遂以成立。"[①] 在区分两类民族的基础上，梁启超更是极力反对当时流行的排满复仇思想，提倡中国社会要防范小民族主义，而坚持大民族主义。"吾中国言民族者，当于小民族主义之外，更提倡大民族主义。小民族主义者何？汉族对于国内他族是也。大民族主义者何？合国内本部属部之诸族以对于国外诸族是也。"[②] 在抗日战争期间，顾颉刚等学者，针对当时日本部分学者提出的"中国本部"概念背后的政治阴谋进行了深刻揭露，并在此基础上进一步批判了当时对民族主义认识的误区，发出了"中华民族是一个"的政治呼唤。他指出，"中国本部"这个名词是敌人用来分化我们的。"五大民族"这个名词却非敌人所造，而是中国人自己作茧自缚。他提出在我们中国的历史里，只有民族的伟大胸怀而没有种族的狭隘观念！我们只有一个中华民族，而且久已有了这个中华民族！他认为中国未来的发展方向是，我们要逐渐消除国内各种各族的界限，但我们仍尊重人民的信仰

---

① 梁启超：《饮冰室文集点校》，云南教育出版社 2001 年版，第 3215 页。
② 梁启超：《饮冰室文集点校》，云南教育出版社 2001 年版，第 1432 页。

自由和各地原有的风俗习惯①!

但也有许多人是出于现实利益的需要而在理论上做的歪曲解释。例如殖民主义—帝国主义势力提出的中国本部与藩部区分，中国在西藏享有的是宗主权而非主权的观点，中国境内满、蒙、回、藏等族是政治民族而不是文化族群的观点，部分西方历史学研究者提出的元、清非中国论等，是服务于其入侵和占领中国边疆领土需要的歪曲民族观。辛亥革命前后革命党人提出的反满排满思想，则是为了煽动反清情绪而进行的革命宣传动员。这些对民族性质的歪曲解读，对中国社会造成了非常不利的影响。实际上，一直到现在，国内的民族分裂主义势力和西方反华势力，都还在利用这种歪曲的民族观，对边疆民众进行思想渗透，以达到其削弱甚至分裂中国国家的目的。

真正具有政治意义的"民族"在西方国家究竟是如何形成的呢？看看法国大革命之后法兰西民族的形成过程，或者美国独立之后的美利坚民族形成过程就可知晓，这些"民族"的基础，实际上都是早就已经生活在新建立的现代国家疆域内的诸多族群。它们本来在经济、文化、政治、社会生活等领域联系并不紧密，可是资产阶级革命前后，在现代国家建构运动的强有力推动下，才逐渐形成了一系列的共同特征，进而凝聚成一个个"民族"。而西方民族—国家建构的这一进程，中国在历史上早已经启动，并且在自发的状态下取得了可与西方自觉的民族—国家建构相媲美的成就，这在历史上就已经形成的政治—文化共同体，在与西方民族主义运动建构起来的现代国家碰撞后，便自觉成为多元一体的中华民族。

中华民族发展的历史与面临的现实挑战告诫我们，现代中国民族—国家建构进程中，要妥善处理好中国境内的民族关系，首先需要纠正对中国各民族性质，以及中国国家特征认识上的偏差，正确定性中国境内各民族，在此基础上发展具有中国特色的民族关系、民族工作理论。需要在全社会形成这样的共识：现代中国是传统中国的延续和继承，因而作为现代

---

① 顾颉刚：《中华民族是一个》，转引自《中国现代学术经典——顾颉刚卷》，河北教育出版社 1996 年版，第 773—785 页。

中国建构基础的民族，只能是传统中国在历史进程中自发形成的超族群政治共同体，而不是这一共同体内的分支族群，这既是对历史的尊重，也是符合各族群根本利益和意志的必然选择；现代中国的疆域，即是在传统中国已经自发建构，在近代完成自觉的中华民族共同体所居住的疆域，而无所谓本部与藩部的区别。任何一个中华民族分支族群的居住区域，都是现代中国的领土，现代中国都对之享有不容置疑的主权。对于近代以来出现的对族群—民族—国家关系认识上的混乱，以及因近代中国历史上西方殖民主义势力扰乱，内部社会精英失动失误造成的族群关系的现实问题，需要采取有效措施予以纠正。其中关键的任务，是促进族群角色向文化共同体的回归，逐渐淡化境内族群的政治色彩，使过去相对模糊的族群界限，在因各种原因清晰化之后，再次回归模糊化的状态，同时加强对国民的中华民族认同的培育，公民精神的培育，为现代国家建构奠定坚实的社会—情感基础。

促进族群角色向文化共同体的回归，培育中华民族共同体认同，需要结合现代国家建构的理论与经验，补充和完善我国民族理论、民族政策，进一步完善中国的民族区域自治制度。首先要摆正国家政治价值、利益分配中公民身份与族群身份的关系，突出公民身份在国家政治价值、利益分配中的作用，逐步弱化族群身份在国家制度设计、政策资源分配中的作用，遏止因过度将族群与政治—行政管理、公共服务捆绑而导致的社会群体碎片化、行政区域碎片化倾向，以公民精神的培育和公共服务的均等化，弥合既已出现的群体间、区域间关系裂痕。

新中国成立以来，通过民族区域自治制度的实施，我国较好地推动了相对落后的民族地区的发展进步，极大地改善了少数民族的生活状况，有力地保护了少数民族基本人权，基本实现了不同族群的政治、社会地位平等，大大缩小了族群间、区域间发展差距。然而，这一制度在实施过程中，部分地方、部分领域将族群身份与现实利益捆绑过紧，使一些人对本族群与其他族群关系的认识，对族群利益与国家整体利益之间的关系认识都出现了误区。而这种认识上的迷失，又进一步在部分地方导致狭隘民族意识不断强化，本来相对模糊的族群界限清晰化，族群认同工具化，排斥其他族群的情绪显性化等。

民族区域自治制度的这些副作用，若得不到有效纠正，将会随着市场经济体制的完善和国家民主政治建设的推进，随着全球化进程的不断深化而日益凸显出来。

从国内来看，由于市场经济体制的完善和国家与社会、市场关系定位的变化，我国社会在政治、经济、文化、思想等领域，出现了明显的多元化发展趋势。社会多元化是一把双刃剑，一方面它能够给社会增添活力，为市场机制的有效运行创造条件；另一方面它也使社会整合变得困难，社会成员之间矛盾冲突不断增加。即使强大如美国，社会多元化背景下的社会整合与国家统一都引起了学者们的强烈忧虑。正如亨庭顿所提出的问题，假如它（美国）也变成一个缺乏一种共同核心文化的多文化社会，那么用什么来把它凝聚在一起呢？我国虽然在社会多元化方面，未如美国走得那么远，但实际上也面临着同样的问题，也需要为日趋多元化的社会，建立起联合国民、维系国家统一和社会团结的纽带，而不是放任无节制的社会多元化。淡化狭隘民族意识，建立跨族群联系、团结的纽带，避免狭隘族群意识与其他领域多元化的副作用交织在一起，引发社会成员之间的矛盾激化，在我国日益多元化的发展进程中，显得尤其重要。"民族意识可以起积极作用也可以起消极作用，关键看教育和引导。积极的民族意识就是民族自尊自立自强，珍惜和发展本民族文化，以本民族对中华民族大家庭的贡献为自豪，愿意向其他民族学习，这样的民族意识与中华民族意识是一致的；而消极的民族意识则表现为看不起、不尊重乃至欺侮其他民族，在历史和文化的描述中自外于中华民族，这种民族意识实际上是一种狭隘民族意识，与中华民族意识是背离的。"[1] 未来，如何引导公民的民族意识与公民精神协调，将是我国面临的一项长期任务。

从国外来看，进入 21 世纪以来，随着社会思想领域控制的放松，国际民族主义思潮对我国的冲击力度也越来越强大，进一步导致了我国族群

---

[1] 朱维群：《对当前民族领域问题的几点思考》，《学习时报》2012 年 2 月 13 日。

关系的复杂化。新一波民族主义思潮带有强烈的族裔民族主义色彩，即突出强调文化族群的政治特殊性，并以文化族群为单位向政治国家提出各种权利、利益诉求。从某种意义上说，苏联解体、东欧剧变、危害世界稳定的国际恐怖主义运动、亚非部分国家的内乱、欧美一些国家的族裔矛盾，都与这波民族主义思潮的传播有一定的联系。这就意味着，新一波民族主义思潮与欧美现代国家建构初期的公民民族主义相比，更多地发挥了撕裂社会群体，制造群体矛盾，引发国家分裂危机甚至国际争端的破坏作用，而不是凝聚社会成员，激发民众热情，促进社会进步的积极作用。面对新一波民族主义思潮及其引领的社会运动，在当前国际秩序中处于主导地位的西方发达国家，采取了非常明显的双重标准。一方面，对于西方社会内部的族裔民族主义运动，西方国家刻意淡化族群的政治色彩，采取多重手段防范族裔民族主义可能引发的国内社会分裂和群体间矛盾激化。另一方面，对于非西方社会内部的族裔民族主义运动，西方国家则积极鼓励、支持，极力鼓动部分国家的分支族群开展具有政治色彩的族裔民族主义运动，以打击、削弱甚至肢解现实的或潜在的竞争对手。这种做法，已经在世界范围内造成了许多严重的社会冲突。近几年来，我国境内少数民族聚居地区陆续发生了数起较为严重的涉及族群因素的群体性事件，其背后的推动者，恰恰就是试图分裂国家的狭隘民族主义分子以及试图削弱、肢解中国的国际反华势力。为了对外抵制国际反华势力借助族裔民族主义的狭隘思想煽动我国国内族群矛盾，对内彻底铲除分裂主义势力滋生的社会土壤，我们更是迫切需要逐步扭转因为将族群身份与多重现实利益特别是政治权利捆绑而导致的族群认同庸俗化，族群界限清晰化，族群间排斥情绪显性化的趋势。通过在国家政治生活中突出公民身份的作用，强化公民与国家的政治权利、义务契约，淡化包括族群在内的其他社会共同体在国家政治生活中的直接影响，逐步理顺族群认同与国家认同，族群意识与公民权利之间的关系。

第二节 多维纽带提升中华民族凝聚力

现代国家要突出强调公民共同体在国家政治生活中的位置，淡化族群等社会共同体对国家政治运行的影响，需要解决一个现实的问题：基于政治契约而建立的公民共同体，其内聚力往往不如基于族群认同、宗教认同、地域认同等形成的共同体强。作为解决这一问题的方案，西方较早开始现代国家建构的资本主义发达国家，基本上都借助了民族主义运动的部分形式，为公民共同体这一纯粹的政治联合体赋予更多的文化、利益内涵。通过将公民对国家的认同仪式化、神圣化，进而使得公民对国家的认同逐渐内化为公民内心的信仰，培育公民对国家的精神认同和道德忠诚。通过对经济社会的管理，通过向社会提供的各类公共服务，为公民共同体增添包括政治、经济、社会生活和文化价值等在内的多维联系纽带，使公民共同体随着国家的发展进步而越来越稳固。这种做法，值得我们学习和借鉴。我国未来在逐步淡化族群政治色彩的同时，要积极通过国家对社会的有效治理和公共服务，弥合因自然、历史原因形成的族群间、区域间差异与差距，为族群间、区域间社会成员的交流、融合打造多维纽带，使得中国的公民共同体——中华民族共同体，随着国家经济社会的发展进步，凝聚力不断提升。正如习近平同志在第四次中央民族工作会议所指出的，解决好民族问题，物质方面的问题要解决好，精神方面的问题也要解决好。长远和根本的是增强文化认同，培养中华民族共同体意识，推动建立相互嵌入的社会结构和社区环境，加强各民族交往交流交融，在尊重差异、包容多样的基础上，促进各民族群众手足相亲、守望相助，推动各族群众牢固树立正确的祖国观、历史观、民族观，增强各族群众法律意识、市民观念和公民观念。

一、加快民族地区与内地经济融合

经济基础决定上层建筑，一个国家的群体间关系格局，族群认同、政治认同状况，从根本上来说是这个国家的经济基础的体现。因而要解决族群认同与政治认同领域存在的问题，首要的着力点还是在经济领域。中国国内目前出现的族群认同与政治认同领域存在的问题，就历史根源而言，是传统中国的经济社会发展模式未能完全渗透到边疆民族地区，进而使得边疆民族地区与内地存在较大经济社会发展差异，包括发展水平的差距和发展模式的差异，而这种差异又进一步衍生了精神、文化、制度等上层建筑领域的差异。在狭隘民族主义思想传播到中国之后，这些差异被殖民主义势力、分裂主义势力利用，以推动边疆族群的民族化。新中国成立以后，虽然国家采取了许多措施以缩小区域间、族群间发展差距，推动经济一体化，但这一工作直到现在仍未完成。这就意味着，从经济着手，通过缩小区域间经济发展差距，实现全国经济一体化，在边疆民族地区与内地架构起强有力的利益纽带，仍然是解决我国民族问题的重要途径。

1. 尽快消除区域间发展差距

目前民族地区经济社会发展相对滞后的原因有很多，但以历史上民族间发展差距遗留和现代公共服务供应水平低下最为关键。而这两个因素共同作用下，又导致了一些民族地区市场机制和市场观念不成熟，民众利益观念淡薄，社会自我发展能力不强等问题。所以，要消除民族地区与其他地区的发展差距，必须针对这些问题采取有效措施。

（1）进一步在民族区域自治制度框架下加大对民族地区发展的政策倾斜力度。民族区域自治制度是中国处理民族问题的最重要的政治制度安排，是对少数民族自主权利和发展权利兼顾的，高度科学的制度体系。在民族区域自治制度框架下，民族地区既可以得到来自中央和上级政府对本地区发展的大力支持，又享有和行使处理本民族、本地方事务的多项自治权力。民族区域自治制度框架下设计的许多对民族地区的照顾性政策，实际上正是对少数民族在历史上发展滞后问题的补救措施，是国家为消除民族间发展差距而采取的切实行动。而自治权的授予，又使得民族地区能够在追求赶超的发展进程中，享有更多的政策自主空间，采取更加灵活的策略。

随着我国市场经济体制的日益完善和政治、经济体制改革的深化，形成于计划经济时代的民族区域自治制度，虽然经过了不断修改完善，但在许多方面仍然未能完全适应当前的形势，在促进民族地区赶超发展方面的作用有削弱的趋势。主要问题表现在：民族自治地方经济自治权在市场经济环境下，特殊性不能彰显；民族自治地方社会事业自治权，由于地方经济和财政支撑力量薄弱，而无法推动民族地区真正实现赶超发展；上级机关对民族自治地方的职责，在目前的行政体制下，受到的制约较多，不能得到全面履行，致使民族自治地方获得的帮扶资源远不能满足民族自治地方经济社会发展的需求。为此，国家需要根据全国和民族自治地方经济社会发展的状况，以及我国市场经济体制完善的程度，不断调整和优化民族区域自治制度的内容，确保民族自治地方在较长的一段时期里，能够从内外两个方向，整合充足的资源，真正实现赶超式发展。

（2）加大对民族地区公共财政倾斜力度，迅速弥补因为公共物品供应和公共服务水平差距而导致的发展机会不均等。公共物品和公共服务是对一个地方经济社会发展具有基础性、先导性影响的设施和服务，也是对消除社会不公正、化解社会矛盾具有关键性意义的公共资源。长期以来，民族地区由于本地经济发展水平低下，财政收入有限，公共物品和公共服务供应成本偏高，在这方面欠账很多。公共物品和公共服务的落后，既是民族地区与其他地区发展差距的重要体现，又是导致民族地区与其他地区发展差距始终未能消除的关键性原因。由于公共物品和公共服务供应主要依赖公共财政，而公共财政收支多少又取决于一个地方的经济发展水平，因此经济发展相对落后的民族地区在这方面实际上陷入了一个矛盾境界：公共财政规模有限，难以满足社会对公共物品和公共服务需求的增长；公共物品和公共服务水平的低下，难以吸引市场主体到本地方发展，导致公共财政增长乏力。为此，国家应进一步加大对民族地区公共财政的倾斜力度，帮助民族地区摆脱这一矛盾困境，从外部为民族地区的赶超发展输入必要的资源。国家在规划各种公共工程项目时，要优先考虑在民族地区安排，在分配公共财政资金时，要优先满足民族地区的需求。国家尤其要加大对民族地区一些关键性公共物品和公共服务项目的支持力度，如交通、通信、基础教育、公共文化、社会保障、公共卫生、环境保护等，大力推进基本公共服务的均等化。这不仅关系到民族地区的发展，而且对民族关系的发展具有直接影响。只有在尽可能短的时间内，将民族地区与其他地方在公共物品和公共服务供应方面的差距消除，才真正能够缩小民族地区与其他地区在经济和社会方面的发展差距，实现民族地区与内地经济、社会生活的一体化，让各族群众"在公共服务中感知国家"，增强各民族对国家的认同，增强民族地区各族群众对国家的归属感和向心力。

（3）适当调整在民族地区资源开发和经济建设过程中的利益分配和补偿机制，使国家对民族地区各项帮扶政策的作用有效发挥。进入 21 世纪以来，国家进一步加大了对民族地区发展的支持力度，通过西部大开发战略，兴边富民行动，扶持人口较少民族发展规划等政策，帮助西部民族地区开发资源，完善市场，发展经济，优化公共服务。在这一过程中，国家更多地借力于市场机制力量推动民族地区发展，以确保民族地区发展的效率。但是，在许多来自民族地区以外的市场主体参与民族地区资源开发和经济发展的情况下，相关利益如何分配就成为一个非常重要的问题。目前在一些民族地区，已经暴露出了因利益分配不适当而导致的企业与社区、区域与整体的矛盾和问题。因此，国家需要采取措施推动外来企业的本地化，充分吸纳当地劳动力；完善资源开发的补偿机制，提高民族地区在资源开发过程中的获益比例；努力探索一种公平与效率兼顾，政府、企业与社会共赢，既能够使各利益相关方都合理获益，又不会妨碍市场机制良好运行的利益分配机制。

2. 大力改善民族地区民生状况

社会主义社会的本质，是消灭剥削，消除两极分化，实现共同富裕，最终使每一个人都得到全面的发展。从这个意义上说，改善民生是社会主义国家一切工作的出发点和归宿。经过新中国成立以来 70 多年的发展，中国的民生状况有了极大的改善，人民生活水平不断提升，生存权和发展权都有了长足的进步。然而，在一些偏远的民族地区，由于地理和交通等客观条件的限制，还有部分群众面临着吃水难、行路难、看病难、上学难、致富无门、增收困难等诸多问题。尤其是贫困现象还是一个突出问题。2017 年，民族八省区贫困人口约占全国的 1/3，全国贫困发生率为 3.1%，而西藏为 12.4%，新疆为 12.63%，青海为 8.1%，贵州为 7.75%。2020 年底，虽然包括民族地区在内的全国所有贫困县全部"摘帽"，但由于基础薄、条件差，民族地区防止"返贫"的任务依然十分艰巨。

民生连着民心，不论从我国国家性质，还是就当前打击分裂主义势力活动，巩固我国民族团结和边疆稳定而言，都要求我们尽快采取措施，改善相对贫困的民族地区的民生状况。

（1）进一步加大对民族贫困地区的扶贫力度。国家要进一步加大对民族贫困地区的扶贫开发力度。第一，要进一步增加对民族贫困地区的投资，引导更多的社会资源投入民族贫困地区。不论是输血式、救急式的扶贫，还是造血式、开发式的扶贫，都需要有强大的经济基础的支持。因而国家需要结合财力的状况，不断增加对民族贫困地区的扶贫开发投入力度，提升对贫困群众的补助标准，加快贫困地区各类事关民生改善的社会事业建设。第二，探索新的扶贫开发模式。由于民族贫困地区是我国贫困程度较深，发展基础脆弱，市场环境不成熟的地区，我国过去形成的扶贫开发模式，并不能完全适用于贫困民族地区。因此，探索新的扶贫开发模式，提高对民族贫困地区扶贫的效率，巩固扶贫开发的成果极为重要。目前，在一些民族地区正探索整村推进式扶贫、移民搬迁式扶贫、龙头企业带动式扶贫、区域规划式扶贫等新的扶贫开发模式。各级政府需要在这些探索的基础上，结合民族贫困地区的发展状况，尽快出台对本地最有利的扶贫开发政策。第三，积极引导社会力量参与民族贫困地区扶贫。在部分民族地区，社区带动的脱贫，龙头企业带动的脱贫，非政府组织引导的脱贫，都有较好的表现。这也就意味着，在民族贫困地区扶贫开发过程中，政府需要积极扶持和引导社会力量，参与甚至在部分地方主导扶贫开发工作，全面整合社会资源推进民族地区扶贫事业进步。

（2）跨区域协调解决民族地区就业问题。民族地区大多经济落后，公共服务供应水平较低，生态环境脆弱，市场环境不成熟。这也就意味着，民族地区目前的自然、社会环境所能够承载的人口、经济容量相当有限，仅仅依靠民族地区自身力量难以在短期内快速改善民生状况。特别是在一些极度贫困的民族地区，人口、资源、环境关系的紧张程度，已经达到极致，大量贫困人口因受制于本地条件无法充分就业，缺乏增收致富的机会。解决这一问题比较合适的途径，是跨区域协调解决民族地区就业问题，通过促进贫困民族地区群众到相对发达的地区就业，快速改善其生活状况。2008年江苏省一份调查显示，当年在江苏的30多万少数民族流动人员，人均年收入达到14745元，大大高于民族自治地方城镇人均12800多元的收入水平。新疆通过政府搭桥，介绍农牧区剩余劳动力到珠三角就业，使相关劳动者年收入相比在本地就业时增长10倍以上。目前，劳动力跨区域就业的协调机制仍然很不完善，针对少数民族流动人口的引导、服务跟进不足，部分少数民族群众观念制约等因素，使得贫困民族地区人口转移就业的比例仍然不高。为此，国家需要进一步探索有效的机制和方法，促进民族贫困地区人口转移就业，鼓励相对发达地区对民族贫困地区就业帮扶，以改善民族贫困地区的民生。

（3）对涉及贫困民族地区的民生工程进一步加大支持力度。国家需要进一步加大支持力度，帮助贫困民族地区兴建与民生改善直接相关的各类公共工程，特别是对于改善当地就业、教育、公共卫生、生态环境的项目，要在政策和资金上重点倾斜，进一步完善最低生活保障制度，将更多民族贫困地区群众纳入最低生活保障制度的保护之内。国家要进一步鼓励相对发达的地方对口支援民族贫困地区，引导对口支援工作向民生领域倾斜。在2010年启动的新一轮对口援疆工作中，部分承担对口支援的省市，已经开始将援助工作向民生领域倾斜，例如上海对口支援新疆喀什，提出了"民生为本、产业为重、规划为先"的要求，将援助的重点放在与当地民生关系最密切的几个领域，如扶持带动农牧民致富的龙头企业发展，提升农牧业生产科技含量，将资金补贴到户，帮助农牧民兴建安居房，开发旅游产业，促进当地致富和就业①。这类经验，以后需要进一步在其他地方的对口援助中推广。为了进一步整合资源，尽快改善贫困民族地区的民生状况，国家还需要积极引导市场主体参与贫困民族地区的扶贫开发，帮助企业排除在贫困民族地区发展的诸多制约因素，特别是基础设施领域和政府管制领域的制约因素，同时妥善处理好市场主体进入贫困民族地区后利益分配、劳动纠纷、资源开发、文化冲击等因素可能带来的问题。实际上，目前东部一些发达地区的企业，受各方面因素的驱动，已经表现出了相当高的向中西部民族地区，特别是资源丰富、生产经营成本相对较低的民族贫困地区发展的热情。例如在新一轮援疆过程中，浙江省就将援疆思路主要放在引导民营企业援疆上。在政府的大力引导下，到 2013 年，在新疆的浙商总数达到 30 多万人，累计在新疆投资超过 1000 亿元，项目既有纺织、化工等传统行业，也有物流、商贸等现代服务业②。由于市场主体一般都更注重利润和效率，由市场主体参与贫困民族地区扶贫开发和民生事业建设，往往会比政府直接主导相应工作效率更高。同时，通过市场主体的参与，也能够更好地促进贫困民族地区各族群众的市场意识、财富观念，对完善当地的市场经济体制，改善当地市场环境也非常有益。

3. 结合国土战略规划促进不同区域、不同族群间形成更紧密的经济关系

在一些发达国家，为充分整合国内资源，合理布局国家产业结构，促进区域间均衡发展，都曾进行过国土战略性规划。例如德国就出台有《空间规划政策指导纲要》，从居民点结构、环境和空间利用、交通、空间规划和发展等方面对（国土）空间规划政策进行了阐述。这份纲要虽然并不是强制性的，但却对联邦成员以及更低层地方政府规划本地土地利用和

① 杨健：《上海对口支援喀什把援助用在喀什农牧民最需要处》，载《解放日报》2011 年 11 月 11 日，第 2 版。

② 赵春晖：《浙江动员社会力量拉开新一轮企业援疆序幕》，新华网——《新华时政》2011 年 5 月 28 日，http://news.xinhuanet.com/politics/2011-05-28/c_13898925.htm。

产业发展具有较强的指引作用①。法国则通过国家与地方签订合同的形式，对国土进行规划，中央政府负责制定《国土建设开发基本法》和配套的《地区协作法》等，以及《国土规划总纲》。大区政府负责国土整治项目的设计、实施。通过这样的国土规划，法国实现了在全国范围内城市、产业、行政管理、公共服务等方面的均衡发展。日本、韩国、英国、荷兰等国家，也都做过类似的国土规划，以实现国土资源的有效开发利用和国民经济、公共服务的均衡发展。实际上，国土资源规划的结果远超出经济领域，通过在全国范围内的经济分工、合作关系的重新建构，这些国家也大大加强了不同区域、不同群体间国民的经济联系，使国民在经济上凝聚成了高度一体化的利益共同体。这些国家对国土进行规划，在经济上促进国民利益一体化的经验值得我国借鉴。

早在 2001 年，我国就已经在深圳和天津进行了国土规划的试点工作，2010 年 9 月，由国家发改委和自然资源部牵头，财政部、环保部、住建部等 28 个部门、单位参加的全国国土规划纲要编制工作领导小组第一次会议在京召开，通过了《全国国土规划纲要编制工作方案》，正式启动了《全国国土规划纲要（2011—2030 年）》前期研究和编制工作。《全国国土规划纲要编制工作方案》要求在对国土进行战略规划时，要立足国土资源承载能力，围绕优化国土开发格局、合理配置国土资源、提高能源资源保障能力和改善国土生态环境，统筹提出国土开发、利用、保护和整治的战略目标和重大任务，制定统一的国土空间开发利用政策措施。注重与经济社会发展规划、主体功能区规划、区域规划、城乡规划、土地利用总体规划、流域综合规划以及其他规划的衔接，统筹考虑人口变化、产业发展、基础设施建设、生态建设与环境保护等对国土空间和国土资源的需求。

然而，在现实操作过程中，我国的地方区域规划还存在重城市轻农村，重工业和服务业轻农业，重经济发展轻公共服务，重条件优越区域轻

---

① 谢明：《德国空间规划体系概述及其对我国国土规划的借鉴》，载《国土资源情报》2009年第 11 期，第 53 页。

条件恶劣区域的倾向。且区域间在规划本区域各项建设时趋同化的现象非常严重，区域间恶性竞争情况时有出现，全国范围产业、经济、公共服务统筹协调不足。这些问题的存在，使得我国区域间经济呈现出严重的碎块化问题，区域经济融合程度不足。

由于我国民族地区多分布于自然、生态、区位、经济基础、社会事业等条件都相对处于弱势的地区，如果缺乏全国性的统筹规划，民族地区在区域规划的博弈中无疑将处于劣势。这种劣势若得不到扭转，则可能导致本来在经济上与内地融合程度相对较低，在全国大市场格局中已经出现了边缘化倾向的部分民族地区，在未来的发展进程中处于更加不利的局面。因此，我国在未来进行国土战略规划时，将民族地区作为一个特殊的区域进行规划，通过国土战略规划为民族地区在全国市场大分工格局中确立合适的位置，打破部分民族地区经济封闭、隔绝于全国大市场之外的状况，扭转民族地区在市场分工格局中边缘化倾向，具有非常现实的意义。

二、推动民族地区与内地文化交融

对于现代国家而言，基于现代性的价值、制度和组织体系建设，只是国家建构的一个方面。另一方面，国家作为一个共同体，要想获取其成员的忠诚与认同，又需要面向传统，借助于文化的黏合力。缺乏共同历史文化的"政治民族有时难以体验到文化民族那样的有机统一和历史根基感"[1]。美国著名学者塞缪尔·亨廷顿在谈到美国的政治价值、制度与美国文化关系时，曾经对美国目前风行的文化多元主义思想不无忧虑地质疑，"如果我们是一个有多种文化的国家，那么民族统一的基础是什么呢？"他认为："美国人联合的基础是他们对那些体现于独立宣言、宪法和别的文献中的政治原则的承诺，这些政治原则也就是美国人的信条，即自由、平等、个人主义、民主、法治以及私有财产，大多数的美国人都信奉这些价值观，而这些价值观是美国最初一元文化的产物。"他进而质

---

① [英]安德鲁·海伍德：《政治学》第二版，张立鹏译，中国人民大学出版社 2006 年版，第 137 页。

问："如果这种文化消失了，仅凭一系列抽象的政治原则能把这个社会凝聚在一起吗？"[①]

实际上，现代公民国家之所以也被称为民族国家，一个非常重要的原因，就是现代公民国家虽然制度、价值与政权组织的设计，都是基于现代性理念，服务于现代化发展需要的，但其从情感上维系国民团结的纽带，与族群或者说文化民族高度重合，需要依赖文化作为社会成员的黏合剂，通过对某些文化的推崇获取国民在情感上对国家的忠诚。这是因为，现代公民国家的基本价值、制度，在剥离了血缘、信仰、族群情感、地域认同等文化因素之后，往往会褪变成一些抽象而冰冷的原则。这些抽象而冰冷的原则，或许能够较为有力地保证人与人之间的权利平等，但是却不能激发起个人对国家的强烈情感认同，个人与国家的关系在这些原则规范下，更像是在做交易。因此，一旦国家无法满足公民某些方面的交易需求，公民对国家就无所谓忠诚可言，但任何国家都不可能永远满足公民各方面的需求。

鉴于这种情况，现代国家往往在这些抽象政治原则的基础之上，还积极弘扬能够为全体国民接受和认同的主体文化，进而培育公民对国家的情感认同，强化公民对国家的忠诚。这使得现代国家具备了两种角色身份：首先它是由一系列价值、制度指导的，与公民通过权利义务交易而结合在一起的政治共同体；其次，它又是为公民提供文化认同和心理安全的精神家园，即一种类似于文化民族的文化共同体。当这两种角色相得益彰时，现代国家往往能使整个社会高度凝聚，进而迸发出强大的能量；当这两种角色相互冲突时，国家往往会陷入无穷无尽的内部矛盾之中，国力受损、发展停滞甚至因此而解体。

在中国历史上，曾经多次因政治制度、价值和政权组织出现危机而导致国家分裂。但即使是在最为混乱的分裂时代，深深根植于各族人民心目中的对统一国家的认同与向往始终顽强地存在并发挥影响力，最终推动国

[①] 参看［美］塞缪尔·亨廷顿：《再论文明的冲突》，李俊清编译，载《马克思主义与现实》2003 年第 1 期，第 39—44 页。

家重新统一。若深入分析古人所说分久必合、合久必分的政治循环不难发现，导致国家分裂的危机出现的原因，往往与政治层面的统治制度的弊病联系在一起，而推动国家重新统一的原因，往往与文化层面的认同和忠诚联系在一起。

在传统国家基础上开始现代国家建构的中国，继承了传统中国千百年历史进程中形成的悠久文明，以及由这一文明凝聚的自在的中华民族共同体，并在现代国家建构进程中使之从自在状态转变成自觉状态。这使得中国有条件充分融合社会主义政治价值与中华文化的价值，培育并巩固中国特色的公民—民族文化，进而提升中华民族凝聚力，巩固现代国家建构的社会基础。

当然，这两项条件虽然具备，却并不意味着我国的公民—民族共同体建构能自然而然地完成。从现代国家建构公民认同，打造民族共同体的经验来看，国家要在短期内培育民众的公民精神，提高国民凝聚力，需要在文化、意识形态领域开展一系列工作，通过发展公共教育、公共文化、文化市场方式，在丰富公民精神文化生活的同时，潜移默化地向国民普及国家提倡的价值观念、文化理念、思维方式和生活方式，从而在文化上实现国民一体化。

新中国成立70多年以来，我国投入了大量资源以发展公共教育、公共文化事业，然而直到现在，我国公共教育与公共文化事业的发展，仍然存在较大的区域间、族群间差距，中东部地区发展较好，西部民族地区发展相对较为薄弱。且如何将国家提供的通用语言，共同的文化理念、价值观念和生活方式融入公共教育和公共文化事业中，仍然在探索之中，未形成比较有效的模式。目前，在民族地区，仍然有部分群众不能以国家通用语言交流，不了解国家倡导的文化理念、价值观念和生活方式，不能通过接受国家提供的公共教育和公共文化服务，在心理与生活上融入国民共同体中。这意味着，我国需要进一步加大对西部地区公共教育和公共文化事业发展的投入力度，使国家的公共教育和公共文化服务真正惠及每一个公民，在丰富其精神文化生活的同时，从精神、文化上黏合各族人民。

　　由社会自发形成的文化市场，对于现代国家建构的影响力，不亚于由国家主导的公共教育与公共文化事业。实际上，在法国、美国等西方国家建构现代民族—国家过程中，文化精英自发的创作、宣传活动具有关键的意义。作为启蒙运动发源地的法国，实际上早在大革命之前，就在无数知识分子的主导下，进行了多年的思想革命。这些知识分子借助报纸、杂志、小说等传媒，将现代国家的政治理念，特别是自由、民主、人权等理念深深地植入了千百万法国人内心之中。因此，当革命者振臂一呼，号召民众推翻封建王公贵族统治，建立属于人民自己的国家时，响应者云集。这些受知识分子影响的人，早在革命之前就因为接受了启蒙运动的思想，而具有共同的政治认同，因而凝聚成了一个强大的民族，在革命之后，这种认同因为国家政权的介入更为牢固。美国在反殖民运动阶段，知识分子的文化运动实际上远远早于反殖民主义的革命战争，许多文人墨客借助报纸、杂志和小说等媒介，深刻揭露英国殖民统治势力的罪恶，热情宣扬法国启蒙运动的思想，进而在这个由移民组成的殖民地建立起了具有广泛社会基础的政治认同。战争进行过程中，以及战后设计国家政权的过程中，联邦党人也广泛利用社会化的文化平台，探讨国家建构的方案，宣传现代国家的价值、文化。这些价值和文化，恰恰就是亨廷顿等人津津乐道的美国精神的核心，也是维系美利坚民族认同的最强有力的纽带之一。直到现在，以好莱坞为代表的美国文化市场，在宣传美国的文化、价值，维系美国人的凝聚力方面依然发挥难以估量的巨大作用。

　　新中国成立以来，我国的文化市场发展取得了重要成就，但其对于我国民族—国家建构的作用尚需要进一步发挥。一方面，自"五四"运动以来的一系列文化领域的运动，将我国传统文化肢解得支离破碎，具有深厚历史的中华传统文化屡受冲击；另一方面，从外部世界引入的一系列文化、价值，却无法真正在中国社会生根发芽，屡屡遭遇本土化困境。这种局面使得中国在现代国家建构进程中，难以为民族—国家建构提供坚实的文化纽带。

　　要改变这种局面，需要全社会的共同努力，其中最为关键的步骤，是重新定位中华传统文化与外来文化的关系，明确作为中华民族精神纽带的中华文明的发展方向。在此基础上通过发展繁荣文化市场，打造属于中国自身的，对外能够与其他人类文明相媲美，使中华民族获得尊敬和爱戴，对内能够为每一个中华民族成员提供强大精神动力，能够为中华民族共同体团结发挥强有力黏合作用的文化、价值体系，形成具有中国特色的强大的软实力。

三、引导人力资源跨区域流动

纵观整个人类发展的历史，实际上就是一部人与人、群体与群体之间从隔绝到交往，从孤立到融合的历史。在远古时期，由于人口稀少，不同的氏族、部落相互隔绝，各自在孤立状态下自然发展，形成了相互不同的特点。这些特点的延续与扩展，是形成后来的族群差异性的基础。然而，随着人口的增加和人类征服自然能力的提升，人类群体之间的接触变得越来越频繁。因为交往，人类逐渐认识到彼此存在的差异性；因为对差异性的不同态度，人类社会才出现了不同群体交往的种种形式，有战争、有合作，有拒斥、有交流，有恐惧、有欣喜。这些因为群体接触而发生的不同事件最终却导致了共同的结果，那就是群体之间的差异性，以及产生在这种差异性基础之上的群体界限日趋模糊，不同群体之间或多或少都出现了融合的倾向。世界历史发展进程也无数次证明，在族群间对相互差异越是宽容，族群界限越是模糊的地方，社会也越是稳定有序，个人与群体的利益会得到越好的保障；相反，在族群间对相互差异不宽容，族群界限越清晰的地方，群体间的矛盾冲突总是难以消弭，个人与群体的利益都会受到严重威胁。

现代国家之所以相对于传统国家，能够更好地维护社会秩序，促进社会发展，缓解社会群体之间的矛盾冲突，其中一个非常重要的原因，是现代国家一方面建立了能够促进人口流动和族群交流的机制，另一方面又提供了引导和保障不同类型的共同体相互包容彼此差异性，进而和平共处的机制。现代国家在西欧和北美的初现，与市场经济发展，人口大规模迁移联系在一起。城市化、工业化、市场化等经济动力，引导着整个社会快速流动，人口不断从农村向城市，从相对饱和的区域向开发程度相对较低的区域转移。随着人口的大流动，传统社会形成的各种共同体被瓦解，或者影响力日趋式微，与这些传统共同体的存在密不可分的一些对群体间差异性不宽容的文化、观念和制度也随之消解或废弃。而现代国家的政治制度、文化制度和社会制度，能够最大限度地容忍差异，容忍文化和生活方式的多元性。在宽松的制度环境下持续进行的人口迁移流动，辅之以现代国家主动开展的国族建构工程，使得许多国家的族群差异性越来越小，族群界限越来越模糊甚至彻底消失。而这反过来，又进一步弱化了人们对差异性的恐惧，强化了人们对不同群体的宽容精神，进而使现代国家越来越稳定。

中华民族共同体形成的历史，实际上也是一部人口流动交融的历史，正是历史上一次次大规模的人口迁移，导致了中国屡屡出现民族大融合，中华民族共同体的规模不断壮大，中华文明的影响范围也随之不断扩大。当然，与西方现代国家建构进程中人口流动迁移及民族建构的动因不同，中国历史上的人口迁移流动，多与战争、灾荒联系在一起，国家在促进族群融合，化解族群矛盾过程中，发挥的作用也相当有限。事实上，由于传统中国建立在农业基础上的政治—社会格局，非常类似于行政生态学理论提出的"融合型"模式，即在经济上，由国王或君主占据了主要资源，掌握主要分配权力，形成了具有同心圆色彩，中心重、周边轻的经济格局；在社会管理上，家国同构，社会结构与家族结构高度重合，从个体到国家都形成了从中心向周边影响力不断弱化的差序格局；在文化、信息沟通方面有诸多限制，因此社会动员能力低，国家同化力量受局限，建立统一的公共利益、价值、文化和认同的力量弱；在政治上，君主、官员与人民之间联系松散，政治一体化程度非常低，行政效能不足，公共利益和公共生活难以建立起来。因此，传统中国虽然形成了与现代国家的政治共同体类似的中华民族共同体，但这一共同体的维系纽带却相对薄弱，主要是通过政治—军事统治方式，辅之以时强时弱的经济、文化纽带维系，而缺乏持续作用和强有力多维纽带。而且古代中国人口流动具有较明显的阶段性和方向性，形成了较为突出的中心—边缘结构，中心区域人口流动相对较频繁，族群界限模糊，社会文化对群体间差异性相对宽容，现代性价值、文化和生活方式发展较为充分；边缘区域人口流动的驱动力较少，族群界限较为清晰，社会文化对群体间差异性的宽容有待提升，社会的现代性发育相对不足。

进入现代社会以后，由于现代化进程的启动，在市场、文化和现代技术等因素共同作用下，中国社会开始从融合型模式向衍射型模式转变。衍射型社会的特点，是人口与资源在市场力量推动下，持续高速流动，各种社会共同体边界日趋模糊。在这种社会模式下，价值规律、市场分工和个人逐利动机成为建构社会结构的主要动力，政治治理的价值理念和形态结构，都服从和服务于市场经济活动的需要。为了在市场竞争中谋取个人利益，或者为了向政府要求更多的权利，居民越来越多地抛弃传统共同体的束缚，根据现实的需要结合成新的社会团体，进行公共生活，政治一体化更多地由社会自发完成，社会阶层与族群之间的边界因而日益开放。媒体高度发达，信息传播速度极快，整个社会易形成诉求方向一致的公共舆论，这使得新型的价值观念和文化体系，较为容易在国内普及。

然而，由于中国市场经济体制改革起步较晚，市场成熟度远远不够，因此中国社会的衍射型特征还未能完全成型，传统"融合型"社会特征的遗留影响在部分地区还非常顽固，特别是在相对偏远的中西部民族地区，直到现在仍然保留着"融合型"社会的诸多特征：人们观念相对保守，人口与资源流动性不强，群体之间信息与文化沟通不畅，族群间界限清晰，超越传统共同体的社团数量少、组织社会公共生活的能力弱。

要改变这一局面，推动边疆民族地区社会从融合型向衍射型转变，促进边疆民族地区现代化发展，首要的任务就是借助于市场经济力量，引导和鼓励边疆民族地区人口流动，进而带动社会资源循环流动，促进各类新的开放型社会共同体的建构，打破传统融合型社会形成的各类共同体对边疆社会生产力发展的束缚。国家首先要放松对跨区域人口、资源流动的管制，放开户籍限制，使边疆民族地区人口和资源向中东部发达地区的流动，中东部发达地区的人口和资源向边疆民族地区流动，不受传统规制的约束；其次，要借助市场经济体制发展形成的势能，引导和鼓励边疆民族地区人力资源有序向自然生态环境相对优越，经济发达程度相对较高的地区转移，在改善边疆民族地区各族人民生活水平的同时，促进他们更好地融入全国经济、社会大环境中去；最后，国家也要鼓励和引导中东部市场主体在合理的逐利动机驱动下，到边疆民族地区发展，进而带动中东部人口和资源向边疆民族地区流动，在促进当地发展的同时，强化边疆民族地区与内地的经济、生活联系，进而形成各民族相互嵌入式的社会结构，实现各民族的交往、交流、交融。

四、培育公民认同，强化国家—公民联系

在促进全国范围内经济、文化融合和人力资源流动的基础上，国家还需要在公共生活中不断培育公民精神，结合现代国家政治制度的建设，形成合理的公民—国家关系，淡化族群共同体在公共生活特别是政治生活中的直接作用，进而淡化族群共同体的政治色彩，促使其向一般文化—社会共同体回归。

首先，在公共生活领域，国家要突出公民身份在政治权利和现实利益分配中的作用，通过现代法治和公共服务的提供，真正实现公民权利平等，通过公民权利平等的实现，最终消除族群间事实上的不平等，进而使得国内各族群在平等公民权利基础上凝聚成高度团结的政治共同体。

学者们在反思苏联解体的教训时，将苏联建构国家的社会基础与西欧做了对比，认为"法国、德国、英国等欧洲国家在经过资产阶级革命以后，基本上都建立起公民国家。在这种公民国家中，民族之间的对立性逐渐为协调性所替代。而俄罗斯则不然，无论是在俄国时代还是在苏联时期，国家的公民性特点并不突出，民族性色彩却十分强烈。这是俄罗斯国

家特征与欧洲其他国家特征之间存在的明显差别"①。苏联的做法表面上似乎能够更好地促进民族间平等，但实际情况恰好相反，当族群与政治权利、行政区划高度结合之后，族群民族化的趋势就难以遏制，"不管当权者的主观意愿如何，国家的体制和现代化进程都为民族自我意识的提高创造了条件，特别是各加盟共和国冠名民族的民族自我意识，得到了前所未有的发展。"②"事实上，尽管苏联政府一直在采取民族同化政策，但民族精英们代表、维护自身民族利益的信念始终没有消失，甚至随着国内形势的发展越来越强烈。"③"最后使得戈尔巴乔夫改革派实验失败并导致苏联解体的，正是由各共和国的政治精英出于个人利益而加以运用的民族主义"④。法、德、英、美等国家通过在公共生活中突出公民身份的作用，将政治制度建立在自由的个人与国家的契约基础上，实现了族群的融合与国家的稳定，而苏联则因过度突出民族共同体在国家政治制度和公共生活中的作用，最终瓦解分裂，这一强烈对比无疑值得我们警醒。

实际上，对于当前中国存在的民族间、区域间发展不平等问题，国家确实需要采取特殊的政策来解决，但这个政策完全可以建立在公民权利平等的基础上，通过公共服务均等化和对市场的宏观调控等方式来实施，而不是通过突出民族身份的特殊性，并且将民族身份与现实的价值、利益捆绑来实施。相反，在部分地区，由于政治、经济等方面的利益分配与民族身份的联系有僵化的倾向，已经引发了不同群体之间的矛盾情绪。例如在部分边疆地区，国家基于扶持人口较少民族发展政策而出台的各种优惠措施，就由于执行过程中过于僵化地坚持将族群身份与利益分配捆绑，使一些生活在同一村庄、社区，在生活水平方面差距不大，在社会习俗上已经

---

① 丁建定：《区域主义、民族问题与苏联解体——俄罗斯科学院阿列克谢耶夫院士谈苏联解体的主要原因》，《世界民族》2000 年第 3 期，第 27 页。

② Graham Smith. *The Nationalities Question in the Soviet Union*, New York：Longman Group Inc.，1990，pp. 278–312.

③ Helene Carrere D'Encausse, translated by Martin Sokolinsky and Henry A. La Farge, Decline of an Empire：The Soviet Socialist Republics in Revolt, New York：Newsweek, Inc., 1979, p. 62.

④ ［西班牙］曼纽尔·卡斯特：《千年终结》，夏铸九、黄慧琦译，社会科学文献出版社2003 年版，第 39 页。

高度融合的居民，因为所属民族成分不同，而得到的利益完全不同。而这样的做法，使本来关系非常和谐，界限已经相当模糊的不同民族，民族意识陡然上升。若这种影响进一步扩大，无疑将使得部分人误认为族群身份才是获取国家政策优惠的关键因素，而公民的平等并没有受到国家重视，从而使得公民精神无法替代并超越族群意识，成为凝聚国民的政治纽带。

有鉴于此，国家在未来针对民族地区的各种优惠政策在设计和实施的过程中，需要更加突出公民身份在享受优惠政策中的作用，不要过多强化民族身份对于利益分配的直接影响。国家需要扎实按照现代宪政国家与公民契约关系，推进公共服务的均等化，进而使公民平等从理想转变为现实。突出公民身份在涉及民族地区的各项政策中的作用，不但对国家扶持民族地区发展提出了更高要求，而且也能够使民族地区各族群众更深切体会到其作为中华人民共和国公民存在的价值和意义，感受到国家确实在按照宪法的规定，履行对每一个公民的责任，进而增强其对国家的认同。

其次，在公共生活过程中，要逐步淡化对族群差异的强化、固化和渲染，加强公民精神，民主法治，权利义务等现代政治价值的宣传，在淡化人们族群意识的同时，在新的政治价值基础上引导公民实现更高层次的团结。

纵观民族主义思潮和民族主义运动产生以来民族建构的历史不难发现，民族建构在很大程度上与社会精英的宣传有关系，是在各类传统社会共同体基础上，通过意识形态领域的各类运动而重新整合起来的"想象的共同体"。恰如本尼迪克特·安德森所说，是资本主义和印刷技术通过作用于人类语言的不可避免的多样性的命运，使一种新形式想象的共同体成为可能，这种共同体的基本形态为现代民族的产生创造了条件。印刷术在这里更多的是大众传媒的指称，安德森特别强调了18世纪前后欧洲现代民族建构进程中，报纸所发挥的独特作用。就现实而言，情况与安德森所描绘的也大体一致，现代社会公认的强大民族如法兰西民族、英格兰民族、美利坚民族、德意志民族等，并不是自古就存在的政治民族，而是资本主义革命前后，由资产阶级革命组织或国家政权和掌握社会话语霸权的知识精英共同借助印刷术塑造出来的新的政治共同体。相反，在现代社会陷入内部混乱的一些国家，几乎都承受着境内族群民族建构与国家民族建构不一致的阵痛，族群的社会精英与国家政权在意识形态和认同方面出现裂缝，进而利用各自的"印刷术"在民族建构工程领域对抗。

从这个意义上来说，要实现我国的社会团结和稳定，国家需要在公共生活领域适当引导"印刷术"，即各类大众传媒的方向，使得大众传媒更多地发挥促进公民精神建构的作用，成为强化公民国家认同的强大工具，而不要成为族群精英在国家内部制造群体差异，撕裂公民共同体，推动族群民族建构的工具。这要求国家通过立法和其他手段，引导大众传媒肩负起社会责任，在宣传过程中避免过度突出社会群体间的差异和矛盾，更多地宣传有利于增进族群间理解、合作和交融的价值观念。

在这方面，美国的有些做法值得我们借鉴，作为一个种族和族群高度多样化的国家，美国的大众传媒包括报纸、期刊、文学作品、影视作品，都高度自觉地主动宣传符合现代国家公民精神建构的价值观念，特别是自由、平等、人权、法治等政治思想，而尽量避免对种族、族群差异的宣传与渲染。由于全社会在此问题上的高度共识，因此美国虽然作为一个移民国家面临格外复杂的族群问题，而且有时还会爆发激烈的冲突，但从历史长时段来看，族群间的矛盾、冲突却不断淡化，族群融合程度不断提升。

第三节　强化民族团结的社会基础

一、进一步提升综合国力，为从根本上解决民族问题奠定基础

一个强大中国的存在，是增强国民自豪感和归属感，对内维护国家稳定、增强民族团结，对外自立于世界民族之林的基础条件。近代以来中国边疆地区发生严重危机，都是殖民主义势力、帝国主义势力趁中国国家实力衰弱、社会动荡、民生凋敝的时候制造出来的。西藏在 19 世纪晚期遭

受英国殖民主义者侵略，然而处于衰败状态的清王朝面临内忧外患，对外不敢坚定拒绝英国提出的各种干扰中国在西藏行使主权的无理要求，对内在接到西藏地方政府多次求援之后却无力顾及，终究使西藏内部拥护中央的势力失去信心，而分裂势力却得以与英国殖民者公然勾结，制造分裂国家的种种恶行。当西姆拉会议召开时，中国内地正忙于军阀混战，中央政府代表只能以退场抗议，却不能对西藏地方政府与英、印当局签订将西藏事实上从中国分离出去的条约施加实质性的影响。新疆近代史多次出现严重的边疆、民族危机，几乎都是在内地发生重大政治、社会危机的时候，沙皇俄国和英国等殖民势力制造的，例如被迫割让西北 40 多万平方公里领土给俄国的《中俄勘分西北界约记》签订之时，正是第二次鸦片战争结束，太平天国运动等内忧外患导致清政府无力西顾仓皇之际；俄国侵占中国在帕米尔高原领土之时，是在甲午战争中国战败之后；20 世纪 30 年代南疆"东突"分裂政权成立之时，正是国民党政府将枪口指向中国共产党，发动大规模内战之时。而在新中国成立之后，随着国家的稳定和中央政府权威的不断增强，虽然中国的整体经济实力还相对较弱，但边疆却再未出现如清末、民国时期那样严重的危机，且随着国家实力的不断壮大，边疆局势日趋稳定、民族团结局面更加巩固。然而，由于我国与世界主要发达国家的综合实力仍有一定的差距，而部分发达国家恰恰是中国分裂势力背后的支持者，这也是为什么我国目前边疆民族地区还存在较为棘手的民族问题的外部因素。因此，我国在未来要构建和谐的社会主义民族关系，巩固民族团结局面，维护边疆安全和国家统一，根本措施就是在深化改革基础上，不断提高中国的综合国力。

综合国力（Comprehensive National Power）是衡量一个国家基本国情、可调配资源和社会整合能力等反映国家行动能力的综合指标。综合国力包括硬实力和软实力两个方面：硬实力是指诸如经济规模、人力资本、自然资源、资本资源、知识科技、军事实力等方面的力量；软实力主要是指国家依靠政治制度的凝聚、文化与价值观念的感召和国民亲和力等体现出来的影响力。综合国力是一个国家确保自身在国际社会的地位，维护国家安全稳定的基础性力量，也是多民族国家维系国民团结的坚实基础。综合国力中的软实力，更是直接以国民和国内族群的凝聚力为主要指标，建立在民众对国家的认同，对国家各种制度的认可和对本国文化的高度自豪感的基础之上。

在人类文明史上，源远流长的中华文明曾以四大发明、汉唐盛世等辉煌，在世界文明进程中处于显要的位置，发挥了重要的作用。但自清代中期以来内忧外患频仍，国力日衰，直至沦为"东亚病夫"，被西方列强任意宰割。中国出现的严重边疆危机和"民族"分裂分离运动，也集中于从鸦片战争到新中国成立前这一阶段。究其根本原因，正是因为综合国力不断衰弱，应对内忧外患的能力不足，国家对内难以有效整合内部族群，对外无法抵御外敌侵扰。新中国成立之后，百废俱兴，特别是改革开放以来，随着中国经济的持续快速发展，综合国力在世界排名不断提升，沉睡百年的东方雄狮，又以崭新的面貌屹立于世界民族之林。在经济方面，中国已成为全球第二大经济体，对世界经济发展产生着举足轻重的影响；在国际政治方面，作为一个负责任的大国，中国在全球和区域国际事务中，发挥着越来越重要的作用。当然，由于中国现代化进程的时间较短，在经济、政治体制改革和社会转型过程中，依然存在着许多矛盾和问题。因此，进一步深化改革，增强中国的综合国力，消除影响综合国力提升的各种问题，对于中国和谐民族关系的构建具有根本性意义。

第一，进一步完善市场经济体制，促进经济快速健康发展，塑造跨民族利益共同体。经济是综合国力的基础，是构成综合国力的各项其他因素的前提条件。经过新中国成立以来70多年的发展，中国的总体经济实力有了很大的提升。2019年中国的GDP为14.36万亿美元，稳居世界第二大经济体；中国对外货物进出口总额达4.5万亿美元，是世界第一大贸易主体；截至2019年12月中国外汇储备已达3.1万亿美元，居世界第一；同时，中国有多项工农业产品的产量居世界第一。但由于发展时间短、人口众多、基础薄弱等原因，中国的GDP总量还只占到世界的16%左右，远低于中国人口占世界近20%的比例。人均可支配收入为4454美元，依然是全球最大的发展中国家。目前中国还普遍存在着产业结构不合理、产品附加值低、科技自主创新能力不足等问题，许多关键产品的核心技术和主要附加值都掌握在国外企业手中，虽然许多中国生产的商品已遍布世界，但依然只是世界"加工大国"，离真正的"制造大国"还有相当大的差距。此外，城乡发展差距，区域发展不均衡问题，人口、资源、环境之间的矛盾等等，一直比较突出，对中国经济社会协调发展及和谐民族关系的构建带来了压力。因此，必须要在深化改革，不断完善中国特色社会主义市场经济体制的基础上，进一步壮大中国的经济实力，提升中国经济发展的质量和内涵，实现区域间均衡发展。目前，中国已经确立了市场经济体制在资源配置中的主导地位，但是中国的市场经济体制还存在许多不完善的地方，其中包括：政府职能还未完全转变，政府宏观调控体系还不够健全；区域市场分割情况严重，区域之间资本流动机制还很不合理；部分地区特别是相对落后的民族地区，市场观念、利益观念相对淡薄，驾驭市场、利用市场体制发展本地经济的能力较弱；市场运行的法治化程度需要提高，对市场经济的负面影响要加强约束与控制。所以，完善市场体制，就必须着力解决当前存在的这些问题，在提高经济发展效率的同时，让更多的人特别是相对落后的民族地区群众从发展中受益。同时，通过市场经济体制的完善，为技术、信息、资本和劳动力在各地区的流动提供更多的便利，也可以大大增强民族地区与其他地区的经济联系，使民族地区参与全国乃至世界市场，在分工和贸易的作用下，形成各地区、各族群之间相互依存、密切联系的统一利益共同体。只有共同的经济生活，才会有共同的文化和政治认同。所以，依赖于市场自身的力量，基于利益、市场纽带而自发形成的经济生活一体化，会使各民族关系更加紧密。

第二，进一步推动社会治理模式变迁，推进治理体系改革，发展社会主义民主政治，使民族情感与公民意识相互促进、相得益彰。当代中国正处于快速的社会转型时期，社会利益不断分化，一些社会矛盾突出，群体性事件增多，社会自组织能力较弱，社会保障覆盖面狭窄，政治参与渠道有待拓宽，利益聚合和表达机制有待完善，基层民主有待夯实，公共政策的科学性有待提高，服务型政府建设任重而道远。因此，在继续推进经济体制改革的同时，要进一步加快治理体系改革，积极探索把制度优势转变为治理效能的途径，提升党和政府治理国家的能力，推动社会治理模式变迁，强化国民政治向心力。使各民族成员在高度政治认同的基础上参与国家的政治过程，并以中华民族认同为基础，强化各族群成员的公民意识、法律意识和对国家共同体的责任意识。在强化国家政治凝聚力和社会动员能力的基础上，推进社会治理领域的改革，调适族群利益、族属情感与国家利益和国家认同的关系，构建和谐稳定的民族关系。

第三，通过文化、教育等领域的体制改革，促进国家主流文化与生活方式同各族群特殊的文化和生活方式的融合，为中华民族共同体注入更多精神、文化黏合剂。中华民族悠久的历史和灿烂的文化，长期以来都是维系民族团结，激励民族精神的重要力量。但是在新的历史时期，中华文化也面临着来自不同方面的冲击和影响，如大量外来文化涌入对传统文化的消解，功利主义、等价交换等市场理念和原则在其他领域的泛滥使集体主义、英雄主义弱化和理想信念淡漠等。因此，需要在推动文化体制改革的基础上，进一步完善社会主义核心价值体系并增强其对全社会的辐射和渗透力；大力弘扬优秀传统文化，积极培育扶持有竞争力的文化产业，将中华文明的优秀文化积淀转变为具有市场竞争力的文化产品，使国民在享受文化产品的同时不断强化对中华民族的认同；建设覆盖城乡尤其是偏远边疆民族地区的公共文化服务体系，丰富各民族群众的精神文化生活。努力增强文化创新能力，提升中国文化的国际交流与竞争能力，增进世界各国人民对中国的了解。文化的普及还有赖于教育事业的进步，长期以来一些偏远地区文化普及程度较低，国家通用语言文字普及程度较低，是导致其与主流文化融合程度不强的重要原因。因而，大力发展文化教育事业，积极推广普及国家通用语言文字，建设各民族共有精神家园，运用多种形式丰富文化生活，加强国家观、公民观和民族观的教育，是构建共同文化记忆，增强民族凝聚力的重要措施。

第四，积极应对全球化挑战，在互动中发展，在博弈中共赢。开放与包容，是中华文明的特质，正是因为具有海纳百川的胸怀和气度，才成就了中华文明在古代发展巅峰的"汉唐盛世"。而明以后的闭关锁国，则直接导致了此后数百年的僵化封闭与持续衰落。历史的车轮进入21世纪后，全球化浪潮的持续推进与中国对外开放步伐的不断加快实际上已经形成相辅相成的关系，中国需要世界，世界也需要中国，40多年来的对外开放，为中国经济社会的发展提供了强大的动力。当然，在中国全方位融入世界的同时，要准确把握全球化的发展趋势，通过理论和制度创新，积极引导和控制全球化浪潮的影响，使其成为促进中国经济社会发展和民族关系更加和谐的动力。

二、加大对分裂主义势力的打击力度

近年来，由于国际与国内、政治与经济、历史与现实等多重因素的影响，部分边疆民族地区分裂势力的活动日益猖獗，对中国的国家安全、社会稳定和民族团结造成了严重的威胁。只有严厉打击民族分裂活动，才能够为改革开放的顺利进行，为民族地区的繁荣发展创造一个稳定的社会环境。

1. 继续加大对分裂势力的打击力度

新疆"三股势力"与"藏独"势力，一直都是威胁国家统一、边疆安全、民族团结和边疆地区社会稳定的破坏力量。自新中国成立以来，新疆"三股势力"就在新疆甚至内地陆续制造了许多具有暴力、恐怖性质的活动，导致了数以百计的无辜民众死亡、数千人受伤，尤其是在20世纪90年代和2004—2009年期间，"三股势力"开展的暗杀、投毒、暴力袭击等活动出现了两次高潮。由于"三股势力"作案手段极其残忍，组织化程度很高，且活动能力非常强，"三股势力"活跃的区域经济社会发展事业受到严重挫折。"藏独"势力虽然经常标榜"非暴力"，但从来也没有在境内外放弃暴力手段，先后制造了多起大规模具有暴力性质的骚动，尤其是20世纪80年代末连续三年组织大规模骚乱，2008年制造了震惊中外的"3·14"事件，都导致了大量人员伤亡和财产损失。这些分裂势力已经成为社会的公敌，成为践踏边疆民族地区各族人民群众人权的犯罪集团，若不进行严厉打击，边疆地区将永无宁日，边疆各族群众的生存权和发展权都将受到严重损害。长期以来，在新疆、西藏等地，各级政府一直对分裂势力保持了高压态势，对公然采取暴力、恐怖手段对抗社会的分裂组织和极端分子进行严厉打击，并取得了显著成绩，有效维持了边疆社会的稳定。新疆维吾尔自治区对"三股势力"采取"主动出击、露头就打、先发制敌"的策略，构建了打击"三股势力"严密的社会网络，使"三股势力"在新疆成为过街之鼠，只要露头，就必然受到严厉打击。仅在1990—2003年的13年间，新疆就打掉591个暴力恐怖团伙，收缴了大批枪支弹药和制枪制爆原料、装置，基本遏制住了"东突"三股势力在新疆境内的暴力恐怖活动，有力维护了国家统一和新疆稳定①。2009年"7·5"事件发生后，新疆进一步加大了对"三股势力"的打击力度，在依法抓捕、审判犯罪分子的同时，还于2010年1月6日修订了《新疆维吾尔自治区社会治安综合治理条例》，明确规定社会治安综合治理的首要任务就是依法严厉打击"三股势力"等危害国家安全的犯罪活动，维护国家统一、民族团结和社会稳定，并赋予各有关单位打击暴力恐怖组织的更为灵活的权力，建立了部门间、区域间协同配合的长效机制。西藏自1959年民主改革以来，对于"藏独"势力分裂国家的各种活动也保持了高压态势，对涉嫌煽动、制造暴力、恐怖活动的分裂组织和极端分子，进行了严厉打击，在自治区各级政府和社会各界的共同努力下，"藏独"势力对西藏社会造成的危害得到了有效遏制。

然而，反分裂斗争取得的显著成绩，并不意味着我们可以放松警惕。事实上，由于国际国内形势的变化，目前不论是新疆"三股势力"还是"藏独"势力，在活动策略和活动形式上都出现了较大变化，其开展的分裂国家的活动更具隐闭性、欺骗性，使得打击分裂势力的策略也需要相应变化。而部分具有暴力倾向的分裂组织，由于得到国际反华势力的支持，

---

① 孙爱东、曹志衡：《新疆重拳痛击"三股势力"》，载《半月谈》2009年6月9日，第14页。

武器装备越来越先进，骨干分子也更加训练有素，使这些组织的活动能力更大，破坏性更强。同时，由于我国政治经济体制改革进程的深化，人口、物资、资金、信息等各方面的流动性不断增强，客观上也为分裂势力扩大活动范围，提高活动能力，尤其是向内地渗透制造暴力、恐怖活动提供了条件。这些新情况，都加大了对分裂势力打击的难度，需要引起高度重视。

2. 加强国际合作，压缩分裂势力的国际生存空间

近年来，分裂势力活动一个突出的特点就是竭力推动所谓"西藏问题""新疆问题"的国际化，企图通过迎合国际反华势力借助民族问题遏制、肢解中国的图谋，寻求所谓"国际社会"的支持，试图挟洋自重以实现其分裂国家的目的。藏独和新疆"三股势力"，都已经在一些西方国家的支持或默许下在境外建立了长期的活动基地；其领袖人物如十四世达赖喇嘛、热比娅等人，频繁在西方各国窜访游说，要求西方国家政府和社会组织介入、干涉中国民族问题；以人权、宗教、民族权利等西方社会关注的话题为掩饰，向国际社会兜售其分裂中国的主张，并与国际反华势力相互勾结，对中国政府施压，干扰和破坏中国的民族关系。因此，加强与国际社会的交流合作，打压分裂势力的国际生存空间，遏制民族问题国际化发展趋势，也是目前打击分裂势力的一项非常紧迫的任务。

改革开放以来，随着综合国力的不断壮大，中国在国际社会的地位和影响力显著提升。目前，中国已经同世界 180 多个国家建立了外交关系，加入了 130 多个政府间国际组织和 300 多个国际多边条约，与国际社会保持着良好的互动合作关系，在全球重大问题和区域国际事务中发挥着积极而重要的作用。同时，随着对外开放的扩大，中国的民间国际交往发展更为迅速，经贸往来与合作不断加强，科技、文化、体育等领域的交流非常频繁，旅游、留学、探亲等人员交流数量剧增，国外华人华侨和留学生社团日益活跃，中国正在全方位融入世界。因此，要充分利用中国的国际地位和对国际社会的影响力，坚决反对任何外部势力对中国民族问题的干涉和介入，全方位打压分裂势力的国际活动，最大限度地压缩其国际生存

空间。

当今世界，恐怖主义已经成为人类的公敌，国际社会先后制定了《联合国打击跨国有组织犯罪公约》《制止恐怖主义爆炸的国际公约》《制止向恐怖主义提供资助的国际公约》等框架文件，国际反恐合作不断深入。因此我们应加大国际合作力度，通过建立双边或多边合作机制，加入国际反恐公约，构建打击分裂势力的国际网络。同时在上海合作组织框架内加强对"三股势力"的打击力度，并积极探索与其他国家特别是周边国家新的反恐合作形式，共同打击分裂势力。除了政府间的合作之外，还要加强与世界各国民间社会的联系和互动，促进中外民间的相互了解和交流，瓦解分裂势力在西方国家的社会基础。

3. 加强反分裂宣传工作

新疆"三股势力"和"藏独"势力长期以来试图通过媒体宣传，一方面对境内群众进行思想渗透，以煽动境内民众特别是新疆、西藏的少数民族群众对抗政府、分裂国家的情绪，一方面迷惑国际社会，为他们分裂国家的主张争取所谓的"国际支持"。他们广泛借助互联网、广播电视、音像制品、纸质传媒和分裂分子现身说教等手段，宣传他们的主张。而其宣传的内容，则常常以民主、人权、传统文化保护、环境保护等为包装，掺杂着对歪曲民族观、国家观、历史观的宣传和分裂国家的主张。

因此，我们需要加大外宣工作力度，不断改进外宣工作方式，除了由政府主导介绍我国民族工作的成就外，还需要更多地发动境外民间力量（包括海外华人群体）帮助我们进行宣传，让国际社会更多地了解中国的历史与现实。要更多地揭露分裂势力反民主、反进步，践踏人权、法律，破坏民族地区社会稳定和民生幸福的丑恶面，使西方社会认清分裂势力的反动本质。

三、合理引导群众宗教信仰与宗教生活

宗教是一种重要的社会、历史现象，是在传统社会中，与人类苦难联系在一起的世界观。恩格斯指出，一切宗教都不过是支配着人们日常生活

的外部力量在人们头脑中的反映，在这种反映中，人间的力量采取了超人间力量的形式。在人类社会发展的每一个进程中，宗教都发挥了或大或小的作用，伴随着人类文明的发展进程。直到现在，宗教依然对人类社会、文化、政治和日常生活发挥着巨大的影响力。当前全世界70多亿人口中，有宗教信仰人数约占了世界人口的80%以上。各种宗教的组织力量，渗透到了社会每一个角落，宗教领袖的号召力，在许多地方都远远超过其他社会精英。宗教一方面为人们提供信仰和精神皈依，净化人类的心灵，纯化社会道德。另一方面，宗教在不少地方也是社会矛盾冲突的诱因，成为一些人发动群众运动，达到特殊政治、经济或社会目标的工具。同时，宗教与科学，宗教与现代性政治、社会价值，在许多方面存在一定的冲突，在社会发展进步的过程中作用比较复杂。近代以来的世界历史发展进程表明，现代国家如果不能较好地引导宗教与现代国家政治、经济、社会相适应，则宗教很可能成为阻碍现代国家建构和发展的巨大障碍；而如果能够较好地引导宗教与现代国家的适应，则宗教往往能够发挥对现代国家建构和发展的促进作用。

相比起世界其他国家，中国社会的宗教信仰具有相当大的特殊性。"中国地域辽阔，民族众多，地区差异很大；汉族人口很多，却又信仰庞杂，而知识界信仰的理性化倾向强烈；文化上有'和而不同'的传统，历代政府多数实行比较宽容开放的宗教政策。由于以上种种原因，中国人的信仰便形成了信仰种类繁多，世界宗教与本土宗教并存，汉族信仰与少数民族信仰反差较大等特征。"① 中国有些边疆民族地区，宗教氛围非常浓厚，宗教在社会各个领域都发挥着巨大的作用，由宗教塑造的文化与习俗，甚至成为一些民族核心特征。

一方面，宗教在维护中国边疆民族地区民风淳朴、社会稳定，各族群之间相处融洽方面发挥着一定的积极作用。另一方面，不论是过去还是现在，宗教也多次被一些社会集团利用和操控对民族地区造成了一些负面影

---

① 牟中鉴：《少数民族宗教问题突出特点与特殊地位》，载《中国民族报》2002年3月22日，第3版。

响。例如历史上新疆、西藏等地都一度在政教合一政权统治下，居民受到政教合一政权从精神到现实的全面桎梏，经济社会发展陷入停滞，人权状况极其恶劣。现代社会，也常常有极端组织利用居民对宗教的虔诚信仰，打着宗教旗号煽动、制造各类社会矛盾和冲突，破坏民族团结和社会稳定。在西部一些民族地区，民族问题与宗教问题在许多时候实际上都很难区分开来，当前甚至在中东部一些地区，涉及少数民族的不少社会矛盾和纠纷，也大多与宗教有关联。因此，如何引导各族群众的宗教生活与宗教信仰，使之与我国社会主义社会，与我国现代化发展进程相适应，是当前需要深入研究的重大问题。

1. 全面理解并严格贯彻宗教信仰自由政策

引导边疆居民的宗教信仰与宗教生活，首要的一点是要在全面理解的基础上，坚决贯彻党的宗教信仰自由政策。党的宗教信仰自由政策，包含两个层面的内涵：一是充分尊重公民宗教信仰自由。每个公民既有信仰宗教的自由，也有不信仰宗教的自由；有信仰这种宗教的自由，也有信仰那种宗教的自由；在同一宗教里面，有信仰这个教派的自由，也有信仰那个教派的自由；有过去不信教而现在信教的自由，也有过去信教而现在不信教的自由。任何国家机关、社会团体和个人不得强制公民信仰宗教或不信仰宗教，不得歧视信仰宗教的公民和不信仰宗教的公民。二是宗教活动必须在法律框架内开展，宗教不应凌驾于法律之上。宗教界人士和信教群众首先是中华人民共和国的公民，要把国家和人民的根本利益放在首位，承担遵守宪法、法律、法规和政策的义务。宗教必须在宪法和法律规定的权利和义务范围内活动，任何人不得利用宗教反对党的领导和社会主义制度，宗教活动不得妨碍社会秩序、工作秩序和生活秩序，必须严格贯彻政教分离原则。

在宗教信仰自由政策框架下，中国政府保护一切正常的宗教活动。宗教信徒在宗教活动场所内所进行的正常的宗教生活，按照宗教习惯自愿的布施、乜贴、献仪、奉献以及在自己家里进行修持、念经、祷告、守斋等，均受国家法律保护。同时，宗教团体按照宪法、法律和政策的有关规定，可以开办宗教院校，出版宗教书刊，销售宗教用品和宗教艺术品，开展宗教方面的国际友好往来，进行宗教学术文化交流等。在政府的保护下，中国各族人民享有充分的宗教信仰自由。西藏自治区现有各类宗教活动场所 1787 处，住寺僧尼 4.6 万余人。活佛转世作为藏传佛教特有的传承方式得到国家的尊重，西藏现有活佛 358 名，其中 40 多位新转世活佛按历史定制和宗教仪轨得到认定。同时，国家实施利寺惠僧政策，实现了在编僧尼医保、养老、低保和人身意外伤害保险全覆盖，并每年为僧尼免费进行健康体检。根据国家藏传佛教高级学衔制度，截至 2014 年，共有 110 位僧人荣获"拓然巴"高级学衔，84 位僧人荣获"智然巴"中级学衔①。目前，新疆全区有清真寺、教堂、佛道教寺庙等宗教活动场所约 2.48 万座、宗教教职人员 2.9 万多人、宗教团体 91 个、宗教院校 2 所。②

在保护宗教信仰自由的同时，中国也坚持政教分离原则，法律规定任何人不得利用宗教干预国家行政、干预司法、干预学校教育和社会公共教育，绝不允许强迫任何人，特别是 18 岁以下少年儿童入教、出家，或到寺庙学经，绝不允许利用宗教反对中国共产党的领导和社会主义制度，破坏国家统一和国内各民族之间的团结。同时坚持实行独立自主、自办教会和教会自治、自养、自传的原则。要求宗教团体和宗教界人士要自觉地维护国家主权和民族尊严，抵制境外敌对势力利用宗教进行渗透，挫败其推行"和平演变"的图谋，抵制境外宗教团体和个人对中国宗教事务的干涉。

然而，在部分地方，宗教信仰自由政策在实施的过程中，有时会出现不同程度的偏差，进而引发了许多问题。

首先，部分地方不理解、不尊重宗教信仰的现象时有发生。特别是在一些中东部地区，由于历史上某些宗教信仰的氛围并不浓厚，当地群众对某些宗教仪式缺乏认知。随着大量信仰宗教群众的涌入，部分居民甚至一

---

① 国务院新闻办：《中国人权事业白皮书（2014）》，http：//www.gov.cn/xinwen/2015-06/08/content_ 2875261. htm。

② 国务院新闻办：《新疆的发展与进步》白皮书，转引自新华网，http：//news. xinhuanet. com/politics/2009-09/21/content_ 12090105. htm。

些政府工作人员，对这些信教群众表现出了不理解、不尊重的现象。

其次，也有些地方将宗教信仰自由片面地理解为支持宗教发展，对宗教组织超越法律规范的活动纵容的现象也屡屡出现。实际上，目前有些边疆地区宗教信仰自由面临的主要问题，并不是信教的自由问题，在某些特定时间和地区主要是不信教的自由问题。一段时期个别边疆民族地区宗教氛围过于浓厚，宗教影响力过度膨胀，控制着信众的精神领域和日常生活，渗透到生老病死、婚丧嫁娶各个环节，已经对经济社会发展和地方治理产生了不良影响。这种情况的出现，与改革开放之后的一段时期里，部分地区党委、政府相关人员片面理解党的宗教信仰自由政策有一定的关系。例如在新疆，"20 世纪 80 年代初，在落实宗教政策和平反宗教界冤假错案的工作中，一部分党政领导和从事宗教工作的干部对党的宗教政策理解上出现偏差，把保护宗教信仰自由误认为是发展宗教，是对宗教发展的放任自由，甚至自觉不自觉地帮助宗教发展，导致持续的宗教热"①。西藏的藏传佛教寺庙，在改革开放以来也增加了不少。随着寺庙和住寺僧侣的增加，由政府提供给寺庙的维修资金，给僧侣的生活补助资金，更是快速增长。这实际上意味着，政府在用公共财政的资源，从软件和硬件两个方面，帮助宗教组织发展壮大。这种做法无形中在民族地区形成了一种不正常的全民信教压力："群众笃信宗教，形成对党员的压力，党员参加宗教活动，又形成对党员干部的压力，党员干部从职位上退下来后接着退党信教的大有人在。"② 一段时期在西藏和新疆部分地区，不信仰当地主要宗教的干部群众在生产和生活方面有一定的压力，甚至有极端分子公然将不信教群众视为"灵魂肮脏的人""是要下地狱的人""应该通过圣战消灭的人"。对这类现象，需要引起警惕。政府贯彻宗教信仰自由政策，一方面固然需要引导民众尊重信教群众的信仰和生活方式，对那些歧视甚至侮辱信教群众及宗教组织正常宗教活动的行为进行必要的干预。但是，

---

① 曾和平、美亚赛、李艳雯：《新疆民族关系发展研究》，引自国家民委内部资料：《西北边疆研究》2009 年 11 月。

② 曾和平、美亚赛、李艳雯：《新疆民族关系发展研究》，引自国家民委内部资料：《西北边疆研究》2009 年 11 月。

宗教信仰自由政策并不意味着政府要直接介入宗教领域，帮助宗教组织进行软硬件建设，进而直接或间接促进宗教快速发展。政府真正需要做的，是保障宗教组织在法律规定的领域内独立自主，同时尽可能避免直接介入宗教组织的活动中去。在保护宗教信仰自由和宗教组织依法开展的宗教活动的同时，政府也需要对宗教组织超越法律规范的行为进行适当的干预，严格贯彻政教分离原则，限制宗教对行政、司法、教育和其他公共活动的干扰，打击非法宗教活动。

2. 依法规范宗教组织和宗教教职人员的活动

在任何现代国家，宗教信仰自由都是有条件的，世界上所有现代民主国家，都依法对宗教活动的场所和宗教活动的形式有不同程度的限制，如禁止宗教介入社会公共生活领域，干扰社会经济、文化与生活秩序，特别是干预国家政治活动和公共教育事业。我国宪法和《宗教事务条例》对于宗教活动场所与活动形式、内容也做了规范，以有效保护公民的宗教信仰自由，引导宗教与社会主义社会相适应。然而，在部分边疆民族地区，仍然有少数宗教组织和教职人员，不能严格遵守这些法律法规的要求，甚至背离宗教仪轨要求，滥用基于宗教文化传统形成的威望，滥用信教群众布施的财物，开展了一些超越法律规定范围的活动，对社会秩序造成了负面干扰。例如有个别僧侣在获取了信教群众的巨额捐献后，不是潜心研究教义，提升自己素养以回馈教民，而是纵情于娱乐享受，生活腐化堕落。个别宗教组织和神职人员，违反国家宗教独立自办原则，暗地接受境外势力甚至是反华势力和分裂势力的资助，进而成为这些势力向境内渗透的帮凶。还有一些宗教组织和教职人员，在非宗教场所宣扬宗教，或者引诱未成年人学经。

有极个别地方政府工作人员，由于对宗教信仰自由政策和政教分离原则的理解不全面，对宗教组织和宗教神职人员提出的一些超越法律规范的要求，也不加分辨，而是放任自流甚至大力支持，也造成了非常负面的社会影响。在有些地区，就曾经出现过政府出钱出力赞助宗教活动，政府官员参与甚至主持宗教仪式的现象。也曾经出现过大型宗教活动在未履行报批手续的情况下，在不属于法律规定的宗教场所公开举行，而相关部门不管不问，导致当地不少群众误认为政府提倡和鼓励宗教信仰的情况。针对这些现象，除了加强对地方宗教事务管理部门和宗教教职人员的法律知识普及外，更需要建立和完善针对地方宗教事务管理部门的监督和问责机制，使这些管理部门真正做到全面、科学理解和贯彻国家宗教政策，服务于国家的目标，而不仅仅是为宗教组织提供帮助和服务，做宗教组织的"施主"。

3. 严厉打击非法宗教活动

由于我国一些边疆民族地区浓厚的宗教信仰氛围，一些非法组织为了实现其目标，也在不断向边疆民族地区渗透，这些组织在渗透之后，在边疆民族地区形成了两大类非法宗教势力，对当地社会稳定、民族团结和国家安全造成了较为严重的损害。

第一类是以"藏独"势力，新疆"三股势力"为代表的分裂主义势力和宗教极端势力在境内秘密建立的组织。这类组织一般都披着宗教的外衣，或者隐藏于境内合法的宗教场所内，但所从事的却是破坏民族团结、制造社会骚乱，进而分裂国家的违法犯罪活动。比较典型的如一度活跃在新疆的"伊扎布特"，这个组织的一些成员渗透到部分宗教、教育和其他社会机构中，以合法的职业身份为掩护，秘密宣传其分裂中国，建立"伊斯兰哈里发"政教合一国家的主张。由于"伊扎布特"宣传的许多思想内容，都利用了伊斯兰教经典《古兰经》中的教义做包装，对当地穆斯林群众极具欺骗性，有不少信众根本无法将该组织与合法宗教组织区分开来。"伊扎布特"组织成员隐蔽性强，开展的活动往往不具有暴力色彩，且常常打着维护当地民族利益，传播宗教文化的旗号，因此不能像打击"东突"组织等暴力恐怖组织那样简单采取强力手段打击。对于这类非法宗教组织，政府需要在完善法律规范的基础上，采取多重手段和灵巧策略进行打击，尤其要重视宣传、教育等软性手段的采用。在部分边疆民族地区，非法的地下讲经点，非法的秘密传教活动也是屡禁不绝，这些非法讲经传教活动，主导者一般都是分裂势力、极端势力的骨干成员，其目的无非是利用讲经传教活动发展组织力量，宣扬分裂国家、危害社会的反动思想，因此具有严重的社会危害性，特别是一些以未成年人为对象的讲经传教活动，社会危害性更大。对于这些非法宗教活动，也需要进一步加大打击力度。

第二类是邪教组织。邪教组织是通过宣扬一些背离宗教应有劝人向善的精神的神秘主义思想，以控制信徒的精神甚至身体，达到组织领导者违法犯罪目的的组织。自"法轮功"邪教势力在我国引起公愤并被取缔以来，我国打击邪教的法律制度不断完善，社会各界抵制邪教的自觉性也不断强化。然而，由于我国正处于社会快速转型期，各类社会矛盾仍然广泛存在，部分人群由于在社会快速发展的过程中利益边缘化，思想很容易走向极端，这为邪教的传播创造了条件。边疆民族地区由于宗教氛围相对浓厚，不少群众对于一些包含神秘主义内容的宣传辨别力不强，邪教的传播相对更容易。在"法轮功"活动最猖獗的时期，我国部分边疆民族地区建有"法轮功"的分支组织，部分群众每天沉迷"练功"，心甘情愿被李洪志等"法轮功"邪教组织头目骗财骗物，甚至被其蛊惑参与对抗政府的各种非法活动。"法轮功"被取缔之后，在内蒙古、宁夏、云南等民族省区，又陆续破获多起邪教传播案件。其中如云南江川"全能神"邪教组织、宁夏"实际神"邪教组织，不但信众多，而且影响范围非常广。这些邪教组织轻则诈骗信众钱财，重则对信众进行人身侵害，更有邪教组织公然号召和组织信众对抗政府和法律，严重破坏了社会秩序。打击邪教需要治标与治本并重，但在我国部分民族地区，现在更多还是停留在治标层面，对已经露头的邪教组织能够做到坚持打击，然而在消除邪教产生的社会基础方面的工作，还有待进一步加强。

4. 加快推进民族地区现代化发展与现代性发育进程

要真正实现宗教与社会主义社会相适应，消除宗教可能引发的社会问题，根本措施还是在要加快推进民族地区现代化发展进程的基础上，加速民族地区社会现代性发育，丰富人们的物质生活和精神生活，逐步淡化宗教对社会各个领域的影响。

宗教的影响力与一个地方经济社会发展水平，以及精神文化生活的丰富程度具有一定的反比关系。世界历史发展的进程已经确切无疑地表明，一个地区社会生产力发展水平越是落后，社会成员精神文化生活越是贫乏，这个地区的宗教氛围就越浓厚，宗教非理性色彩就越突出，宗教就越容易被极端组织和极端分子利用，成为其危害社会稳定的工具。相反，在经济相对发达，社会精神文化生活多样化的地方，宗教氛围相对会比较淡，宗教的非理性色彩也会削弱，宗教被极端势力利用的可能性也越小。

为此，国家需要不断推进民族地区经济社会各项事业的发展，迅速改变民族地区相对落后的局面，丰富民族地区各族群众的精神文化生活，在此基础上逐步淡化民族地区宗教信仰的氛围，引导宗教向更加理性、更加宽容、更加适应社会主义社会发展的方向转变。

目前，国家在民族地区经济发展方面投入的资源已经非常可观，民族地区经济发展水平与其他地区的差距正迅速缩小。未来国家需要更加重视在民族地区提供更多的公共文化服务，丰富民族地区各族群众的精神生活。尤其要加快发展民族地区教育事业，加大民族地区公共文化基础设施建设，特别是要增加针对民族地区农牧区的图书馆室建设、科普宣传、公益演出、群体性文化活动的投入。使民族地区各族群众真正能够便捷地获取现代科技、文化知识，参与积极、健康、多元的文化生活。

同时，国家要鼓励和引导市场力量参与民族地区文化事业的发展，借助市场主体的参与，进一步丰富民族地区人民的文化生活，充实各族群众的精神世界。实际上，目前在新疆、西藏等地，由市场力量主导的文化、娱乐机构已经逐步渗透到社会各个角落，市场主体参与开发的民族地区文化产业也形成了较大的规模，这些都对促进民族地区经济社会发展和加强民族地区精神文明建设具有重要意义。但是，市场力量也有其弱点，市场主体对于文化娱乐活动的质量把关往往不严，导致一些低俗的文化娱乐项目在民族地区影响面很广，这需要相关管理部门加强引导和监管。

在国家和市场两种力量的作用下，最终要推动民族地区社会的世俗化，即让宗教从现实生活中无处不在的支配性影响地位退回到其应有的领域里，对社会政治、经济、文化、教育等领域的影响不断淡化，对民众日常生活的影响积极且有限。

四、进一步完善民族地区社会治理结构，提升公共组织公信力

在构建社会主义和谐民族关系的过程中，以民族自治地方政府为核心，包括民族自治地方基层自治组织、非营利组织在内的各类公共组织，发挥着主导作用。它们是治理民族自治地方的主体力量，是国家各项政策的具体落实者，是民族自治地方发展的政策制定者和执行者。因此，提升民族自治地方各类公共组织的治理能力，对于构建社会主义和谐民族关系具有非常重要的意义。

1. 加强民族自治地方基层政权建设

（1）加强民族自治地方基层政府执行力与公信力

美国著名学者戴维·伊斯顿在探讨政治生活中的输入与输出因素，及其对政治共同体的影响时，认为在一个政治系统中，公民支持指向三个不同层次的政治对象：共同体（community）、典则（regime）和当局（authorities）。其中对共同体的支持是最高层次，相当于本书中探讨的对国家的认同，而对典则的支持相当于对一个政治共同体（国家）的法律和其他规范体系的认同，对"当局"的支持则相当于对代表社会治理国家的政府的认同。在其《政治生活的系统分析》一书中，伊斯顿特别描绘了当局在政治输出过程中的失败，可能引发的公民对政治系统支持的流失。他认为，如果当局未能采取充分的行动，满足系统内成员的要求，就有可能引发这些成员的不满情绪。这种不满情绪首先是针对当局的，如果这些不满一而再、再而三地产生，输出方（当局）依然没什么改进，那么不满就有可能转向典则或政治共同体。① 而相对于公民来说，"当局"实际上也有层次性，与公民关系最密切的"当局"，是那些直接与公民打交道

---

① ［美］戴维·伊斯顿：《政治生活的系统分析》，王浦劬译，华夏出版社 1998 年版，第 278 页。

的基层政府。

在国家治理过程中，中央政府一般而言，主要承担创制和维持对形成国家认同至关重要的国家基本价值、制度的职责，同时为国民提供典型、不可分割的重要公共物品，如国防、外交、公共安全等，在部分国家，中央政府还提供一些以确保国民机会平等的公共物品，如基础教育、基本社会保障等。而处于基层的政府，则主要根据本地社会的特殊性，提供各种满足居民选择偏好的公共物品，同时将来自中央或更高层政府的政策措施在辖区内落实，通过这两项职责的履行，对社会资源、价值进行权威分配。由于国家规模巨大，人口众多，普通公民实际上很少能够直接感受到中央政府的行为，他们对国家存在及国家作用的感受，主要都源自基层政府的行为。从这个角度来说，对于公民而言，基层政府就是"当局"，这个"当局"在政治输出过程中的表现，首先直接影响公民对当局的支持，其次构成了公民对典则、政治共同体支持的基础。因此，基层政府的行为能力，以及在开展公共管理活动过程中表现出来的公共性、公信力，不但对一个地方的经济社会发展具有引领性作用，而且从政治系统分析的角度来说，也可以减少基层政府在政治输出过程中的"失败"，进而对形成和维系公民国家认同具有重要意义。

民族自治地方基层政府是国家政策特别是民族政策在民族自治地方的直接实施者，是涉及民族自治地方各族人民利益的权威分配者，对于民族地区民众而言，恰恰就是最直接的当局。因而，基层政府的治理能力，特别是在一系列涉及民众切身利益的事项上的执行力与公信力，在某种程度上决定了公众对"当局"——中国政府，进而对典则——中国特色社会主义制度体制，对共同体——中华民族的认可。目前，个别民族自治地方基层政府在诸如草场划分、安居房建设、宅基地分配、农牧区基础设施建设、农村公共事业发展等事关各族群众切身利益方面采取的措施尚需完善，有些失误已经成为引发当地民众对政府不满，甚而诱发群体性事件的重要原因，而这又进一步使得民族分裂势力得以在相应地方煽动民众对中国政府，对中国的政治制度，甚至对中华民族共同体的敌视情绪，以制造具有民族分裂倾向的社会运动。有鉴于此，在当前经济社会多元化趋势日益明显，社会整合难度不断加大的大背景下，加强我国民族自治地方基层政府的执行力与公信力具有格外特殊的意义。

新中国成立以来，我国民族地区取得的发展成就，以及相对和谐的民族关系格局，已经充分证明了我国民族自治地方政府整体而言，具有较高的治理能力，能够有效地执行国家政策，制定和实施地方政策，引领民族自治地方发展，维持民族自治地方良好秩序。然而，不可否认的是，部分民族自治地方县乡两级政府在治理能力方面仍有较大提升空间。改革开放以来，民族自治地方发生的一些涉及民族因素的问题，实际上有许多都只是普通的社会问题，其背后的原因往往与当地的公共服务水平不足，政府在分配社会资源与价值时不够科学合理有密切关系。由于个别政府治理能力不足，公共性不强，不能对社会成员的要求进行合理的回应，进而使一些普通社会矛盾被分裂势力、极端势力利用，演化成所谓的"民族矛盾"。而民族自治地方在改革开放以来，一些县乡区域的发展与民族自治地方整体的发展存在一定落差，在国家投入不断加大的情况下，与东部地区县乡的差距仍然没有根本性缩小。这两者都显示出，目前民族自治地方部分县乡两级政府治理能力，与促进民族地区跨越式发展，构建社会主义和谐民族关系的需要相比，仍然需要做出更大的努力。

政府治理能力由多项具体要素构成，其中比较关键的是执行力与公信力。

政府的执行力是政府执行政策过程中表现出来的能力和效能的总称，是政府贯彻执行党和国家的路线、方针、政策，在辖区内制定与执行政策以实现既定目标的实践能力。政府的执行力主要受政策质量（包括理解与落实上级政府政策，制定与实施本地方政策）、政府职能定位与组织结构设计、政府工作人员素质、沟通机制、监督机制、绩效评估机制等因素的影响。目前，民族自治地方县乡两级政府的政策创新能力尚需要提升，在职能转变、机构优化、工作人员知识拓展和能力提升，以及政府工作流程再造、绩效评估、电子政务等诸多方面，都需要加快改革和完善。

政府公信力是社会成员基于政府提供的公共服务和表现出来的治理能力而表达的对政府的信任程度，并由此形成的政府与社会的互动能力，政府公信力程度实质上意味公众对政府履行其职责情况的评价。

政府公信力的影响因素非常多，其中比较关键的因素包括：①公民本位理念的贯彻程度，即政府开展各项公共管理活动，在多大程度上坚持以公共利益最大化为追求目标，在多大程度上自觉高效地为公民提供公共物品和公共服务。②政府的回应性，即在社会公共问题发生之后，政府积极主动响应社会呼求，引领社会力量共同应对问题，化解危机的表现。③政府行为法治化程度。即政府开展的各项活动是否严格遵循了宪法、法律、法规的要求，或者按照法律精神来进行。④政府行为的透明度和参与性。即政府对自己开展的活动向社会公开的程度，以及允许社会力量参与的程度。

因此，在未来民族自治地方发展进程中，通过转变政府职能，调整政府组织结构，提高政府工作人员素质，提高政府公共政策能力等途径，提高民族自治地方政府的执行力和公信力，将是一项重要而紧迫的任务。

（2）进一步完善民族自治地方基层政权组织体系

民族自治地方地广人稀，多位于边疆，自然环境相对恶劣，社会情况也比较复杂。各级民族自治地方政府，不但肩负着给本区域内各族群众提供公共服务的职责，而且承担着维护祖国统一、边疆安全和民族团结的特殊使命。然而，正是由于民族自治地方管辖区域辽阔，人口稀少，民族自治地方公共服务供应的成本一般来说要远远高于其他地区，社会各项事务管理的成本与难度也相对较高。这种情况使得民族自治地方基层政权特别是乡镇一级政权具有特殊的重要性，毕竟对于部分民族自治地方而言，省（区）级甚至县级政府，与普通居民的空间距离，以及在此基础上形成的公共服务距离都非常远，省（区）、地（市）、县（自治县）级政府在精准了解辖区内居民的公共服务需求偏好，承担在如此广阔区域内提供公共服务、进行社会治理的成本等方面都存在困难。以新疆和西藏部分为例，新疆维吾尔自治区面积166万平方公里，近半数地级区域政府所在地，离首府乌鲁木齐的距离接近或超过 1000 公里，且中间多被高山、沙漠、戈壁等地形阻隔。新疆所辖巴音郭楞蒙古自治州面积近 48 万平方公里，伊犁哈萨克自治州面积达到 27 万平方公里，均大于我国省级区域的平均面积。然而新疆总人口只有 2400 万人，每平方公里不足 15 人，巴音郭楞州总人口 120 万人，平均每平方公里不到 3 人。西藏总面积 120 多万平方公里，总人口 300 多万人，平均每平方公里仅 2.2 人，下辖 7 个地（市）级区域，平均每个地市级区域面积近 20 万平方公里，其中阿里地区面积 30 多万平方公里，人口 9 万人左右，每平方公里不到 0.3 人。自治区、地（州、市）辖区如此巨大，使得这两级政府很难满足辖区内所有居民的公共服务偏好，对于一些偏远地区发生的社会问题也是鞭长莫及。

实际上，在这两个自治区，即使是县级区域面积也过于巨大。西藏共有 74 个县，平均每个县面积超过 1.64 万平方公里，新疆共有 26 个县级市、61 个县、6 个自治县，每个县（市、自治县）面积超过 1.8 万平方公里，相比之下，全国平均每个县（自治县、旗、自治旗、林区，不包括市辖区）面积只有 4000 多平方公里。县级区域在公共服务和社会治理方面仍然面临距离过大，成本过高的问题。例如新疆塔什库尔干县面积 2.5 万平方公里，人口仅有 4 万人，全县都处在帕米尔高原腹地，与塔吉克斯坦、阿富汗、巴基斯坦三国相毗邻，县政府所在地塔什库尔干镇距自治区首府乌鲁木齐 1765 公里，距地区行署所在地喀什市 290 公里，县境东西长 484 公里，南北宽 329 公里，边境线长 870 多公里。该县一方面是中国与中亚、南亚商业、人员往来的重要通道，另一方面又是新疆"三股势力"和其他社会犯罪集团成员进出国境的主要通道之一。在打击"三股势力"和边境走私、贩毒等犯罪行为过程中，可以说自治区、地区、县三级政府都鞭长莫及，因此乡镇一级政府发挥着极为重要的作用。西藏墨脱县，总面积 3.4 万平方公里，其中有 2.4 万平方公里被印度占领，总人口一万多人。县城所在地离林芝 100 多公里，离自治区首府拉萨 500 多公里。该县既是国防重地，又是反藏独的前沿地带，然而交通险阻，近年刚通公路，但经常因地区灾害阻断。乡镇一级政府在维持地方秩序、提供公共服务、保卫边疆安全、防范"藏独"势力破坏等方面发挥难以替代的作用。在民族自治地方，像塔什库尔干、墨脱这样地广人稀但面临极其复杂治理环境的区域不在少数，如果不提高乡镇基层政权在提供公共服务和维持社会秩序方面的能力，这些地方的治理将会非常困难。

然而，当前民族自治地方乡镇一级政权却面临着许多现实的问题和困难，大大制约了其治理和服务地方的能力。首先，民族自治地方乡镇普遍贫困，不论居民收入还是政府财政收入都极其有限，如新疆和田地区2018 年政府财政收入为 27.95 亿元，人均 GDP 为 1.2 万元；而苏州市财政收入为 2119 亿元，人均 GDP 为 17.4 万元。微薄的财政收入，对于民族自治地方公共服务供应而言，无疑是杯水车薪。在民族自治地方，修筑一公里普通油路的成本，要高于乡镇全年财政收入的现象非常普遍，而交通基础设施，只是目前困扰民族自治地方基层发展诸多问题中的一个。因此，民族自治地方乡镇一级政府，目前存在的财政困难大多比较严重。其次，民族自治地方乡镇组织机构设置和人员配置质量都有待提高。首先是在组织机构设置方面，民族自治地方乡镇往往与内地乡镇机构设置一样，职能定位与本地实际情况结合不够紧密；而由于民族自治地方乡镇大多工作条件恶劣，待遇相对低下，高学历、高素质的人才往往不愿意到乡镇工作，这使得民族自治地方乡镇极度缺乏具有现代知识技能的优秀人才。

针对这些情况，国家需要采取有效措施，尽快加强民族自治地方乡镇政府建设。首先，需要鼓励和引导优秀人才下乡镇担任职务，并通过提升待遇和发展空间，留住人才，让他们能够安心地在乡镇开展工作；其次，国家还需要有针对性地加强基层乡镇的各类基础设施建设，包括乡镇政府办公设施，基层乡镇生活娱乐设施以及其他公共基础设施等方面建设，切实解决基层乡镇面临的现实、紧迫问题；最后，国家需要强化对基层乡镇政府的绩效评估和财政监管，在确保基层乡镇工作顺利进行的同时，对部分不称职、不安心本职工作的人员加强约束。

2. 积极扶持和引导民族自治地方基层自治组织和非营利组织发展

随着我国市场经济体制的日益完善和治理体系改革的不断推进，以及社会组织的日益成熟，我国社会治理主体多元化的趋势也非常明显，其中由过去的基层行政组织演变而来的基层自治组织和新兴的社会组织，在社会治理过程中发挥的作用越来越重要。然而，由于我国强政府、弱社会的传统根深蒂固，公民社会成长起步较晚，我国基层自治组织和非营利组织治理社会的经验与能力都还有所欠缺，需要国家加强扶持与引导。

我国的基层自治组织是指在城市和农村按居民居住地区设立的居民群众自我教育、自我管理、自我服务的基层群众性自治组织，即城市居民委员会和农村村民委员会。基层自治组织的主要任务是办理与所管辖地区居民有关的公共事务和公益事业，协调和处理民间纠纷，协助政府相关部门维护社会治安，开展基层精神文明建设，向政府反映居民群众的意见、建议和要求。

实际上，在部分发达省、直辖市，基层自治组织的功能远远超出这些范畴，而是成为满足基层社会对公共物品需求偏好，引领基层社会发展的关键力量。例如江苏、浙江等省，就有许多农村在村委会等基层自治组织的带领下，转变成一个个实力强劲的经济实体。同时基层自治组织还成为基层群众文化生活的组织者，社会保障的提供者，其所能发挥的作用非常广阔。

在西部民族自治地方，基层自治组织尤其是农村基层自治组织的发育程度，远远低于东部沿海地区。然而，西部地广人稀的客观现实，以及相对落后的经济发展水平，较为复杂的社会治理环境，恰恰又对基层自治组织的发展有着更迫切的需求。以新疆为例，南疆各地、州经济发展水平落后，然而由于管辖地域广阔，且农、牧业人口占总人口绝大多数，分散程度高，政府依靠有限的资源，根本无法为本地提供充足的公共物品和公共服务。然而，南疆地区，自然资源丰富，发展潜力巨大，如果也能够成长起一批如东部沿海地区一样的有较强组织、引导能力的农村基层自治组织，积聚本地资源，为所在社区提供良好的公共服务，并引领农牧民充分挖掘当地资源优势，无疑将大大提升社区居民的生活水平和社区经济发展速度。目前，国家已经决定将喀什打造成一个新的经济特区，但纵观东部沿海的经济特区之所以能够欣欣向荣地发展，且保持着良好的社会秩序，基层组织特别是农村基层组织在其中发挥了重要作用。而在边疆民族地区，培育具有较强威信和行动能力的基层自治组织，还面临许多问题。

在民族自治地方，基层自治组织还在保卫边疆安全、维护民族团结、反对分裂势力和极端势力活动方面发挥着不可替代的作用。例如在东北和新疆边境地区，都建立了以村委会为依托，联结乡（镇）、县政府和边防、公安、安全部门的治安联防体系，其中村委会组织的群众联防队伍是发现危险隐患，控制危险分子，维持边疆稳定的中坚力量，因为他们最熟悉本地的情况，所以还兼任着"哨所"与"哨兵"的重要职责。

然而，由于农牧区稍有知识和技能的青壮年大量入城，以及在组织发展和经费预算等方面存在的障碍，目前民族自治地方农村基层自治组织的发展情况不尽如人意。如何鼓励和引导民族自治地方农村基层自治组织发展，需要进一步深入研究。

社会组织的大量存在并活跃于各种公共服务领域，是培育公民精神的重要途径。在我国东部沿海地区，社会组织在维持社会秩序、促进经济发展、满足社会成员公共服务需求偏好方面，发挥着非常显著的作用。例如各地的行业协会，对于协调会员企业的行动，优化资源配置，提高企业效率贡献很大；各种农业协会和农村经济合作组织，在沟通农民与市场，促进农民增产增收方面也发挥了巨大作用；还有一些社会组织，则以兴趣、爱好为纽带，为组织成员或其他社会成员提供了良好的精神生活服务，成为推进社会主义精神文明建设的生力军。

但是，我国社会组织整体发展水平较低，而且社会组织的区域分布、领域分布极不均衡。我国绝大部分社会组织都集中在东部沿海少数几个省市，西部广大省区社会组织数量较少。

我国社会组织的发展还受到经费、人才等多方面的制约。由于我国传统的大政府、小社会的观念还未完全转变，一些地方政府特别是相对落后的中西部地方政府，有时会越权干扰社会组织的活动，使社会组织的独立性受到影响。另外，也有一些社会组织与分裂势力、极端势力相互勾结，成为破坏民族团结、边疆稳定和国家统一的分裂势力，对此类组织，要严格防范，严厉打击。

3. 进一步推进民族事务管理和民族地区治理的法治化进程

自人类社会形成以来，社会精英们就在不断探索建构社会秩序，维护社会稳定，促进社会发展的有效形式。在组织建构方面，人类建立了家庭、氏族、部落、国家、政府、教会、社团等各种组织，在规则制定方面，人类遵循或发明了道德、习俗、宗法制度、教规、纪律、契约、法律等规则体系。然而，数千年的人类文明史却显示出，在诸多的组织与规则体系中，对于治理大社会而言，最有效的形式，是在法律规范的引领下，以国家为主体实行法治。对于这点，思想家们早在两千多年前就已经有了清楚的认识，古希腊思想家亚里士多德就曾说过，国家要长治久安，就必须建立一种优良政体，同时这一优良政体不应是人治政体，而应遵循一种权威性的理性规则治理社会，这个理性规则就是法。当然，他同时也提出，真正法治状态的实现，包括两个层面，首先要有良好的法，其次这良好的法要获得全社会普遍的服从。

我们要不断完善国家基本法律规范体系，完善民族区域自治法律体系。要坚定依法治理的原则，法律面前人人平等，不要将任何涉及少数民族、民族地区的问题，都等同于"民族问题"，都过于敏感和谨慎。对于那些公然违反国家基本法律的行为，不论行为主体属于哪个民族，首先考虑的是依照相关法律去追究他们的责任，而不要过多顾虑其他因素。引导各族群众尊重、遵守国家各项法律，在享受法律赋予的各项权利的同时，自觉承担法律规定的义务。

五、积极推进涉及民族事务的社会治理创新

当前我国从整体上来看，既处于发展的重要战略机遇期，又处于社会矛盾凸显期，社会治理领域存在的问题还不少，潜在的社会矛盾、冲突因子较多。在这些潜在的社会矛盾、冲突因子中，涉及民族因素的经济、文化、社会问题，特别是快速发展进程中出现的新情况、新问题，属于高度敏感易爆的问题，更需要慎之又慎地对待。为应对伴随包括民族地区在内的整个国家快速发展带来的新情况、新问题，避免经济社会快速发展以及民族地区快速现代化引发的冲击震荡，有效化解现阶段日益凸显的各类涉及民族因素的社会矛盾，在进一步完善民族地区政权组织、社会组织和推进民族地区治理法治化的同时，也需要结合新的时代特点，不断探索涉及民族因素的各类事务的社会治理创新。通过社会治理创新，最大限度激发少数民族聚居区社会活力，最大限度地增加和谐因素、最大限度地减少因民族差异而引发的不和谐因素，不断化解影响社会和谐稳定的涉及民族、宗教等敏感因素的突出问题。

1. 调整与完善涉及民族因素问题的社会治理格局

第一，加强党对民族事务的领导。中国共产党是中国特色社会主义建设事业的领导核心，包括民族问题在内的中国社会各类重大问题的应对，都需要坚持党的领导。事实上，正是中国共产党在理论、制度与政策上的不断创新，才使中国得以基本实现民族平等、民族团结和各民族共同繁荣。在新的历史时期，中国共产党对民族现象、民族关系、民族问题的认识也随着时代发展不断深化，从而使党的民族理论、民族区域自治制度、民族政策实现了与时俱进。铸牢中华民族共同体意识、"共同团结奋斗，共同繁荣发展"、"三个离不开"思想、依法治理民族事务的理念，是新时期党在民族理论方面的重大创新；《民族区域自治法》的修订、国务院实施《〈中华人民共和国民族区域自治法〉若干规定》、国家行政改革中涉及民族自治地方的特殊制度设计，是新时期党在民族区域自治制度方面的重大创新；西部大开发政策、扶持人口较少民族发展政策、针对特殊民族地区的特别扶持政策，则是新时期党结合市场经济发展形势，在民族政策方面的重大创新。这些创新不断激发民族地区和少数民族求稳定、谋发展的积极性和主动性，大大增强了民族地区发展活力，成为解决民族地区和少数民族面临的各类社会问题的政治基础。

第二，强化各级政府服务少数民族的能力。随着市场经济的发展和人口跨区域流动规模的扩大，我国少数民族分布进一步分散，这使得传统上的民族地区与非民族地区的划分越来越模糊。全国各地、各级政府辖区，实际上都有少数民族分布，因而各地政府也都有管理服务少数民族事务的需要。而目前有部分地方政府，特别是中东部非民族地区政府，涉及少数民族事务的政府职能、机构都不完善，服务少数民族的能力较为薄弱，以至于面对大量涌入的少数民族群众，部分地方各类服务项目和服务内容严重不足。为此，全国各地各级地方政府，都需要将服务少数民族事务纳入政府职能定位和机构设置的考虑，针对本地方少数民族分布情况，强化服务少数民族的能力，切实维护好本区域内各族群众的平等权利，化解族群间可能出现的矛盾冲突。

第三，引导和鼓励企业、社会团体与个人参与涉及少数民族事务的管理与服务。国家要通过出台政策，提供优惠条件，引导各类企事业单位参与涉及少数民族事务的社会管理和服务，特别是在中东部非民族地区，国家要通过政策引导，鼓励企事业单位参与解决涉及少数民族和民族地区的就业、教育、扶贫、社会保障、环境保护等现实问题；鼓励和引导各类社会组织服务民族地区和少数民族，为民族地区和少数民族群众提供能满足其地方和群体偏好的公共物品，鼓励和引导人民团体参与民族地区社会管理和公共服务，发挥群众参与社会管理的基础作用。通过全社会多元主体的共同参与，引导少数民族群众走出民族地区，引导中东部民众服务民族地区，为在全国范围内打造各民族相互嵌入式的社会结构和社区环境奠定基础。开创民族团结一家亲，民族工作"一盘棋"的良好局面。

2. 优化涉及少数民族群众社会矛盾的维权机制

近几年来，由于各类利益关系引发的群体性事件不断增加，成为影响我国社会稳定的重要因素，在这些群体性事件中，有相当一部分发生在民族地区或涉及少数民族因素。从近百年来世界各地发生的民族间矛盾冲突事件来看，少数族群权利受到侵害——维权机制不畅——民族主义情绪渲染——大规模民族主义社会运动，几乎成为普遍规律。我国部分地方发生的具有民族分离倾向的群体性事件，有许多也是部分少数民族群众利益受损，进而民族分裂势力得以介入，煽动群体性事件。有鉴于此，我们迫切需要进一步完善涉及少数民族群众的维权机制，确保涉及少数民族的利益冲突能够得到及时、有效的化解，避免普通的群众矛盾，演变成所谓的"民族矛盾"。

第一，进一步加强和完善党和政府主导的维护群众权益机制，形成科学有效的利益协调机制、诉求表达机制、矛盾调处机制、权益保障机制。借鉴现代公共管理理念和方法，学习"枫桥经验"，优化群众利益诉求表达渠道，加强民间纠纷调处机构的能力，加强维权组织执行力。

第二，统筹协调各方面利益关系，加强社会矛盾源头治理，妥善处理人民内部矛盾。着重要处理两类问题：一是在各种社会利益分配过程中防止由于对特定族群的歧视性对待，进而使社会利益分配不公平与特定族群共同体联系在一起；二是要依法处理各类涉及民族因素的冲突和矛盾，避免将一般的利益冲突矛盾与民族情感、民族意识联系在一起，使一般的经济、社会问题被复杂化，从而加大其处理难度。

第三，各级党政机关要坚决纠正损害群众利益的不正之风，严厉打击贪污腐败、权力寻租、官僚主义等问题，切实维护各民族群众合法权益。

3. 改进少数民族流动人口服务和管理机制

人口流动以及在此基础上形成的资源、信息流动，是现代市场经济体制下社会发展的重要动力。自改革开放以来，我国政府不断放宽对人口跨区域流动的限制，极大地释放了社会活力，成为改革开放以来中国社会发展的重要动力。在中国社会人口大流动中，少数民族人口流动构成了一道特殊的风景线，因为少数民族人口流动不仅仅是劳动力、信息与财富在民族地区与其他地区的简单流动，而是包括不同文化与生活方式的大规模交流与融合。少数民族人口在我国市场经济不断完善背景下的大规模流动，实际上已经成为推动民族地区跨越式发展，促进各民族共同繁荣的重要途径。

然而，少数民族流动人口的增长确实也带来了一系列问题，如流入地无法满足少数民族具有偏好性的公共服务需求，流入地当地群众与少数民族流动人群相互不适应，族群间相互歧视现象在部分地方仍然存在，民族分裂势力成员借人口流动向内地扩散等。针对这些情况，国家需要在鼓励和引导少数民族人口流动的同时，进一步完善少数民族流动人口服务和管理机制，促进少数民族流动人群更好地融入当地社会，将可能出现的族群间矛盾、冲突化解在基层，化解在酝酿阶段。

第一，建立少数民族流动人口信息库，及时掌握少数民族流动人口情况。对人口信息的掌握，是政府制定公共政策，出台社会管理方案，科学合理分配公共资源的基础，因此任何一个有着稳定秩序的现代国家，都会采取多种措施，了解本国人口信息，建立可供公共政策决策参考的人口信息资源库。我国在2010年完成了最新一次的全国人口普查，基本掌握了当时全国人口的详细信息，这无疑将为我国较长一段时间公共政策设计提供非常有力的支持。针对目前少数民族流动人口规模不断扩大，涉及少数民族流动人口的社会矛盾有所增长的情况，国家应该在第七次人口普查数据的基础上，建立专门的少数民族流动人口信息资源库，作为少数民族流入人口与流出人口都相对较多的地方政府设计公共服务供应政策、开展涉及民族事务的公共管理活动时参考。

第二，建立涉及少数民族流动人口的动态协调机制，跨区域协调与少数民族流动人口有关的服务与管理问题。当前各地暴露出来不少与少数民族流动人口相关的融入困难、服务困难、管理困难等现实问题，其中有一个相当重要的原因，是流入地与流出地公共组织缺乏有效的沟通协调机制，因而由公共组织特别是政府提供的公共服务和管理，不能与人口的流动做到同步。为此，由各级民族事务管理机构为核心，建立跨区域协调机制，使少数民族群众流动到哪里，相应的公共服务与管理就跟进到哪里，具有非常现实的意义。这一机制，应在综合考虑流入地、流出地少数民族流动人口数量、人口结构、公共服务需求满足状况、流动频率、聚居程度、经济状况等现实因素的基础上，为各级地方政府提供涉及少数民族人口的公共服务供应建议，并提出应对可能出现的管理问题的对策，同时能够对相应地方涉及少数民族事务的公共服务和管理进行绩效考核。

第三，完善特殊人群服务和管理政策。在少数民族流动人群中，有一些相对特殊的群体，需要有特别的服务与管理政策，这些特殊的人群包括两大类型：一是因为各种现实原因而在社会生产、生活中处于相对弱势的群体；二是受到民族分裂势力影响，在思想和行动上可能走极端的人。对于前一类群体，需要流入地政府在提供公共服务过程中，采取一些特殊措施，弥补其弱势，确保其在流入地能够过上相对有保障的生活，避免其因为生活困难而出现问题。对于第二类人群，则需要流入地和流出地政府共同合作，加强监管，对于其中极少数已经有极端行动的分子，坚决依法严惩，防范民族分裂主义势力在全国范围内扩张；对于其中部分在思想、观念上受影响，但在行动上并没有违法乱纪表现的人群，则需要探索适当的方式，加强对他们的教育和引导，帮助他们形成正确的国家观、民族观，培育其法治观念。

4. 建设少数民族聚居区基层社会管理和服务体系

当前我国社会出现的一些矛盾与问题，几乎都与基层公共服务供应短缺，基层公共组织公共服务能力不足，公共管理职能越位、缺位、错位，基层社会自治力量发育相对滞后于基层社会对公共服务和公共管理需求多元化趋势有关。因此，加强和创新社会管理，重点在基层。完善少数民族聚居区基层社会管理与服务体系，是未来从基层化解涉及民族因素的社会矛盾与冲突，进一步促进民族团结，推进各民族共同繁荣，建设和谐民族关系的关键。

第一，充实少数民族聚居区基层公共服务资源。在少数民族聚居地，各级政府要进一步落实国家民族政策，通过公共财政倾斜，以及加强对社会资源的整合，引导更多人力、财力、物力投入基层，特别是投入基层社区，确保基层公共服务供应的资源充足，从而在满足少数民族群众一般公共服务需求的基础上，更好地满足少数民族群众具有偏好性的公共服务需求。通过优化基层公共服务供应，不但能够有效解决少数民族群众面临的现实生产、生活问题，而且也能够进一步密切少数民族群众与各级公共组织的关系，在公共服务中感知国家，加强对国家的认同。

第二，夯实少数民族聚居区基层党组织，以党建引领，优化基层治理。少数民族聚居地区各级党组织，要积极落实中央精神，扩大基层党组织覆盖面，推进基层党组织工作创新，增强党员队伍生机活力，建设高素质基层党组织带头人队伍，加强对基层党组织领导班子管理。

第三，加大基层社区管理和服务体制创新。社区是城乡居民依法行使民主权利，参与公共事务管理，实现自我管理和自我服务的重要平台。加强少数民族聚居区基层社会管理创新，必须紧紧抓住社区这个基础平台，加强社区自治组织建设，提高基层群众自治能力。首先要进一步完善基层社区组织民主制度，使基层群众民主选举、民主决策、民主管理和民主监督落到实处，真正实现城乡社区的自我管理、自我服务和自我教育；其次要理顺乡镇、街道政府机构与城乡社区自治组织的关系，形成城乡基层社会治理的合力；再次要加强和改进城乡社区自治组织建设、制度建设和设施建设，为加强基层社会治理奠定基础；最后，也是最重要的一点，要不断探索在社区基层化解各类矛盾、维护稳定的新途径和新方法，在社区层面形成合理有效的利益协调机制、诉求表达机制、矛盾调处机制、权益保障机制。

第四，推动建立相互嵌入的社会结构和社区环境。从长远来看，民族关系的和谐和民族地区长治久安，需要各民族在长期的共同相处过程中增进了解，消除隔阂，在共同的经济、生活过程和公共治理共同参与进程中实现交往交流交融。构建相互嵌入式的社会结构和社区环境，是便利各民族群众交往交流交融的最有效途径。未来，应在就业、安居、社区建设、基层公共治理参与机制优化等方面共同着力，推动相互嵌入的社会结构和社区环境的建设，使得各民族群众真正做到相知相融。

5. 健全涉及民族因素的公共安全体系和网络信息管理机制

进入 21 世纪以来，各类具有突发性的公共安全事件，成为引发一系列影响社会稳定的关键因素，而这些突发事件的影响面和影响力的传播方式，又与互联网络信息传播媒介关系日益密切。特别是新疆"7·5"事件，非常典型地展现了涉及民族因素的一般突发事件，如何在互联网的推动下，演变成恶性的公共安全事件。这使得我们在应对涉及民族因素的社会稳定问题时，必须努力探索处理各类突发公共事件、维护公共安全的方式方法，探索合理引导和管控互联网信息传播的策略，尽可能使涉及民族因素的一般公共安全事件，能够以一般的法律规则和程序处理，而不至于演化成伤害民族团结、边疆稳定和国家统一大局的恶性政治事件。

第一，加强对一般性突发事件的预警预防和应急管理。首先，要加强对一般性突发事件的预警预防，特别是要建立针对食品药品安全、生产安全、社会治安、公共卫生、自然灾害等直接威胁少数民族群众现实利益的突发公共事件的预警预防机制，通过深入细致开展防范工作，降低突发事件发生频率，控制突发事件规模。其次，要进一步完善针对一般性突发事件的应急管理机制，使突发事件应对做到速度快、效率高、效果好、公正透明，进而避免涉及少数民族因素的突发事件被敌对势力利用，煽动和制造分裂国家的极端活动。

第二，完善涉及民族因素信息的网络管理。现代互联网使得信息传播不再被专门的媒体和专业传媒人士垄断，每个人事实上都可以成为信息的制造、加工和传播主体。这一方面固然大大方便了人与人之间的信息交流，增加了人们获取知识、信息的渠道，但另一方面也加大了人们甄别信息的难度，进而使一些分裂势力得以利用这一平台误导群众，培育反社会的思想与组织力量。对此，国家除了要完善立法，加强对互联网运营商、网吧等机构和场所的管理外，还要不断探索净化网络空间，监控极端组织和极端分子的技术和策略，双管齐下堵塞其借助网络信息媒介，利用民族宗教因素，制造违法犯罪活动的渠道。

附 录

一、中国的少数民族

民 族	分布的主要地区	2010年普查人口数（人）
蒙古族	内蒙古、辽宁、吉林、河北、黑龙江、新疆	5981840
回族	宁夏、甘肃、河南、新疆、青海、云南、河北、山东、安徽、辽宁、北京、内蒙古、天津、黑龙江、陕西、贵州、吉林、江苏、四川	10586087
藏族	西藏、四川、青海、甘肃、云南	6282187
维吾尔族	新疆	10069346
苗族	贵州、湖南、云南、广西、重庆、湖北、四川	942600
彝族	云南、四川、贵州	8714393
壮族	广西、云南、广东	16926381
布依族	贵州	2870034
朝鲜族	吉林、黑龙江、辽宁	1830929
满族	辽宁、河北、黑龙江、吉林、内蒙古、北京	10387958
侗族	贵州、湖南、广西	2879974
瑶族	广西、湖南、云南、广东	2796003
白族	云南、贵州、湖南	1933510
土家族	湖南、湖北、重庆、贵州	8353912
哈尼族	云南	1660932
哈萨克族	新疆	1462588
傣族	云南	1261311
黎族	海南	1463064
傈僳族	云南、四川	702839
佤族	云南	429709
畲族	福建、浙江、江西、广东	708651
高山族	台湾、福建	4009
拉祜族	云南	485966
水族	贵州、广西	411847
东乡族	甘肃、新疆	621500
纳西族	云南	326295

民　族	分布的主要地区	2010 年普查人口数（人）
景颇族	云南	147828
柯尔克孜族	新疆	186708
土族	青海、甘肃	289565
达斡尔族	内蒙古、黑龙江	131992
仫佬族	广西	216257
羌族	四川	309576
布朗族	云南	119639
撒拉族	青海	130607
毛南族	广西	101192
仫佬族	贵州	550746
锡伯族	辽宁、新疆	190481
阿昌族	云南	39555
普米族	云南	42861
塔吉克族	新疆	51069
怒族	云南	37523
乌孜别克族	新疆	10569
俄罗斯族	新疆、黑龙江	15393
鄂温克族	内蒙古	30875
德昂族	云南	20556
保安族	甘肃	20074
裕固族	甘肃	14378
京族	广西	28199
塔塔尔族	新疆	3556
独龙族	云南	6930
鄂伦春族	黑龙江、内蒙古	8695
赫哲族	黑龙江	5354
门巴族	西藏	10561
珞巴族	西藏	3782
基诺族	云南	23143

数据来源：《中国统计年鉴（2014）》。

二、中国的民族自治地方

1. 五大自治区

名　称	首府所在地	成立时间	面积（万平方公里）	人口（万人）
内蒙古自治区	呼和浩特市	1947 年 5 月 1 日	118.3	2539.6
新疆维吾尔自治区	乌鲁木齐市	1955 年 10 月 1 日	166.49	2486.76
广西壮族自治区	南宁市	1958 年 3 月 5 日	23.76	5695
宁夏回族自治区	银川市	1958 年 10 月 25 日	6.64	694.66
西藏自治区	拉萨市	1965 年 9 月 1 日	122.84	350.56

2. 30 个自治州

所在地区	名　称	首府所在地	成立时间	面积（万平方公里）	人口（万人）
吉林省	延边朝鲜自治州	延吉市	1952 年 9 月 3 日	4.35	211
湖北省	恩施土家族苗族自治州	恩施市	1983 年 12 月 1 日	2.41	404
湖南省	湘西土家族苗族自治州	吉首市	1957 年 9 月 20 日	1.55	291
甘肃省	甘南藏族自治州	合作市	1953 年 10 月 1 日	3.85	74
	临夏回族自治州	临夏市	1956 年 11 月 19 日	0.82	217
四川省	甘孜藏族自治州	康定县	1950 年 11 月 24 日	15.26	111
	凉山彝族自治州	西昌市	1952 年 10 月 1 日	6.04	499
	阿坝藏族羌族自治州	马尔康	1953 年 1 月 1 日	8.51	93
贵州省	黔东南苗族侗族自治州	凯里市	1956 年 7 月 23 日	3.03	461
	黔南布依族苗族自治州	都匀市	1956 年 8 月 8 日	2.62	405
	黔西南布依族苗族自治州	兴义市	1982 年 5 月 1 日	1.68	349
新疆维吾尔自治区	巴音郭楞蒙古自治州	库尔勒市	1954 年 6 月 23 日	47.11	137
	博尔塔拉蒙古自治州	博乐市	1954 年 7 月 13 日	2.61	52
	克孜勒苏柯尔克孜自治州	阿图什市	1954 年 7 月 14 日	7.09	55
	昌吉回族自治州	昌吉市	1954 年 7 月 15 日	7.37	140
	伊犁哈萨克自治州	伊宁市	1954 年 11 月 27 日	26.86	472

续表

所在地区	名　称	首府所在地	成立时间	面积（万平方公里）	人口（万人）
青海省	玉树藏族自治州	玉树县结古镇	1951 年 12 月 25 日	20.49	40
	海南藏族自治州	共和县恰卜恰镇	1953 年 12 月 6 日	4.35	46
	黄南藏族自治州	同仁县隆务镇	1953 年 12 月 22 日	1.78	26
	海北藏族自治州	海晏县西海镇	1953 年 12 月 31 日	3.44	30
	果洛藏族自治州	玛沁县大武镇	1954 年 1 月 1 日	7.44	20
	海西蒙古族藏族自治州	德令哈市	1954 年 1 月 25 日	30.09	59
云南省	西双版纳傣族自治州	景洪市	1953 年 1 月 24 日	1.97	96
	德宏傣族景颇族自治州	芒市	1953 年 7 月 24 日	1.15	114
	怒江傈僳族自治州	泸水市六库镇	1954 年 8 月 23 日	1.47	53
	大理白族自治州	大理市	1956 年 11 月 22 日	2.95	357
	迪庆藏族自治州	香格里拉市建塘镇	1957 年 9 月 13 日	2.39	36
	红河哈尼族彝族自治州	蒙自市	1957 年 11 月 18 日	3.29	448
	文山壮族苗族自治州	文山市开化镇	1958 年 4 月 1 日	3.22	371
	楚雄彝族自治州	楚雄市	1958 年 4 月 15 日	2.93	260

数据来源：《2014 年中华人民共和国行政区划简册》。

3. 120 个自治县

所在地区	名　称	首府所在地	面积（平方公里）	人口（万人）
内蒙古自治区	鄂伦春自治旗	阿里河	59880	27
	鄂温克族自治旗	巴彦托海	19111	14
	莫力达瓦达斡尔族自治旗	尼尔基	10356	33
河北省	孟村回族自治县	孟村	387	23
	大厂回族自治县	大厂	176	12
	青龙满族自治县	青龙	3510	56
	丰宁满族自治县	大阁	8765	41
	围场满族蒙古族自治县	围场	9220	54
	宽城满族自治县	宽城	1936	25

续表

所在地区	名　称	首府所在地	面积（平方公里）	人口（万人）
辽宁省	阜新蒙古族自治县	阜新	6246	72
	喀喇沁左翼蒙古族自治县	大城子	2240	42
	新宾满族自治县	新宾	4287	30
	岫岩满族自治县	岫岩	4502	52
	清原满族自治县	清原	3921	34
	本溪满族自治县	小市	3342	29
	桓仁满族自治县	桓仁	3553	30
	宽甸满族自治县	宽甸	6186	43
吉林省	前郭尔罗斯蒙古族自治县	前郭	5085	59
	长白朝鲜族自治县	长白	2496	9
	伊通满族自治县	伊通	2523	47
黑龙江省	杜尔伯特蒙古族自治县	泰康	6176	25
甘肃省	天祝藏族自治县	华藏寺	7147	21
	肃北蒙古族自治县	党城湾	66748	1
	东乡族自治县	锁南坝	1467	29
	张家川回族自治县	张家川	1311	35
	肃南裕固族自治县	红湾寺	20456	4
	阿克赛哈萨克族自治县	红柳湾	32374	3
	积石山保安族东乡族撒拉族自治县	吹麻滩	910	26
青海省	门源回族自治县	浩门	6400	16
	互助土族自治县	威远	3423	39
	化隆回族自治县	巴燕	2740	29
	河南蒙古族自治县	优干宁	6250	4
	循化撒拉族自治县	积石	814	15
	大通回族土族自治县	桥头	3090	46
	民和回族土族自治县	川口	1890	43
新疆维吾尔自治区	焉耆回族自治县	焉耆	2429	16
	察布查尔锡伯自治县	察布查尔	4489	19
	木垒哈萨克自治县	木垒	13582	9
	和布克赛尔蒙古自治县	和布克赛尔	28784	5
	塔什库尔干塔吉克自治县	塔什库尔干	24089	4
	巴里坤哈萨克自治县	巴里坤	37304	10

续表

所在地区	名　称	首府所在地	面积（平方公里）	人口（万人）
湖南省	通道侗族自治县	双江	2223	24
	江华瑶族自治县	沱江	3234	51
	城步苗族自治县	儒林	2588	28
	新晃侗族自治县	新晃	1502	27
	芷江侗族自治县	芷江	2095	38
	靖州苗族侗族自治县	渠阳	2208	27
	麻阳苗族自治县	高村	1566	41
湖北省	长阳土家族自治县	龙舟坪	3430	41
	五峰土家族自治县	五峰	2072	20
广东省	连南瑶族自治县	三江	1303	16
	连山壮族瑶族自治县	吉田	1218	12
	乳源瑶族自治县	乳城	2299	22
广西壮族自治区	龙胜各族自治县	龙胜	2538	18
	金秀瑶族自治县	金秀	2517	15
	融水苗族自治县	融水	4664	50
	三江侗族自治县	古宜	2454	38
	隆林各族自治县	新州	3551	42
	都安瑶族自治县	安阳	4092	71
	巴马瑶族自治县	巴马	1966	28
	恭城瑶族自治县	恭城	2149	30
	富川瑶族自治县	富阳	1572	32
	罗城仫佬族自治县	东门	2639	38
	环江毛南族自治县	思恩	4558	38
	大化瑶族自治县	大化	2754	46
四川省	木里藏族自治县	乔瓦	13252	14
	峨边彝族自治县	沙坪	2395	15
	北川羌族自治县	永昌	3083	24
	马边彝族自治县	民建	2304	21
重庆市	秀山土家族苗族自治县	中和	2453	66
	酉阳土家族苗族自治县	钟多	5168	84
	彭水苗族土家族自治县	汉葭	3897	69
	石柱土家族自治县	南宾	3014	55
贵州省	威宁彝族回族苗族自治县	海边	6296	144
	松桃苗族自治县	蓼皋镇	2861	71
	三都水族自治县	三合	2384	36
	镇宁布依族苗族自治县	白马湖	1721	39
	紫云苗族布依族自治县	松山	2284	37
	关岭布依族苗族自治县	关索	1468	34
	玉屏侗族自治县	皂角坪	516	15
	务川仫佬族苗族自治县	丹砂	2773	45
	道真仫佬族苗族自治县	尹珍	2156	34
	沿河土家族自治县	团结	2469	66
	印江土家族苗族自治县	峨岭	1961	44

续表

所在地区	名　称	首府所在地	面积（平方公里）	人口（万人）
云南省	峨山彝族自治县	双江	1972	15
	石林彝族自治县	鹿阜	1777	24
	澜沧拉祜族自治县	勐朗	8807	50
	江城哈尼族彝族自治县	勐烈	3476	11
	孟连傣族拉祜族佤族自治县	娜允	1957	13
	耿马傣族佤族自治县	耿马	3837	29
	玉龙纳西族自治县	黄山	6521	22
	宁蒗彝族自治县	大兴	6206	27
	贡山独龙族怒族自治县	茨开	4506	4
	巍山彝族回族自治县	南诏	2266	32
	屏边苗族自治县	玉屏	1905	16
	河口瑶族自治县	河口	1313	9
	沧源佤族自治县	勐董	2539	17
	西盟佤族自治县	勐梭	1391	9
	南涧彝族自治县	南涧	1802	23
	寻甸回族彝族自治县	仁德	3966	54
	墨江哈尼族自治县	联珠	5459	37
	元江哈尼族彝族傣族自治县	澧江	2858	21
	新平彝族傣族自治县	桂山	4223	27
	双江拉祜族佤族布朗族傣族自治县	勐勐	2292	17
	景东彝族自治县	锦屏	4532	37
	景谷傣族彝族自治县	威远	7777	32
	宁洱哈尼族彝族自治县	宁洱	3670	19
	漾濞彝族自治县	苍山西	1957	11
	禄劝彝族苗族自治县	屏山	4378	47
	金平苗族瑶族傣族自治县	金河	3677	38
	镇沅彝族哈尼族拉祜族自治县	恩乐	4223	21
	维西傈僳族自治县	保和	4661	15
	兰坪白族普米族自治县	金顶	4455	21
浙江省	景宁畲族自治县	鹤溪	1950	17
海南省	琼中黎族苗族自治县	营根	2706	23
	白沙黎族自治县	牙叉	2117	20
	保亭黎族苗族自治县	保城	1161	17
	陵水黎族自治县	椰林	1128	38
	昌江黎族自治县	石碌	1596	26
	乐东黎族自治县	抱由	2763	54

数据来源：《2019年中华人民共和国行政区划简册》。

三、中国主要民族法律法规

1. 中华人民共和国民族区域自治法

（1984 年 5 月 31 日第六届全国人民代表大会第二次会议通过。根据 2001 年 2 月 28 日第九届全国人民代表大会常务委员会第二十次会议《关于修改〈中华人民共和国民族区域自治法〉的决定》修正）

目录

序言

序言

中华人民共和国是全国各族人民共同缔造的统一的多民族国家。民族区域自治是中国共产党运用马克思列宁主义解决我国民族问题的基本政策，是国家的一项基本政治制度。

民族区域自治是在国家统一领导下，各少数民族聚居的地方实行区域自治，设立自治机关，行使自治权。实行民族区域自治，体现了国家充分尊重和保障各少数民族管理本民族内部事务权利的精神，体现了国家坚持实行各民族平等、团结和共同繁荣的原则。

实行民族区域自治，对发挥各族人民当家作主的积极性，发展平等、团结、互助的社会主义民族关系，巩固国家的统一，促进民族自治地方和全国社会主义建设事业的发展，都起了巨大的作用。今后，继续坚持和完善民族区域自治制度，使这一制度在国家的社会主义现代化建设进程中发挥更大的作用。

实践证明，坚持实行民族区域自治，必须切实保障民族自治地方根据本地实际情况贯彻执行国家的法律和政策；必须大量培养少数民族的各级干部、各种专业人才和技术工人；民族自治地方必须发扬自力更生、艰苦奋斗精神，努力发展本地方的社会主义建设事业，为国家建设做出贡献；国家根据国民经济和社会发展计划，努力帮助民族自治地方加速经济和文化的发展。在维护民族团结的斗争中，要反对大民族主义，主要是大汉族主义，也要反对地方民族主义。

民族自治地方的各族人民和全国人民一道，在中国共产党的领导下，在马克思列宁主义、毛泽东思想、邓小平理论的指引下，坚持人民民主专政，坚持改革开放，沿着建设有中国特色社会主义的道路，集中力量进行社会主义现代化建设，发展社会主义市场经济，加强社会主义民主与法制建设，加强社会主义精神文明建设，加速民族自治地方经济、文化的发展，建设团结、繁荣的民族自治地方，为各民族的共同繁荣，把祖国建设成为富强、民主、文明的社会主义国家而努力奋斗。

《中华人民共和国民族区域自治法》是实施宪法规定的民族区域自治制度的基本法律。

第一章　总则

第一条　中华人民共和国民族区域自治法，根据中华人民共和国宪法制定。

第二条　各少数民族聚居的地方实行区域自治。

民族自治地方分为自治区、自治州、自治县。

各民族自治地方都是中华人民共和国不可分离的部分。

第三条　民族自治地方设立自治机关，自治机关是国家的一级地方政权机关。

民族自治地方的自治机关实行民主集中制的原则。

第四条　民族自治地方的自治机关行使宪法第三章第五节规定的地方

国家机关的职权，同时依照宪法和本法以及其他法律规定的权限行使自治权，根据本地方的实际情况贯彻执行国家的法律、政策。

自治州的自治机关行使下设区、县的市的地方国家机关的职权，同时行使自治权。

第五条 民族自治地方的自治机关必须维护国家的统一，保证宪法和法律在本地方的遵守和执行。

第六条 民族自治地方的自治机关领导各族人民集中力量进行社会主义现代化建设。

民族自治地方的自治机关根据本地方的情况，在不违背宪法和法律的原则下，有权采取特殊政策和灵活措施，加速民族自治地方经济、文化建设事业的发展。

民族自治地方的自治机关在国家计划的指导下，从实际出发，不断提高劳动生产率和经济效益，发展社会生产力，逐步提高各民族的物质生活水平。

民族自治地方的自治机关继承和发扬民族文化的优良传统，建设具有民族特点的社会主义精神文明，不断提高各民族人民的社会主义觉悟和科学文化水平。

第七条 民族自治地方的自治机关要把国家的整体利益放在首位，积极完成上级国家机关交给的各项任务。

第八条 上级国家机关保障民族自治地方的自治机关行使自治权，并且依据民族自治地方的特点和需要，努力帮助民族自治地方加速发展社会主义建设事业。

第九条 上级国家机关和民族自治地方的自治机关维护和发展各民族的平等、团结、互助的社会主义民族关系。禁止对任何民族的歧视和压迫，禁止破坏民族团结和制造民族分裂的行为。

第十条 民族自治地方的自治机关保障本地方各民族都有使用和发展自己的语言文字的自由，都有保持或者改革自己的风俗习惯的自由。

第十一条 民族自治地方的自治机关保障各民族公民有宗教信仰

自由。

任何国家机关、社会团体和个人不得强制公民信仰宗教或者不信仰宗教，不得歧视信仰宗教的公民和不信仰宗教的公民。

国家保护正常的宗教活动。

任何人不得利用宗教进行破坏社会秩序、损害公民身体健康、妨碍国家教育制度的活动。

宗教团体和宗教事务不受外国势力的支配。

第二章　民族自治地方的建立和自治机关的组成

第十二条　少数民族聚居的地方，根据当地民族关系、经济发展等条件，并参酌历史情况，可以建立以一个或者几个少数民族聚居区为基础的自治地方。

民族自治地方内其他少数民族聚居的地方，建立相应的自治地方或者民族乡。

民族自治地方依据本地方的实际情况，可以包括一部分汉族或者其他民族的居民区和城镇。

第十三条　民族自治地方的名称，除特殊情况外，按照地方名称、民族名称、行政地位的顺序组成。

第十四条　民族自治地方的建立、区域界限的划分、名称的组成，由上级国家机关会同有关地方的国家机关，和有关民族的代表充分协商拟定，按照法律规定的程序报请批准。

民族自治地方一经建立，未经法定程序，不得撤销或者合并；民族自治地方的区域界限一经确定，未经法定程序，不得变动；确实需要撤销、合并或者变动的，由上级国家机关的有关部门和民族自治地方的自治机关充分协商拟定，按照法定程序报请批准。

第十五条　民族自治地方的自治机关是自治区、自治州、自治县的人民代表大会和人民政府。

民族自治地方的人民政府对本级人民代表大会和上一级国家行政机关负责并报告工作，在本级人民代表大会闭会期间，对本级人民代表大会常务委员会负责并报告工作。各民族自治地方的人民政府都是国务院统一领导下的国家行政机关，都服从国务院。

民族自治地方的自治机关的组织和工作，根据宪法和法律，由民族自治地方的自治条例或者单行条例规定。

第十六条　民族自治地方的人民代表大会中，除实行区域自治的民族的代表外，其他居住在本行政区域内的民族也应当有适当名额的代表。

民族自治地方的人民代表大会中，实行区域自治的民族和其他少数民族代表的名额和比例，根据法律规定的原则，由省、自治区、直辖市的人民代表大会常务委员会决定，并报全国人民代表大会常务委员会备案。

民族自治地方的人民代表大会常务委员会中应当有实行区域自治的民族的公民担任主任或者副主任。

第十七条　自治区主席、自治州州长、自治县县长由实行区域自治的民族的公民担任。自治区、自治州、自治县的人民政府的其他组成人员，应当合理配备实行区域自治的民族和其他少数民族的人员。

民族自治地方的人民政府实行自治区主席、自治州州长、自治县县长负责制。自治区主席、自治州州长、自治县县长，分别主持本级人民政府工作。

第十八条　民族自治地方的自治机关所属工作部门的干部中，应当合理配备实行区域自治的民族和其他少数民族的人员。

第三章　自治机关的自治权

第十九条　民族自治地方的人民代表大会有权依照当地民族的政治、经济和文化的特点，制定自治条例和单行条例。自治区的自治条例和单行条例，报全国人民代表大会常务委员会批准后生效。自治州、自治县的自治条例和单行条例报省、自治区、直辖市的人民代表大会常务委员会批准后生效，并报全国人民代表大会常务委员会和国务院备案。

第二十条　上级国家机关的决议、决定、命令和指示，如有不适合民族自治地方实际情况的，自治机关可以报经该上级国家机关批准，变通执行或者停止执行；该上级国家机关应当在收到报告之日起六十日内给予答复。

第二十一条　民族自治地方的自治机关在执行职务的时候，依照本民族自治地方自治条例的规定，使用当地通用的一种或者几种语言文字；同时使用几种通用的语言文字执行职务的，可以以实行区域自治的民族的语言文字为主。

第二十二条　民族自治地方的自治机关根据社会主义建设的需要，采取各种措施从当地民族中大量培养各级干部、各种科学技术、经营管理等专业人才和技术工人，充分发挥他们的作用，并且注意在少数民族妇女中培养各级干部和各种专业技术人才。

民族自治地方的自治机关录用工作人员的时候，对实行区域自治的民族和其他少数民族的人员应当给予适当的照顾。

民族自治地方的自治机关可以采取特殊措施，优待、鼓励各种专业人员参加自治地方各项建设工作。

第二十三条　民族自治地方的企业、事业单位依照国家规定招收人员时，优先招收少数民族人员，并且可以从农村和牧区少数民族人口中招收。

第二十四条　民族自治地方的自治机关依照国家的军事制度和当地的实际需要，经国务院批准，可以组织本地方维护社会治安的公安部队。

第二十五条　民族自治地方的自治机关在国家计划的指导下，根据本地方的特点和需要，制定经济建设的方针、政策和计划，自主地安排和管理地方性的经济建设事业。

第二十六条　民族自治地方的自治机关在坚持社会主义原则的前提下，根据法律规定和本地方经济发展的特点，合理调整生产关系和经济结构，努力发展社会主义市场经济。

民族自治地方的自治机关坚持公有制为主体、多种所有制经济共同发展的基本经济制度，鼓励发展非公有制经济。

第二十七条　民族自治地方的自治机关根据法律规定，确定本地方内草场和森林的所有权和使用权。

民族自治地方的自治机关保护、建设草原和森林，组织和鼓励植树种草。禁止任何组织或者个人利用任何手段破坏草原和森林。严禁在草原和森林毁草毁林开垦耕地。

第二十八条　民族自治地方的自治机关依照法律规定，管理和保护本地方的自然资源。民族自治地方的自治机关根据法律规定和国家的统一规划，对可以由本地方开发的自然资源，优先合理开发利用。

第二十九条　民族自治地方的自治机关在国家计划的指导下，根据本地方的财力、物力和其他具体条件，自主地安排地方基本建设项目。

第三十条　民族自治地方的自治机关自主地管理隶属于本地方的企业、事业。

第三十一条　民族自治地方依照国家规定，可以开展对外经济贸易活动，经国务院批准，可以开辟对外贸易口岸。

与外国接壤的民族自治地方经国务院批准，开展边境贸易。

民族自治地方在对外经济贸易活动中，享受国家的优惠政策。

第三十二条　民族自治地方的财政是一级财政，是国家财政的组成部分。

民族自治地方的自治机关有管理地方财政的自治权。凡是依照国家财政体制属于民族自治地方的财政收入，都应当由民族自治地方的自治机关自主地安排使用。

民族自治地方在全国统一的财政体制下，通过国家实行的规范的财政转移支付制度，享受上级财政的照顾。

民族自治地方的财政预算支出，按照国家规定，设机动资金，预备费在预算中所占比例高于一般地区。

民族自治地方的自治机关在执行财政预算过程中，自行安排使用收入的超收和支出的节余资金。

第三十三条　民族自治地方的自治机关对本地方的各项开支标准、定员、定额，根据国家规定的原则，结合本地方的实际情况，可以制定补充规定和具体办法。自治区制定的补充规定和具体办法，报国务院备案；自治州、自治县制定的补充规定和具体办法，须报省、自治区、直辖市人民政府批准。

第三十四条　民族自治地方的自治机关在执行国家税法的时候，除应由国家统一审批的减免税收项目以外，对属于地方财政收入的某些需要从税收上加以照顾和鼓励的，可以实行减税或者免税。自治州、自治县决定减税或者免税，须报省、自治区、直辖市人民政府批准。

第三十五条　民族自治地方根据本地方经济和社会发展的需要，可以依照法律规定设立地方商业银行和城乡信用合作组织。

第三十六条　民族自治地方的自治机关根据国家的教育方针，依照法律规定，决定本地方的教育规划，各级各类学校的设置、学制、办学形式、教学内容、教学用语和招生办法。

第三十七条　民族自治地方的自治机关自主地发展民族教育，扫除文盲，举办各类学校，普及九年义务教育，采取多种形式发展普通高级中等教育和中等职业技术教育，根据条件和需要发展高等教育，培养各少数民族专业人才。

民族自治地方的自治机关为少数民族牧区和经济困难、居住分散的少数民族山区，设立以寄宿为主和助学金为主的公办民族小学和民族中学，保障就读学生完成义务教育阶段的学业。办学经费和助学金由当地财政解决，当地财政困难的，上级财政应当给予补助。

招收少数民族学生为主的学校（班级）和其他教育机构，有条件的应当采用少数民族文字的课本，并用少数民族语言讲课；根据情况从小学低年级或者高年级起开设汉语文课程，推广全国通用的普通话和规范汉字。

各级人民政府要在财政方面扶持少数民族文字的教材和出版物的编译和出版工作。

第三十八条　民族自治地方的自治机关自主地发展具有民族形式和民族特点的文学、艺术、新闻、出版、广播、电影、电视等民族文化事业，加大对文化事业的投入，加强文化设施建设，加快各项文化事业的发展。

　　民族自治地方的自治机关组织、支持有关单位和部门收集、整理、翻译和出版民族历史文化书籍，保护民族的名胜古迹、珍贵文物和其他重要历史文化遗产，继承和发展优秀的民族传统文化。

　　第三十九条　民族自治地方的自治机关自主地决定本地方的科学技术发展规划，普及科学技术知识。

　　第四十条　民族自治地方的自治机关，自主地决定本地方的医疗卫生事业的发展规划，发展现代医药和民族传统医药。

　　民族自治地方的自治机关加强对传染病、地方病的预防控制工作和妇幼卫生保健，改善医疗卫生条件。

　　第四十一条　民族自治地方的自治机关自主地发展体育事业，开展民族传统体育活动，增强各族人民的体质。

　　第四十二条　民族自治地方的自治机关积极开展和其他地方的教育、科学技术、文化艺术、卫生、体育等方面的交流和协作。

　　自治区、自治州的自治机关依照国家规定，可以和国外进行教育、科学技术、文化艺术、卫生、体育等方面的交流。

　　第四十三条　民族自治地方的自治机关根据法律规定，制定管理流动人口的办法。

　　第四十四条　民族自治地方实行计划生育和优生优育，提高各民族人口素质。

　　民族自治地方的自治机关根据法律规定，结合本地方的实际情况，制定实行计划生育的办法。

　　第四十五条　民族自治地方的自治机关保护和改善生活环境和生态环境，防治污染和其他公害，实现人口、资源和环境的协调发展。

第四章　民族自治地方的人民法院和人民检察院

　　第四十六条　民族自治地方的人民法院和人民检察院对本级人民代表大会及其常务委员会负责。民族自治地方的人民检察院并对上级人民检察院负责。

　　民族自治地方人民法院的审判工作，受最高人民法院和上级人民法院监督。民族自治地方的人民检察院的工作，受最高人民检察院和上级人民检察院领导。

民族自治地方的人民法院和人民检察院的领导成员和工作人员中，应当有实行区域自治的民族的人员。

第四十七条　民族自治地方的人民法院和人民检察院应当用当地通用的语言审理和检察案件，并合理配备通晓当地通用的少数民族语言文字的人员。对于不通晓当地通用的语言文字的诉讼参与人，应当为他们提供翻译。法律文书应当根据实际需要，使用当地通用的一种或者几种文字。保障各民族公民都有使用本民族语言文字进行诉讼的权利。

第五章　民族自治地方内的民族关系

第四十八条　民族自治地方的自治机关保障本地方内各民族都享有平等权利。

民族自治地方的自治机关团结各民族的干部和群众，充分调动他们的积极性，共同建设民族自治地方。

第四十九条　民族自治地方的自治机关教育和鼓励各民族的干部互相学习语言文字。汉族干部要学习当地少数民族的语言文字，少数民族干部在学习、使用本民族语言文字的同时，也要学习全国通用的普通话和规范文字。

民族自治地方的国家工作人员，能够熟练使用两种以上当地通用的语言文字的，应当予以奖励。

第五十条　民族自治地方的自治机关帮助聚居在本地方的其他少数民族，建立相应的自治地方或者民族乡。

民族自治地方的自治机关帮助本地方各民族发展经济、教育、科学技术、文化、卫生、体育事业。

民族自治地方的自治机关照顾本地方散居民族的特点和需要。

第五十一条　民族自治地方的自治机关在处理涉及本地方各民族的特殊问题的时候，必须与他们的代表充分协商，尊重他们的意见。

第五十二条　民族自治地方的自治机关保障本地方内各民族公民都享

有宪法规定的公民权利，并且教育他们履行公民应尽的义务。

第五十三条　民族自治地方的自治机关提倡爱祖国、爱人民、爱劳动、爱科学、爱社会主义的公德，对本地方内各民族公民进行爱国主义、共产主义和民族政策的教育。教育各民族的干部和群众互相信任，互相学习，互相帮助，互相尊重语言文字、风俗习惯和宗教信仰，共同维护国家的统一和各民族的团结。

第六章　上级国家机关的职责

第五十四条　上级国家机关有关民族自治地方的决议、决定、命令和指示，应当适合民族自治地方的实际情况。

第五十五条　上级国家机关应当帮助、指导民族自治地方经济发展战略的研究、制定和实施，从财政、金融、物资、技术和人才等方面，帮助各民族自治地方加速发展经济、教育、科学技术、文化、卫生、体育等事业。

国家制定优惠政策，引导和鼓励国内外资金投向民族自治地方。

上级国家机关在制定国民经济和社会发展计划的时候，应当照顾民族自治地方的特点和需要。

第五十六条　国家根据统一规划和市场需求，优先在民族自治地方合理安排资源开发项目和基础设施建设项目。国家在重大基础设施投资项目中适当增加投资比重和政策性银行贷款比重。

国家在民族自治地方安排基础设施建设，需要民族自治地方配套资金的，根据不同情况给予减少或者免除配套资金的照顾。

国家帮助民族自治地方加快实用科技开发和成果转化，大力推广实用技术和有条件发展的高新技术，积极引导科技人才向民族自治地方合理流动。国家向民族自治地方提供转移建设项目的时候，根据当地的条件，提供先进、适用的设备和工艺。

第五十七条　国家根据民族自治地方的经济发展特点和需要，综合运用货币市场和资本市场，加大对民族自治地方的金融扶持力度。金融机构对民族自治地方的固定资产投资项目和符合国家产业政策的企业，在开发资源、发展多种经济方面的合理资金需求，应当给予重点扶持。

国家鼓励商业银行加大对民族自治地方的信贷投入，积极支持当地企业的合理资金需求。

第五十八条 上级国家机关从财政、金融、人才等方面帮助民族自治地方的企业进行技术创新，促进产业结构升级。

上级国家机关应当组织和鼓励民族自治地方的企业管理人员和技术人员到经济发达地区学习，同时引导和鼓励经济发达地区的企业管理人员和技术人员到民族自治地方的企业工作。

第五十九条 国家设立各项专用资金，扶助民族自治地方发展经济文化建设事业。

国家设立的各项专用资金和临时性的民族补助专款，任何部门不得扣减、截留、挪用，不得用以顶替民族自治地方的正常的预算收入。

第六十条 上级国家机关根据国家的民族贸易政策和民族自治地方的需要，对民族自治地方的商业、供销和医药企业，从投资、金融、税收等方面给予扶持。

第六十一条 国家制定优惠政策，扶持民族自治地方发展对外经济贸易，扩大民族自治地方生产企业对外贸易经营自主权，鼓励发展地方优势产品出口，实行优惠的边境贸易政策。

第六十二条 随着国民经济的发展和财政收入的增长，上级财政逐步加大对民族自治地方财政转移支付力度。通过一般性财政转移支付、专项财政转移支付、民族优惠政策财政转移支付以及国家确定的其他方式，增加对民族自治地方的资金投入，用于加快民族自治地方经济发展和社会进步，逐步缩小与发达地区的差距。

第六十三条 上级国家机关在投资、金融、税收等方面扶持民族自治地方改善农业、牧业、林业等生产条件和水利、交通、能源、通信等基础设施；扶持民族自治地方合理利用本地资源发展地方工业、乡镇企业、中小企业以及少数民族特需商品和传统手工业品的生产。

第六十四条 上级国家机关应当组织、支持和鼓励经济发达地区与民族自治地方开展经济、技术协作和多层次、多方面的对口支援，帮助和促进民族自治地方经济、教育、科学技术、文化、卫生、体育事业的发展。

第六十五条　国家在民族自治地方开发资源、进行建设的时候，应当照顾民族自治地方的利益，作出有利于民族自治地方经济建设的安排，照顾当地少数民族的生产和生活。国家采取措施，对输出自然资源的民族自治地方给予一定的利益补偿。

国家引导和鼓励经济发达地区的企业按照互惠互利的原则，到民族自治地方投资，开展多种形式的经济合作。

第六十六条　上级国家机关应当把民族自治地方的重大生态平衡、环境保护的综合治理工程项目纳入国民经济和社会发展计划，统一部署。

民族自治地方为国家的生态平衡、环境保护作出贡献的，国家给予一定的利益补偿。

任何组织和个人在民族自治地方开发资源、进行建设的时候，要采取有效措施，保护和改善当地的生活环境和生态环境，防治污染和其他公害。

第六十七条　上级国家机关隶属的在民族自治地方的企业、事业单位依照国家规定招收人员时，优先招收当地少数民族人员。

在民族自治地方的企业、事业单位，应当尊重当地自治机关的自治权，遵守当地自治条例、单行条例和地方性法规、规章，接受当地自治机关的监督。

第六十八条　上级国家机关非经民族自治地方自治机关同意，不得改变民族自治地方所属企业的隶属关系。

第六十九条　国家和上级人民政府应当从财政、金融、物资、技术、人才等方面加大对民族自治地方的贫困地区的扶持力度，帮助贫困人口尽快摆脱贫困状况，实现小康。

第七十条　上级国家机关帮助民族自治地方从当地民族中大量培养各级干部、各种专业人才和技术工人；根据民族自治地方的需要，采取多种形式调派适当数量的教师、医生、科学技术和经营管理人员，参加民族自治地方的工作，对他们的生活待遇给予适当照顾。

第七十一条　国家加大对民族自治地方的教育投入，并采取特殊措施，帮助民族自治地方加速普及九年义务教育和发展其他教育事业，提高各民族人民的科学文化水平。

国家举办民族高等学校，在高等学校举办民族班、民族预科，专门或者主要招收少数民族学生，并且可以采取定向招生、定向分配的办法。高等学校和中等专业学校招收新生的时候，对少数民族考生适当放宽录取标准和条件，对人口特少的少数民族考生给予特殊照顾。各级人民政府和学校应当采取多种措施帮助家庭经济困难的少数民族学生完成学业。

国家在发达地区举办民族中学或者在普通中学开设民族班，招收少数民族学生实施中等教育。

国家帮助民族自治地方培养和培训各民族教师。国家组织和鼓励各民族教师和符合任职条件的各民族毕业生到民族自治地方从事教育教学工作，并给予他们相应的优惠待遇。

第七十二条　上级国家机关应当对各民族的干部和群众加强民族政策的教育，经常检查民族政策和有关法律的遵守和执行。

第七章　附　则

第七十三条　国务院及其有关部门应当在职权范围内，为实施本法分别制定行政法规、规章、具体措施和办法。

自治区和辖有自治州、自治县的省、直辖市的人民代表大会及其常务委员会结合当地实际情况，制定实施本法的具体办法。

第七十四条　本法由全国人民代表大会通过，自 1984 年 10 月 1 日起施行。

2.《国务院实施〈中华人民共和国民族区域自治法〉若干规定》

中华人民共和国国务院令第 435 号

《国务院实施〈中华人民共和国民族区域自治法〉若干规定》已经2005 年 5 月 11 日国务院第 89 次常务会议通过，现予公布，自 2005 年 5月 31 日起施行。

总理 温家宝

二〇〇五年五月十九日

国务院实施《中华人民共和国民族区域自治法》若干规定

　　第一条　为了帮助民族自治地方加快经济和社会的发展，增进民族团结，促进各民族共同繁荣，根据《中华人民共和国民族区域自治法》，制定本规定。

　　第二条　各级人民政府应当加强《中华人民共和国民族区域自治法》以及相关法律、法规和民族政策的宣传教育，依法制订具体措施，保护少数民族的合法权益，妥善处理影响民族团结的问题，巩固和发展平等、团结、互助的社会主义民族关系，禁止破坏民族团结和制造民族分裂的行为。

　　第三条　维护祖国统一和民族团结是公民的职责和义务。

　　民族自治地方人民政府应当切实保障宪法和法律在本地方的遵守和执行，积极维护国家的整体利益。

　　第四条　各级人民政府应当积极开展促进民族团结进步的各项活动，对为民族团结进步事业作出突出贡献的单位和个人，给予表彰和奖励。

　　第五条　上级人民政府及其职能部门在制订经济和社会发展中长期规划时，应当听取民族自治地方和民族工作部门的意见，根据民族自治地方的特点和需要，支持和帮助民族自治地方加强基础设施建设、人力资源开发，扩大对外开放，调整、优化经济结构，合理利用自然资源，加强生态建设和环境保护，加速发展经济、教育、科技、文化、卫生、体育等各项事业，实现全面、协调、可持续发展。

第六条 国家实施西部大开发战略，促进民族自治地方加快发展。未列入西部大开发范围的自治县，由其所在的省级人民政府在职权范围内比照西部大开发的有关政策予以扶持。

第七条 上级人民政府应当根据民族自治地方的实际，优先在民族自治地方安排基础设施建设项目。

中央财政性建设资金、其他专项建设资金和政策性银行贷款，适当增加用于民族自治地方基础设施建设的比重。

国家安排的基础设施建设项目，需要民族自治地方承担配套资金的，适当降低配套资金的比例。民族自治地方的国家扶贫重点县和财政困难县确实无力负担的，免除配套资金。其中，基础设施建设项目属于地方事务的，由中央和省级人民政府确定建设资金负担比例后，按比例全额安排；属于中央事务的，由中央财政全额安排。

第八条 国家根据经济和社会发展规划以及西部大开发战略，优先在民族自治地方安排资源开发和深加工项目。在民族自治地方开采石油、天然气等资源的，要在带动当地经济发展、发展相应的服务产业以及促进就业等方面，对当地给予支持。

国家征收的矿产资源补偿费在安排使用时，加大对民族自治地方的投入，并优先考虑原产地的民族自治地方。

国家加快建立生态补偿机制，根据开发者付费、受益者补偿、破坏者赔偿的原则，从国家、区域、产业三个层面，通过财政转移支付、项目支持等措施，对在野生动植物保护和自然保护区建设等生态环境保护方面作出贡献的民族自治地方，给予合理补偿。

第九条 国家通过一般性财政转移支付、专项财政转移支付、民族优惠政策财政转移支付以及其他方式，充分考虑民族自治地方的公共服务支出成本差异，逐步加大对民族自治地方财政转移支付力度。上级人民政府有关部门各种专项资金的分配，应当向民族自治地方倾斜。

上级财政支持民族自治地方财政保证民族自治地方的国家机关正常运转、财政供养人员工资按时足额发放、基础教育正常经费支出。

上级人民政府出台的税收减免政策造成民族自治地方财政减收部分，在测算转移支付时作为因素给予照顾。

国家规范省级以下财政转移支付制度，确保国家对民族自治地方的转移支付、税收返还等优惠政策落实到自治县。

第十条 国家设立各项专用资金，扶助民族自治地方发展经济和社会各项事业。

中央财政设立少数民族发展资金和民族工作经费。资金规模随着经济发展和中央财政收入的增长逐步增加。地方财政相应设立并安排少数民族发展资金和民族工作经费。

第十一条 国家帮助民族自治地方拓宽间接和直接融资渠道，加大对民族自治地方的金融扶持力度。

国家合理引导金融机构信贷投向，鼓励金融机构积极支持民族自治地方重点建设和农村发展。上级人民政府安排的国际组织和国外政府赠款以及优惠贷款，在条件许可的情况下，向民族自治地方倾斜。

第十二条 国家完善扶持民族贸易、少数民族特需商品和传统手工业品生产发展的优惠政策，在税收、金融和财政政策上，对民族贸易、少数民族特需商品和传统手工业品生产予以照顾，对少数民族特需商品实行定点生产并建立必要的国家储备制度。

第十三条 国家鼓励与外国接壤的民族自治地方依法与周边国家开展区域经济技术合作和边境贸易。

经国务院批准，可以在与外国接壤的民族自治地方边境地区设立边境贸易区。

国家对边境地区与接壤国家边境地区之间的贸易以及边民互市贸易，采取灵活措施，给予优惠和便利。

第十四条 国家将边境地区建设纳入经济和社会发展规划，帮助民族自治地方加快边境地区建设，推进兴边富民行动，促进边境地区与内地的协调发展。

国家对巩固边防、边境安全具有重大影响的边境地区居民，在居住、生活、文化、教育、医疗卫生、环境保护等方面采取特殊措施，加大扶持力度。

第十五条　上级人民政府将人口较少民族聚居的地区发展纳入经济和社会发展规划，加大扶持力度，在交通、能源、生态环境保护与建设、农业基础设施建设、广播影视、文化、教育、医疗卫生以及群众生产生活等方面，给予重点支持。

第十六条　国家加强民族自治地方的扶贫开发，重点支持民族自治地方贫困乡村以通水、通电、通路、通广播电视和茅草房危房改造、生态移民等为重点的基础设施建设和农田基本建设，动员和组织社会力量参与民族自治地方的扶贫开发。

第十七条　国家鼓励、支持和引导民族自治地方发展非公有制经济，鼓励社会资本参与民族自治地方的基础设施、公用事业以及其他领域的建设和国有、集体企业改制。

第十八条　国家组织和支持经济发达地区与民族自治地方的对口支援。通过劳动密集型和资源加工型产业的转移、技术转让、交流培训人才、加大资金投入、提供物资支持等多种方式，帮助民族自治地方加速经济、文化、教育、科技、卫生、体育事业的发展；鼓励和引导企业、高等院校和科研单位以及社会各方面力量加大对民族自治地方的支持力度。

民族自治地方各级人民政府引导和组织当地群众有序地外出经商务工。有关地方人民政府应当切实保障外来经商务工的少数民族群众的合法权益。

第十九条　国家帮助民族自治地方普及九年义务教育，扫除青壮年文盲，不断改善办学条件，大力支持民族自治地方有重点地办好寄宿制学校；在发达地区普通中学开设民族班或者开办民族中学，其办学条件、教学和管理水平要达到当地学校的办学标准和水平。

国家采取措施，扶持民族自治地方因地制宜发展职业教育和成人教育，发展普通高中教育和现代远程教育，促进农村基础教育、成人教育、职业教育统筹发展。

国家鼓励和支持社会力量以多种形式在民族自治地方办学，积极组织发达地区支援民族自治地方发展教育事业。

第二十条 各级人民政府应当将民族自治地方义务教育纳入公共财政的保障范围。中央财政设立少数民族教育专项补助资金，地方财政相应安排少数民族教育专项补助资金。

国家积极创造条件，对民族自治地方的边境地区、贫困地区和人口较少民族聚居地区的义务教育给予重点支持，并逐步在民族自治地方的农村实行免费义务教育。

第二十一条 国家帮助和支持民族自治地方发展高等教育，办好民族院校和全国普通高等学校民族预科班、民族班。对民族自治地方的高等学校以及民族院校的学科建设和研究生招生，给予特殊的政策扶持。

各类高等学校面向民族自治地方招生时，招生比例按规模同比增长并适当倾斜。对报考专科、本科和研究生的少数民族考生，在录取时应当根据情况采取加分或者降分的办法，适当放宽录取标准和条件，并对人口特少的少数民族考生给予特殊照顾。

第二十二条 国家保障各民族使用和发展本民族语言文字的自由，扶持少数民族语言文字的规范化、标准化和信息处理工作；推广使用全国通用的普通话和规范汉字；鼓励民族自治地方各民族公民互相学习语言文字。

国家鼓励民族自治地方逐步推行少数民族语文和汉语文授课的"双语教学"，扶持少数民族语文和汉语文教材的研究、开发、编译和出版，支持建立和健全少数民族教材的编译和审查机构，帮助培养通晓少数民族语文和汉语文的教师。

第二十三条 国家帮助民族自治地方建立健全科技服务体系和科学普及体系。中央财政通过国家科技计划、科学基金、专项资金等方式，加大对民族自治地方科技工作的支持力度，积极支持和促进民族自治地方科技事业的发展。

第二十四条　上级人民政府从政策和资金上支持民族自治地方少数民族文化事业发展，加强文化基础设施建设，重点扶持具有民族形式和民族特点的公益性文化事业，加强民族自治地方的公共文化服务体系建设，培育和发展民族文化产业。

国家支持少数民族新闻出版事业发展，做好少数民族语言广播、电影、电视节目的译制、制作和播映，扶持少数民族语言文字出版物的翻译、出版。

国家重视少数民族优秀传统文化的继承和发展，定期举办少数民族传统体育运动会、少数民族文艺会演，繁荣民族文艺创作，丰富各民族群众的文化生活。

第二十五条　上级人民政府支持对少数民族非物质文化遗产和名胜古迹、文物等物质文化遗产的保护和抢救，支持对少数民族古籍的搜集、整理、出版。

第二十六条　上级人民政府加大对民族自治地方公共卫生体系建设的资金投入以及技术支持，采取有效措施预防控制传染病、地方病和寄生虫病，建立并完善农村卫生服务体系、新型农村合作医疗制度和医疗救助制度，减轻民族自治地方贫困群众医疗费的负担；各级人民政府加大对民族医药事业的投入，保护、扶持和发展民族医药学，提高各民族的健康水平。

上级人民政府制定优惠政策，鼓励民族自治地方实行计划生育和优生优育，提高各民族人口素质。

第二十七条　上级人民政府应当按照国家有关规定，帮助民族自治地方加快社会保障体系建设，建立和完善养老、失业、医疗、工伤、生育保险和城市居民最低生活保障等制度，形成与当地经济和社会发展水平相适应的社会保障体系。

第二十八条　上级人民政府及其工作部门领导人员中应当合理配备少

数民族干部；民族自治地方人民政府及其工作部门应当依法配备实行区域自治的民族和其他民族领导干部，在公开选拔、竞争上岗配备领导干部时，可以划出相应的名额和岗位，定向选拔少数民族干部。

民族自治地方录用、聘用国家工作人员时，对实行区域自治的民族和其他少数民族予以照顾，具体办法由录用、聘用主管部门规定。

第二十九条 上级人民政府指导民族自治地方制订人才开发规划，采取各种有效措施，积极培养使用实行区域自治的民族和其他民族的各级各类人才。

国家积极采取措施，加大对少数民族和民族自治地方干部的培训力度，扩大干部培训机构和高等院校为民族自治地方培训干部与人才的规模，建立和完善民族自治地方与中央国家机关和经济相对发达地区干部交流制度。

国家鼓励和支持各级各类人才到民族自治地方发展、创业，当地人民政府应当为他们提供优惠便利的工作和生活条件；对到边远、高寒等条件比较艰苦的民族自治地方工作的汉族和其他民族人才的家属和子女，在就业、就学等方面给予适当照顾。

第三十条 各级人民政府民族工作部门对本规定的执行情况实施监督检查，每年将监督检查的情况向同级人民政府报告，并提出意见和建议。

第三十一条 对违反国家财政制度、财务制度，挪用、克扣、截留国家财政用于民族自治地方经费的，责令限期归还被挪用、克扣、截留的经费，并依法对直接负责的主管人员和其他直接责任人员给予行政处分；构成犯罪的，依法追究刑事责任。

第三十二条 各级人民政府行政部门违反本规定，不依法履行职责，由其上级行政机关或者监察机关责令改正。

各级行政机关工作人员在执行本规定过程中，滥用职权、玩忽职守、徇私舞弊，构成犯罪的，依法追究刑事责任；尚不构成犯罪的，依法给予行政处分。

第三十三条 本规定所称上级人民政府，是指民族自治地方的上级人民政府。

　　第三十四条　国务院有关部门、自治区和辖有自治州、自治县的省、直辖市人民政府在职权范围内，根据本规定制订具体办法，并将执行情况向国务院报告。

　　第三十五条　本规定自 2005 年 5 月 31 日起施行。

3.《民族乡行政工作条例》

（1993 年 10 月 23 日国务院批准发布）

第一条 为了促进民族乡经济、文化等项事业的发展，保障少数民族的合法权益，增强民族团结，根据宪法和法律的有关规定，制定本条例。

第二条 民族乡是在少数民族聚居的地方建立的乡级行政区域。

少数民族人口占全乡总人口 30% 以上的乡，可以按照规定申请设立民族乡；特殊情况的，可以略低于这个比例。

第三条 民族乡的建立，由省、自治区、直辖市人民政府决定。

民族乡的名称，除特殊情况外，按照以地方名称加民族名称确定。

第四条 民族乡人民政府配备工作人员，应当尽量配备建乡的民族和其他少数民族人员。

第五条 民族乡人民政府在执行职务的时候，使用当地通用的语言文字。

第六条 民族乡人民政府依照法律、法规和国家有关规定，结合本乡的具体情况和民族特点，因地制宜地发展经济、教育、科技、文化、卫生等项事业。

第七条 民族乡人民政府在本行政区域各族人民中进行爱国主义、社会主义和民族政策、民族团结的教育，不断巩固和发展平等、团结、互助的社会主义民族关系。

第八条 民族乡财政由各省、自治区、直辖市人民政府按照优待民族乡的原则确定。

民族乡的上一级人民政府在编制财政预算时，应当给民族乡安排一定的机动财力，乡财政收入的超收部分和财政支出的节余部分，应当全部留给民族乡周转使用。

第九条 信贷部门应当根据法律、法规和国家其他有关规定，对经济发展水平较低的民族乡用于生产建设、资源开发和少数民族用品生产方面的贷款给予照顾。

第十条 县级以上地方各级人民政府依照税收法律、法规的规定及税收管理权限，可以采取减税、免税措施、扶持民族乡经济的发展。

第十一条 县级以上地方各级人民政府在分配支援经济不发达地区专项资金及其他固定或者临时专项资金时，对经济发展水平较低的民族乡给予照顾。

县级以上地方各级人民政府在分配扶贫专项物资时，应当照顾贫困民族乡的需要。

第十二条 民族乡依照法律、法规和国家其他有关规定，管理和保护本乡的自然资源，并对可以由本乡开发的自然资源优先合理开发利用。

在民族乡依法开发资源、兴办企业，应当照顾民族乡的利益和当地人民群众的生产、生活，在配套加工产品的生产和招收当地少数民族人员方面做出合理安排。

第十三条 县级以上地方各级人民政府应当帮助民族乡加强农业、林业、牧业、副业、渔业和水利、电力等基础设施的建设，扶持民族乡发展交通事业。

第十四条 县级以上地方各级人民政府应当在师资、经费、教学设施等方面采取优惠政策，帮助民族乡发展教育事业，提高教育质量。

民族乡根据实际情况，可以兴办小学、中学和初级职业学校；牧区、山区以及经济困难的民族乡，在上级人民政府的帮助和指导下，可以设立以寄宿制和助学金为主的学校。

民族乡的中小学可以使用当地少数民族通用的语言文学教学，同时推广全国通用普通话。使用民族语言文字教学的中小学，其教育行政经费，教职工编制可以高于普通学校。

民族乡在上级人民政府的帮助和指导下，积极开展扫盲工作。

县级以上地方各级人民政府可以根据当地实际情况，在有关大中专院校和中学中设立民族班，尽可能使民族乡有一定数量的学生入学。

第十五条 县级以上地方各级人民政府应当帮助民族乡开展科学技术

知识的普及工作，组织和促进科学技术的交流和协作。

第十六条 县级以上地方各级人民政府应当积极帮助民族乡创办广播站、文化馆（站）等文化设施，丰富各族人民的文化生活，保护和继承具有民族特点的优秀文化遗产。

第十七条 县级以上地方各级人民政府应当积极帮助民族乡发展医药卫生事业，扶持民族乡办好卫生院（所），培养和使用少数民族医疗保健人员，加强对地方病、多发病、常见病的防治，积极开展妇幼保健工作。

第十八条 民族乡应当积极做好计划生育工作，搞好优生优育优教，提高人口素质。

第十九条 民族乡应当在上级人民政府的帮助和指导下，采取各种措施，加强对少数民族干部的培养和使用。

第二十条 民族乡应当采取多种形式和提供优惠待遇，引进人才参加本乡的社会主义建设事业。

县级以上地方各级人民政府应当采取调派、聘任、轮换等办法，组织教师、医生、科技人员等到民族乡工作。

县级以上地方各级人民政府对长期在边远地区的民族乡工作的教师、医生和科技人员，应当给予优惠待遇。

第二十一条 少数民族聚居镇的行政工作，可以参照本条例执行。

第二十二条 辖有民族乡的省、自治区、直辖市人民政府可以根据本条例制定实施办法。

第二十三条 本条例由国家民族事务委员会负责解释。

第二十四条 本条例自发布之日起施行。

4. 《城市民族工作条例》

（1993 年 8 月 29 日国务院颁布实施）

第一条　为了加强城市民族工作，保障城市少数民族的合法权益，促进适应城市少数民族需要的经济、文化事业的发展，制定本条例。

第二条　本条例所称的城市，是指国家按照行政建制设立的直辖市、市。

第三条　城市民族工作坚持民族平等、团结、互助和促进各民族共同繁荣的原则。

第四条　省、自治区、直辖市人民政府应当将城市民族工作作为一项重要职责，加强领导，统筹安排。

第五条　城市人民政府应当将适应当地少数民族需要的经济、文化事业列入国民经济和社会发展计划。

城市人民政府对于发展适应当地少数民族需要的经济、文化事业的资金，可以根据财力给予适当照顾。

第六条　城市人民政府根据实际情况，可以确定负责民族事务工作的部门或者配备专职干部，管理民族事务。

第七条　少数民族人口较多的城市的人民政府、少数民族聚居的街道的办事处，以及直接为少数民族生产、生活服务的部门或者单位，应当配备适当数量的少数民族干部。

第八条　城市人民政府应当重视少数民族干部的培养和选拔。

城市人民政府有关部门应当重视少数民族专业技术人员的培养和使用。

城市人民政府鼓励企业招收少数民族职工。

第九条　城市人民政府应当重视发展少数民族教育事业，加强对少数民族教育事业的领导和支持。

城市人民政府应当采取适当措施，提高少数民族教师队伍的素质，办好各级各类民族学校（班），在经费、教师配备方面对民族学校（班）给予适当照顾，并根据当地少数民族的特点发展各种职业技术教育和成人教育。

地方招生部门可以按照国家有关规定，结合当地实际情况，对义务教育后阶段的少数民族考生，招生时给予适当照顾。

第十条 信贷部门对以少数民族为主要服务对象的从事食品生产、加工、经营和饮食服务的国有企业和集体企业，在贷款额度、还款期限、自有资金比例方面给予优惠。

第十一条 城市人民政府对本条例第十条所列企业以及生产经营少数民族用品企业的贷款，可以根据当地的实际需要和条件，予以贴息。

第十二条 本条例第十条所列企业纳税确有困难的，税务机关依照有关税收法律、法规的规定，给予减税或者免税。

第十三条 城市人民政府应当根据实际需要，合理设置清真饭店和清真食品生产加工、供应网点，并在投资、贷款、税收等方面给予扶持。

第十四条 对城市民族贸易企业和民族用品定点生产企业的优惠，按照国家有关规定办理。

第十五条 城市人民政府应当支持并组织有关经济、技术部门，加强同少数民族地区和农村散杂居少数民族开展横向经济技术协作。

第十六条 城市人民政府有关部门对进入本市兴办企业和从事其他合法经营活动的外地少数民族人员，应当根据情况提供便利条件，予以支持。

城市人民政府应当加强对少数民族流动人员的教育和管理，保护其合法权益。

少数民族流动人员应当自觉遵守国家的法律、法规，服从当地人民政府有关部门的管理。

第十七条 城市人民政府应当教育各民族干部、群众相互尊重民族风俗习惯。宣传、报道、文艺创作、电影电视摄制，应当尊重少数民族风俗习惯、宗教信仰和民族感情。

第十八条 清真饮食服务企业和食品生产、加工企业必须配备一定比例的食用清真食品的少数民族职工和管理干部。清真食品的运输车辆、计量器具、储藏容器和加工、出售场地应当保证专用。

清真饮食服务企业和食品生产、加工企业实行承包、租赁时，一般应当由有关少数民族人员承包或者租赁。清真饮食服务企业和食品生产、加工企业兼并或者被兼并时，不得随意改变其服务方向，确实需要改变服务方向的，必须征得当地城市人民政府民族事务工作部门同意。

第十九条 少数民族人口较多的城市的人民政府，应当根据需要和条件，设立具有民族特点的文化馆（站）、图书馆。

第二十条 城市人民政府应当保障少数民族使用本民族语言文字的权利，并根据需要和条件，按照国家有关规定加强少数民族文字的翻译、出版和教学研究。

第二十一条 少数民族人口较多的城市的人民政府，应当根据实际需要和条件，建立民族医院、民族医药学研究机构，发展少数民族传统医药科学。

第二十二条 城市人民政府应当在少数民族中加强计划生育的宣传、教育和指导工作。

第二十三条 城市人民政府在少数民族聚居的街道，应当按照城市规划，保护和建设具有民族风格的建筑物。

第二十四条 城市人民政府应当保障少数民族保持或者改革民族风俗习惯的自由。

第二十五条 城市人民政府应当按照国家有关规定，对具有特殊丧葬习俗的少数民族妥善安排墓地，并采取措施加强少数民族的殡葬服务。

城市人民政府对少数民族人员自愿实行丧葬改革的，应当给予支持。

第二十六条 少数民族职工参加本民族重大节日活动，可以按照国家有关规定放假，并照发工资。

第二十七条 城市人民政府对于在城市民族工作中做出显著成绩和贡献的单位和个人，给予表彰、奖励。

第二十八条　省、自治区、直辖市人民政府可以根据本条例，结合当地实际情况，制定实施办法。

第二十九条　本条例由国家民族事务委员会负责解释。

第三十条　本条例自发布之日起施行。

5. 中国公民民族成份登记管理办法

（2015 年 6 月 16 日中华人民共和国国家民族事务委员会、中华人民共和国公安部令第 2 号发布自 2016 年 1 月 1 日起施行）

第一条　为了规范公民民族成份的管理工作，根据宪法和《中华人民共和国户口登记条例》，制定本办法。

第二条　中华人民共和国公民适用本办法。

第三条　本办法所称民族成份，是指在户口登记中填写的经国家正式确认的民族名称。

第四条　国务院民族事务部门和公安部门负责指导、监管公民民族成份的登记和管理工作。

第五条　公民的民族成份，只能依据其父亲或者母亲的民族成份确认、登记。

本办法所称的父母，包括生父母、养父母和与继子女有抚养教育关系的继父母。

第六条　公安部门在办理新增人口户口登记时，应当根据新增人口父母的民族成份，确认其民族成份。

新增人口的父母民族成份不相同的，应当根据其父母共同签署的民族成份填报申请书予以确认并登记。

第七条　公民民族成份经确认登记后，一般不得变更。

未满十八周岁的公民，有下列情况之一的，可以申请变更其民族成份一次。

（一）父母婚姻关系发生变化，其民族成份与直接抚养的一方不同的；

（二）父母婚姻关系发生变化，其民族成份与继父（母）的民族成份不同的；

（三）其民族成份与养父（母）的民族成份不同的。

年满十八周岁的公民，在其年满十八周岁之日起的两年内，可以依据其父或者其母的民族成份申请变更一次。

第八条 未满十八周岁的公民变更民族成份，应当由其父母或者其他法定监护人提出申请；年满十八周岁的公民申请变更民族成份，应当由其本人提出申请。

第九条 未满十八周岁公民申请变更民族成份，需提交以下证明材料：

（一）书面申请书；

根据生父（母）的民族成份提出变更申请的，书面申请书应当由直接抚养的一方签署；根据养父（母）的民族成份提出变更申请的，书面申请书应当由公民养父母共同签署；根据继父（母）的民族成份提出变更申请的，书面申请书应当由与公民共同生活的生父（母）与继母（父）共同签署。申请之日公民已年满十六周岁的，申请人应当征求公民本人的意见。

（二）公民本人的居民户口簿及公民的养（继）父（母）的居民户口簿、居民身份证；

（三）依据生父（母）的民族成份申请变更的，需提供离婚证明；依据继父（母）的民族成份申请变更的，需提供生父（母）与继母（父）的婚姻关系证明；依据养父（母）的民族成份申请变更的，需提供收养证明；

（四）如居民户口簿不能体现父母子女关系的，需提供公民户籍所在地的乡（镇）人民政府、街道办事处出具的父母子女关系证明；

（五）其他相关证明材料。

第十条 年满十八周岁的公民申请变更民族成份，需提交以下证明材料：

（一）由本人提交的书面申请书；

（二）公民本人及其父母的居民户口簿、居民身份证；

（三）如居民户口簿不能体现公民与父母子女关系的，需要提供公民户籍所在地的乡（镇）人民政府、街道办事处出具的父母子女关系证明；

（四）其他相关证明材料。

第十一条 申请变更民族成份，按照下列程序办理：

（一）申请人向户籍所在地的县级人民政府民族事务部门提出申请；

（二）县级人民政府民族事务部门对变更申请提出初审意见，对不符合条件的申请予以退回，并书面说明不予受理的理由；对符合条件的申请，自受理之日起的十个工作日内报上一级人民政府民族事务部门审批。

对于十个工作日内不能提出初审意见的，经县级人民政府民族事务部门负责人批准，可以延长十个工作日；

（三）上一级人民政府民族事务部门应当在收到审批申请之日起的十个工作日内，出具书面审批意见，并反馈给县级人民政府民族事务部门；

（四）县级人民政府民族事务部门应当在收到审批意见的十个工作日内，将审批意见告知申请人。审批同意的，并将审批意见、公民申请书及相关证明材料抄送县级人民政府公安部门；

（五）公安部门应当依据市级人民政府民族事务部门的审批意见，严格按照公民户籍主项信息变更的管理程序，在十五个工作日内办理公民民族成份变更登记。

第十二条 各级民族事务部门应当建立民族成份变更定期备案制度。

地市级人民政府民族事务部门应当每半年将本行政辖区内的民族成份变更审批情况向省级人民政府民族事务部门备案一次。

省级人民政府民族事务部门应当每一年将本行政辖区内的民族成份变更统计数据向国务院民族事务部门备案一次。

第十三条 各级民族事务部门与公安部门应当加强公民民族成份登记信息化建设，建立民族成份信息共享机制，定期交换民族成份登记、变更统计信息。

第十四条 各级民族事务部门与公安部门应当建立公民民族成份登记的协商联络和监督检查机制。

第十五条 公民对本人或者其未满十八周岁的子女的民族成份的确

认、登记、变更决定有异议的，可以依法申请行政复议或者提起行政诉讼。

第十六条　公民隐瞒真实情况，伪造、篡改、提供虚假证明材料，申请变更民族成份的，民族事务部门应当撤销审批意见，公安部门应当撤销变更登记，同时通报相关部门收回该公民依据虚假民族成份享受的相关权益；构成违反治安管理行为的，依法予以治安管理处罚；构成犯罪的，依法追究刑事责任。

第十七条　民族事务部门、公安部门有下列情形之一的，由其上级行政机关或者监察机关责令改正，对直接负责的主管人员和其他直接责任人员依法予以处理。

（一）对符合条件的公民变更民族成份的申请不予受理的；

（二）无正当理由未在规定期限内登记、审批、变更公民民族成份的；

（三）违规审批公民民族成份变更申请的；

（四）违规登记或者变更公民民族成份的。

第十八条　违规确认或者更改的公民民族成份，由公安部门按照市级人民政府民族事务部门出具的调查处理意见书予以更正。

公民民族成份在户籍管理过程中被错报、误登的，由公安部门按照纠错程序更正其民族成份。

第十九条　未定族称公民的民族成份，按照国家有关规定进行管理。

第二十条　中国公民同外国人结婚生育或者依法收养的子女取得中国国籍的，其民族成份应当依据中国公民的民族成份确定。

外国人取得中国国籍的，其民族成份按照国家有关规定进行管理。

第二十一条　各省、自治区、直辖市人民政府民族事务部门和公安部门可根据本办法制定具体实施细则。

各省、自治区、直辖市人民政府民族事务部门和公安部门，可以结合本地实际，适当调整确认公民民族成份变更申请的审批权限，并向国务院民族事务部门备案。

第二十二条 本办法自 2016 年 1 月 1 日起施行。此前有关公民民族成份登记管理的文件、规定与本办法不符的，依照本办法执行。

参考书目

中文图书：

1. 梁启超：《饮冰室合集·文集》第十三卷，中华书局 1989 年版。

2. 陈旭麓、郝盛潮等：《孙中山集外集》，上海人民出版社 1990 年版。

3. 金炳镐：《民族纲领政策文献选编》第一编，中央民族大学出版社 2006 年版。

4. 中共中央统战部：《民族问题文献汇编》，中共中央党校出版社 1991 年版。

5. 史筠：《民族法制研究》，北京大学出版社 1986 年版。

6. 中组部、统战部：《培养选拔少数民族干部》，中华工商联合出版社 1994 年版。

7. 周恩来：《周恩来统一战线文选》，人民出版社 1984 年版。

8. 《邓小平文选》第二卷，人民出版社 1993 年版。

9. 俞可平等：《中国公民社会的兴起与治理的变迁》，社会科学文献出版社 2002 年版。

10. 邓正来等：《国家与市民社会》，世纪出版集团 2006 年版。

11. 国家民族事务委员会：《中国共产党关于民族问题的基本观点和政策（干部读本）》，民族出版社 2002 年版。

12. 温军：《民族与发展——新的现代化追赶战略》，清华大学出版社 2004 年版。

13. 根据姚慧琴、任宗哲：《中国西部经济发展报告（2009）》，社会科学文献出版社 2009 年版。

14. 毛公宁：《民族政策研究文丛》第三辑，民族出版社 2004 年版。

15. 国家民委政研室：《中国共产党主要领导人论民族问题》，民族出版社 1994 年版。

16. 金炳镐：《中国共产党民族政策发展史》，中央民族大学出版社 2006 年版。

17. 沈桂平：《少数民族干部教育问题研究》，民族出版社 2004 年版。

18. 国家民委办公厅：《中华人民共和国民族政策法规选编》，中国民航出版社 1997 年版。

19. 国家民委：《在中国特色社会主义道路上共同团结奋斗共同繁荣发展改革开放 30 年民族工作成就》，民族出版社 2008 年版。

20. 人民出版社：《民族政策汇编》第二编，人民出版社 1958 年版。

21. 郎维伟、王允武：《中国民族政策与少数民族人权保护》，四川人民出版社 2006 年版。

22. 甘重斗：《中国法律年鉴（1987）》，法律出版社 1987 年版。

23. 佚名：《中国民族信息年鉴（2005）》，民族出版社 2005 年版。

24. ［英］安东尼·D. 史密斯：《全球化时代的民族与民族主义》，中央编译出版社 2002 年版。

25. 洪银兴、刘伟等主编：《政治经济学》，高等教育出版社 2002 年版。

26. ［法］雅克·阿达：《经济全球化》，中央编译出版社 2000 年版。

27. ［澳］罗·霍尔顿：《全球化与民族国家》，世界知识出版社 2006 年版。

28. ［美］罗兰·罗伯森：《全球化：社会理论和社会文化》，上海人民出版社 2000 年版。

29. 杨伯溆：《全球化：起源、发展和影响》，人民出版社 2002 年版。

30. 王联：《世界民族主义论》，北京大学出版社 2002 年版。

31. 葛公尚：《当代国际政治与跨界民族研究》，民族出版社 2006 年版。

32. 王逸舟：《当代国际政治析论》，上海人民出版社 1995 年版。

33. 杨雪冬：《全球化：西方理论前沿》，社会科学文献出版社 2002 年版。

34. 郑永年：《全球化与中国国家转型》，浙江人民出版社 2009 年版。

35. 徐晓萍、金鑫：《中国民族问题报告》，中国社会科学出版社 2008 年版。

36. 攀纲、王小鲁、朱恒鹏：《中国市场化指数——各地区市场化相对进程 2009 年报告》，经济科学出版社 2010 年版。

37. 陈秀山：《中国区域经济问题研究》，商务印书馆 2005 年版。

38. 林毅夫等：《财产权利与制度变迁》，上海三联书店 1994 年版。

39. ［英］D. C. 诺斯：《制度、制度变迁与经济绩效》，上海三联书店 1994 年版。

40. 厉声主：《中国新疆：历史与现状》，新疆人民出版社 2003 年版。

41. 徐明旭：《阴谋与虔诚——西藏骚乱的来龙去脉》，明镜出版社 1999 年版。

42. 宁骚：《民族与国家》，北京大学出版社 1995 年版。

43. ［英］安德鲁·海伍德：《政治学》第二版，张立鹏译，中国人民大学出版社 2006 年版。

44. ［美］安德森：《想象的共同体：民族主义的起源与散布》，吴叡人译，上海人民出版社 2005 年版。

45. 《马克思恩格斯选集》第四卷，人民出版社 1972 年版。

46. ［美］菲利克斯·格罗斯：《公民与国家——民族、部族和族属身份》，王建娥、魏强译，新华出版社 2003 年版。

47. 《中国现代学术经典——顾颉刚卷》，河北教育出版社 1996 年版。

48. ［西班牙］曼纽尔·卡斯特：《千年终结》，夏铸九、黄慧琦译，社会科学文献出版社 2003 年版。

49.［美］戴维·伊斯顿：《政治生活的系统分析》，王浦胸译，华夏出版社 1998 年版。

50. 曹现强、王佃利：《公共管理学概论》，中国人民大学出版社 2005 年版。

51. 陈云生：《中国民族区域自治制度》，经济管理出版社 2001 年版。

52. 葛忠兴：《中国少数民族地区发展报告 2005》，民族出版社 2006 年版。

53. 郝时远：《前苏联民族学理论中的民族》，西北民族研究 2004 年版。

54. 姬虹：《美国人口构成的变化与社会多样性》，学习出版社 2002 年版。

54. 郎维伟、王允武：《中国民族政策与少数民族人权保护》，四川人民出版社 2006 年版。

55. 李宏图：《西欧近代民族主义思潮研究——启蒙运动到拿破仑时代》，上海社会科学出版社 1997 年版。

56. 陆学艺：《社会学》，知识出版社 1996 年版。

57. 马戎：《民族社会学》，北京大学出版社 2004 年版。

58. 南开大学历史系美国史研究室：《美国黑人解放运动简史》，人民出版社 1977 年版。

59. 沈桂平：《少数民族干部教育问题研究》，民族出版社 2004 年版。

60. 史筠：《民族法制研究》，北京大学出版社 1986 年版。

61. 世界银行：《1997 年世界发展报告：变革世界中的政府》，中国财经出版 1997 年版。

62. 宋才发：《民族区域自治法通论》，民族出版社 2003 年版。

63. 苏联科学院经济研究所：《苏联社会主义经济史》，三联书店 1981 年版。

64. 王养冲、陈崇武：《罗伯斯比尔选集》，华东师范大学出版社 1989 年版。

65. 王养冲、王令愉：《法国大革命史（1789—1974）》，东方出版中心 2007 年版。

66. 王振岭：《采取特殊政策和措施大力发展民族地区的基础教育（民族政策文丛）》第三辑，民族出版社 2004 年版。

67. 温军：《民族与发展——新的现代化追赶战略》，清华大学出版社 2004 年版。

68. 牙含章：《民族问题与宗教问题》，中国社会科学出版社 1984 年版。

中文期刊与报纸：

1. 周昆云：《抗日战争时期新民主主义民族区域自治新探——〈建设回民自治区〉的意义及其史料价值》，载《广西民族研究》2005 年第 3 期。

2. 闵岩：《批判"四人帮"破坏民族工作的罪行》，载《中央民族大学学报》（哲学社会科学版）1978 年第 1 期。

3. 李凤鸣：《论乌兰夫为民族法制建设做出的卓越贡献》，载《内蒙古师范大学学报》（哲学社会科学版）2006 年第 6 期。

4. 刘小岷：《中国西部民族地区生态环境建设的问题与展望》，载《中国社会科学院报》2009 年 4 月 9 日，第 11 版。

5. 朱维华：《新中国对云南少数民族文化的保护、建设和发展》，载《统一论坛》2000 年第 3 期。

6. 任东来：《Ethnicity（族性）：从国内政治到国际政治》，《读书》1996 年第 8 期。

7. 塞缪尔·亨廷顿：《再论文明的冲突》，李俊清译，《马克思主义与现实》2003 年第 1 期。

8. 郭永虎：《美国国会"涉藏立法"的历史考察》，载《当代中国史研究》2008 年第 1 期。

9. 参看郑长德：《中国少数民族地区经济发展质量研究》，载《民族学刊》2011 年第 1 期。

10. 田伯平:《区域现代化与区域制度变迁》,《江海学刊》2003 年第 2 期。

11. 郭志刚、李睿:《从人口普查数据看族际通婚夫妇的婚龄、生育数及其子女的民族选择》,《社会学研究》2008 年第 5 期。

12. 热合木江·沙吾提:《改革开放以来维护新疆社会稳定的实践形势及其启示》,《科学社会主义》2009 年第 5 期。

13. 郝时远:《民族分裂主义与恐怖主义》,载《民族研究》2002 年第 1 期。

14. 贺萍:《关于新疆民族分裂主义的几个问题》,载《实事求是》1997 年第 1 期。

15. 朱维群:《对当前民族领域问题的几点思考》,《学习时报》2012 年 2 月 13 日。

16. 何树清:《五千年文明为何不敌好莱坞:中国缺乏软实力》,载《新周刊》2006 年 5 月 10 日。

17. 丁建:《区域主义、民族问题与苏联解体——俄罗斯科学院阿列克谢耶夫院士谈苏联解体的主要原因》,载《世界民族》2000 年第 3 期。

18. 孙爱东、曹志衡:《新疆重拳痛击"三股势力"》,载《半月谈》2009 年 6 月 9 日。

19. 牟中鉴:《少数民族宗教问题突出特点与特殊地位》,载《中国民族报》2002 年 3 月 22 日,第 3 版。

20. 张旭霞:《试论政府公信力和公众的话语权》,载《中国行政管理》2006 年第 9 期。

21. 韦英思:《李大钊民族思想概略》,载《西北民族研究》1989 年第 5 期。

22. 何卓恩:《民族主义内在的困境——陈独秀国家观从民族主义到自由主义的转变》,载《安徽史学》2007 年第 3 期。

23. 罗佳英:《红军长征途中的民族工作》,载《中央民族学院学报》

1987 年第 3 期。

　　24. 陈万里：《阿拉伯民族意识的形成和觉醒》，载《阿拉伯世界》2004 年第 4 期。

　　25. 丁建定：《区域主义、民族问题与苏联解体》，载《世界民族》2000 年第 3 期。

　　26. 费孝通：《中华民族的多元一体格局》，载《北京大学学报》1989 年第 4 期。

　　27. 顾华祥、陈宏：《关于少数民族地区干部队伍建设问题的战略思考》，载《中央民族大学学报》1998 年第 6 期。

　　28. 郝时远：《构建和谐的社会主义民族关系》，载《光明日报》2006 年 12 月。

　　29. 何卓恩：《民族主义内在的困境——陈独秀国家观从民族主义到自由主义的转变》，载《安徽史学》2007 年第 3 期。

　　30. 胡延新：《苏联开发中亚边疆少数民族地区的经验、教训和启示》，载《东欧中亚研究》2006 年第 6 期。

　　31. 江泽民：《在中央扶贫开发工作会议上的讲话》，载《人民日报》2001 年 9 月 18 日。

　　32. 金星华：《我国少数民族文字新闻出版事业稳步发展》，《大地》2006 年第 23 期。33. 李凤鸣：《论乌兰夫为民族法制建设做出的卓越贡献》，载《内蒙古师范大学学报》（哲学社会科学版）2006 年第 6 期。

　　34. 李俊清：《民族地区公共产品的缺失与政策选择》，载《中国行政管理》2006 年第 4 期。

　　35. 刘泓：《管窥种族》，载《学习时报》2004 年 8 月 16 日。

　　36. 刘小岷：《我国西部民族地区生态环境建设的问题与展望》，载《中国社会科学院报》2009 年 4 月 9 日。

　　37. 罗佳英：《红军长征途中的民族工作》，载《中央民族学院学报》1987 年第 3 期。

　　38. 闵岩：《批判"四人帮"破坏民族工作的罪行》，载《中央民族大学学报》（哲学社会科学版）1978 年第 1 期。

39. 人民日报特约评论员：《共同团结奋斗共同繁荣发展——五论坚持和完善民族区域自治制度》，载《人民日报》2009 年 4 月 28 日。

40. 韦英思：《李大钊民族思想概略》，载《西北民族研究》1989 年第 5 期。

41. 刘白露：《民族自治地方公务员队伍建设问题探析》，载《中国人才》2004 年第 12 期。

42. 人民日报特约评论员：《评所谓的民族问题的实质是阶级问题》，载《人民日报》1980 年 7 月 15 日。

43. 沈桂萍：《少数民族干部知识素质现状与教育需求研究报告》，载《中央社会主义学院学报》2003 年第 12 期。

44. 覃乃昌：《论制定自治条例的困难及推进民族立法的新思路——以广西壮族自治区为例》，载《广西民族学院学报》1995 年第 3 期。

45. 汤夺先、高永久：《论〈民族区域自治法〉的修改与完善问题》，载《西北师大学报》（社科版）2000 年第 6 期。

46. 温军：《中国少数民族经济政策的形成、演变与评价》，载《民族研究》1998 年第 6 期。

47. 徐杰舜：《论族群与民族》，载《民族研究》2002 年第 1 期。

48. 张建新：《试论民族区域自治地方行政环境》，载《前沿》2006 年第 11 期。

49. 张剑源：《散居少数民族权益保护立法概述》，载《云南法制报》2007 年 8 月 29 日。

50. 周昆云：《抗日战争时期新民主主义民族区域自治新探——〈建设回民自治区〉的意义及其史料价值》，载《广西民族研究》2005 年第 3 期。

51. 朱维华：《新中国对云南少数民族文化的保护、建设和发展》，载《统一论坛》2000 年第 3 期。

52. ［美］M. G. 史密斯：《美国的民族集团和民族性——哈佛的观

点》，何宁译，载《民族译丛》1983 年第 6 期。

53. ［挪威］弗里德里克·巴斯：《族群与边界》，高崇译，《广西民族学院学报》1991 年第 1 期。

54. ［科］穆罕默德·哈达德：《科威特市的民族群体和民族等级结构》，晓兵摘译，转引自《民族译丛》1992 年第 5 期。

55. 中共中央：《关于建国以来党的若干历史问题的决议》，载《人民日报》1981 年 7 月 1 日，第 1 版。

56. 胡耀邦：《在中国共产党第十二次全国代表大会上的报告》，载《人民日报》1982 年 9 月 8 日，第 1 版。

57. 赵紫阳：《在中国共产党第十三次全国代表大会上的报告》，载《人民日报》1987 年 11 月 4 日，第 1 版。

58. 江泽民：《在中国共产党第十四次全国代表大会上的报告》，载《人民日报》1992 年 10 月 21 日，第 1 版。

59. 《西部大开发"十一五"规划》，载《西部时报》2007 年 3 月 2 日，第 2 版。

60. 《全国兴边富民行动规划纲要（2001—2010）》，《中国民族报》2001 年 10 月。

61. 《云南大力扶持边境少数民族发展》，载《人民日报》2006 年 12 月 6 日，第 4 版。

61. 《广西"兴边富民"立竿见影》，载《人民日报》2001 年 4 月 2 日，第 2 版。

62. 《资金瓶颈制约云南兴边富民行动》，载《中国经济时报》2009 年 3 月 18 日，第 2 版。

63. 《"十一五"期间新疆大力推动"兴边富民行动"计划》，《新疆经济报》2006 年 9 月 8 日。

64. 《国务院关于进一步促进宁夏经济社会发展的若干意见》，载《宁夏日报》2008 年 9 月 13 日，第 2 版。

65. 国务院新闻办：《中国人权事业白皮书（2014）》，http：//www.

gov. cn/xinwen/2015-06/08/content_ 2875261. htm.

66. 中央政府门户网：《我国14个边境经济合作区累计基础设施投入140多亿元》，2009年11月27日，http：//www. gov. cn/jrzg/2009-11/27/content_ 1474830. htm。

67. 国务院新闻办：《2014年中国人权事业的进展》，http：//www. gov. cn/zhengce/2015-06/08/content_ 2875262. htm。

68. 国家"两基"攻坚办：《国家西部地区"两基"攻坚计划完成情况》，载《光明日报》2007年11月27日，第1版。

69. 江泽民：《在中央扶贫开发工作会议上的讲话》，载《人民日报》2001年9月18日，第1版。

70.《中国西部民族地区生态建设取得重大进展》，载《绿色时报》2005年5月26日，第1版。

71. 新疆维吾尔自治区人民政府：《关于落实科学发展观切实加强环境保护工作的决定》，载《中国环境报》2006年11月3日，第3版。

72. 国务院：《国务院常务会议通过〈关于进一步繁荣发展少数民族文化事业的若干意见〉》，载《人民日报》2009年6月11日，第4版。

73. 中宣部：《关于进一步加大对少数民族文字出版事业扶持力度的通知》，http：//www. gov. cn/gzdt/2007-11/07/content_ 799122. htm。

74. 曾嘉：《新疆双语教育从娃娃抓起》，《中国青年报》2009年6月6日，第3版。

75. 佚名：《西藏社会主义政治制度的自我完善和发展》，载《西藏日报》2008年12月17日，第2版。

76. 国务院新闻办：《西藏文化的保护与发展》（白皮书），载《人民日报》2000年6月23日，第5版。

77. 国务院新闻办：《中国的少数民族政策及其实践》，http：//news. xinhuanet. com/zhengfu/2002-11/15/content_ 630587. htm。

78. 中央统战部：《中国培养出大批优秀少数民族干部》，http：//www. zytzb. org. cn/zytzbwz/nation/ganbu/80200710290004. htm。

79.《新疆少数民族干部34万》，载《人民日报（海外版）》2005年9月20日，第1版。

80. 中共中央《关于建国以来党的若干历史问题的决议》，载《人民日报》1981年7月1日，第1版。

81. 国务院新闻办：《中国民族区域自治白皮书》，《国务院公报》2005年11月。

82.《设立民族乡，保障散杂居少数民族权益》，《中国民族报》2008年8月1日，第2版。

83. 张剑源：《散居少数民族权益保护立法概述》，载《云南法制报》2007年8月29日，第3版。

84. 新疆维吾尔自治区党委宣传部宣教处：《旗帜鲜明地反对民族分裂主义》，载《新疆日报（汉）》2001年5月11日，第A03版。

85. 杨健：《上海对口支援喀什 把援助用在喀什农牧民最需要处》，载《解放日报》2011年11月11日，第2版。

外文图书与期刊：

1.A. D. Smith, *National Identity*, Harmondsworth：Penguin, 1991, p. 39.

2.Brian Barry. *Cultuer and Equality, An Egalitarian Critique of Multicutural-ism*. Polity 2001：23。

3. Carl J. Friedrich, *Man and His Government*. New York：McGraw-Hill, 1963, p. 79.

4.D. Easton, *The Political System*. New York：Kropf, 1953. p. 129.

5.Graham Smith. *The Nationalities Question in the Soviet Union*, New York：Longman Group Inc. , 1990, pp. 278–312.

6.Helene Carrere D' Encausse, translated by Martin Sokolinsky and Henry A. La Farge, *Decline of an Empire：The Soviet Socialist Republics in Revolt*, New York：Newsweek, Inc. , 1979, p. 62.

7.Ian Bremmer, RayTaras, *Nation and Politics in the Soviet Successor States*, *Cambridge*, Cambridge University Press, 1993, pp. 169–174.

8.Jorge Libo,*The Soviet Union's National Policy during the 20th Century*,in Nation and Race Studies,Vo. l 14,No. 1,January 1991,pp. 27–32.

9. Gellner, E. *Nations and Nationalism*, Ithaca, NY: Cornell University Press,1983.